文 化 名 家 暨
"四个一批"人才作品文库

理 论 界

变革的逻辑

中国经济转轨的实践认知与理论思辨

吕 炜 著

中华书局

图书在版编目(CIP)数据

变革的逻辑:中国经济转轨的实践认知与理论思辨/吕炜
著.—北京:中华书局,2013.5
(文化名家暨"四个一批"人才作品文库)
ISBN 978 - 7 - 101 - 09146 - 5

Ⅰ.变… Ⅱ.吕… Ⅲ.中国经济 - 经济体制改革 - 研
究 Ⅳ.F121

中国版本图书馆 CIP 数据核字(2013)第 003266 号

书　　　名	**变革的逻辑:中国经济转轨的实践认知与理论思辨**
著　　　者	吕　炜
丛 书 名	文化名家暨"四个一批"人才作品文库
责任编辑	王传龙
装帧设计	毛　淳
出版发行	中华书局
	(北京市丰台区太平桥西里 38 号　100073)
	http://www.zhbc.com.cn
	E-mail:zhbc@zhbc.com.cn
印　　　刷	北京瑞古冠中印刷厂
版　　　次	2013 年 5 月北京第 1 版
	2013 年 5 月北京第 1 次印刷
规　　　格	开本/700×1000 毫米　1/16
	印张 29¾　插页 4　字数 450 千字
国际书号	ISBN 978 - 7 - 101 - 09146 - 5
定　　　价	82.00 元

出 版 说 明

　　实施文化名家暨"四个一批"人才工程，是宣传思想文化领域贯彻落实人才强国战略、提高建设社会主义先进文化能力的一项重大举措。这一工程着眼于对宣传思想文化领域的优秀高层次人才的培养和扶持，积极为他们创新创业和健康成长提供良好条件、营造良好环境，着力培养造就一批造诣高深、成就突出、影响广泛的宣传思想文化领军人才和名家大师。为集中展示文化名家暨"四个一批"人才的优秀成果，发挥其示范引导作用，文化名家暨"四个一批"人才工程领导小组决定编辑出版《文化名家暨"四个一批"人才作品文库》。《文库》主要收集出版文化名家暨"四个一批"人才的代表性作品和有关重要成果。《文库》出版将分期分批进行，采用统一标识、统一版式、统一封面设计陆续出版。

文化名家暨"四个一批"人才

工程领导小组办公室

2012年12月

吕 炜

　　1969 年 11 月生，重庆万县人。经济学博士。现任东北财经大学副校长，教授、博士生导师。兼任国务院第六届学科评议组成员、中国财政学会常务理事、《经济社会体制比较》杂志编委等。主持完成国家自然科学基金项目、国家社会科学基金项目、教育部人文社会科学重点研究基地重大项目、世界银行项目、亚洲开发银行项目等十余项。出版《资本挑战体制：关于中国经济转轨原理的一种解析》、《经济转轨的过程与效率问题》、《转轨中后期中国市场的若干问题》等十余部著作，发表学术论文百余篇。曾获中国高校人文社科优秀成果二等奖、许毅财经科学优秀论文奖等。是"新世纪百千万人才工程"国家级人选，入选教育部新世纪优秀人才支持计划，享受国务院颁发的政府特殊津贴。

目　录

第三篇　转轨的政府驾驭

第四篇　转轨背景下的增长与转型难题求解

第五篇　中国经济转轨再认知与再思辨

第一篇

总　论

第一章

缘 起

第一节 自我学术历程的阶段性回顾与总结

中国改革开放三十年取得的辉煌成就,如学术界所广泛承认的那样,并没有独立于人类思想进步的优秀成果,新中国社会发展的历史进程内在地包含了马克思主义中国化进程,这种理论与实践高度一致性的历史逻辑是以往中国历史上任何一次思潮均所不具备的。面对改革开放三十年所沉淀下来的庞大素材,学术界有足够理由证明:这场以前所未有的非"自然—历史"形态而带有明显"强制—人为"特征的巨大社会变迁,与西方主流经济学和传统国际政治思想的最初预期之间存在着巨大的差异。拥有全球最大消费市场与生产潜力的世界大国,其思想与制度上所产生的,不仅是变革模式对传统理论学说的冲击,而且也是在全球化过程中转轨经济体所产生的深远影响。在这一过程中,国家实力得以迅速增长,国际影响力显著提升,民众的生活质量在不断提高,家庭恩格尔系数、居住条件、交通条件、通讯条件以及城市公用设施普及占有率等显著改善,这些都标志着中国自 1978 年以来经济转轨进程取得了阶段性的成功。

然而,随着转轨进程的推进,由行政垄断、资本深化与资本广化所积累的改革成本效应开始显现,中国经济社会转型在进一步推进过程中难以避免地出现了难题和瓶颈,这对已经形成的改革理论认知再次形成了新的冲击。因此,这种背景下,学术界有了二次对自身思想历程进行反思的必要,瞻前顾后地考虑中国经济转轨的内在规律以及未来改革中可能面临的机遇与挑战,对于中国如何应对全球化的冲击以及最终实现经济转轨的战略目标,无疑具有十分重大的理论及现实意义。

事实上,在过去十年当中,由于中国经济转轨在经济领域的成功,中国式转轨模式也逐渐成为世人关注的重点,出现了各种关于中国经济转轨的特殊路径、政府在经济转轨过程中的驾驭能力、经济转轨绩效产生的源泉等问题的尝试性的归纳研究。"北京模式"与"北京共识"(Beijing Consensus)之类名词的出现,似乎预示着国际社会对于中国经济体制改革某种程度上的认可,但是到目前为止,"北京共识"还只是作为一种理念提出,并未成为一种完整、系统的分析方法,因此尚缺乏对实践的普遍指导意义。这也是当前研究经济转轨问题时最经常出现的问题。

虽然中国的经济转轨是基于自己的国情,走适合自己的发展道路,但"中国式转轨"演进道路的内在逻辑却应当成为也能够成为经济转轨国家发展可供借鉴的"范式"。中国经济转轨,不仅仅限于经济领域,而是一项包含政治、文化在内的庞大且繁琐的系统工程,是转轨理论与实践的统一,是转轨一般性与特殊性的统一。其中,对转轨国家共性与特性的探索就具备了理论的认知价值。但是,与以往转轨国家的共性相比,中国经验又具有内在的特性与研究的特殊价值,中国式转轨的主观能动性及路径安排,都体现了经济转轨中主观与客观过程的辩证统一。从客观进程来看,转轨的内在规律性是一项核心研究内容;而从主观进程来看,政府在经济转轨中所力图担当的大角色以及由此所产生的决策偏好则构成了另一个关键部分。

以经济转轨过程为背景,政府转型是经济转轨过程的重要组成部分,承担着路径选择、政策操作等诸多事关转轨进程推进的重要任务。无论是从实践还是理论出发,单单局限于转轨的内容及其方法已无法理解中国变革的全貌,亟待补充更加具体的内容来丰富理论架构与细节,相应地,所关注的问题逐渐变得更为具体。财政是政府决策驾驭的核心,在推动以及适应转轨方面具有至关重要的地位,自然而然地成为本书关注的重点之一。

长久以来,笔者所追求的一种境界,是从关注现实问题出发来考虑经济理论指导实践的有效性,之后,再次根据实践反馈,分析、修正、完善理论的某些无效部分。思辨性质的理论并非最终的目的,立足于实践本身也并不单纯是对实践问题的具体考察,而是在"认知—问题的解决—再认知"的循环中,实现理论与实践的双重升华。在内容方面,可以说,本书是对笔者过去一系列研究成果的阶段性总结。

最初,我比较关注经济转轨的理论与实践问题,并从一般性的角度,对转轨的共性与中国式转轨进行了探索,并撰写了一系列以转轨为主题的学术论文,但随后,基于中国经济运行的独特性,对于现在和未来中国问题的认识,已渐渐地不能再片面、孤立地局限或困守在转轨这个点上,所以后续的研究开始更加侧重于转轨的主观层面,尤其是转轨的政府驾驭与一些实践层面的问题。事实上,如果现在必须要对以往中国的三十年变革进行总体评判,我们已经无法用简单的词句来完成这项工作,它不仅涵盖着理论解释,更涉及包括经济增长、公平、民生等在内的具体政策实践,这些问题既是转轨的原因,又是转轨的结果,它们直接由转轨进程所引发,又作为中间量存在于整个转轨进程之中。如果以转轨的角度看待这些问题,那么,它们都会在历史与进程中找到最根本的源头,其解决方案也必然根植于三十年转轨经济体的发展与转型规律之中。

对中国经济转轨过程中问题的解答不仅有助于选择未来政策的方向,更有助于对经济转轨理论的进一步升华,比如对转轨绩效的评价、对转轨过程中出现问题的认识等都能够形成对转轨理论的修正和完善。从方法论来说,本书的核心特点是定性分析,中国的转轨经济体是一个十分复杂的研究对象,单从定量分析既不能解释转轨的特征,更无法涉及文化等更丰富的内涵,所以本书转而选择了注重思辨性和逻辑性的定性研究。本书研究方法的另一个突出特点是注重研究的过程性,具体包括纵向的演进性与横向的完整性两部分内容。本书的选题决定了研究对象要在一个动态过程中展开才可能更全面地加以认识,过程中的积累已经在影响和决定着未来成熟制度的特征和基本内涵,因而,对大国变革逻辑的研究,整个框架中的制度与政府都将是动态的,存在着过渡的特征。基于以上思路,本书也将遵从"理论—实践—理论"的脉络,尽自己所能,实现对中国经济转轨理论与实践的通贯研究。

第二节　变革的逻辑:对中国经济转轨的
一种整体性思考

　　将关于中国三十年整体变革的论述,建立于中国转轨过程的实践基础上,并用以指导未来中国转轨的实践,是本书的重要研究视角。对中国经济转轨理论与实践进行通贯研究,就必须认识中国经济转轨的特殊意义。从一般性的角度,转轨国家各自不同的初始条件、改革速度在决定经济转轨的绩效上都有着不同的影响力。因此,只有把对变革逻辑的分析建立在以中国经济转轨为个案的基础上,分析中国式经济转轨的具体路径、中国为什么能够实行这种改革方式并取得成功以及对整个经济社会的深远影响,才能理解对变革逻辑的分析在何种程度上具有普遍意义,从而寻找到更具有一般意义的经济运行规律、思维框架。

　　"中国式转轨"这个称谓的出现,暗示着中国的经济转轨进程必然具有众多与众不同之处。这种差异一方面来自于中国特殊的经济社会背景,另一方面也来自于基于特殊国情而引致的特殊转轨任务,其特点在于四个方面:

　　一是二重任务性,即在转轨经济的运行中存在着体制和发展阶段的双重约束。这样经济转轨实际上同时承担着"体制转轨"与"发展转型"两大任务,这两大任务作为两条主线贯穿于转轨的始终,忽视任何一条主线的思想和行为都是不可取的,并会给转轨绩效带来不良影响。

　　二是经济转轨的非均衡性,它特指由于体制转轨和发展转型的错位和不一致性所导致的非均衡系统状态。也就是说,非平衡运动根源于两种体制的共存和影响力的变化,根源于发展阶段与体制的不协调,它是体制替代和发展转型的过程在经济运行中的客观反映(例如我们在体制改革过程中切身经历和研究的步骤、次序问题,改革中的摩擦、阻力问题等)。

　　三是阶段性。转轨过程的阶段性主要是指由于经济转轨是一个相对长期的历史过程以及体制转轨进程演进中所客观存在的诸多方面的特征,使得整个转轨过程自然而然地区分为以事实上存在的一些转折点为分水岭的具有各自运行特征和标志的不同阶段。具体地说,中国式转轨可划分为两个大的阶段:(1)转轨前期。从改革发动到社会主义市场经济体制基本框架建立,即转轨越过第一个转折点。时间区间以政治生活事件为标志应从1978年党的十一届三中全会以搞活经济为最初动机，到1992年党的十四大明确提出建立社会主义市场经济体制的转轨目标。实际经济运行则是在1996年前后显示出明显的状态变动特征，经济告别短缺，需求约束主导运行，而这一具有转折点意义的变化成为人们的普遍共识则还要晚一两年，即1998年。(2)转轨中后期。从社会主义市场经济体制基本框架建立到建成完善的社会主义市场经济体制，即转轨越过第二个转折点。时间区间以政治生活事件为标志应从1992年党的十四大到2002年党的十六大所确定的战略机遇期结束、完善的社会主义市场经济体制建成时。值得注意的是，由于第一个转折点的复杂性，中国的转轨—转型过程在1998年之后，并没有顺利进入第二阶段，而是出现了1998—2004年长达7年的一个过渡期，使转折点延迟为一个转折阶段，形成转轨前期与中后期的一个交叉过程。

四是转轨过程的"二元性"。由于经济转轨是一国政府主观驾驭的强制性过程以及"体制转轨"与"发展转型"两大任务所呈现出来的非平衡性，转轨过程中不可避免地产生了"二元性"现象。在中国存有两类"二元结构"，即"传统二元"和"转型二元"，传统二元是指转轨过程中所客观存在的比较明显的城与乡、工与农的差距，以及"城"与"城"、"乡"与"乡"之间的差距拉得过大的问题。转型二元则是指体制变动导致的利益转移过程中的"转移性收益"和"转移性损失"，是反映体制变动过程中因各人所处地域、产业、岗位、人际关系等可利用性和受约束性的机遇不同、改革的步骤与方式不同、避免社会震荡的保障机制和缓冲机制不同，在改革的各个阶段里，因政策变动而发生的既有财富的体制性转移所造成的"转移性收益偏多"和"转移性损失偏多"的逆向性运动而带来的非正常速度的高低收入群体的分化。

从体制的角度进行考察，中国转轨实际上是政府当局通过政策驾驭一个相对比较短暂的时期，将结构复杂的市场机制作为外生变量系统性、集束性地强行注入传统计划体制管理下的国民经济中，新旧体制在一定时间内共同存在并不断产生冲突与磨合交替，最终市场经济体制以其相对明显的高效率和优越性战胜并取代计划经济体制而居于统治地位；从发展的角度进行考察，实际上是在历史原因造成的落后状态下向有着明确目标和既定参照物的发达阶段迈进，在这个过程中由于客观历史条件已经不允许其进行遵循人类经济发展史的自然演化过程,而是必须借鉴和直接利用发达国家现存的先进技术和发达的生产力,因而不可避免地出现传统的生产力与现代发达的生产力长期并存的局面;从体制与发展交互关系的角度进行考察,转轨既可以理解为既定体制约束条件下发展阶段的跃升或者既定发展水平条件下体制上的改善和调整,也可以理解为体制与发展两者同时进行的以相互契合为目标,并以最终完成向发达市场经济的转变为目的的调整和变革。

由于体制与发展本身都有其各自独特的动态运行特征以及发达国家市场经济占据世界经济格局主导地位的现存格局和环境条件,已经不允许转轨经济体进行长期的以体制与发展相契合为目的的试验性实践,同时由于社会体制和发展水平中完善和改革的进程以及与此相伴随的绩效不是在短时间内就可以凸现和观察出来,而是不可避免地出现一个认识、评价、再调整的时滞,因而两者不可能在整个极其复杂的转轨过程中完美而长期稳定地契合在一起并相互推进,体制与发展两者的相脱节、相背离、相磨合、相交融、相促进不仅贯穿于整个转轨过程的始终,而且也内在的成为解释转轨进程中"非平衡性"和"阶段性"的关键性因素。

第三节　中国的经济转轨与经济转轨中的中国

转轨经济形态的研究价值主要体现在多层次的比较中,一是转轨经济国家存在的普遍性。20 世纪 80 年代末开始的经济转轨潮流,其涉及国家范围之广、体制变革之深、付出代价之大、延续时间之长都是人类社会发展史上少有的,也是大大出乎人们预料的。二是转轨经济运行的独特性,因为制度的变革不可能推倒重来,必须通过体制并行和更替来完成,所以转轨经济的运行既不同于传统计划经济,又不同于成熟市场经济,而是具有"双轨"或"体制外"的运行特征。而且由于这种转轨是改革演进型的,在人为设计和与本国情况的融合上都会表现出不同的特点,使转轨经济成为世界经济的一个独特部分。三是对世界格局影响的深远性。转轨国家对原经济体制的放弃甚至对政治制度的放弃使原有的国际政治经济格局出现了根本性调整。人们在研究经济全球化对世界不同类型国家的不同影响时,已经不能忽视转轨国家这类"特殊群体"参与经济全球化进程的特殊性及联动效应。在这些层次中,中国式转轨具有其特殊的主观与客观特征,从计划向市场的中国经济转轨是一个原理一般性与实践特殊性相结合的过程,中国案例在转轨经济的研究对象、运行特征、动因与路径、演进进程等基础性课题方面具有重大理论价值。中国实践在这些方面的意义主要是对流行认识的证伪,可以说是其独特价值所在。

中国式转轨是在转轨目标明确的情况下,政府通过各种政策驾驭转轨,并激励民众积极参与转轨,从而使之顺利完成的一个过程。简单来讲,中国转轨的主观见之于客观的契合过程可以看作从初始点螺旋上升到终点的过程。首先,政府拟定经济转轨的目标,初步选择能够达到目标的路径安排,所谓路径安排即在既定的制度约束条件下选择如何进行转轨,如何在适当的时间、适当的地点推进某一改革。然后由具体的机制创新启动转轨过程并为其注入活力,推动转轨进程向前发展。而当达到某个转折点时,运用绩效评价体系和方法来检验已有转轨进程的效率与成果。然后,在此基础上做出关于转轨速度与次序的路径选择的进一步决策,政策选择的依据则是最大限度地维持转轨过程中的社会稳定、较低的转轨成本与转轨收益的最大化。

中国经济转轨的实践在确立这一特殊经济形态命题的同时,也提供了这一过程中丰富的实践内容,当其他转轨国家在改变政治经济体制后又不得不重新正视这一特殊过程时,中国在比较研究中就具有了十分重要的参照价值。可以归纳的研究思路至少有以下几点:

1. 转轨所针对的是体制问题,属生产关系范畴。经济成长阶段则客观地反映着生产力发展水平的差异。转轨国家虽然处在较低的经济成长阶段,却又不能只从较低的市场化模式起步。这里出现的困难,终究是生产力与生产关系不协调的问题,反馈到体制架构就成为基础性障碍。消除由二者错位所引致的基础性障碍,需要由政府进行改革政策的创新。

2. 始于1978年的中国经济改革,已经实现了超过三十年的持续经济增长,而被认为是最合乎转轨标准的一些国家的制度性变革,在二十多年的实践后仍没能摆脱衰退的困扰。由此对比说明,因为存在经济发展阶段与经济体制错位的制约,即使是认为完成了"经济—政治根本性变化"的国家也无法获得经济运行的预期效率。从这一点来看,作为手段的转轨过程的路径选择、成本支付等有利于弥合错位的过渡性安排,至少与作为目标的转轨后的制度安排同样重要。

3. 由于转轨过程对于弥合错位可能具备的有效性和渐进性,即过程中量的积累可能带来的基础性制约方面质的演进,对改革政策创新的绩效的判断,则应落脚于政策的总体适应性和分阶段适应性。总体是否适应,应当并可以从一国的基本国情出发加以考虑,分阶段的适应性则比较难以把握。这不仅因为每个阶段的进展都会是动态的,更因为转轨总过程中将会出现的阶段性转变与交替的规定性尚无先例可循,而我们事先对其预测又存在很多的困难。正因为如此,研究转轨经济也就有着很强的现实意义和独特性。

4. 转轨国家群体的形成及其已经经历的转轨探索,事实上已经使转轨经济成为一个独特的研究对象。它们既有基础条件、目标取向等方面的共性,又有路径选择、实施方式、政府应变能力以及国际社会干预等多方面的特殊性。就目前来看,不管各自进展如何,都还处在转轨的途中。就经济学理论建设而言,我们有必要也有可能以这样一个群体为相对独立的研究对象,从转轨国家自身的实践探索出发展开研究,而不是局限于用既有的理论去解释。

第二章

线索和架构

本书结合中国经济转轨的动态性、过程性,遵从"理论—实践—理论"的脉络,对中国经济转轨理论与实践进行通贯研究。依此逻辑可将本书内容分为四个部分。第一部分为第二篇,即第三、四、五、六章,是对转轨理论的铺陈,阐述了转轨的一般原理和中国式转轨的逻辑,是后文转轨分析的理论基础。第二部分为第三篇,即第七、八、九章,着重分析了转轨过程中的政府驾驭与政策选择,强调经济转轨过程中政府驾驭的重要性,对中国经济转轨进程中如何进行路径安排、机制创新,如何驾驭市场经济体制以及财政在其中发挥的作用等进行了深入分析,是对转轨理论的具体考证。第三部分为第四篇,即第十、十一、十二章,主要针对转轨过程中所遇到的增长与转型难题展开分析,包括转轨的公平效率问题、经济增长问题、民生问题等,是对实践问题的具体考察。第四部分为第五篇,即第十三、十四章,在理论与实践的基础上对中国转轨实践的基本命题进行再认知、再思辨,实现了"认知—问题的解决—再认知"的循环。

第一节　转轨的原理与中国式转轨的逻辑

"转轨"概念确立并形成"转轨理论"、"转轨经济学"的研究热潮,是伴随柏林墙倒塌、苏联解体等一系列标志着社会主义阵营消失、世界政治格局发生重大改变、斯大林时代创制的中央集权模式的计划经济体制受到普遍质疑和抛弃而出现的。20世纪90年代之前,还未曾见"转轨"这一词作为经济学术语流传。迄今为止笔者所见关于"转轨"定义及比较研究的文献,是中国学者剧锦文1997年发表在《经济学消息报》上的一篇论文。剧锦文当时认为,尽管目前这一领域还没有一个恰当的理论框架,但转轨经济学已成为东西方经济学界研究的热门领域之一。

转轨研究内容的最初倾向性事实上确立了一种价值评判标准,即"转轨(Transition)优于转型(Transformation)"、"转型(Transformation)优于改革(Reform)"的标准转轨范式,后社会主义现象形态惟有遵守这一规则来实践才是最优选择。这样的观点与"华盛顿共识"之间的先后与联系,也是一个有待考证的问题。

经过大量的鉴别和比较,经济转轨的基本特征可以简单概括为如下四个方面:二重任务性、非平衡性、阶段性和二元性。经济转轨将经济体制的转轨与经济发展阶段的转型同时作为这一特殊经济形态中两个互动的考察对象,研究二者之间的互动关系,以此寻求对经济运行的总体评价。这种研究思路的形成是基于如下判断:制度选择和发展阶段之间存在契合关系。从历史进程来看,几乎所有的计划经济国家在经济转轨前都处于较低的经济社会发展水平,计划体制无法通过效率带来发展水平的迅速、持续提高。经济转轨就因此具有了通过制度选择改善发展的激励条件的含义,发展也同时对制度形成反作用。当制度模式与发展模式的契合没有完成、定型时,经济转轨过程中的二者就处于动态和不确定的状态,二者同时受到重视并匹配得恰当,经济运行绩效就比较明显、全面,反之则可能带来矛盾的累积和结构性失衡。

迄今为止,中国经济转轨的逻辑还处在由实践感受引致的自发摸索中,如果从更多理解中国经济转轨实践的合理性和更深理解市场制度内涵的角度展开,其中隐含了关注经济转轨、关注发展的内容。比如斯蒂格利茨将成功市场制度的特征概括为产权和竞争,从一般化意义上对中国样本与其他样本之间的差异进行区分。即大多数国家强调产权,中国强调竞争。大多数国家不重视经济组织机构即"组织与社会资本",中国采取逐步发展的方式进行过渡在改革中转变了经济组织机构。经济发展水平会制约经济转轨的速度和路径,这最初主要体现在中国学者关于成本—收益研究方法的深化,当这种方法被用于经济转轨过程的绩效考察时,节约成本和扩大收益都必然会受到发展因素的制约,都不得不考虑经济发展的阶段和条件。

值得研究的是"转型发展"的研究方法。其主要观点是强调不能够孤立地设计经济体制改革目标模式,也不能够按照常规实施对变革中经济的宏观调控,必须考虑二者的相互制约关系。较早系统阐述这一见解的代表性著作是厉以宁的《转型发展理论》。这里的"转型"与经济转轨同义,发展则指经济发展阶段。他认为中国是一个转型的发展中国家,转型是指中国正在从计划经济体制转变到市场经济体制,发展是指中国正在从不发达状态迈向现代化。正是由于转型与发展这两项任务结合在一起,中国所遇到的问题,尤其错综复杂,这里既有转型中的问题,又有发展中的问题(厉以宁,1996)。这样的认识是开拓性的。从学科背景来讲,不仅指出了发展经济学较少涉及经济转轨特征的发展问题,还同时批评了以经济转轨解释一切现象的单视角研究方法,间接地指出了一些经济转轨实践与预期背离而又得不到解释的根源。从理论主张上来看,他似乎倾向于将转型发展作为一个特定的发展阶段,在发展经济学的框架内补入经济转轨的条件以求完善①,这实际上反映了当时转轨研究还比较零散、简单的历史背景。这种研究以进入90年代以后中国体制改革与经济发展开始登上了一个"新台阶"为背景,依次分析转变经济增长方式问题的紧迫性、宏观有利条件、制约因素,最后阐明了实施增长转型的路径选择。以后的研究中"经济转轨"与"发展转型"逐渐成为可接受的共识,经常被用于对同一问题的解释。但是转型发展的研究方法主要是分别强调两个方面,或者更多地将发展作为一个背景,强调经济转轨中重大问题的解决次序,或者更多地将经济转轨作为一个背景,强调发展战略必须考虑的特殊条件,缺乏关于二者内在联系的研究,更没有考虑从这一类特殊经济体、特殊经济形态的角度来考察约束条件下的体制经济转轨与发展转型的动态过程,创立和形成转轨经济的一般理论。在实践和对策研究中,二者的使用更显随意,有时甚至被用作对难以解释的问题或政策进行搪塞的借口。

---

① 厉以宁是从"迄今为止,发展经济学还没有把转型发展问题作为重点研究的课题"和"有些著作中涉及到类似问题,但大都比较肤浅"的现状引出这一番阐述的。所谓两个研究领域和两个学科,是指研究发展问题被看成是发展经济学的任务;研究转型问题被看成是比较经济学或比较体制经济学的任务。厉以宁指出,从转型发展中国家具有明显特点的方面看,至少有四个问题对转型发展研究十分必要而在一般经济学著作中并没有仔细分析:(1)资本形成;(2)人力资本形成;(3)市场化;(4)企业家的成长。(厉以宁.转型发展理论.同心出版社.1996.前言第1—2页,第18—77页)

第二节　经济转轨的政府驾驭与政策选择

经济转轨的整体过程是一个主观与客观辩证统一的过程,其实质是主观在客观的约束条件下推动转轨进程,客观约束是任何一个经济转轨国家所面临的基础性制约。从历史上的经济过渡时期来看,过渡的方式大致可以分为两类,即自然演进的过程或叫自然历史过程,和改革演进过程或叫自觉选择过程。在人类历史的演进过程中,前一种方式的推动构成了社会进步从一个阶段过渡到另一个阶段的基础,因此直接体现了社会发展的历史规律。后一种方式是在自觉研究制定的社会改革方案基础上对有明确目标的过渡经济进行调节,但这种调节必须以前一种方式所暗含的规律性为前提和保障,即不可能违背客观发展因素的作用,也不能忽视总体演进的规律,只能在尊重客观约束的基础上通过对实施手段和演变速度的选择对过渡过程施加相应的影响。

体制转轨和发展转型是经济转轨过程的客观特性所表现出的两个具体子过程,经济转轨是由这两个子过程构成的一个复合过程,这也就最终成为了政策驾驭经济转轨这一主观过程的客观约束,即政策驾驭必须以合理解决体制转轨和发展转型两个转轨基本问题作为自己选择和行动的准则。就体制转轨而言是一种"逆向调整"的过程,目前处于经济转轨的前社会主义国家除了前苏联等少数国家外都是在工业化程度极低、产业发展落后以及商品化程度低的情况下建立起来的,这种人为跨越商品经济阶段直接进入计划经济体制的行为违背了经济史的一般发展规律,从而造成了经济发展阶段和经济体制的时空错位,并作为更深层次的原因导致了转轨经济形态的长期性。因此体制转轨便是一种经济体制"逆向调整"主动适应经济发展阶段的过程,即市场化的过程。而就经济转轨而言则是一种"顺向增长"的过程,表明经济的发展阶段不是静态地等待经济体制的"逆向调整"与之适应,而是在顺向发展中与经济体制一起寻求两者的相互契合,在完成经济体制转轨的同时实现经济的快速发展。而主观驾驭的实质就是主要通过政府驾驭政策,尽可能使带有"逆生"特征而出现在体制转轨过程中的市场化运行机制转化为"顺向增长"方式。其中,这种政策驾驭的具体表现形式就是在由基础性制约而选择的转轨路径下的具体实践,我们将其概括为机制创新。

在经济转轨过程的客观约束下,政府作为机制创新的主体和驾驭者,必须以合理解决体制转轨和发展转型两个问题作为自己进行政策安排的准则。从经济转轨主观见之于客观的契合过程出发,它可以被看作是在路径、机制创新等因素的作用下从起始点螺旋上升到终点的过程。具体而言,政府在转轨起始点拟定经济转轨的目标,初步选择能够达到目标的路径安排;具体的机制创新启动转轨过程并为其注入活力,推动转轨进程向前发展;当达到经济转轨过程中的某个转折点时,通过运用合理的转轨评价方法来检验已有转轨进程的效率,随后,在此基础上做出关于转轨速度与次序的进一步决策,选择适当的公共政策以实现转轨收益的最大化,推动经济发展阶段的快速稳步前进,最终完成经济转轨由起点至终点的过程。

在转轨进程中,政府对公共政策的驾驭始终是不可或缺的。政府从主动地设计、推进转轨,到逐渐退出资源配置领域,培育市场竞争环境,让位于市场的资源配置方式,再到保护市场机制正常运行和纠正市场失灵,这一政府职能转变过程在转轨经济中是通过对公共政策系统性的安排和连续实施实现的。在体制约束下,政府进行公共政策的安排既不能是完全市场化的,也不能过多陷于过渡性做法,而是需要兼顾两个方面:一方面,根据完善社会主义市场经济体制的要求,公共政策要致力于最优配置资源,建立市场化的公共政策的基本框架,使政府提供公共产品与服务、调节经济运行等职能得到保障。另一方面,在"布新"的同时,在维持社会稳定和经济健康增长的前提下继续"除旧",仍是转轨的一项重要任务,具体部门的公共政策要在支付转轨成本、改革攻坚方面承担很多过渡性的职责。这些职责需要具体政策来协调和统筹。在实际的操作上,这就既要求公共政策安排具有前瞻性,同时又必须将过渡性应对措施融入政策设计中。

转轨过程的动态性和复杂性客观上要求有一个相对稳固的保障平台从动态(推动转轨)和静态(行使职能)两个角度保障社会经济的快速发展。公共财政作为政府可操作的一种手段,是构成这个保障平台的重要组成因素之一。但这个保障平台的对象并不稳定,也要求保障平台本身具有较强的适应性和动态性。从财政自身来看,其体现着满足市场经济运行和政府运转的双重要求,充当着市场与政府之间的调和与平衡,是实现市场与政府之间沟通的桥梁。从发挥作用的特点来看,计划经济体制下的财政呈现出"全能型"特点;成熟市场经济体制下的财政则表现为公共财政。而在转轨中国,由于政府与市场的关系处于不断变动之中,其财政既非全能型财政,也不同于一般意义上的公共财政,经济的特殊转轨过程使财政具有动态性、目的性的特点。在转轨背景下,政府承担着主导转轨进程的职能,这种政府职能的定位决定了财政的职能、范围的变动,并对财政提出相应的改革要求。一方面,体制转轨进程需以财政制度改革作为推动力;另一方面,财政也需要不断改革以与体制转轨相适应。

综观中国的转轨实践,在政府主导的渐进路径上,政府既推进着市场机制的建立,也同时推动着计划手段的创新,在市场机制发挥作用的同时,又始终承担着计划体制下的诸多任务与责任。财政作为政府政策实施的财力保障,以自身的变动见证了这一过程。协调各种利益关系,维系改革、发展、稳定的经济社会环境的任务无一不与同样处在变革进程中的财政体制的运行绩效密切相关。在中国整体改革进程中,财政改革始终处于联系其他诸项改革的枢纽位置。一方面,其成功起到了推动经济转轨、调控经济运行的作用;另一方面,在整个转轨进程中,财政自身也经历了一系列改革,初步实现了向市场经济体制下公共财政取向的转化。但是,包括中国财政体制变革在内的整个经济体制改革,仍然是遵循着现代市场理论的基本原理和计划体制向市场体制转轨的基本规律进行的,只不过中国政府依据自身的国情和已有的正反经验,以制度创新的态度来应对了过程中的错综复杂矛盾的挑战。

第三节　特殊转轨背景下的增长与转型难题求解

经济转轨国家在寻求更合理的经济增长过程中,大部分经济转轨国家的实践一开始就表现为增长无法实现。无论出于何种动因的何种预先设计,大衰退和长期低迷成为经济运行的常态,迫使设计者们不得不重新审视经济转轨过程的复杂性,重新认识市场制度的内涵和经济增长的原理。与中东欧有意识设计的经济转轨模式不同,中国经济转轨的实践动因或者设计主要源于如何更好地解决民生问题。中国样本一直是主流转轨设计与实践中的一个例外,也因此引发了设计者们的最大反思。中国迄今为止的巨大成功无疑是革命性的,仅就增长而言,其速度和稳定性都是经济史上的奇迹。这样的绩效显然是短期政策或一般性的制度变迁所无法解释的。同时,大部分转轨国家在经历了大衰退和大反思之后,从休克转向治疗的实践行动似乎正在使经济运行呈现趋好的迹象。随着认知条件的趋同,这是否意味着经济转轨过程中的共性因素开始越来越多地发挥作用,经济转轨最终将在大致相同的期间内获得大致相同的结果,人们对未来应该有更为乐观的预期,这同样形成了经济转轨过程中的一层迷雾。转轨国家的经济体制与经济发展水平形成了基本的双重约束。双重约束的复杂性决定了经济转轨与转型由制约走向变革的复杂性,并导致了经济增长条件从约束状态向激励状态转化过程中太多的不确定、无秩序和不可控特征。

体制转轨与发展转型是经济转轨过程中的双重任务,其实从最终目标意义上进行考察,体制转轨本身并不是最终目的,而经济社会发展才是最终目的。体制转轨只是为社会发展提供一个强有力的手段,只是在这个有着起点和终点概念的特定经济转轨过程中,由于体制转轨所蕴含的特殊意义而成为转轨时期的主要任务,并成为一定时期内的目的本身。一般而言,社会发展包括诸多方面的内容,例如经济持续稳定的增长、经济结构的改善、人们生活质量的提高、自然环境和社会环境的改善等等,这其中最为核心的内容显然是经济增长,虽然社会发展并不仅仅是经济增长,但没有经济增长无论如何也不可能有社会发展,也就是说社会发展是建立在经济增长基础之上的,经济增长是社会发展的“发动机”或者是“火车头”。在转轨经济体中,除俄罗斯有些特殊外,其他几乎都属于贫困的发展中国家,经济贫困和落后是其共同特征。对于在贫困落后状态中长时间备受煎熬的各转轨经济体而言,其首要的和根本的任务便在于通过各种切实有效的政策和手段推动经济增长,并利用经济增长所带来的收益来解决转轨过程中其他方面的诸多问题。

中国政府在路径上的主观安排体现了选择—契合思想。所谓选择—契合思想是指客观约束虽然在相当程度上能够影响和决定转轨所能选择的路径、速度和次序,以及可能获得的绩效,但转轨主体的主观选择仍能够在这些客观约束条件下,做出契合客观约束的最优路径选择和安排,准则是绩效评价。转轨是基于现实经济的自觉选择过程,路径安排与经济成长阶段的程度决定着控制冲突的程度和对冲突的处置能力。由于促进转轨绩效和转轨目标的最终实现是评价路径选择的根本标准,因此任何偏离这一根本目标而选择的转轨路径都会造成经济发展的挫折与阵痛。

合理地安排转轨路径以实现经济增长,涉及到两个层次的战略问题:一是转轨路径安排的次序与发展战略的选择与搭配问题。转轨路径安排的次序中,产权和竞争是两块最重要的领域,即是对产权制度甚至宪政体制的变革与价格机制、商业规则的建立谁先谁后的选择。发展战略即实现发展的路径,如均衡与非均衡的区分。这一层次的选择与搭配具有长期而不易更改的性质,可称为路径安排的静态选择。二是改革政策与经济增长政策的选择与搭配问题。转轨过程中,新旧体制摩擦将以不同强度出现在不同阶段,为了保证经济增长目标实现,必须及时采取有利于减少摩擦、避免损失的措施,由此突出了政策选择的必要性。灵活的政策搭配基于过程中的变化,调整各个领域的变革速度,可称为路径安排的动态选择

基于正确的路径选择,中国经济在过去的三十余年里,取得了持续快速的增长,中国成为世界上经济增长最快的国家之一。但在经济飞速发展的背后,仍有许多关系民生的社会问题值得担忧。环境的持续恶化,医疗和社会保障体制在部分人群和地区的缺失,教育和住房成本的逐年增加,以及收入差距的逐步拉大等都直接影响着经济社会的健康均衡发展,也影响着社会公平的实现。这些福利性安排的弱化以及社会成本向民众的转移、累积,在相当程度上造成了以国富与民生失调为特征的发展失衡问题。

大多数民生问题的出现,我们直观的感受都与政府投入的太少,个人承担的成本太高有关,事实上,如果将中国政府服务性支出不足的问题放置在中国经济转轨的宏观背景下来审视,我们不难发现,各级政府对于公共服务性支出的偏好不足,似乎成为一种既有体制的"自发行为",即在现有体制激励下,政府具有少提供公共服务的内在激励。而与此同时在既有体制框架下,与服务性支出不足的"自发行为"相对应的另一种"自发行为",是各级政府具有发展经济的冲动。众所周知,创建于20世纪70年代末并主导中国经济运行三十年的体制安排,其根本的初衷与目的在于促进和维持一种高速的经济增长,使中国尽快摆脱短缺和贫困的经济状态。因此各种改革制度设计的出发点是如何激励经济部门和各级政府更好地发展经济,基于这一目的的制度变革也构成了近三十年中国改革开放进程的基本内核。然而基于事实

的考察可以推论,如果我们相信中国三十年的经济快速增长得益于中国的以经济增长为核心的体制性安排,那么我们也有理由怀疑推动经济增长的体制安排在相当程度上构成了中国民生改善的体制性障碍,从而造成在中国出现了一种"经济增长——民生改善"①相互替代的特殊经济社会现象。而这种体制上的冲突集中表现在经济增长与民生改善的体制激励不相容,即经济增长长期游离于民生改善之外而自成体系。增长的目的没有集中于民生的改善,而民众也难以从现有增长模式中获得更多的福利改善。因此要从根本上促进民生快速发展,必须改变现有经济增长模式及支撑其运行的体制基础,破除民生改善的体制性障碍,将民生改善内生于推动经济增长的体制框架,使得增长与民生实现相互递推式的良性发展。

第四节　转轨实践的再认知与再思辨

市场体制是经济转轨的目标模式,各国走向市场经济的道路存在差异,基于市场体制的市场经济状态可以是多种多样的。最重要的是经济转轨要从本国国情出发,选择适当的改革之路。从经济转轨的历程来看,原社会主义国家经济在转轨前期已深深陷入短缺、呆滞状态,在计划经济体制下,需求与供给脱节,经济结构严重失衡,经济运行乏力,增速缓慢。已然决定选择转轨的国家,需要寻找到合适的转轨突破点,并以适当的创新机制来推动转轨进程的启动,当然必须对原有的客观条件和意识形态进行充分考虑。这是因为虽然中央计划经济的特点在不同的计划经济国家都是相似的,但各国经济转轨的初始条件却存在很大差异,因此在设计经济改革计划时需根据国情制定适当的经济转轨计划,实行适合本国条件的经济转轨战略。

辩证地看,尽管各个国家在经济转轨实践过程中有着不同的形式,但经济转轨是社会主义实践的一个特殊的过程,其特殊性表现为它不是社会主义自然历史演进的必然过程,从经济转轨显现出来的特殊性来说,经济转轨是符合经济史一般规律的一个特殊的阶段或过程。所以,经济转轨应该被视为一个特定阶段的经济社会发展史的组成部分和人类经济发展史上最重要的

---

① 这里的民生改善是一种相对意义的改善,是指在维持经济高速增长的同时,抑制了民生改善的速度。这里的民生改善可以理解为政府改善民生的偏好。

实践之一,值得经济学人从非意识形态层面去发现值得尊重的共同之点。如果按照马克思主义唯物史观的观点,经济转轨过程就是一个动态的历史过程。既然是历史过程,就存在着一般的历史规律,历史决定性和历史主体的选择性对经济发展具有重要的影响。从经济转轨的发展历程可以看出,经济转轨实际上是一个经济一般性原理同实践特殊性复合的动态过程。这个基本命题不仅是研究经济转轨的逻辑起点,也是各国经济转轨实践总结出的客观事实。任何事物的存在都是处于不同阶段的存在,任何事物都是以或久或暂的过程而存在的,过程是运动的表现形式,也是历史的同理表达。

经济转轨的初始条件对于转轨路径的选择和安排不容忽视,因此,清醒认知中国经济转轨的初始条件对深刻理解中国经济转轨的历程及发展变革的内在逻辑具有重要作用。对转轨经济完整、系统的研究不能缺少对经济转轨起点包括的思想源由、现实情况和其蕴含的变革必然性的研究。由于经济转轨对人们来说是一种未知事物,从经济史和世界其他国家所可借鉴的经验也是有限的,社会科学知识不足、微观调适供给者的有限理性都增添了认识、了解经济转轨以及设计、建立机制所需信息的复杂性,在这样的不利条件下,转轨突破点和初始创新机制的选择需要有相当的准确性和可操作性,对于创新机制和转轨突破点的选择也反映了各国政府对于转轨路径的选择和理解,最终启动转轨进程的微观调适是要在已经做出的路径选择的指导下来做出。

从上面的分析来看,经济转轨是一个社会经济系统整体性的置换和转变,因此确定经济转轨最优速度时,试图寻找整个经济转轨过程,或者包含所有转轨变量的全系统的一个最优的速度是不可能或者极为困难的。这决定于经济转轨从始至终过程中的不同政策、经济和社会特征,转轨经济也相应地表现出不同的特点,那么,在从计划经济体制向市场经济体制过渡的轨道上,随着具有代表性经济转轨特征的变化,整个转轨过程就可以划分出不同的阶段,这就是经济转轨过程的阶段性。而经济转轨阶段性的存在,致使转轨全过程中人们对于变革的认知能力、学习能力和承受能力都有所不同,很明显,越到转轨后期,人们对于变革的适应能力越会增强,对于变革各个方面的认知也都会增加。

由此,我们认为,转轨是基于现实经济的自觉选择过程,路径安排与经济成长阶段的程度决定着控制冲突的程度和对冲突的处置能力。由于促进转轨绩效和转轨目标的最终实现是路径选择的根本标准,任何偏离这一根本目标而选择的转轨路径都会造成经济发展的挫折与阵痛。合理地安排转轨路径以实现经济增长,涉及两个层次的战略问题。一是转轨路径安排的次序与发展战略的选择与搭配问题。经济转轨路径安排的次序中,产权和竞争是两块最重要的领域。转轨次序的选择,简单来讲,即是对产权制度甚至宪政体制的变革与价格机制、商业规则的建立谁先谁后的选择。发展战略即实现发展的路径,如均衡与非均衡的区分。二是改革政策与经济增长政策的选择与搭配问题。在计划向市场的经济运行体制转换过程中,新旧体制摩擦将以不同强度出现在不同阶段,为了保证经济增长目标实现,必须及时采取有利于减少摩擦、避免损失的措施,由此突出了政策选择的必要性。

第二篇

转轨的理论铺陈

第三章

经济转轨的理论认知

第一节 经济转轨思潮的嬗变

"转轨"概念确立并形成"转轨理论"、"转轨经济学"的研究热潮,是伴随柏林墙倒塌、苏联解体等一系列标志着社会主义阵营消失、世界政治格局发生重大改变、斯大林时代创制的中央集权模式的计划经济体制受到普遍质疑和抛弃而出现的。

20世纪90年代之前,还未曾见"转轨"这一词作为经济学术语流传。迄今为止笔者所见关于"转轨"定义及比较研究的文献,是中国学者剧锦文1997年发表在《经济学消息报》上的一篇论文。剧文当时认为,尽管目前这一领域还没有一个恰当的理论框架,但转轨经济学已成为东西方经济学界研究的热门领域之一。笔者将剧文的综述概括如下(表3.1):

表3.1　关于转轨经济研究的初步划分

项　目	分　类	观　点　与　主　张
概念及定义	转轨 （Transition）	指以前的传统模式完全被另外一个不同性质的模式所取代的社会经济性质发生变化的过程，其显著特点不仅在于大规模的市场化，而且在于压倒一切的私有化、自由民主和全面的世界经济一体化
	改革 （Reform）	被认为保持了传统模式的某些关键因素，如国家所有制、行政命令、寡头组织体制和集权式的世界市场体系，是在不改变以前模式的前提下，对其体制的不适当之处进行的改动
	转型 （Transformation）	被看作是一个相对短期的概念，更侧重于经济体制或制度的迅速转变
经济转轨的路径主张	学派1： 建设主义者 （Constructivists）	希望迅速建立资本主义并且有一个清楚的资本主义模式，包括私有产权和自由市场；在实现这一计划的过程中出现的问题，被认为是将会导致每个人都会受益的健康发展过程的暂时阵痛
	学派2： 悲观主义者 （Pessimists）	运用昨天的悲观主义者批评企图急速实现乌托邦的态度来对待新的形势；强调长远的、无形的社会转变的时间性，并指出应考虑不同国家的具体情况和政策产生的不确定效应；那种计划在500天内引入资本主义的做法近乎荒唐；更倾向于社会政治经济转型的长期性和复杂性
经济转轨时期三大问题	经济稳定	主要指货币和宏观经济的稳定，包括预算的平衡、建立稳定的货币、消除短缺和阻止生活的猛烈下滑
	制度改变	主要指通过改变经济制度实现消除旧的传统计划模式和引入混合经济模式
	结构转变	意在降低经济中的过度污染和军事、航天工业以及相关工业的重要性，扩大向市场经济国家出口和服务业在国民收入中的份额，增加有效率的制造业和降低垄断及实行分散化生产等

资料来源：剧锦文.世界经济大转轨中的转轨经济学.经济学消息报.1977年1月31日。

　　转轨研究内容的最初倾向性事实上确立了一种价值评判标准，即"转轨（Transition）优于转型（Transformation）"、"转型（Transformation）优于改革（Reform）"的标准转轨范式，后社会主义现象形态惟有遵守这一规则来实践才是最优选择。这样的观点与"华盛顿共识"之间的先后与联系，也是一个有待考证的问题。"华盛顿共识"始作俑者约翰·威廉姆森以国际经济学研究所研究员身份，2004年9月24—25日应邀向在巴塞罗那举行的"从华盛顿共识到新全球治理"会议提交的论文中称，他最初是在1989年国际经济学研究所举办的一个会议上，谈到20世纪50年代开始主导拉美经济政策的发展经济学观念时，第一次使用了"华盛顿共识"，当时他"列出了个人认为几乎在华盛顿的每一个人都会赞同、几乎拉美每一个地方都需要的十条政策建议清单,称之为'华盛顿共识'"。

20世纪90年代是一个转折点,发生了转轨研究内容倾向性的第一次转变。转变的起因,并非来自学者冥冥之想的自觉发现,而是在"后社会主义现象广泛化"进程中,来自实践层面的针对既有理论范式的负反馈太多,发生了转轨的实践模式与转轨的理论范式之间相互挑战的困惑。

科勒德克在《从休克到治疗:后社会主义转轨的政治经济》中指出:"21世纪的前夕,全球经济一个最重要的特点是广泛的后社会主义转轨过程。在欧洲和亚洲一共有30多个国家——其人口多达15亿或占全人类的1/4,卷入了这场急剧而壮观的变革。它不仅事关这些国家的命运而且也关系到整个世界的前途。向市场体制转轨的必然结果是社会主义国家的开放及其与全球经济的一体化。"①这部专著可作为转轨研究内容倾向性发生第一次转变的标志。"休克疗法"的理论基础即所谓的"华盛顿共识",这种观点是针对20世纪80年代拉丁美洲危机提出来的,是在华盛顿由国际货币基金组织(IMF)和世界银行等国际组织与美国财政部双方同意的一项政策建议,其中就有"尽可能最大程度地自由化、尽可能最快地私有化,并且在财政和金融方面要采取强硬措施"这样的说法。威廉姆森(1990)曾经将华盛顿共识归结为10个要素(财政纪律、公共支出优先性的转变、税收改革、金融自由化、汇率、贸易自由化、外国直接投资、私有化、放松管制、产权)。

基于这一典型的经济自由主义共识实践中成败参半尤其是忽视转轨国家不同特点所引致的负面效应的提示,就在原来共识基础上增添了新的10条内容,这就是所谓"后华盛顿共识"(post-Washington Consensus)。新10条内容包括:(1)除其他方式外,通过维持财政纪律来提高储蓄水平;(2)将公共支出转化为方向明确的社会支出;(3)除其他方式之外,通过引进经济上敏感的土地税来改革税收体系;(4)加强银行监管;(5)维持竞争性汇率,使得汇率在保持浮动的同时作为名义锚发挥作用;(6)实施区域内贸易自由化;(7)除其他方式外,通过私有化和放松管制(包括劳动力市场)来建立竞争性市场经济体系;(8)为所有经济主体明确界定产权;(9)建立关键性的制度,诸如独立

① G·W·科勒德克.从休克到治疗:后社会主义转轨的政治经济.上海远东出版社.2000.第1页。

的中央银行,强大的预算部门,独立而廉洁的司法部门,以及担负生产性使命的企业代理人制度;(10)提高教育支出,将教育支出倾斜到初级和中等教育。虽然新的 10 条共识与原有的"华盛顿共识"在基本原则和政策趋向上并无明显区别,但新的共识正确地强调了制度建设在经济改革和经济转轨中的重要性,注意到了建立关键性的组织和制度以及提高制度质量在整个制度变迁过程中的巨大作用。但原有和新的华盛顿共识是否关注到了转轨经济的制度特征并揭示出经济转轨过程中的路径选择和路径依赖特征,仍然受到一些经济学家的质疑①。科勒德克在一篇论文中指出,有一个波兰笑话可以很好地解释两种观点的区别:在中央计划体制下换一个灯泡需要几位专家? 三位。一位制定计划,一位换灯泡,还有一位作记录。在市场经济体制下需要几位专家? 华盛顿共识的观点是,一个也不要,市场就可以做到。而后华盛顿共识认为,还是需要有人来换灯泡,即强调在建立使自由市场和政府目标得以发挥作用的制度过程中,自由市场的需要和政府的新目标都很重要。新观点呼吁,在剥离旧制度之前,应当采取渐进改革并等待经济转轨的完成,而不是尽可能快地摧毁旧有的制度。以波兰为例,这个并没有大规模拆毁旧制度的国家很快就恢复过来了,其经济增长是稳固且可持续的。那些期望市场可带来必要的制度的国家已经落在了后面②。

　　斯蒂格利茨在其以经济转轨为论题的专著中,从剖析"市场和市场社会主义的六个神话"(价格神话、社会化工业神话、计划神话、集中化神话、产权神话、两条道路的神话)入手,具体论述了转轨问题的 12 个教训。这 12 个教训包括了竞争的重要地位、建立和实施游戏规则的重要性、约束的重要性、价格改革和制度改革、宏观稳定与微观转型、创建新企业、关于私有化、改革时序、转型速度、促进平等、民主与经济发展、以正确的方式提出问题。而最后一个观点,即"正确地提出问题",在笔者看来可以理解为全部论述的立足点。这从作者的如下强调可以得到证明,"最后一个建议是'以正确的方式提出问题'。不要考虑'市场'对'政府'的问题,而要考虑市场与政府的适当平衡,还要考虑建立许多中间经济组织形式(包括以地方政府、合作社等为基础的组织形式)的可能性。不完全且代价很高的信息、不完全的资本市场、不完全

　　① 王曙光.论转轨经济学的"华盛顿共识"与"后华盛顿共识".中国制度经济学年令论文集.2003。
　　② G·W·科勒德克.从"休克"失败到"后华盛顿共识.经济社会体制比较.1999(2)。

的竞争——这些都是市场经济的现实。正在选择一种经济体制的国家必须考虑到这些方面。竞争不完全或资本市场不完全这一事实,并不意味着不应当采用市场制度。相反,它意味着在选择时,不要被与之不相干的市场经济模式的原理和思想弄糊涂了。"①

　　钱颖一提出转轨经济研究中存在着传统经济思想的两个失误:第一个是,经济学家对现实市场经济是如何运行的基本上的缺陷。经济学家在谈向市场经济转轨的时候,他们都认为他们是懂得市场经济是如何运作的。但事实上经济学在解释价格机制运行方面有非常好的研究,相对而言,在制度作用、激励机制、政治经济学影响和历史作用方面,其实直到最近,才开始理论上的研究。所以,有的经济史学家说,经济学家以为他们知道市场经济是如何运作的,但实际上他们的知识很有限。在很大程度上,绝大多数经济学家视这些制度为当然。经济学家要么忽视了制度的重要性,要么特别天真地认为,这些市场经济制度会自然而然地产生。遗憾的是市场经济没能"破字当头,立在其中"。第二个是,相当多的经济学家混淆了最终目标与转轨过程。自由化、稳定化和明确的产权制度化全是最终目标,如果忽视制度建设的重要性,目标与过程混淆则是非常自然的。哪怕经济学家确切地知道目标在哪里,但如何到达那里是另一个问题。而所谓"跳跃"即没有过程,看上去完美的东西,也许带来的是不好的结果。由此作者从科尔内 20 世纪七八十年代批评东欧的"天真的社会主义改革者"引出了针对"天真的资本主义改革者"的思辨。

　　作者认为,转轨过程中的"过渡"与目标的一个主要区别是存在许多的"次优"选择,既然是"次优"就会有很多不完美的地方,而恰恰这些次优选择在转轨体制中往往能发挥重要作用,因为起点是扭曲的,过渡是在制度不完美、政治妥协和历史延续中进行的。从"次优"的角度看中国改革的历程,中国一开始对制度很重视,很多的制度是有它的次优性,不过它已经从最困难的地方走出来了。但因为这些措施都是次优的,不是最优的,在情况发生了变化的情况下,就必须在继续推进改革进程中,刻不容缓地推动法制建设,使市场经济在一个规范的、与国际接轨的法制基础上运行。②

---

① 约瑟夫·E·斯蒂格利茨. 社会主义向何处去. 吉林人民出版社. 1998. 第 14、15 章。
② 钱颖一. 目标与过程. 经济社会体制比较. 1999(2)。

表 3.2　关于经济转轨认知的初步演进

转轨实践方面
◇柏林墙倒塌之前
【A 模式】 　　以社会主义商品经济为总的概念,确认了包括要素市场在内的完整市场体系的中国改革就已经存在
【B 模式】 　　早已试图摆脱斯大林时代创制的中央集权模式的东欧地区的原社会主义国家,仍然在"半市场"状态中徘徊不前
◆柏林墙倒塌之后
【A 模式】 　　以社会主义商品经济为总的概念→进一步明确了改革的目标模式,是建立社会主义市场经济体制
【C 模式】 　　B 模式地区在放弃原来社会主义政治制度条件下,彻底打破了在"半市场"理念约束下的徘徊状态
转轨理论方面
◇柏林墙倒塌之前
针对【A 模式】和【B 模式】的市场化程度,西方经济学主流范式方面对原社会主义国家体制问题并未产生新的研究热情,也未对这些国家体制改革提出新的评判标准
◆柏林墙倒塌之后·①初始评价阶段
【C 模式】与"建设主义者"学派迅速明朗地实现成功对接
【A 模式】与"悲观主义者"学派的某些相似因素悄然靠近
◆柏林墙倒塌之后·②延迟评价阶段
对比【C、A 模式】实践演进现状推动着"泛建设主义者"学派阵营:发生了简单的转轨公式化(稳定化、自由化、私有化)分析转向制度建设分析的范式转换,在实现"华盛顿共识"向"后华盛顿共识"这一步骤中,提出了"宪政转轨"预期效率确定性与渐进转轨现实价值相比较的思维型式
对比【A、C 模式】实践演进现状推动着"泛悲观主义者"学派阵营:建立起"渐进—制度观点"理论范式,基于转轨研究的若干教训阐述"以正确的方式提出问题"、避免犯与"天真的社会主义改革者"相类似的"天真的资本主义改革者"的错误,以及从"次优"的角度研判渐进转轨理论含义的务实思维型式

　　无论是在保持还是在放弃原有社会制度条件下推进经济体制转轨,都并非易事。但只要不是对先验性的闭门造车过于自信,便会想象到:既然要把庞大的资产和众多人群从一个不存在交易规则的"制度场所",置换到另一个完全依赖价格机制实现交换的"制度场所",置换后的高效率必然依赖于置换过程中对共有财富积累如何进行你我他的划分,其工程浩大、规划复杂、操作

细微,都绝非翻翻书本、拍拍脑袋就可以得出。人们在 20 世纪 90 年代末越来越多接触到的事实,也正如科勒德克所注意到的:苏东"整个地区在转轨的前 7 年已整整丧失了 1/3 的国内生产总值,在另一个 7 年里也不可能恢复到转轨前的水平","在现代社会里,即使受自然灾害、当地军事冲突的打击,也没有哪一个国家的产量像东欧和前苏联各共和国那样下降得如此剧烈"。萨克斯也改变了他的早期观点,承认必须重新考虑对"休克疗法"的认识,波兰改革成功的原因中被认为含有"学习了中国和越南的经验"的成分,从而较早开始了从休克失败到渐进疗法的制度建设①,等等,这些通通都越出了原来预想的边界。于是,在不同路径选择的经济转轨国家的决策者之间,在不同学术背景的经济转轨研究者之间,以及存在这样那样差异的实践者之间,由于变化中的互动与互动中的变化相交织,单一理论范式主导的转轨研究,日益走向复线的演进形式。

高盛集团 2003 年 10 月公布了一份以《与 BRICS 共同梦想——通往 2050 年的路》命名的研究成果,提出 BRICS 这一全新的概念,断言在不到半个世纪的时间里,以 BRICS 代称的中国、印度、巴西、俄罗斯的发展将改变未来世界。以 G7 代称的二战以后长期主导世界经济走向的七大工业国,目前对国际事务一言九鼎的大权必然旁落,而易位于 BRICS 国家。这份报告作为另一种含义的互动中的变化与变化中的互动的累积性结果,或许可称为进入新世纪以来最大胆和最有影响的预测未来世界走向的报告。

诺贝尔经济学奖获得者斯蒂格利茨和福格尔,对发生在后社会主义转轨背景下中国的成就与影响,分别采取了在转轨的领域内谈论转轨之外的事物和在转轨的领域之外谈论转轨之内的事物的评价视角,斯蒂格利茨 2004 年在一部新著中指出:"全球化(世界各国更加紧密的一体化)既是一个机会也是一种挑战。当各个国家形成其自己的经济政策并且充分利用这个机会时,全球化可以是收入之巨大增长的基础。如果这些国家崛起应对这样的挑战,它们就可以确保收入增长的利益被广泛分享,从而使贫困得到减缓。……中国已经做到了这一点。……中国的成功在国际贸易体系(international trading regime)背景的衬托下给人留下了特别深刻的印象。……中国提醒世界:在国

---

① G·W·科勒德克.从休克到治疗:后社会主义转轨的政治经济.上海远东出版社.2000.第 128、150、175 页。

际货币基金组织(IMF)所倡导的政策之外还存在着可供替换的政策,这种可供替换的政策被证明是极为成功的。"①获诺贝尔经济学奖的美国经济学家萨缪尔森在回答记者提问时,甚至还涉及了这样的话题:印度只沉睡了40年。中国在不太久的将来将超过日本,这是不可避免的。中国将成为世界上占统治地位的经济体,如果它不受政治制度阻碍的话——这是一个非常重要的"如果"②。2005年6月福格尔以更加明确无误的口气断言"没有什么事情能够干扰中国经济增长的这种局面"③。这些论题提示着转轨研究内容倾向性的最新趋势:

表3.3 关于经济转轨认知中的泛化现象

转轨:实践/理论
◇理论范式的泛化现象
【北京共识】
针对"华盛顿共识"的批评比"渐进—制度观点"更直接
针对"中国模式"的肯定比"渐进—制度观点"更宽泛
◆实践模式的泛化现象
【古怪伙伴】
俄罗斯面临"融入西方"或"保持特色"的选择性难题
受各自推行不同含义冒险性经济政策的复杂结构影响,中美关系微妙
【BRICS崛起】
两个经济转轨国家和另外两个发展中大国构成一个新的世界财团
四大成长中巨人与七大工业国建构未来世界经济蓝图

---

① 约瑟夫·E·斯蒂格利茨. 全球化及其不满. 机械工业出版社. 2004. 第Ⅲ—Ⅶ页。
② 德国《明镜》周刊2005年9月17日文章《市场没有心脏》,《参考消息》2005年10月16日以《如何看待全球化的不利一面——美国著名经济学家萨缪尔森言谈录》为题转载。
③ 经济学大师访谈录之三·没有什么事情能干扰中国经济增长. 经济日报. 2005年6月22日。

第二节　转轨经济体的基本特征

以单一公有制和指令性计划为主要特征的计划经济体制,可以成为政府完全替代市场的交易制度。它在实践中虽然取得了一定的成就,但也付出了高昂的交易成本的代价。这种代价所带来的社会发展结果促使人们去反思市场机制的作用,而反思的结果就是原计划经济体制的国家应当向市场经济体制过渡,即实行经济转轨。既然决定放弃计划体制,确信无疑地向市场化目标迈进,为什么转轨就这么难呢? 这是一个具有重要理论与实践意义的关键性问题,如果能够找到问题的根源,就可能加快经济转轨的进程、实现经济社会的大发展,但是我们仿佛还很难从经济转轨的概念和经济转轨的过程观中寻找到理想的答案。合乎逻辑的推理必然是:不同路径的市场化进程的探索,可能遇到了同一种阻力,即某种相同或相似的基础性的障碍。历史地看,不仅是中国、越南、俄罗斯、乌克兰,而是在上个世纪两次世界大战中诞生的所有社会主义国家,都具有一个共同的背景,即都没有遵循从高度发达的资本主义国家由"生产资料的集中和劳动的社会化,达到了同它们的资本主义外壳不能相容的地步",从而"炸毁了"它的"外壳"这样的路径来诞生,恰恰相反,却是从落后国家里基于摆脱贫困和屈辱的强烈愿望,通过反对殖民剥削和民族压迫的解放斗争而诞生。因此,笔者认为,不论它们当初如何坚定地选择了计划体制因而经历了已经经历过的那些曲折的探索,或者近半个世纪以来偏好市场竞争效率选择了市场体制,因而又经历了路径多么不同的偏离计划轨道的市场化变革的探索,都应被视为一个特定阶段的社会主义发展史的组成部分和人类经济发展史上最重要的经济活动实践之一,都一样值得经济学人从非意识形态层面去发现值得尊重的共同之点。

如果从 20 世纪 50 年代所进行的"市场改革"开始计算,后社会主义国家所开展的经济运行机制转轨的探索已经进行了半个多世纪,这场探索以其波及地区广泛、卷入人口众多而被许多学者称为一项浩大的人类经济史上罕见的"社会变革工程",既然是一项"变革工程",那么其蕴含的意思在于这场变革不是遵循人类经济发展史的自然演化过程,而是在既定的历史背景中由各转轨经济体政府主观驾驭的强制性政策过程,这个过程从最开始就体现出目标的明确性、战略的规划性和步骤性、公众参与的广泛性以及社会改革的深刻性，整个过程虽然就本身来看可能显得有些过于浩大和纷繁复杂。但历史的直觉可能会做出截然相反的判断——这项"变革工程"是如此的单纯与简单，以至于可以在很短的时间内就能够成功实现。得出这样判断的理论逻辑在于，既然处在"社会主义＋计划体制"环境中的经济学家及决策者，已经认识到计划体制的弊端并决心接受市场体制的相对高效率，那么对于各转轨经济国家而言唯一需要去做的无外乎是把西方发达国家经过几百年的自然演变和不断锤炼而得来的已经非常成熟的市场体制，从外部强制性注入到传统的计划经济体制中去，同时直接引进业已存在的先进的管理经验和技术创新与新的市场体制相适应，这样，一个脱胎换骨的全新的社会状态便可以在不长时期内得以实现，而决定实现时间长短的关键性因素则在于政府对转轨所要实现任务的认知程度、对转轨所处的客观大背景的把握程度以及对推动全面转轨的决心和勇气。持这种观点的经济学者绝大多数来自于西方市场经济发达的国家和地区，例如，萨克斯的大爆炸式的跳跃性的制度变迁方式，强调在较短时间内完成大规模的整体性制度变革；而威廉姆森提出的"华盛顿共识"，其隐含的逻辑是只要这些指标好转，市场机制的效率就能得到发挥。当应用于转轨设计时，这种基于新古典经济学理论的转轨思路是希望通过大规模、迅速、全面地建立一套西方式的公共政策安排，实现经济的长期稳定增长。

遗憾的是，迄今为止所有进行从计划到市场探索的原社会主义国家，除了中国、越南等少数几个国家在稳定与发展方面表现得相对比较成功以外，大多数在付出巨大的社会成本以后却并没有实现所预期的良好结果，即使是在被科勒德克判定为合乎规范地"向市场转轨"的那些国家里，最近十多年的情况也只有衰退，未见奇迹。1998 年东欧 27 个国家和独联体国家共同体（CIS）的国内生产总值还不到 1989 年——这一年通常被用作比较的基准年——转轨开始前水平的 3/4。按国别分别统计 1990—1997 年"转轨经济的衰退与增长"指标而计算出各国在此期间 GDP 下降年数，出现 2 个下降年份的只有波兰，出现 3 个下降年份的有斯洛文尼亚和捷克共和国，6 个国家出现了 4 个下降年份，其余的国家都分别出现了 5 年、6 年、7 年或 8 年（即全部年份)的 GDP 下降。① 尽管包括科勒德克在内的一些推崇经济/政治发生根本性变化转轨论者将上述转轨衰退现象界定为短期过程,并对随着经济自由化(即私有化)过程或任务完成必然使经济从复苏走向持续增长进行了乐观估计,但是不少迹象表明,即使会出现那种乐观估计的绩效,其前进道路仍然存在很大的不确定性预期。以"华盛顿共识"为代表的基于新古典经济学理论的转轨思路,被各转轨经济体实践结果与预期的巨大背离宣告了事实上的彻底破产。即便是采取渐进式改革路径的中国和越南,虽然在保持社会稳定和促进经济发展方面取得了巨大的成功,但距离经济转轨的最终完成还有很长的一段路要走,未来还存在着许多不确定因素。总而言之,各转轨经济体转轨实践充分证明了经济转轨简单化思维的错误性,经济转轨已经并正在表现出明显的复杂性、艰巨性和长期性。

如前所述,转轨经济国家的经济运行既不能简单地用发达经济、发展中经济来界定,也不适用市场经济、计划经济来界定,因此,在对经济转轨进行分析和研究时,我们需要解决的问题就是如何对这场波及地区广泛、卷入人口众多的变革探索进行合乎逻辑与现实的科学认知。

前面的分析表明,在经济转轨的过程中各转轨国家的转轨初始条件和最终的发展道路可能是极不相同的。但同时这些转轨经济体在经济转轨过程中的实践也显示出某些特定的联系,出现了相似的问题,这使得我们将其作为一个集合进行考察、分析、比较进而研判经济转轨未来发展趋势成为可能,同时也使得从实践本身进行理论归纳的研究方法有所依从——这实际上是如何从经济转轨实践对经济转轨的特征等主要方面进行基本的认知。进行这种认知的必要性一方面体现在认识论中透过现象认识本质的逻辑思维过程,能否捕捉到经济转轨的特征是我们正确认识转轨实质的关键;另一方面也体现在国内外学者对这一既定研究领域(经济转轨)中在思维形式上呈现出的多样性以及与之相对应的思维结果上的大相径庭,思维的混乱会产生向秩序回归的驱动力并必然引导深入的思考和研究。当无法从经济转轨本身寻找到转轨为什么这么难的答案时,我们就只有站在转轨全过程的高度来审视和考察经济转轨的全貌,把研究的着眼点落到经济转轨的特征分析上,探

---

① G·W·科勒德克. 从休克到治疗:后社会主义转轨的政治经济. 上海远东出版社. 2000。

讨经济转轨与一般性的社会演进过程到底有什么不同之处,从而找出经济转轨复杂性和艰巨性的根源。

关于经济转轨特征的描述从一般认知的角度来看,可能更多的是一些后验性的总结性概括,而对具体的转轨实践政策没有太大的指导意义,因为经济转轨更多的不在于理论领域的充分性、夯实性、系统性和完美性,而更多地在于各转轨经济体转轨实践中转轨政策的可行性、可操作性和结果的可预见性,况且就目前国内外对转轨经济的研究成果来看还根本没有成形的理论体系,在对转轨特征的描述上也是仁者见仁智者见智,还不足以构成用来指导转轨实践的理论基础;同时,从对特征性的语言写作角度来看,更多的是虚无缥缈、空洞和艰涩的描述。本书在这里所即将进行的关于经济转轨特征的描述更多的是出自于以中国转轨实践为样本所进行的理论性概括,这些概括来自实践而高于实践但最终又是为了指导进一步的实践,笔者的主旨不在于用深奥艰涩的纯理性思辨把读者原本清晰的头脑砸晕,让其顶礼膜拜,而在于通过基于中国样本的转轨特征的概括和描述让所有关心经济转轨的读者对转轨过程有一个更加充分和明晰的理解和把握,因而对转轨特征的描述从思想根源上摆脱了纯粹理性思辨的嫌疑,而把着眼点和落脚点都扎根于有利于转轨经济体的转轨政策和转轨实践中来。

经过大量的鉴别和比较,笔者把经济转轨的基本特征简单概括为如下四个方面:二重任务性、非平衡性、阶段性和二元性。经济转轨的二重任务性是指在转轨经济的运行中一方面存在着体制上的约束,另一方面又存在着发展阶段上的约束,这样各转轨经济体在进行经济转轨的过程中就理所当然地同时承担着"体制转轨"与"发展转型"这两大任务,这两大任务作为两条主线贯穿于经济转轨的始终,忽视任何一条主线的思想和行为都是不可取的并会给转轨实践带来不良影响。经济转轨的非平衡性主要是基于前文明确提出的"转轨—转型"分析框架而得出的经济转轨过程的总体特征,其主要指"体制转轨"与"发展转型"作为经济转轨的两条主线在转轨过程中不是必然地良好地契合在一起并相互推进,而是不可避免地出现两者相脱节、相违背的情况即我们所称的非平衡性状态,整个转轨过程实际上就是两者所经历的"非平衡…→基本平衡…→非平衡…→平衡"这样一个代表转轨动力来源的曲线运动。转轨过程的阶段性主要是指由于经济转轨是一个相对长期的历史过

程以及体制转轨进程演进中所客观存在的诸多方面的特征,使得整个转轨过
程自然而然地区分为以事实上存在的一些转折点为分水岭的具有各自运行
特征和标志的不同阶段,阶段性的划分使我们对经济转轨的考察已经从一般
意义上的过程观进入到明显要精细得多的各阶段的研究,是宏观思维向微观
视野的一大具有重要意义的迈进。转轨过程的"二元性"是指由于经济转轨
是一国政府主观驾驭的强制性过程以及"体制转轨"与"发展转型"两大任务
所呈现出来的非平衡性,使得转轨过程中不可避免地产生"二元性"现象,具
体可分为"经典二元"和"新二元",前者是指转轨过程中所客观存在的比较
明显的城与乡、工与农的差距,后者则是指体制变动导致的利益转移过程中
由于"转移性收益偏多"和"转移性损失偏多"的逆向性运动而带来的非正常
速度的高低收入群体的分化。

笔者所归纳的经济转轨的这四个方面的特征并不是孤立存在的,彼此之
间在经济转轨这个共同的载体上紧密联系在一起,并且有着明显的逻辑因果
关系。图3.1是笔者构建的经济转轨特征的逻辑示意图。从图中可以看出,
经济转轨的四方面特征并不是凭空臆想得出的,而是根据各转轨经济体的转
轨实践并站在整个转轨全过程的思维高度而归纳出来的。

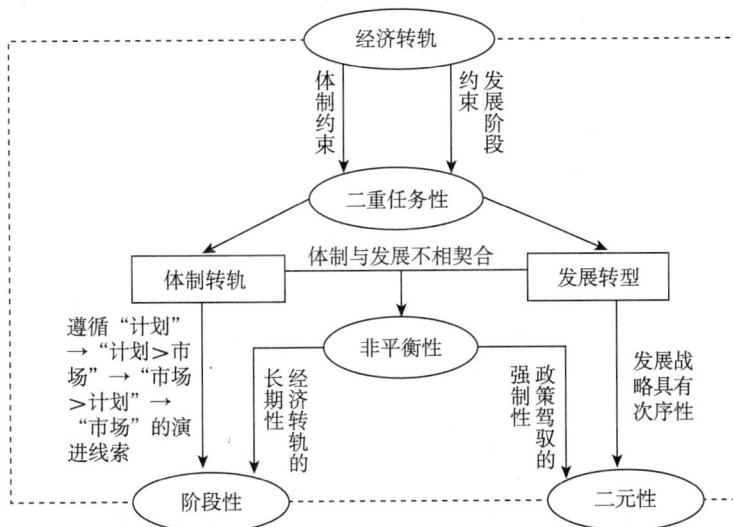

图3.1 经济转轨特征的逻辑示意图

第三节　经济转轨的研究方法

本部分尝试用单视角和双视角的分类对现有的经济转轨研究方法进行归纳和评述,在此基础上提出以"转轨—转型"的双视角思路对转轨经济这一特殊形态进行研究,并建立一般理论的框架。

一、单视角研究思路的评述

经济转轨的单视角研究思路是指基本上将从计划—集权化体制向市场—自由化体制的制度变迁作为经济转轨过程中的唯一任务,以经济转轨作为唯一评价标准的研究思路。这种思路将经济转轨既作为手段,也作为目的,其基本出发点是基于市场体制效率＞计划体制效率、迅速经济转轨导致的收益不确定性＜缓慢经济转轨导致的收益不确定性等假定,因此属于旧体制的特征消失得越快、越干净越好,属于新体制的预设指标生成得越快、越全面越好。由单视角研究思路衍生出来的具体研究方法有四种[①]:由新古典理论到制度—演进学派的研究方法、激进与渐进的研究方法、宪政与非宪政的研究方法、成本—收益的研究方法。

（一）由新古典理论到制度—演进学派的研究方法

由新古典理论推导的"华盛顿共识"以及不断修正中的制度—演进学派的"后华盛顿共识"一直是主流的研究方法。"华盛顿共识"最初是针对20世纪80年代拉美金融危机的解决方案(斯蒂格利茨,1998),是针对市场机制已经建立但市场关系扭曲的解决方案,强调通过价格自由化、紧缩货币政策和平衡预算以稳定宏观经济、国有企业私有化等主要经济指标的变动来观察市场体系被矫正的情况,威廉姆森(1990)将其归纳为10个要素。其隐含逻辑是只要这些指标好转,市场机制的效率就能得到发挥。应用于经济转轨设计时,这种基于新古典经济学理论的经济转轨思路是希望通过大规模、迅速、全面地建立一套西方式的游戏规则体系,实现经济的长期稳定增长。在应用于东欧和前苏联经济转轨实践并遭遇失败后,其研究的背

[①]　四种方法归纳的角度不同,有的是现象角度,有的是理论角度,因此会有重叠的因素,但不影响对其单视角性质的判定。

景调整为针对市场体系缺失条件下的建设,着眼于描述市场制度的构成要素。"共识"的内容也在不断丰富和修正中,威廉姆森(1997)曾在原来的基础上新增了 10 条内容;科勒德克(1998)在指责"华盛顿共识"必然导致的"制度真空"(institutional vacuum)后①,提出了 8 个要素在经济转轨中的作用,着重强调了制度建设在经济转轨中的重要性。斯蒂格利茨(1998)指出"后华盛顿共识"必须采用更加广泛的工具以实现更加宽泛的目标,即不能仅以 GDP 的增长来衡量经济转轨,而应该寻求包括健康与教育在内的生活标准的提高;寻求包括自然资源和环境保护在内的持续发展;寻求社会上所有集团分享成果的均衡发展;寻求使居民能够以多种方式参与和影响政策决策过程的民主的发展。

从"华盛顿共识"到"后华盛顿共识"虽然体现着转轨经济研究框架的逐步完善和理论支撑的逐步综合,但总体来说研究视角并没有发生大的改变,其中主要的局限表现在两个方面:一是新古典理论及制度—演进学派理论自身对市场制度认知的不足,成为转轨经济研究的直接制约条件;二是经济转轨过程和目标的总和不确定性决定了这种设计思路潜在的极大风险②。经济转轨的一般性目标虽然是市场经济制度,但具体到一个转轨经济体未来发展成为怎样一种市场经济制度,则难以有统一的模式,更没有完整的设计;而且即使可以做到这些,比如以美国模式为终极目标,如何保证这一目标模式的

---

① 良好的财政状况、低通货膨胀、稳定的汇率以及金融市场的平稳只是经济政策的手段,经济的持续增长和生活标准的提高才是它们的目标。但是在执行这些政策的几年后,经济转轨国家并没有获得经济的持续增长和人民生活标准的提高。一些重要的改变,如私有化和自由化都仅仅是工具,而不是目标。时常将这些工具的变化过程作为经济政策的核心,即使不是最终的目标,也是十分奇怪的。过多地将注意力集中到了假设中能够提高经济运行效率和竞争力的手段上,而不是它们实施的结果,这种偏见导致了政策的扭曲,使工具变成了目标本身,忽视了最终目标对于实际经济的影响。(Grzegorz W. Kolodko. *Ten Years of Postsocialist Transition:the Lessons for Policy Reforms.* The world Bank Development Economics Research Group. 1998. p. 13)

② "在总和的和个别的层面上,结果的不确定性都是转型的关键特征。……我们必须承认转型经济走向并将收敛于其中的资本主义模型并不一定是清晰的。经济学家对政府在市场经济中的作用的争论很自然地转变为对转型的争论。更重要的是,即使转型有一个明确的目标,也没有公认的理论说明如何达到这个目标。……转型结果存在着巨大的总和不确定性,迄今为止这些国家的经验并没减少人们所感到的不确定性。""由于总体不确定性的存在,转型从来就没有路线图。"(热若尔·罗兰. 转型与经济学. 北京大学出版社. 2002. 第 25、27 页)

建立必然会给特定的转轨经济体带来美国那样的效率,本身又是不确定的①;再退一步讲,即使上述条件都能做到,如何通过设定的程序完成这一过程,其不确定性将会更大②。而当这些因素都能够恰当满足的时候,适用的研究方法必然早已不是"共识"所能设定的内容。

随着中国的经济转轨实践逐渐成为关注的重点,出现了各种关于中国经济转轨的特殊路径、政府在经济转轨过程中的驾驭能力、经济转轨绩效产生的源泉等问题的尝试性的归纳研究。2004 年 5 月国际主流媒体对"中国模式"和"北京共识"做出了正面肯定(Ramo,2004),这似乎预示着反思经济转轨设计与实践绩效之间出现的巨大偏差的分析方法上的某种重要突破。如强调在保持独立的同时实现增长;强调自由贸易等思想要通过极其慎重的途径来达成;强调创新和实验;主张基于多边主义、维护国家主权和平衡发展的模式;为第三世界国家提供了有益的探索等。但是到目前为止,"北京共识"还只是作为一种理念提出,并未成为一种完整、系统的分析方法,因此尚缺乏对实践的普遍指导意义。但是,"北京共识"的价值在于强调经济转轨国家要按照自己的国情,走适合自己的发展之路,其思想精髓是实践性。也就是说,"北京共识"的内核是成功的经济转轨实践过程,如果能将这一内核总结、升华并再次应用于指导实践,即可成为一种可供借鉴的分析方法。

(二)激进与渐进的研究方法

由于有前述的基本假定,经济转轨被认为越快实现效果越好,速度成为评价经济转轨效果的主要指标。这种方法由于过于现象化,其实际应用具有相当高的不稳定性和不适用性。更重要的是,由于这种方法是基于新古典理论对现实的简单抽象得出的,新古典方法的失败本身就是对速度原则的否定。从研究的分化来看,萨克斯等大爆炸方式的支持者认为应当同时、迅速地推进所有改革,钱颖一、麦金农、罗兰等渐进主义方式的支持者强调改革的

---

① "实际上,没有人确切知道这个转型会转多久,也没有人确切知道已经开始的国家是否最终能够转化为成功的资本主义经济。……其他国家的制度不能轻而易举地照搬或模仿。生搬硬套可能产生预想不到的后果。……并不一定存在把成功的资本主义制度简单照搬的制度上的捷径。"(热若尔·罗兰. 转型与经济学. 北京大学出版社. 2002. 第 7 页)

② 最具挑战性的问题并不是为新的组织和制度发现目标设计,而是经济转轨的过程将实现这些目标。因此,这一最难问题的回答并不是应该如何寻找和致力于真正的目标,而是如何做到由此及彼。(Grzegorz W. Kolodko. *Ten Years of Postsocialist Transition: the Lessons for Policy Reforms*. The world Bank Development Economics Research Group. 1998. p. 20)

循序渐进,另外还有科尔内等人强调在某些领域实施大爆炸、某些领域推行渐进主义的重要性(罗兰,2002)。从实践的多样性来看,中国、越南、匈牙利等国的经济转轨具有渐进特征,其他国家则在总体上遵循了激进的策略。但具体的情况又并非完全如此。比如波兰的大规模私有化在1991—1995年政治上受阻后事实上采取了渐进的方式进行;捷克、俄罗斯在初期实施大爆炸后,其结构重组和稳定化政策也采取了相对渐进的方式;中国的经济转轨总体上以渐进的方式推进,但在局部领域和特定阶段也有激进的措施和策略①。在经历了第一阶段经济转轨的实践检验后,关于激进与渐进的判断更有了较大的变化。由于制度建设(institution building)是一个基于新的组织、法律建设和经济主体行为变化的渐进过程,经济转轨已逐渐被认为只能是一个渐进的过程(科勒德克,1998)。但是在局部领域可以有渐进与激进的划分,如大部分经济转轨国家的自由化是以激进方式实施的,而所有经济转轨国家的企业重组大都安排在经济转轨的中后期,且都以渐进的方式来实施。这样的实践与认识实际上意味着激进、渐进的二分法本身已不能再作为评价经济转轨效果的标准。

(三)宪政与非宪政的研究方法

将经济转轨与政治体制的变革联系起来,认为经济转轨的核心是宪政规则的大规模改变(Sachs and Pistor,1997),经济转轨只是其中的一部分。这种模式一直是西方经济理论研究的主流和经济转轨国家实践的主流,他们对"经济转轨"(Transition)、"改革"(Reform)和"转型"(Transformation)的概念进行了严格区别,并在国际通行的统计口径上作了区分。所谓"经济转轨"(Transition),是指以前的传统模式完全被另外一个不同性质的模式所取代的社会经济性质发生变化的过程,其显著特点不仅在于大规模的市场化,而且在于压倒一切的私有化、自由民主和全面的世界经济一体化。"改革"(Re-

① 邓小平在谈到1984—1988年经济快速发展与1989—1991年治理整顿的关系时,有这样一段评价:"但是怎样全面地来看那五年的加速发展? 那五年的加速发展,也可以称作一种飞跃,但与'大跃进'不同,没有伤害整个发展的机体、机制。那五年的加速发展功劳不小,这是我的评价。治理整顿有成绩,但评价功劳,只算稳的功劳,还是那五年加速发展也算一功? 或者至少算是一个方面的功? 如果不是那几年跳跃一下,整个经济上了一个台阶,后来三年治理整顿不可能顺利进行。看起来我们的发展,总是要在某一个阶段,抓住时机,加速搞几年,发现问题及时加以治理,尔后继续前进。"(《邓小平文选》第3卷,第376—377页。下划线为笔者所加)

form)只被认为是在不改变以前传统模式性质的前提下对其体制的某些不当之处进行的改动。"转型"(Transformation)只被看作是一个相对短期的更侧重于经济体制或制度迅速转变的概念(见表 3.1)。

在此基础上,Kornai(2000)提出了"体制的特殊品性"的概念,这一概念以"政治力量特征"为首的五要素组成,认定只有政治经济转轨方面的"基础性特征"变革成功了,属于经济机制变革方面的"非基础性特征"才有实现的可能性。这是一个典型的政治经济转轨决定经济转轨的研究模式。他认为中国的改革是一场"真正的改革"。

科勒德克(2000)则将原实行计划体制的社会主义国家向市场体制的变革实践划分为两大类型。一类是以"有限的经济变化/严格限制的政治变革"为特征的市场改革,是有意设计(有组织)、渐进主义的;一类是以"经济/政治发生根本性变化"为特征的向市场经济转轨,是合乎规范的、以偶然所为(无序的)实现自由化和宏观经济稳定的。有学者(钱颖一,1999)则认为中国成功的经济改革已经向将宪政秩序经济转轨作为经济改革的根本的观点提出了挑战。

(四)成本—收益的研究方法

中国学者对这一方面的研究具有代表性。有意思的是,这种研究在贡献于成本—收益方法的同时,也对其局限性提出了质疑。

中国的实践首先使传统的成本—收益分析由没有过程的时点概念转向针对转轨经济过程中累积效应的研究,从而证明至少在短期内适宜的路径选择与次序优化是存在的。"休克疗法"的理论基础是只要新制度带来的收益超过旧制度的收益,经济转轨就会发生,是关于时点 A 与时点 B 的制度收益的静态描述。这种观点也被中国学者称为"利益分配无关论"(盛洪,1994)。但是中国的改革实践表明,一个能够带来资源配置改善的新的制度安排,未必能使每个当事人的福利状况都有所改善,至少在短期是这样,利益冲突是不可避免的。实际的制度变迁在本质上具有利益冲突的内涵。盛洪等人提出了经济转轨过程中的成本最小化原则,以此探讨路径选择的合理性。在此基础上有学者进一步提出,经济转轨过程中除了成本外,应该还有收益的存在,经济转轨路径的选择应该取决于过渡性制度安排在各个时点所带来的收益累积与成本累积的差额(冯舜华等,2001)。这样的分析仍可根据经济转轨实践的提出进一步细化和修正。

但是就经济转轨全过程来考察，是否存在长期的成本—收益分析和路径优劣问题，目前的成本—收益方法还难以做出解答。以中国的经济转轨过程来看，改革的前20年政府的主要目标是下放传统计划经济体制下被集中控制的权力和利益，一部分权力下放到地方各级，一部分则下放给市场中各个利益主体，随着权力配置资源模式的被突破，相应的利益分配和索取的权利也分解到更多的主体身上。这个过程即前面所分析的"放权让利"。市场化的运作机制随着利益主体经营权和剩余索取权的落实而逐步形成，微观经济获得了少有的活力，经济增长与体制经济转轨也因此而获得了持续的推动。在这之后而至今的过程中，政府改革的主要目标开始转向集中下放传统计划经济体制下的各种责任。比如包括职工下岗、养老、医疗在内的社会保障的责任，比如职工住房、子女教育的责任。这些责任不放下去，国有企业的问题就无法解决，银行的不良资产还会增加，一些竞争性商品与服务就仍然要靠公共部门以较低的效率来提供。而下放责任的政策取向对经济增长和体制经济转轨而言，意味着政府、企业、家庭三者之间一次新的利益关系的调整。与前一阶段相比，这种利益调整的方向可能会是逆向的，至少是复杂的。一些学者因此认为中国的经济转轨进程尚未结束，还不能就此断言中国的经济转轨就是正确的模式。与此对应的是"转型性衰退"（transformational recession）（Kornai，1993）的说法，即认为俄罗斯等国在经济转轨初期的衰退是难免的，一旦新制度建立，效率会立即显现出来，长期绩效孰优孰劣还很难判定。

中国经济转轨实践本身似乎也对成本—收益方法提出了质疑。已有的实践表明，经济转轨并不总是通过成本—收益的比较决定。中国的经济体制改革首先是从总结自身在建国后前30年经验教训的基础上迈出第一步的，经济转轨过程中特别是经济转轨初期的很多创新都是根植于本土的，有的在过去都有过思索、争论和实践，有着其内在的延续性和继承性。农村大包干根源于1962年的"包产到户"，价格双轨制也曾在"一五"公私合营期间和20世纪60年代初困难时期两次推行。经济转轨最根本的动力应该来自于政府在一定前提下允许企业、个人等以自身利益增长为目标的行为或活动，以及政府不断为其创造条件和改善条件的行动。除此之外，经济转轨的具体路径是因各经济体的差异而多样化的。

总体来看转轨经济的单视角研究思路，主要是基于市场是导致资源配置最大化和社会福利最大化的最有效机制的判断。这种判断被先入为主的设计观点主导后容易导致三个认识上的误区：(1)目的与手段的倒置①，即只要建立了市场机制，经济增长与社会发展的目标就会自动实现；(2)不需要过程的变革，即越迅速地完成经济转轨越有利于减小成本，过程是没有意义的反复；(3)以政治制度变革主导经济转轨进程，即私有制是与市场机制最适合的效率组织形式。这三个误区程度不同地形成和影响了上述 4 种研究方法中的 3 种。中国学者对经济转轨研究的可贵之处在于重视过程的研究，认识到经济转轨过程中的两种制度安排除了对立的一面以外，还有可兼容的一面，对立与兼容都是经济转轨可以利用的方面，也是成本—收益分析方法的基础和实践路径的依赖。经济转轨所追求的效率改进和必然带来的利益调整是过程中的两个侧面。把改革过程中的利益冲突作为改革成本的度量，用新的制度安排替代旧的制度安排所带来的资源配置的改善则是这一改革的收益。由于有绩效概念，这种研究方法使得过程的选择与评价成为经济转轨可以持续进行的依据，并在一定程度上保证了手段与目的的正确定位。这种研究已远远超出了新古典理论对两种制度简单的价值判断，因此与实际更为贴近，也更具指导性。

二、经济转轨研究的双视角思路

经济转轨研究的双视角思路将经济体制的转轨与经济发展阶段的转型同时作为这一特殊经济形态中两个互动的考察对象，研究二者之间的互动关系，以此寻求对经济运行的总体评价。这种研究思路的形成是基于如下判断：制度选择和发展阶段之间存在契合关系。几乎所有的前社会主义国家（或称计划经济国家）在经济转轨前都处于较低的经济社会发展水平，计划体制无法通过效率带来发展水平的迅速、持续提高。经济转轨就因此具有了通过制度选择改善发展的激励条件的含义，发展也同时对制度形成反作用。当制度模式与发展模式的契合没有完成、定型时，经济转轨过程中的二者就处

① 尽管宏观稳定很重要，例如，通货膨胀并不总是其最重要的组成部分。贸易自由化和私有化是稳健的宏观经济政策的关键部分，但它们并不是目标本身。它们是手段，以最终实现一个较少扭曲、富有竞争力和效率的市场，并以有效的监管和竞争性的政策作为辅助。(Koseph Stiglitz. *More Instrument and Broader Goals : Moving Toward the Post - Washington Consensus.* The 1998 WIDER Annual Lecture〔Helsinki, Finland〕, p. 21)

于动态和不确定的状态,二者同时受到重视并匹配得恰当,经济运行绩效就比较明显、全面,反之则可能带来矛盾的累积和结构性失衡。

(一)双视角研究思路的摸索

迄今为止关于双视角的研究都还处在由实践感受引致的自发摸索中,没有成形的体系,甚至没有准确的界定。比如对"经济转轨"和"发展转型"概念的混用,"转型"经常既被用作体制经济转轨的含义,也被用作发展阶段转型的含义。这种混用表明我们对两个视角的界定和相互关系的认识还是模糊不清的,误用、替代、简单化和以偏盖全的观点时常出现。

双视角的最初摸索似乎始于单视角研究受挫和深化过程中的自然演化。证据之一是在西方学者都固守于新古典理论原则时,斯蒂格利茨对转轨经济的研究则从更多理解中国经济转轨实践的合理性和更深理解市场制度内涵的角度展开,其中隐含了关注经济转轨、关注发展的内容。比如他将成功市场制度的特征概括为产权和竞争,从一般化意义上对中国样本与其他样本之间的差异进行区分。即大多数国家强调产权,中国强调竞争。大多数国家不重视经济组织机构即"组织与社会资本",中国采取逐步发展的过渡在改革中转变了经济组织机构。比如他认为原社会主义国家终结变革过程的前提,是以新的福利契约机制替代旧的福利机制,最终把过去政府与全体公民之间事实上存在的社会契约"转化"掉,而这一过程的完成必须考虑到发展方面的制约(斯蒂格利茨,1998)。证据之二是中国学者关于成本—收益研究方法的深化,当这种方法被用于经济转轨过程的绩效考察时,节约成本和扩大收益都必然会受到发展因素的制约,都不得不考虑经济发展的阶段和条件。比如20世纪80年代末90年代初,随着中国改革的深入特别是价格"闯关"的受挫和经济层面的问题引发政治风波后,理论和政策部门都开始更加重视经济转轨过程中的利益冲突,寻求有利于降低成本的经济转轨路径(盛洪,1994)。这种路径探索也被描述为从"非帕累托改进"向"帕累托改进"的转化过程(樊纲,1991)。其中隐含的就有发展水平对经济转轨速度、路径制约的考虑。

具有比较明显的双视角特征的是"转型发展"的研究方法。其主要观点是强调不能够孤立地设计经济体制改革目标模式,也不能够按照常规实施对变革中经济的宏观调控,必须考虑二者的相互制约关系。较早系统阐述这一见解的代表性著作是厉以宁的《转型发展理论》。这里的"转型"与经济转轨同义,发展则指经济发展阶段。他认为中国是一个转型的发展中国家,转型是指中国正在从计划经济体制转变到市场经济体制,发展是指中国正在从不发达状态迈向现代化。正是由于转型与发展这两项任务结合在一起,中国所遇到的问题,尤其错综复杂,这里既有转型中的问题,又有发展中的问题。厉以宁是从"迄今为止,发展经济学还没有把转型发展问题作为重点研究的课题"和"有些著作中涉及到类似问题,但大都比较肤浅"的现状引出这一番阐述的。所谓两个研究领域和两个学科,是指研究发展问题被看成是发展经济学的任务;研究转型问题被看成是比较经济学或比较体制经济学的任务。厉以宁指出,从转型发展中国家具有明显特点的方面看,至少有四个问题对转型发展研究十分必要而在一般经济学著作中并没有仔细分析:(1)资本形成;(2)人力资本形成;(3)市场化;(4)企业家的成长①。这样的认识是开拓性的。从学科背景来讲,不仅指出了发展经济学较少涉及经济转轨特征的发展问题,还同时批评了以经济转轨解释一切现象的单视角研究方法,间接地指出了一些经济转轨实践与预期背离而又得不到解释的根源。从理论主张上来看,他似乎倾向于将转型发展作为一个特定的发展阶段,在发展经济学的框架内补入经济转轨的条件以求完善,这实际上反映了当时转轨研究还比较零散、简单的历史背景。周振华对"增长转型"的研究则是以体制经济转轨为约束条件,研究狭义的发展问题,只是这里的"转型"是指增长方式或发展方式的转换。他对转型的描述是:"在现实经济生活中,实际增长方式的差异构成了不同总体特征反映的类型。但从理论上讲,增长方式可以从不同的角度进行划分,没有统一的格式。例如从需求的角度,可以划分为以内需为主导的增长方式与外向型增长方式;从供给的角度,可以划分为外延增长方式与内涵型增长方式;从投入产出的角度,则可以划分为粗放型增长方式与集约型增长方式。而选择哪种角度来划分增长方式的类型,完全取决于其研究的内容及其需要。"②这种研究以进入90年代以后中国体制改革与经济发展开始登上了一个"新台阶"为背景,依次分析转变经济增长方式问题的紧迫性、宏观有利条件、制约因素,最后阐明了实施增长转型的路径选择。以后的研究中"经济转轨"与"发展转型"逐渐成为可接受的共识,经常被用于对同一

①　厉以宁.转型发展理论.同心出版社.1996.前言第1—2页,第18—77页。
②　周振华.增长转型.上海人民出版社.1997.第3—4页。

问题的解释。但是转型发展的研究方法主要是分别强调两个方面,或者更多地将发展作为一个背景,强调经济转轨中重大问题的解决次序,或者更多地将经济转轨作为一个背景,强调发展战略必须考虑的特殊条件,缺乏关于二者内在联系的研究,更没有考虑从这一类特殊经济体、特殊经济形态的角度来考察约束条件下的体制经济转轨与发展转型的动态过程,创立和形成转轨经济的一般理论。在实践和对策研究中,二者的使用更显随意,有时甚至被用作对难以解释的问题或政策进行搪塞的借口。

国外研究中一个值得重视的研究方法,是加藤弘之(2003)提出的"双重转型"思路。他定义的双重转型是指从计划经济体制向市场经济转型,从传统经济向市场经济转型并存的状态。从计划经济体制向市场经济转型可以理解为体制经济转轨,从传统经济向市场经济转型是指从"市场未发达"阶段向发达的市场阶段转变,可以理解为发展转型。加藤弘之认为中国经济转轨面对的任务并不单纯,体制经济转轨并非是纯而又纯的体制形态转变,还要受到别的转变条件的制约,使经济转轨不能按照改革方案预先设计的路线前进,由此引起了将发展指标与改革指标结合起来进行分析的思考,这是很有创新意义的。但在接下来的分析中,加藤弘之基本上将双重转型研究局限于市场培育和市场化程度的刻画上,他对"双重转型"的定量分析指标有两类,一类是用产业结构的变化考察传统经济向市场经济转型的进展,将第一产业视为传统部门的代表,第二、第三产业视为现代部门的代表。一类是用所有制结构的变化考察计划经济向市场经济的进展,将现代部门分为计划部门与市场部门,再将国有企业、集体所有制企业归为计划部门,城市其他所有制企业(私营企业、外资企业)、自营业、从事农业劳动以外的农村劳力(包括乡镇企业职工)归为市场部门。这样的分析方法既粗略又狭隘,把双重转型问题局限于简单的市场化进展的解释中,缺乏科学性。

双视角研究思路摸索过程中的这种混用和随意性反映出其作为方法论还很不成熟:第一,我们很难从以上的研究中看到清晰、稳定的理论基础和学科背景作支撑;第二,转轨经济还没有形成以理论和学科为背景的关于转轨经济研究的一般性方法;第三,在经济转轨、转型的混用中,研究者还没有在特定历史阶段中考察二者之间的内在关系、作用与反作用,也还没有自觉地将现实经济运行中的问题纳入经济转轨、转型的双视角框架下来进行解释。

（二）建立以"转轨—转型"为框架的双视角研究思路

"转轨—转型"研究框架的建立必须在"转轨—转型"经济的特定条件下研究二者的互动关系，以及由此带来的对绩效的影响。一个直观的判断是，"转轨—转型"经济从经济体制转轨角度而言，已经远远超出了诺斯等新制度经济学派关于制度变迁的一般概括，它既不是一个自然演进的过程，也不是同一经济制度下的体现为规则、行为规范等关系的变化（诺斯，2002，第225—226页），而是一个经济运行系统的彻底改变。从经济发展转型角度而言，虽然在发展阶段的演进上同样存在着罗斯托（2001）所描述的类似特征，大多数经济转轨国家都还处在为经济起飞创造条件或起飞初期的阶段，但形成这些阶段的制度背景并不是他从资本主义发展史顺序理出的线索，而是有社会主义特定历史阶段的作用。因此在中国、前苏联的资源配置和工业化过程中，都有着独特的实现方式，形成了独特的固化结构。而当这两方面的特异性共存于"转轨—转型"经济中时，如何通过经济转轨推动转型、如何通过发展转型推动经济转轨就成了特定条件下的特定问题。这样的特异性实际上是由"转轨—转型"经济居于"计划—转型"经济与"市场—转型"经济的中间阶段所决定的。"计划—转型"经济在过去的实践中已经证明无法实现预期的持续的效率增长，在体制选择和发展阶段之间难以形成良好的匹配关系；"市场—转型"经济在已有的实践中已经证明其效率优于"计划—转型"经济，这也是经济转轨的动因所在。但在两种模式转换的中间状态，即"转轨—转型"经济中，最大的难点在于要通过尚不确定、尚不完善的体制推动转型，要通过发展转型为经济转轨提供外部环境和动力。这一过程用我们习惯的思维方式解释，就是要通过对过去超前的体制的"后退"行动、逆向生成市场体制，以推动发展阶段有效率地顺向演进（吕炜，2000a）。这样的分析表明，体制与发展之间的关系不可能是一元线性的，其契合的过程也不可能一蹴而就，因此既不能像新古典理论那样简单地设计对应关系，也不能将转换过程的重要性简单地忽略。"转轨—转型"双视角研究的创新意义至少包括：（1）有利于在过程中校正目标与手段错位或倒置的问题；（2）有利于降低对目标模式简单设定所带来的总和不确定性；（3）有利于降低经济转轨过程中路径选择的不确定性。

目前中国经济运行中的"二元结构"问题显然已经不是发展经济学中的

一般理解,而是在特定体制背景下变异后的多"二元"构成,它至少包括城市与城市之间的、农村与农村之间的,以及经济转轨过程中同一区域内部因改革次序与进度不同而出现的职业之间、所有制之间、产业之间等多种情况的利益分化导致的"二元",反映了改革过程中的结构性变动特征和结构性矛盾,是特定的改革与发展战略的伴生品。与此相关的还有分配不公、社会保障体系缺位、生态环境恶化等问题,都属于发展转型的范畴。虽然20世纪90年代中期以后中国经济增长仍然保持了较快的速度,但增长已无法自动解决这些发展问题,而是形成了速度与矛盾累积相伴随的局面。这些方面上升到理论层面就需要运用"转轨—转型"的分析方法,研究二者之间的互动关系。

第四节　经济转轨过程观

经济转轨涉及世界上为数不少的国家、地区和人口,使人们很容易获得相关的感性认识,但是,如果要在经济转轨的"从何处来"→"到何处去"之间,预测未来、解释现在或评价过去,则需要有一个系统的理论层次的认知即"经济转轨过程观"。本部分从时空观,即从横向(空间)和纵向(时间)两个视角来展开论述。经济转轨客观存在于一定的空间和时间中,从空间结构看,经济转轨是由多组矛盾复合而成,因此对经济转轨过程中某个状态的静态分析可以从"发展阶段—经济体制"、"政府—市场"和"主观—客观"等矛盾的有机构成入手;从时间顺序看,经济转轨过程大致是由三部分动态构成,即起点、终点和这两点之间长期存在的过程。这种立体视角有利于把握导致经济转轨运动的矛盾,并在经济转轨纵向的演进过程中,从横向的视角跟踪矛盾的纵向演进和变化,从而认识经济转轨显现出来的特殊性和一般性,形成多层次、多视角的经济转轨过程观,即经济转轨是符合经济史一般规律的一个特殊的阶段或过程。

一、经济转轨是经济史中的一个特殊过程

科尔奈《制度范式》中有两点值得提及:一是,他认为试图将现实资本主义制度对现实的社会主义的胜利误解成主流经济学对其他全部的、可替代的范式的胜利的观点,有些勉强。实际上现实的资本主义制度,是由于多种原

因而获得了胜利。它的胜利是由于一些在其他事情之中的优良的特性,而这些特性并没有得到主流范式充分的分析和解释。二是,他把1989年剧变之后不甘于被置于局外,已来了、看了、得到了(或迷惑了)、然后离开了的暂时热情表现的一些西方学术界人士,称之为扮演了"客座明星"(gueststar)的角色。而长期生活在经济转轨国家环境中的本土经济学家,"对于大约四分之一,甚至三分之一的全世界人口,制度变迁是一种像腹泻一样的经历"。这一部分经济学家尽管很少受到现代经济学的教育,却有来源于崩溃之前许多年的改革争论中训练其思想辨识能力的机会,恰好由于这一经历,使他们具备了善于根据同时变化的制度的各种成分来思考的优势。

由科尔奈讲的前一点引申的思想路线是,在"现实的资本主义制度,是由于多种原因而获得了胜利"的这些原因之中,或许就有某些对另一制度的迅速失败产生过一定程度的影响? 如果有,那就意味着,它们对"非历史—人为形态"经济转轨的阻力大小和速度存在影响。单就转轨阻力增大这一方面看,那样一些因素不是使"非历史—人为形态"选择靠近"历史—自然形态"路线,去修正偏离的方位,而是变得更加疏远、扭曲。针对经济转轨的分析,既要从历史角度察看这一欠缺的根源,也要从历史深度把未来与当前联系起来。即使是注定仍然要在受约束的时空中继续沿着"非历史—人为形态"的路线运动,也要尽量避免再发生过多的差错。

由科尔奈讲的后一点引申的思想路线是,"非历史形成的制度范式形态"也是可以当作一个课堂,参照对方经验来提高自己的学习效率的。但"非历史—人为形态"向"历史—自然形态"在制度范式方面的学习,以下情形应予避免:(1)理论性的知识的重要性是显而易见的,但是,实践性的知识,尤其是"根据同时变化的制度的各种成分来思考"可能得到的知识,往往被人轻视;(2)对方的理论性知识往往因成功而被认为重要,自身的理论性知识往往因失败而被认为不重要;(3)对方的知识,无论是理论性的还是实践性的,往往被认为离"现在时"越近越具有先进性,从而把当前的可研究价值与当前的可借鉴价值等同起来。

在将"历史—自然形态"和"非历史—人为形态"进行比较研究时,应该具备理论的逻辑和历史的逻辑两种眼光。避免忽略或漠视时空坐标系上的位置差异,对现成模型不加修改随意比照、妄下结论。两种形态的制度范式探索轨迹,既有差异点,也有相似点。对方的理论与实践和己方的理论与实践,均一样地存在成与败的经验二分性。己方成功的经验少更应珍惜,因为它具有亲缘性,比较好用;对方失败的经验少也应珍惜,因为它可能对己方更有警示意义。

以下我们来比较两个图型:第一图型是按照诺斯"横断面"与"纵切面"交互影响,理解经济史中的结构与变迁如何采取了时空一致的方式,即制度范式分析中被典型地划归到"历史—自然形态"的那一类。第二图型是后社会主义转轨进程还原到经济史结构与变迁中的路线模拟,它一直在时空不一致的环境中迂回曲折地前进,即制度范式分析中被典型地划归到"非历史—人为形态"的那一类。

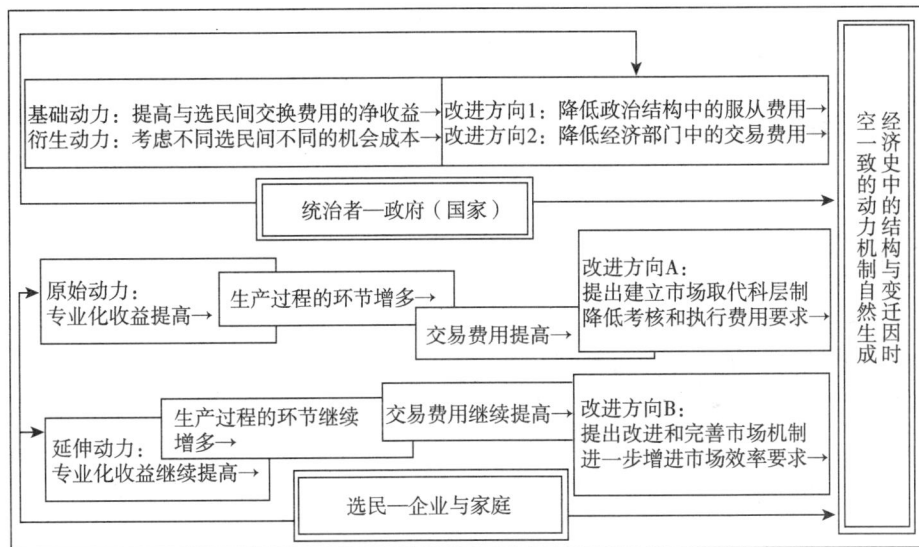

图3.2 按诺斯理论理解的"历史—自然形态"过程

图3.2实际上是一个经典模型。它的社会转型与经济体制选择,在没有突发事件影响或虽有突发事件影响,但既有制度框架或变更中的制度框架能够吸收其影响力的情况下,是完全基于内在动力机制的,"自动"地进行和完成其重大转变。"统治者—政府"与"选民—企业与家庭"对制度的稳定或变动,及它应该向哪一方向变动,包括某一时刻在多大程度和多大范围变动,是由双方相互博弈决定的一个能够带来正效率的选择集。假如说,某个历史段

落上,曾经发生过一次两次引致负效率的制度变动的情况,根据经典模型的解释,也一定是由于"选民—企业与家庭"一方的正常诉求太弱,从而导致"统治者—政府"一方的任意作为。换言之,只要"选民—企业与家庭"一方的力量起到足够的制衡作用,"统治者—政府"一方的决定通常是有效的。这就是"历史—自然形态"的制度范式总是把"经济自由"与"民主政治"理解为不可两分的缘由。

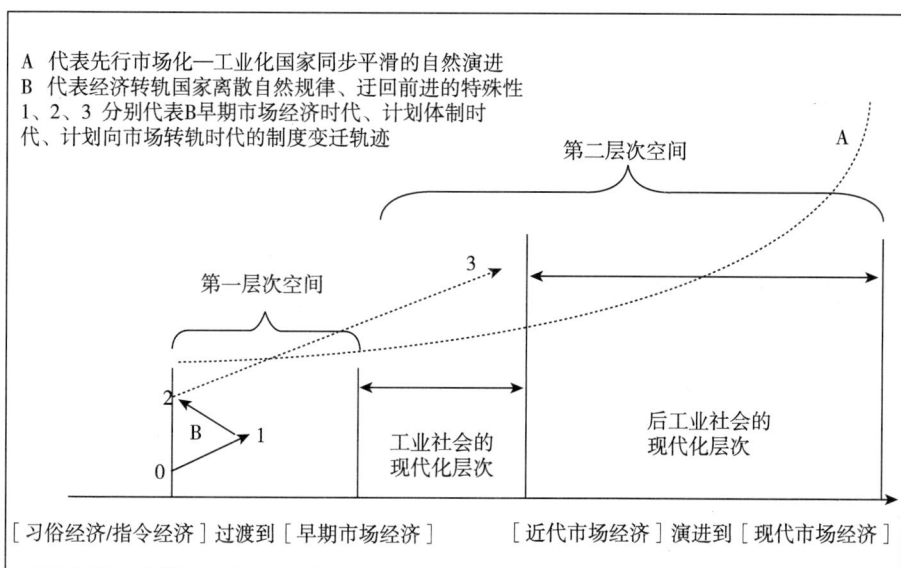

A　代表先行市场化—工业化国家同步平滑的自然演进
B　代表经济转轨国家离散自然规律、迂回前进的特殊性
1、2、3　分别代表B早期市场经济时代、计划体制时代、计划向市场转轨时代的制度变迁轨迹

第二层次空间

第一层次空间

第二层次空间

工业社会的现代化层次

后工业社会的现代化层次

[习俗经济/指令经济]过渡到[早期市场经济]　　　[近代市场经济]演进到[现代市场经济]

图 3.3　本书所理解的"非历史—人为形态"过程

图 3.3 是以经典模型为参照,针对后社会主义转轨国家迂回前进路线的制度变迁及其结构变异的分析。A 的倾斜向上曲线,代表"历史—自然形态"的轨迹。它的社会转型与经济体制选择完全基于内在动力机制,"自动"进行和完成其重大转变,横向的空间结构被折叠起来,而在时间含义上纵向地展开了。B 的陡峭向上并且有过明显折断的线,反映了"非历史—人为形态"的社会转型与经济体制选择,既存在着起点上的先天不足的滞后性(以箭头 0→1 表示其初始运动的经济发展史上所处阶段),又存在着一次"主动选择的后果的被动性"(以箭头 1→2 表示建立计划体制的转折运动),还存在刚刚经历并正在经历着的二次"被动选择的主动性"(以箭头 2→3 表示抛弃计划体制走向市场体制的再转折运动)。第一层次空间代表旧式商业时期向新式商业

时期的革命性转变,它所对应的是第一层次时间的经济体制结构特征,按经典模型应该是习俗经济或指令经济过渡到早期市场经济。第二层次空间代表产业革命,与该层次空间内含工业社会和后工业社会两个亚空间发展层次相对应,经典模型在时间层次上,则表现为由近代市场经济向现代市场经济的演进。但是,不能简单地将 0→1 向 1→2 的变动判定为一次历史性倒退的异常运动;将 1→2 向 2→3 的变动判定为一次历史性进步的正常运动。笔者在上面分析中所采取了递进与并列相结合的特殊表达方式:既存在着起点上的先天不足的滞后性;又存在着一次"主动选择的后果的被动性";还存在刚刚经历并正在经历着的二次"被动选择的主动性"。其含义是:前一个违背经典模型的结果,形成了后一个违背经典模型的原因。"非历史—人为形态"的社会转型和经济体制选择缺乏正常内在动力机制的情形,会在很长一个历史阶段内,不仅内部一直隐藏着互相冲突的机制,并在外部也一直难以融入到"历史—自然形态"约定的规则中去。还需注意到,对 1→2 建立计划体制的转折运动做出抉择时,是否还有外部因素的促成或内部因素取得了某些即使是偶然性的一致?对 2→3 抛弃计划体制走向市场体制的再转折运动做出抉择时,是否也有外部因素与内部因素结合上的不一致? 假如对前一个提问的回答是彻底否定的,那么,前社会主义制度和计划体制竟然存在了半个世纪,就不好解释。相应地,假如对后一个提问的回答也是彻底否定的,那么,后社会主义转轨进程开始以来,大多数国家的经济体制运行效率和社会秩序并不乐观,也不好解释。为更深一步理解,以下就挑选几个看起来不那么重要的事例来说明。

先看二次"被动选择的主动性"(即 2→3 抛弃计划体制走向市场体制的再转折运动)中的事例。在现代社会里,即使受到自然灾害、当地军事冲突的打击,也没有哪一个国家的产量像东欧和前苏联各共和国那样下降得如此剧烈。整个地区在转轨的前 7 年已整整丧失了 1/3 的国内生产总值,在另一个 7 年里也不可能恢复到转轨前的水平。20 世纪后半期最坏的情况:乍得在 1960—1990 年间国内生产总值下降了 50%,而俄罗斯仅用了 7 年时间它的国内生产总值下降了一半,在同一期间,与扎伊尔相似,每一年衰退 8%。俄罗斯不是最坏的例子,因为还有另外 8 个国家国内生产总值降幅超过 50%。转轨国家 2→3 运动中包含异常因素,已是事实并且短期难以扭转。前不久,科勒德克还指出:2003 年波兰的人均 GDP 大约等于 1989 年的 130%,但这显然属于最好的那一类。而俄罗斯和乌克兰的人均 GDP,分别只相当于 1989 年的 75% 和 50% 左右。再看"主动选择的后果的被动性"(以 1→2 建立计划体制的转折运动)中的事例。西欧 16 国包括奥地利、比利时、丹麦、芬兰、法国、德国、意大利、荷兰、挪威、瑞典、瑞士、英国 12 国,加上爱尔兰、希腊、葡萄牙、西班牙 4 国。西欧 13 小国包括冰岛、卢森堡、塞浦路斯、马耳他及其他几个更小的国家。东欧在政治体系未发生变动前指阿尔巴尼亚、保加利亚、捷克斯洛伐克、匈牙利、波兰、罗马尼亚、南斯拉夫,是 7 国的概念;政治体系变动后,捷克斯洛伐克成为捷克共和国和斯洛伐克,前南斯拉夫成为波斯尼亚、克罗地亚、马其顿、斯洛文尼亚、塞尔维亚—黑山 5 个国家,是 12 国的概念。

从人均 GDP 考虑,1951—1990 年的近半个世纪里,东欧只在 4 个年份(1980、1981、1985 和 1987 年)出现过当年增长低于上年的情况,前苏联也只出现过 4 个年份(1959、1963、1980、1990 年)。从 20 世纪各个时代比较来看,东欧国家在 70 年代末人均 GDP 增长显著低于西欧国家,也低于前苏联,80 年代似乎又赶了上来,苏联却掉了下去。东欧前社会主义国家和前苏联在 90 年代末人均 GDP 指标均已呈现衰退迹象,但当时经济情况的糟糕程度,似乎并不比转轨开始以后更糟糕多少。

根据经济转轨提示的社会主义运动受到挫折的事实引起的思辨,已经深入到体察革命导师特定历史处境,设想其心态,领悟其困惑等敏感领域,而这些领域,过去是很少有人敢于涉及,或者看到、想到过,但有意识地采取了回避的态度。但是,这样一些敏感地方正是某些或者是(或者不是)社会主义(或资本主义)纠缠不清的论题容易藏身的地方。解释清楚这些问题,显然对处于同一制度范式分析框架中的"非历史—人为形态"如何与"历史—自然形态"进行有益的沟通意义重大。

后社会主义转轨进程是一条陡峭向上并且有过明显折断的线,社会转型与经济体制衔接上存在着种种人为断裂开来的痕迹,短暂而急促的阶段性变化,便于人们在"浓缩的时空"环境里近距离观察。"非历史—人为形态"非转轨发展中国家,也存在着起点上先天不足滞后性(0→1 表示的经济发展史上所处阶段),但既不存在一次"主动选择的后果的被动性"(1→2 表示的建立计划体制的转折运动),也不存在二次"被动选择的主动性"(2→3 表示的抛弃计划体制走向市场体制的再转折运动)。可见,经济转轨是世界经济史中的一个特殊过程,对其实践性和政策性的研究对于转轨经济体具有重要的借鉴意义。

二、经济转轨是社会主义实践中的一个特殊过程

中国商品经济的发展经历了一段漫长的时期,先后在秦汉、唐宋及明清就出现过三次经济发展的兴盛时期。近代中国社会的商品经济发展更快,实际上已经渗透到社会经济生活的每一个角落。新中国成立以后,虽然曾一度扼制商品经济的发展,但商品经济始终没有在中国大地上消失。商品经济与市场相伴而生。从这个意义上说,商品经济就是市场经济。但是,就一个完整的市场经济概念来说,它不仅包括商品经济的实质内容,而且还包括与内容相适应的经济组织、运行和调整形式等。可以说,市场经济是商品经济的高级、发达的形式。以下我们将结合经济转轨的实践,以中国经济发展的历程为脉络来说明经济转轨实际上是社会主义实践中的一个特殊过程。

（一）以鸦片战争为起点的中国现代化及资本主义的发展（1840—1949 年）

对所有的落后国家来说,现代化的启动都来自外部的挑战。1840 年的中英第一次鸦片战争,就是在 19 世纪中叶清王朝开始衰落的过程中发生的。19 世纪中叶是东亚历史发展的大转折时期,这个大转折不是内部因素而是外部因素造成的。但必须指出,中国在 1840 年以前的衰败现象主要是内部因素的作用,这与 1840 年以后西方冲击下引起的社会变迁大不相同。

19 世纪下半叶到 20 世纪初始,是在旧王朝体制下探索资本主义发展取向的自上而下的改革时期。在这一时期,西方资本主义对中国的渗透还非常有限,清朝皇权结构主要是受到太平天国的沉重打击而松弛化。在内忧外患双重压力下,清廷改革派与新兴地方实权派结合,兴办了一批官办的军工企业,后期扩大成为官办、官督商办、民办的资本主义型企业。但这一发展势头不幸被 1894—1895 年甲午中日战争打断,中国在此次战争中的失败使中国丧失了一个难得的历史机遇。

从 1911 年辛亥革命到 1949 年,这 40 年是中国内忧外患同时加深、半边缘化与革命化同步发展的时期。在这一时期,国内政治分裂造成的内部混乱,与世界资本主义从 1914 年世界大战以来的发展性危机引起的外部混乱碰撞在一起,是鸦片战争以来中国面临的最严重的民族危机。但是,辛亥革命引发的政治发展断裂没有对经济发展造成严重的影响,这是由于内外控制

的放松反而对民间资本主义的发展提供了机会。20 世纪初期(1914—1924年),中国出现了一次小的工业化浪潮,资本主义商业化、都市化、农业专业化都有明显的推进,如果不是日本帝国主义发动侵华战争再次打断了中国的半工业化,中国可能会沿着准资本主义道路缓慢地走下去。

(二)第一次转轨——从准市场经济到计划经济体制的转轨(1949—1956)

1949 年革命的胜利带来了发展模式的全面转换。这次模式大转换是在第二次世界大战后两个体系对立的特殊条件下进行的,我们将本次转变称为从准市场经济到计划经济体制的转轨(第一次转轨)。新中国建立后,面对帝国主义掠夺和战争造成的衰败,新中国进行了国民经济的恢复工作。从 1949 年 10 月到 1956 年基本完成对生产资料私有制的社会主义改造,是由新民主主义向社会主义转变的过渡时期,在短短的七年间,中国战胜了经济危机,迅速恢复了国民经济,有计划地开展了经济建设,抗美援朝、保家卫国,在农村开展了土地改革,发动社会主义合作化运动,在城市大规模开展了国有化运动,成功地发动了国家工业化,初步建立了社会主义经济制度和政治制度。

值得注意的是,建国初期中国领导人要建立的是新的人民共和国,即新民主主义社会,而不是一个新的传统王朝,系统地提出了新民主主义的政治、经济、文化三大纲领①。在这里,毛泽东的建国构想,既不是欧美式的私有制的资本主义经济,也不是苏联式的公有制的社会主义经济,而是第三条道路,即中国的新民主主义经济,确切地讲它是一个混合经济,既有资本主义经济,也有社会主义经济。这反映了毛泽东根据中国经济十分落后的基本国情,创造性地、务实地提出了这一新的建国构想。当然,这一建国构想更多的是受到了国民党一大宣言的民主主义纲领的影响,还看不出他是受到苏联社会主义经济理论与模式的影响,因为前者与后者大为不同。

---

① 早在 1940 年,毛泽东在《新民主主义论》中就提出了在中国建设新民主主义社会的建国设想。一是实行新民主主义政治纲领,在国体上建立各革命阶级联合专政;在政体上实行民主集中制;国家是建立新民主主义的共和国。二是实行新民主主义经济纲领,大银行、大工业、大商业归国家所有,由国家经营管理,国营经济是社会主义性质,是整个国家经济的领导力量;不禁止"不能操纵国民生计"的资本主义生产的发展;在农村没收地主的土地,分配给无地和少地的农民,实行孙中山先生"耕者有其田"的口号,把土地变为农民的私产。他也强调中国的经济,一定要走"节制资本"和"平均地权"的路,决不能是"少数人所得而私",决不能让少数资本家少数地主"操纵国民生计",决不能建立欧美式的资本主义社会,也决不能还是旧的半封建社会。

笔者认为,第一次转轨过程的推动因素可以从内部因素和外部因素两个方面来分析:

中国人口众多、经济落后、发展不平衡的国情制约因素的现实性与领导人发展目标与战略的主观性之间的矛盾,影响和决定了他们对中国工业化模式的初始选择和不断调整,其主题一直是探索适合中国国情的、旨在摆脱贫困落后、追赶发达国家、但又不同于资本主义的社会主义现代化之路。蔡昉、林毅夫认为,中国传统经济体制的形成,是从选择重工业优先发展作为起点的,这也是内部推动因素之一。传统经济体制是为推行重工业优先发展战略、实现赶超发达国家的目标服务的。然而,没有自主权的微观经营体制造成劳动激励不足,排斥市场机制的资源计划配置制度造成经济效率低下,扭曲的宏观政策环境造成了扭曲的经济结构。

第二个内部推动因素是经济体制的制度选择。这是一个制度与体制选择、形成、确立、调整、改革、创新的连续的变迁过程。它不同于欧美等国社会诱致性、民间自发性的制度变迁,而是一个基于国家强制性、中央政府主导型的制度变迁,在很大程度上取决于中国领导人的选择,特别是毛泽东的选择。

外部推动因素主要表现为对外关系的政策选择。二战之后,全球不仅划分了东西方对峙的两大阵营,而且还出现了南北方发展差距日益扩大的趋势。作为世界人口大国,与世界的关系直接影响了中国的经济发展和社会变迁,建国前中国共产党只能选择"一边倒"的对外政策,建国后也首先与苏联结盟。朝鲜战争爆发前后,以美国为首的西方世界对新中国实行经济封锁和禁运,大大地限制了中国从西方世界获得资金与技术的能力,也大大影响了中国对外开放的进程,中国被迫选择了"自力更生"的经济方针、"闭关自守"的经济政策和"进口替代"的经济战略,同时也影响了中国选择优先发展重工业的经济战略。

(三)第二次转轨——从计划经济体制到市场经济体制的转轨(1978至今)

中国的经济转轨为转轨作为一个特殊的过程性以及转轨经济作为一种特殊的经济形态提供了丰富的实践内容,同时,中国自改革开放以来的持续、高速经济增长使其在与其他经济转轨国家的比较研究中具有十分重要的参照价值。图3.4是中国经济转轨的过程演进路径。图形主体部分的圆形1、圆形2、圆形3、圆形4分别代表经济转轨过程新旧体制相互作用的四个阶段。穿过四个相对独立但又彼此承接的圆形图的斜线,以模拟方式对各个时期和阶段新旧体制比重变化过程进行了示意,从圆形1到圆形4的演进过程我们明显看到计划经济体制逐步推出、市场经济体制日益扩大的过程。圆形连续图的下方,作了一条阶梯形状的折线,对经济转轨的四个阶段中各自的发展特征加以简要说明。经济转轨实际上肩负着生产关系向后调整与向前创新双重意义的经济制度和产业结构重组的使命。中国的经济转轨并没有首先从传统体制最顽固的堡垒——国有企业的体制——这样的核心部位正面接触,为了避免有可能引发的"改革大战",中国领导人选择的是另外一种前进方法,先从它的"边界"上进行突破,这里的边界即是传统计划体制的边界,可以作不同的细划,如计划边界、所有制边界、产业边界、地域边界,每种边界上都存在传统体制的薄弱环节,也是改革最容易取得突破的试验点。中国的经济转轨首先依靠各散点包括农村联产家庭承包责任制、培育市场和非国有资本的示范效应,为解决核心部位的顽症积累经验和准备条件。在第一阶段的改革实施后,人们对价值规律有了新的认识后,就不再满足于局部发挥经济杠杆的效用,不再满足于政府模拟的市场化环境,而出现了根除传统、僵硬的价格机制以尽快形成公平的市场竞争环境的需求。由价格改革优先深入到价格"闯关"受挫,转而"治理整顿",这个阶段的中国的经济体制演进可谓骤起陡落,风云激荡,经历了活与乱交织的关键时期,出现了计划经济体制与市场经济体制并行的特征,在获得巨大成功的同时也在经济、政治、社会等各方面付出巨大代价。这一时期,中国的经济体制演进方向也经历了前苏联及东欧社会主义国家"解体"和"易帜"的域外震荡考验。中共十四大确立的社会主义市场经济体制的改革目标和中共十五大实现的所有制理论创新的重大突破作为两大标志表明:在改革的征途上,中国执政党已告别了"摸着石头过河"的阶段;"经济转轨"正由单项向整体、浅表向深层推进。中共十六大提出的完善社会主义市场经济体制,意味着中国的经济转轨步入如何更好地驾驭市场经济体制阶段,转向全面建设小康和基本实现现代化的经济转轨终点目标。

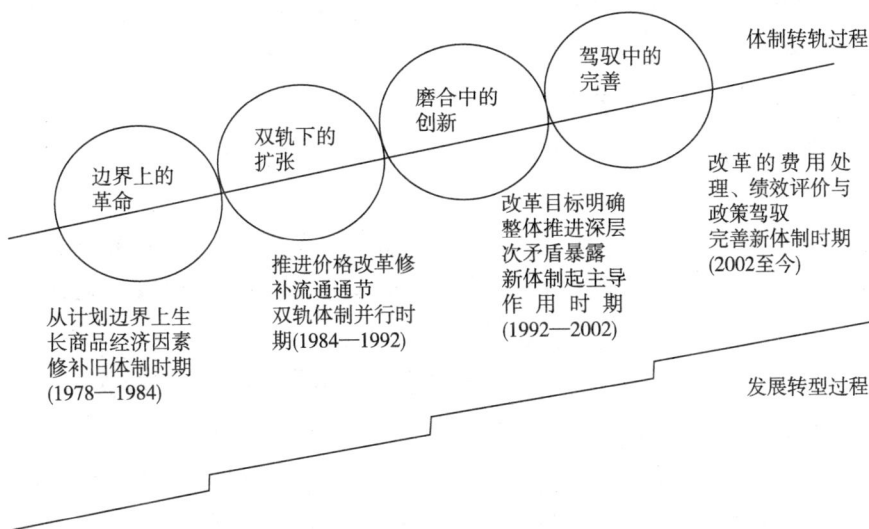

图3.4　中国经济转轨的过程演进

三、经济转轨是主观见之于客观的过程

前面主要是讨论经济转轨这一客观体的本质和其存在的问题,但其中并没有考虑在经济转轨过程中发挥主观能动性的人,即没有考虑主观见之客观的一般规律性。如第一章所述,从历史上的经济过渡来看,过渡的方式大致可以划分为两类,即自然演进的过程或叫自然历史过程,和改革演进过程或叫自觉选择过程。也就是说,如果改革不是随意的,而是在符合历史演进规律的前提下制定各项方案和步骤,那么加速过渡进程的成功就是有保障的。经济转轨显然应该属于改革演进的类型,因此对其研究必须考虑"自觉"(主观)能否符合客观发展规律,以及能从多大程度上符合客观发展规律。

对于经济转轨过程而言,主观是可能见之于客观的。首先,经济转轨的客观存在性是主观见之客观的基础。经济转轨不仅客观存在,而且如前所述是有结构的和有规律的。从静态上看,经济转轨是由某些特定要素(经济体制和发展阶段)构成并表现出某些特征的结构性存在物,从动态上看经济转轨处于有规律的运动、变化之中。当然这里所说的结构和规律都是通过主观认识来表述的,但这种由主观来表述的对象都是独立客观存在着的。其次,经济转轨主体也是有足够能力来认识经济转轨的客观性的。关于主观能力的争论可以上升为哲学中的不可知论与可知论的范畴,但从经济转轨实践可以看出,经济转轨的主体表现出了极强的认识客观规律的能力。主体在经济转轨实践中不断地以一定的必要条件来创造设想的社会发展过程,以对其认识结果进行证实或证伪,并通过这种证明的过程不断提高其认识客观规律的能力。

经济体制很大程度上决定了经济发展的快慢、社会生产力进步的速度,那么经济体制有没有主观的、能动的因素在其中呢? 或仅仅是经济体内部自生的和客观的呢? 关于这个问题有过许多争论。笔者认为政府在经济体中的确不是完全超自然的行为主体,但是在讨论这个问题时,需要认识到组成政府或称为政府代理人的政府官员却是具有自主性、主观性、创造性的行为主体。按照公共选择理论的解释,由于个人偏好即主体性的不同很可能使得政府行为方式并不是完全客观的或理性的。但是,在经济转轨国家中,由于体制僵化性的影响,力量薄弱的市场自身根本无法形成推动“计划→市场”的内在动力,必须依靠政府主动的行为,作为经济转轨的启动和推进力量。当然在市场逐渐完善并成为推动经济发展的根本力量的经济转轨中后期,政府所起到的作用更多是在于驾驭、规范和保障市场运行方面,其“外生性”的方面逐渐会转化为“内生性”。至于这种转化会不会是彻底的,本书认为必须基于过程论的观点进行认识,因为在许多发达的市场经济国家,政府的行为也表现出了许多自主性的方面。但如果仅关注这一方面的属性,那么对问题的认识又必然会陷入完全超自然论的怪圈中,也就无法解释政府的一些行为特点,例如,政府的更迭。因此本书认为,经济转轨国家,特别是在经济转轨前期,政府是推动经济体制运动的重要力量,即经济体制的运动一方面体现出其自身的规律性,另一方面必然体现出主观性。

经济转轨是“(计划)→(计划>市场)→(市场>计划)→(市场)”的过程。从这个运动过程中的主体而言,可以理解为政府在一定前提下允许公众(企业、个人等)以自身利益增长为目标的行为或活动,以及政府不断为其创造条件和改善条件的行动的过程,即可以从政府与市场这对矛盾的角度来论证经济转轨的过程观。政府与市场的关系在经济转轨过程中是一个容易感知并且在学术界经常引起争论的问题,从其能动性而言可以称为经济转轨的主体,因此本部分姑且称其为主体原因。资本运动是市场的内生机制,使社会化大生产的广泛分工与有效率协作在有利于优化资源配置的环境中进行，"外生"的政府通过遵循这种动力机制推动了经济体制转轨过程。但由于政府与市场矛盾的复杂性和多样性，政府需要选择适应的路径并进行相应的体制创新和绩效评价。政府的行为会对市场的运行(资本化运动)产生影响,这种影响又将反馈回政府行为本身,这种循环影响使经济转轨成为一个复杂的运动过程,但究其根本,政府与市场矛盾双方在控制资源上的此消彼涨是经济转轨所特有的动力。这个特有的动力可以通过中国的改革实践予以证明。

中国改革成功的原因在于借助资本的功能渐进而有序地发育商品经济因素和社会化大生产的演进过程;如果用后者来反馈前者,则又可以概括为渐进市场化改革背景下的资本活动渐进有序的范围广泛化和影响深化。中国最高层领导核心的主要决策者对这一重大问题的思考和探索,无一不是呕心沥血、备尝艰辛的。正是他们的承前启后,坚持不懈的实践、认识、再实践、再认识,才在经过了漫长而曲折的积累之后,实现了社会主义初级阶段在抛弃计划体制的过程中对于所有制和分配方式如何既坚持社会主义基本制度同时又实行灵活政策这样一个由必然王国到自由王国的历史性飞跃。

四、经济转轨过程的起点和终点

对转轨经济完整、系统的研究不能缺少对经济转轨起点包括的思想源由、现实情况和其蕴含的变革必然性的研究。经济转轨国家最初选择计划经济体制有其历史合理性。大多数经济转轨国家,如前苏联和中国,在建国初期都处在一个百废待兴的状态,当务之急都是建立一个比较成型的经济基础。特别是结合这些国家所处的国际环境而言,单纯依靠市场机制下市场主体分散的决策,赶超发展阶段的可能性非常小,因此集中全国资源,牺牲某些局部利益(如第一产业)来获得重点方面(如城市)的快速发展是当时可采取的一条可行途径。而这种途径也只有用计划经济体制才可能在较短和较小摩擦的情况完成。毋庸置疑,这样的体制和优先发展重工业的战略在前苏联和50年代的中国都曾发挥了重要作用。但问题在于,当有关领导人将这种体制等同于社会主义应有的体制,并试图使其长期化、理想化时,其弊端开始暴露出来,发展阶段与体制之间的"时空错位"成为经济转轨的逻辑起点,迫使政府开始启动经济转轨。

经济转轨起点的整体性和复杂性决定了从计划经济转向市场经济需要进行全面、配套的改革，是一项长期的任务。无论经济转轨国家采取何种经济转轨战略（激进或渐进）都必须在设计经济改革计划上统筹兼顾，全面考虑，充分认识到经济体制改革中各个环节之间的联系，以便在改革的实际操作中既保持各项改革的合理顺序，又注意各项改革的相互协调、相互配合。经济转轨起点的历史惯性决定了经济转轨过程的路径选择。经济转轨是在过去历史基础上的延伸。经济转轨前各个国家的改革过程尽管没有跳出计划经济的框架，但都从不同程度上证明了计划经济体制不合理的一面，并且这个证明过程所积累的经验和使计划经济体制发生扭曲的程度是不同的，这种差异性导致了现实的经济转轨在各个国家的区别。

经济转轨过程的终点标志着一种经济运动状态的结束，即从时空错位的结构重新回归经济史发展的一般规律。纵观实践中的经济转轨国家可以发现，承认商品（市场）经济的基础性作用是经济转轨完成的客观要求。在这一客观强制力的作用下，经济转轨国家通过试错总结出了许多经验，并不断深化着对商品（市场）经济属性的认识。总体来看，尽管这些经济体制改革计划的方案不尽相同，但经济改革的目标基本上是一致的，即市场化改革。

经济转轨过程的中国经济从 1992 年确定社会主义市场经济体制目标和价格双轨制顺利向市场价格并轨之日起，已从政策面和基本面展现出计划到市场的不可逆性。但原体制普遍特征基本消失和新体制普遍特征开始显现，则在 1998 年上半年商品信息中心宣布其监测的 601 种主要商品全部处于供大于求和供求平衡时才能确定其标志。由此可以判定，中位观察法所确定其内涵的"中位"，在中国经济中的起始时间是 1998 年。

第四章

转轨的性质

第一节　经济转轨的双重任务性

以俄罗斯"休克疗法"为代表的大多数转轨国家在转轨实践中所出现的与初始预期的巨大背离和由此而付出的沉重代价,使西方某些经济学家关于发展中国家经济转轨的理想主义论断、甚至浪漫主义的奇思妙想宣告了全面破产。而以中国和越南为代表的曾被西方经济学者作为批评样本的渐进式市场化改革范例,以其所实现的平稳过渡和经济社会的稳定快速发展,触发了对经济转轨实质、特性、路径等诸多根本性方面的新的思索。这种新的思索在研究方法和研究思路上表现为逐步摆脱原来的单视角的研究思路,而更多地认同和采纳更切实际的双视角研究思路,即把经济体制的转轨与发展阶段的转型同时作为转轨经济这一特殊经济形态的考察对象,并且研究二者之间的互动关系,以此寻求对经济运行的总体评价。关于双视角研究方法本身的论述在本书的第三章中已经有较为充分的涉及,在此不对研究方法本身进行赘述,但必须强调的是正是这种研究方法上的差异致使对经济转轨许多重大问题的认识上出现了较大的分歧,包括经济转轨过程中的主要任务认识。

如前所述,以双视角的思路来探索经济转轨主要源自于单视角研究在实践中的受挫和研究深化过程中的自然演化。在西方学者都固守于新古典理论原则时(由此推导而出的关于市场关系扭曲的解决方案就是著名的"华盛顿共识"），美国经济学家斯蒂格利茨对转轨经济的研究则从更多理解中国转轨实践的合理性和更深理解市场制度内涵的角度展开，其中隐含了关注转轨、关注发展的内容。比如他认为："中国的经验表明，不进行私有化，甚至没有明确界定产权，也能进行成功的市场改革。中国人特别强调竞争。"①他将成功市场制度的特征概括为产权和竞争，从一般化意义上对中国样本与其他样本之间的差异进行区分，得出的结论是大多数国家强调产权，而中国强调竞争；大多数国家不重视经济组织机构，即"组织与社会资本"，而中国采取逐步发展的过渡在改革中转变了经济组织机构。

　　日本学者加藤弘之对中国经济转轨进行研究后提出的"双重转型"思路很有启发意义②。他定义的双重转型是指从计划经济体制向市场经济体制转型，从传统经济向市场经济转型并存的状态。从计划经济体制向市场经济体制转型可以理解为体制转轨，从传统经济向市场经济转型是指从"市场未发达"阶段向发达的市场阶段转变，可以理解为发展转型。加藤弘之认为中国经济转轨面对的任务并不单纯，体制转轨并非是纯而又纯的体制形态转变，还要受到别的转变条件的制约，使转轨不能按照改革方案预先设计的路线前进，由此引起了将发展指标与改革指标结合起来进行分析的思考。这是很有创新意义的。

　　中国学者对经济转轨的研究摒弃了一些西方学者的理想主义和纯理论化倾向，而是更多地立足于中国经济改革与发展的现实土壤，基于有着典型中国特色的经济转轨实践来考察经济转轨的实质与特征的。厉以宁在其著作《转型发展理论》中系统阐述了具有比较明显双视角思路的"转型发展"观，认为中国是一个转型的发展中国家，转型是指中国正在从计划经济体制转变到市场经济体制，发展是指中国正在从不发达状态迈向现代化。正是由于转型与发展这两项任务结合在一起，中国所遇到的问题，尤其错综复杂，这里既有转型中的问题，又有发展中的问题③。周振华对"增长转型"的研究则是以体制转轨为约束条件，研究狭义的发展问题，只是这里的"转型"是指增

①　约瑟夫·E·斯蒂格利茨.关于转轨的几个建议.经济社会体制比较.1997(2)。
②　加藤弘之.中国经济的双重转型及其特点.经济学动态.2003(8)。
③　厉以宁.转型发展理论.同心出版社.1996。

长方式或发展方式的转换①。在这之后的研究中"转轨"与"发展"逐渐成为可接受的共识,经常被用于对同一问题的解释。纵观这些关于"转轨"与"发展"的文献,我们可以明显看到在这些研究中要么更多地将发展作为一个背景,强调转轨中重大问题的解决次序;要么更多地将转轨作为一个背景,强调发展战略必须考虑的特殊条件,缺乏关于二者内在联系的研究,更没有考虑从这一类特殊经济体、特殊经济形态的角度来考察约束条件下的体制转轨与发展转型的动态过程,创立和形成转轨经济的一般理论。

　　基于中国样本的双视角研究思路在笔者看来是非常务实的,也是到目前为止在理论思路上最为合理和转轨实践中最为可取的,笔者正悉心在这条思路上继续开拓。鉴于在以往研究中"转轨"与"转型"意义模糊不清和相互混用,在以"转轨—转型"为框架的双视角研究思路中,我们首先对基本概念进行明确的界定:"转轨"也称为"体制转轨",用来定义经济体制的变革;"转型"也叫做"发展转型",用来定义经济发展阶段的转换;当"转轨"与"转型"同时出现在转轨这样一个特定阶段和特定经济形态中时,将其主要特征概括为"转轨—转型"经济。当我们仔细考察各转轨经济体的经济运行时,我们发现这样的定义基本上概括了其主要特征和主要方面,换句话说,各转轨经济体无一例外地适用于"转轨—转型"经济这样的定义范畴。

　　依据上面对几个基本概念的定义,各转轨经济体在经济转轨这一特定阶段的经济运行既受到体制转轨的制约,也受到发展转型的制约,从而构成了"转轨—转型"经济的双重约束。所谓"双重约束",是相对于经济转轨所要实现的最终目标而言的,这个最终目标毋庸置疑是极其明确的,即成为以市场作为资源配置主要方式的发达经济体,现行的状态与明确的目标相比,一方面存在体制上的极其不协调、不一致,各转轨经济体在转轨前都是以高度集中的计划指令作为资源配置的主要方式,这与以市场作为资源配置主要方式的经济体制无论是在内容还是在形式上都是格格不入的;另一方面在发展阶段上也差距甚远,各转轨经济体大都脱胎于贫穷落后的前社会主义国家,工业化和技术落后、自然经济占相当大比重、人民生活水平偏低是其客观存在,与西方发达国家相

---

① 周振华.增长转型.上海人民出版社.1997.第3—4页。笔者于2004年首次明确提出要建立以"转轨—转型"为框架的双视角研究思路,来分析和研究经济转轨政策和实践(参见《财经问题研究》2004年第2期)。

比存在显著的发展阶段差距,显然不论是体制状况还是发展阶段实际或者是两者相互交融的客观存在,都构成了经济转轨的基础性制约因素,即"双重约束"或者"双重压力"。发展层面的转型问题与体制层面的转轨问题并不是孤立存在的,而是在纷繁的社会经济中相互交织、相互影响,共同构成了难以捉摸的矛盾运动的复杂关系。正确理解这些关系是全面认识经济转轨的实质和主要特征的关键,也可以说是本章剩余部分和本书第三篇的认知基础。

既然存在着体制上和发展阶段上两大基础性制约因素,那么对各转轨经济体来说,要想成为以市场作为资源配置主要方式的发达经济体,一方面就要解除体制上的约束,进行经体制的变革,即"体制转轨",另一方面就要解除发展阶段上的约束,实现发展阶段的转换,即"发展转型"。"体制转轨"与"发展转型"自然而然地成为转轨经济体的双重任务,于是,相对于社会发展的一重任务性,我们提出了经济转轨的二重任务性这个特征。从人类经济发展史的角度进行考察,以资源配置方式为核心的社会经济体制在一个相对长期的时间内都是稳定的,在稳定的经济体制下,一个社会所主要考虑的是如何在既定的经济体制下推动经济水平的发展,这也就是说对特定社会来说其主要任务表现为一重性。而经济转轨一方面需要在相对较短的历史时期内彻底改变社会资源的主要配置方式,即进行经济体制的强制性、颠覆性的变革,另一方面还要通过种种自觉的和非自觉的方式,从经济不发达阶段向经济发达阶段跃升,"体制转轨"与"发展转型"作为经济转轨的双重任务贯穿于转轨过程的始终。我们之所以提出二重任务性而不是多重任务性,这是因为我们遵循了政治经济学中关于社会发展的基本认知,即社会发展始终贯穿着三条主线——社会制度、生产关系和生产力,在经济转轨的研究中我们通常抛却政治色彩浓厚的社会制度(通常比较的是资本主义和社会主义),而集中研究属于生产关系范畴的经济体制和属于生产力范畴的发展阶段。

"体制转轨"与"发展转型"的双重内容,与前文中提到的"过程中经济"历史地交融、掺杂在一起,共同决定了转轨经济形态所具有的独特属性和基本特征。各转轨经济体所进行的经济转轨实践过程,从体制的角度进行考察,实际上是在政府当局转轨政策的驾驭下在一个相对比较短暂的时期内(相对于人类体制的自然演化过程),将结构复杂的市场机制作为外生变量系统性、集束性地强行注入传统计划体制管理下的国民经济肌体中,新旧体制在一定时间内共同存在并不断产生冲突与磨合交替,最终市场经济体制以其相对明显的高效率和优越性战胜并取代计划经济体制而居于统治地位;从发展的角度进行考察,实际上是在历史原因造成的落后状态下向有着明确目标和既定参照物的发达阶段迈进,在这个过程中由于客观历史条件已经不允许其进行遵循人类经济发展史的自然演化过程,而是必须借鉴和直接利用发达国家现存的先进技术和发达的生产力,因而不可避免地出现传统的生产力与现代发达的生产力长期并存的局面,并直接表现为后文中所要研究的转轨过程中的"二元性"特征;从体制与发展交互关系的角度进行考察,经济转轨既可以理解为既定体制约束条件下发展阶段的跃升或者既定发展水平的条件下体制上的改善和调整,也可以理解为体制与发展两者同时进行的以相互契合为目标的调整和变革并以最终完成向发达的市场经济的转变为目的的,由于体制与发展本身都有其各自独特的动态运行特征以及发达国家市场经济占据世界经济格局主导地位的现存格局和环境条件,已经不允许转轨经济体进行长期的以体制与发展相契合为目的的试验性实践,同时由于社会体制和发展水平中完善和改革的进程以及与此相伴随的绩效不是在短时间内就可以凸显和观察出来,而是不可避免地出现一个认识、评价、再调整的时滞,因而两者不可能在整个极其复杂的转轨过程中完美而长期稳定地契合在一起并相互推进,体制与发展两者的相脱节、相背离、相磨合、相交融、相促进不仅贯穿于整个转轨过程的始终而且也内在地成为解释转轨进程中"非平衡性"和"阶段性"的关键性因素。

第二节　经济转轨的非均衡性及双内涵、两阶段非均衡分析模型

转轨经济就过程而言是两种经济制度或运行机制的中间状态,其背景和基本前提就是制度的不稳定性。这种经济状态下的每一项具体研究都是(起码最终都是)如何推动这种不稳定向着一个方向运动,最终达到新的制度的建立,即转轨经济是从此制度均衡到彼制度均衡的中间状态。这种状态的基本特征就是运动的非均衡、非平衡性。因此,经济转轨的非均衡性是特指由于体制转轨和发展转型的错位和不一致性所导致的非均衡(非平衡)系统状态。也就是说,非平衡运动根源于两种体制的共存和影响力的变化,根源于

发展阶段与体制的不协调,它是体制替代和发展转型的过程在经济运行中的客观反映(例如我们在体制改革过程中切身经历和研究的步骤、次序问题、改革中的摩擦、阻力问题等)。

一、经济转轨非均衡性的产生

经济发展阶段与经济体制演进表现出良好的符合人类经济一般性演进规律的一致性,这种一致性虽然是我们站在大的时空跨度进行考察的结果,并不能否定某一特定时期某一局部范围内两者之间的错位、背离的存在,但就经济史的发展来看,还从来没有哪个时期像现在的各转轨经济国家经济发展阶段与经济体制之间不一致性在如此广泛的范围内如此深刻而分外明显地表现出来,即"时空错位"问题。"时空错位"问题不是某一个转轨经济体所具有的个性特征,而是所有转轨经济体所呈现出的共同特征,因而这个特征在空间上表现出了广泛性和普遍性;"时空错位"不是经济发展阶段与经济体制之间可能自然出现的短暂但很快就能回归的简单偏离,也不是经过细枝末节的修修补补就能归于完好的些许背离,而是体现为经济发展阶段与经济体制之间程度巨大的偏离,从而需要进行长时间的根本性"手术"才能够"缝合"起来并成为一个健全和健康的经济肌体;"时空错位"问题在各转轨经济体所表现出来的严峻性和深刻性,成为贯穿于所有转轨国家转轨总过程的基础性制约,政府是否能够从根本上深刻认识并恰当处理"时空错位"所引致的矛盾困扰,直接关系着各国转轨政策的制订和实施,并最终决定着各转轨经济体转轨的成败。

上面对经济转轨"时空错位"的论述可能还是不够简明,为了使这个问题更加清楚明了、通俗易懂,这里我们不妨从另外一个角度即政治经济学关于生产关系与生产力交互作用的角度来分析经济转轨进程中"体制转轨"与"发展转型"的关系问题。"体制转轨"主要是指计划体制下集中决策主导的资源配置方式向市场体制下分散决策主导的资源配置方式转变,在体制的大概念下内含着诸如产权的归属、人们参与经济活动的方式及其在其中的地位、收入的分配等主要问题,按照马克思关于生产关系的经典理解,"体制转轨"无可争辩地属于生产关系的范畴。"发展转型"定义为传统社会向现代社会的关键性和实质性转变,这需要多个方面因素的共同作用才能够达到既定的发展目标,例如需要生产工具的不断改进、劳动者素质的极大提高、各种资源的广泛利用以及技术上的飞跃和突破,而所有这些全都归于生产力的范畴之中。于是乎"体制转轨"与"发展转型"之间的关系问题在这里也就自然而然地演化为生产力和生产关系的关系问题,把转轨经济学纳入到了政治经济学的可能是更加广阔和理性的视野中来。

正如我们每一个涉猎过政治学课本的人所熟知的,在生产力和生产关系两者的关系中,生产力决定生产关系,生产关系反作用于生产力,生产关系必须适应生产力的发展要求,当生产关系与生产力基本相适应时会推动生产力向前发展,当生产关系不适应生产力的发展要求时则会阻碍生产力的发展,从而产生了改变生产关系这个社会外生变量的内在必然性。当把这种相互影响、相互作用的关系放在经济转轨的研究中来,我们可以凭借图 4.1 来阐述"体制"与"发展"是如何发生关系的。图 4.1 中横轴代表发展,纵轴代表体制,Ln 代表自然演进情况下体制与发展之间的相互作用,即生产力与生产关系之间协调发展的关系。Lt 代表经济转轨情况下各转轨经济体的体制和发展之间的相互作用关系。如图所示:在点 S^* 之前、R^* 以下的部分,社会发展的曲线具有正的斜率,这表明体制的不断改进和完善促进了发展水平的逐步提高,"体制"与"发展"的客观要求是基本相适应的;但是当体制的改进或者变革超过了 R^* 所代表的水平,社会发展的曲线的斜率由正转向了负(沿着 Lt 曲线而非 Ln 曲线移动),这意味着更高层次的"体制"不但没有带来发展水平的进一步提高,反而阻碍甚至是降低了发展的水平,这是一个社会和民众所不愿意看到和所不能够接受的,于是便产生了变革生产关系的推动力。

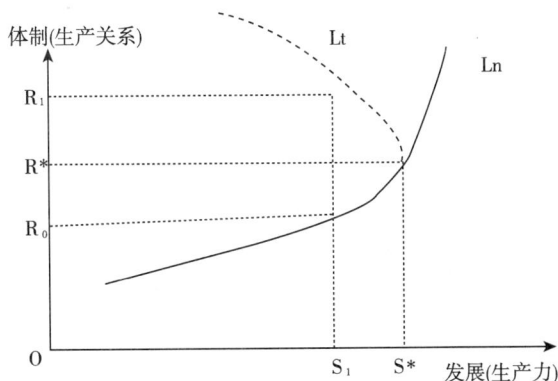

图 4.1 经济转轨中"体制"与"发展"的交互作用

    假定各转轨经济体的发展水平处在图中的 S_1 处,那么与此相适应的体制应定格在 R_0 处,这样两者便能够相互促进、共同推进社会的发展进步,但是与这种体制与发展一致性相背离的是,各转轨经济体的体制设定已经大大超越了 R_0 所代表的状态,不但如此而且超越了发展阶段最大可以承受的极限状态 R^*。从图中可以明确地看出,超越 R^* 的更高层次的体制状况不仅没有能够推动生产力发展水平的提高,而且距离 R^* 越远,对生产力发展水平的阻碍作用越大甚至使发展阶段出现大幅度的倒退。因而,需要对体制进行向后(向下)的调整(譬如点 (S^*, R^*))以使体制适应生产力发展的水平,进而继续沿 Ln 曲线协调发展。从这里我们进一步明确了经济转轨"时空错位"的实质所在,从而也进一步明确了各转轨经济体在转轨过程中所要集中解决的主要问题:既然生产力发展水平在一定时期之内是既定的(这主要是因为社会经济发展受制于诸多关键性制约因素,例如资本的积累、劳动者的素质、技术水平等,而这些因素的改善和提高需要一个长期的历史过程),也就是说我们无法在短期内通过快速提高生产力的发展水平与已经形成的体制设定相适应,那么留给各转轨经济体可能做的事情无外乎变革业已形成的但相对来说还较为容易实施的体制设定,以便使新的体制状况与既定的发展阶段相适应。当然,在这个过程之中,转轨经济体政府并不是完全的"摸着石头过河",而是有着现存的成熟的市场体制模式作为自己的参照坐标,其难点只是在于体制转换过程中不仅不能让经济运行停下来,而且需要经济运行提供比过去更高的效率,因为只有更高的效率才能弥补转换成本的付出。罗兰对此有一个精辟比喻:"这一困难可以与飞机飞行中拆换发动机相比。"[1]

    从人类经济发展史来看,在生产力和生产关系的问题上,通常都是生产力在既定的体制环境下经过一定时期的发展,使得原来的生产关系越来越不适应生产力发展的客观需求,当这种不适应积累到一定的程度便会进行生产关系的变革,从而使新的生产关系与生产力发展需求相适应。也就是说,人类社会发展的一般规律表明,属于生产关系范畴的体制总是滞后于生产力范畴的发展,在进行社会变革时通常都是在既定的生产力水平下使生产关系向前调整,即从落后的生产关系向先进的生产关系转变。与这种一般规律相反

———————————

[1]　热若尔·罗兰. 转型与经济学. 北京大学出版社. 2002. 第4—5页。

的是,经济转轨中代表生产关系的体制不是滞后于代表生产力的发展水平,而是大大超越了生产力发展的现有水平,从而决定了生产关系必须进行逆向调整,即从原来的高层次的状态向应该具备的稍微低层次的状态回归。具体到图4.1中就是要求在既定的生产力发展水平 S_1 处,使体制状态从长期以来人为形成的 R_1 处向 R_0 处进行向下调整,这就是"体制转轨"的实质所在。

转轨经济由时空错位基础性障碍所引致的一系列矛盾运动,使该类经济明显具有非平衡系统经济运行特征。就经济转轨而言,由于需要在相对较短的时间内通过转轨政策强制性的方式改变经济体制的运行方式、实现发展阶段的提升,在过程上体现为一个从"(计划)→(计划>市场)→(市场>计划)→(市场)"的线性过程,即计划的逐渐退出、市场的逐渐形成和占据主导地位的过程。因而在转轨过程中体制的稳定状态很难维持下去,非均衡性(非平衡性)则成为转轨过程中最为经常和广泛的状态,从而转轨经济可以称之为非平衡系统运动的经济。非平衡系统运动的经济所关注的,是经济转轨过程中的横截面,把转轨经济作为一个由若干子系统构成的总系统,对应于转轨总过程的各个分过程,展开动态的研究,侧重于协调性分析和集合效益的检验①。

二、转轨经济的非均衡特征

如前所述,经济转轨的非均衡性是特指由于体制转轨和发展转型的错位和不一致性所导致的非均衡(非平衡)系统状态。转轨经济自身的这种无处不在、无时不在的非平衡系统特征,几乎在其经济运行的各个层面都有所反映。以下将从四个层面对转轨经济体的非均衡特征加以描述和分析。

(一)经济制度创新的非均衡与制度结构的非均衡

对于经济制度创新的非均衡与制度结构的非均衡,我们在理论上可以从两大方面进行分析。

首先是制度体系创新的非均衡与不同类制度之间的非均衡。不同的社会经济环境会产生不同种类的人类行为规则,同时不同的人类社会经济活动

① 吕炜.转轨经济的基本特征与研究方法探讨.经济研究参考.2001(84)。

也客观上需要不同制度规则来规范、约束,按照分析的需要,社会制度体系可以分成不同产业之间的制度、不同地区之间的制度、不同市场之间的制度以及城乡之间和经济基础与上层建筑之间的制度。由于一个社会的变革是与该社会的制度体系的变革相互制约、相互推动的,因此社会经济发展战略与变革模式以及制度创新者的偏好、动机不同,必然会引起该社会在制度体系创新过程中的时序与力度不同,由此必然会产生制度体系创新的非均衡,进而产生不同类制度之间的非均衡。

其次是制度结构创新的非均衡与制度结构内部之间的非均衡。由于制度各构成要素与各层次制度的属性、地位不同,决定了不同地位与属性的制度创新难度也不同,一般来说较高层次的更为根本的制度相对于较低层次的非根本的制度更难变迁与创新;同时在制度创新过程中,不同层次制度创新主体对自身偏好的资源与权力的表达也是不同的,这些都会导致制度结构内部之间的非均衡。

以中国为例,中国在市场化制度创新过程中,是在先保持政治制度稳定的前提下进行经济体制改革,而且重点是在社会主义公有制经济之外进行非公有制经济制度的创新和商品市场经济的"外围"培育,然后将在非公有制经济中创新的一些有绩效的制度和商品市场经济规则逐渐移植到社会主义公有制经济内部,而后由经济体制改革的逐渐深入,才促发政治体制改革。在具体的改革方案和措施上,也是先对那些较为容易变革的技术、生产操作层次的制度规则进行制度创新,然后对一些具体组织形式或组织制度如企业组织制度进行创新,当这些"制度安排"创新积累到一定程度后,才进行所有制形式特别是公有制实现形式乃至人事组织、事业行政等上层建筑领域的"基础性制度安排"或"制度环境"的创新。这种非均衡渐进性改革的一般特点和规律,兼之制度创新主体偏好和各种经济利益关系等人为因素的介入,致使中国不同层次的制度创新表现出明显的非均衡性。

(二)市场化程度非均衡和市场效率非均衡

由于我国改革选择的是先农村后城市,先东部沿海后中西部内陆的改革不同地区制时序,而且在城乡之间与东中西部之间实施的制度创新力度也有所差别,由此引起城乡之间和东中西地区之间的市场化程度也明显不同,所以使我国城乡之间、东中西地区之间呈现出显著的制度创新的不对称。由于我国不同地区实施市场化改革的次序、程度与力度的不同,造成不同地区传统体制的遗留程度与市场化程度不同。市场化程度非均衡和市场效率非均衡的主要表现是在区域发展上呈现出"梯度推进"的态势、在产业领域层面上的非均衡发展。东、中、西部市场化程度存在较大的差距,产品市场化程度高于生产要素市场化程度,这种不均衡意味着,由于市场效率实现程度的差异,最终消费品将首先出现买方市场的特征,而要素市场、供给调节方面将出现市场反馈不全面和低效率的局面。政府对市场的适应程度较低,则意味着政府对企业进行行政性干预的能力仍然很强,政策的传导机制还具有很强的传统计划体制的特征,体制的结构性矛盾决定了经济运行中结构问题的普遍存在:一些领域(如农工商贸等物质生产领域)在市场化改革方面确实有"开拓创新"之势,因而取得了令世人瞩目的"辉煌成就";但在其他一些领域(如教育、医疗等人类自身生产领域以及科技、文化等精神生产领域),虽然在市场化改革的外部压力下也做了不得不为之的调整和改革,但从整体来看没有"动筋动骨",有的领域十几年几乎"顽固不化"。

(三)商品市场和劳动力市场供求非均衡

进入 90 年代以后,随着中国经济全面走向开放经济,商品市场非均衡从短缺经济走向过剩经济,出现买方市场。商品市场非均衡是结构性的,表现在三个方面的结构性非均衡。一是低技术含量产品过剩与高技术含量产品及基础性产品不足并存;二是城市市场商品过剩与农村市场潜在需求巨大并存;三是国内市场供给过剩与跨国公司在国内市场挤出国内企业并存。

劳动力市场非均衡是要素市场非均衡问题的一部分,考虑到中国是一个劳动力持续供给过剩的国家,因此,劳动力市场非均衡是要素市场非均衡的主要矛盾。中国的劳动力市场非均衡,是指劳动力持续供给过剩,也就是就业不充分,即失业问题。进入 90 年代中后期,非农就业岗位的增长逐步放慢步伐,乡镇企业吸纳就业的能力日渐萎缩,国有企业下岗失业人员更是与日俱增。工业、建筑业和服务业作为总体,连续多年没有额外提供新的就业岗位,失业问题日趋严峻起来,成为宏观经济指标中最不如人意的指标。根据粗略估计,城镇失业率目前约在 10% 以上,如果算上农村的失业、半失业人口,则失业人口还要多。

（四）货币市场供求非均衡

在开放经济下，货币市场非均衡的主要表现形式是出现通胀或者通缩。前者是货币供给超过宏观货币需求量，后者则相反。中国在 90 年代走向开放经济的过程中出现了先高通胀继而又通缩的现象。对需求面和供给面的分析都指出，中国在开放经济下出现的货币市场非均衡性，外因是次要的，而制度性和结构性问题的内因才是主要的原因①。

隐蔽的通货膨胀是靠严格的价格控制来维持的。改革开放后，严格的价格管制阻碍了生产力的发展，所以价格管制就一定要取消，逐步取消，但是一取消物价就会上涨。开放以后，初级产品价格就逐步上升，要跟国际市场接轨，然而加工制成品价格短期内不会下来，因为劳动生产率没有上去，这必然会造成平均价格水平的上升。同样是投资规模过大引起的通货膨胀，但在中国带有经济体制的特点。其表现为，很长一个时期，中国的投资主体是不承担风险的，企业是不自负盈亏的。因此，投资主体就敢于冒这个险，去重复建设，进行无效益的投资，这样就造成了带有体制因素的投资过大引起的通货膨胀。以上三个原因造成的通胀是计划经济体制国家特有的。

三、双内涵、两阶段非均衡分析模型

非平衡运动的过程中经济的基本特征，决定了转轨经济研究与一般经济制度形态研究的两个明显区别：

一是由于转轨特征而使各种经济关系所表现出来的非纯粹性或叫过渡性②，使得我们往往不能简单地用对错来评价人们的经济活动和经济行为，而只能通过程度和方向等量的尺度来进行把握，即考察其不可逆因素。由于变革中的同一种经济关系内部可能既包含传统体制的因素又包含市场体制的因素，导致经济行为的复杂性和多重性。比如在价格双轨制状态下，同一个企业既会有计划价格部分的行为，又会有市场化价格部分的行为，还会有价格双轨间的寻租行为，这在微观上直接关系到对企业如何评价的问题，在宏观总体上则涉及到如何判断从双轨演进到市场价格机制的

---

① 黄列. 中国开放经济下的非均衡经济——结构性分析. 复旦大学出版社. 2000。

② A·布兹加林、B·拉达耶夫. 俄罗斯过渡时期经济学. 中国经济出版社. 1999. 第25—31 页。

趋势问题①。

　　二是既定制度下的规律在转轨经济中运用时会发生偏离现象，即出现规律的不适用性和不可解释性。这种情况的根源仍然是经济关系的复杂性。实践中经常碰到这样的情况，一项符合规律的政策出台后，其结果是对一部分经济关系不适用，对一部分经济关系的调节有用但不如预期的好，对一部分经济关系则是出现了逃离规律的负面反应。这就是我们说的政策变形，即政策很难落到实处，上有政策下有对策等。而一些看似不符合规律的政策执行后，收到的效果却出人意料。同样以价格双轨制为例，传统体制下价格是由政府确定的，交换是被限制和禁止的，价格只反映政府的政策意图，并不反映供给，也基本不具备配置资源的功能。没有交换就不存在市场经济和价值实现，因此进行市场化改革首先碰到的就是要放开被管制的价格，使价格成为调节供给、保证交易实现的中介。而传统体制下的经济运行常态是普遍存在的短缺，供求存在巨大缺口，因此按照西方价格自由化的方案放开价格，就意味着缺口由抑制而释放，其结果是物价的大幅上涨，在转轨前期几乎所有的国家都发生过严重的通货膨胀。但是也有中国等少数国家始终保持了物价的温和上涨和价格的平稳过渡，这种差别主要体现在对转轨经济认识的不同。直接一步放开价格，即激进的、休克方式，由于价格的突然上涨，其结果是对供求双方的同时打压，是一种供求的强制性平衡方式。它不仅将原来过高的需求打压下来，而且由于对生产的破坏和引发的债务危机，也使供给出现巨大的倒退。因此供求只能在更低的水平上才能获得平衡，其必然前提是短期内价格的飚升。与激进方式的向下打压、强制平衡不同，双轨过渡或渐进性放开价格采取了供给向上浮动、填平缺口的策略。首先使计划外供给增长、计划内供给得到改善，在逐步缩小短缺缺口的同时有次序地放开价格，比如从最终消费品价格而到生产资料价格，从工业品价格而到农产品价格，从实物的价格而到资金的价格，这样的结果实际上是用供给的逐步增长抵消了一部分通货膨胀的压力。

　　西方主流经济学家认为价格双轨制是绝无可能的，他们用人不可能分两步跨过悬崖来描述由此必然要带来的经济混乱。但实际执行的结果是，中国

---

　　①　吕炜. 资本挑战体制：关于中国经济转轨原理的一种解析. 经济科学出版社. 2000. 第120—123页。

的价格双轨制虽然经历了活与乱交织的运行过程①,却始终保持了改革与增长的同步运行,并且平稳过渡到了市场价格体系。斯蒂格利茨将这一策略评价为一个天才的解决办法②,这也从一个角度说明,转轨经济是存在自身的发展规律的。相反,在完全按照西方经济学主流派所坚持的转轨模式进行的改革试验中,大多数"样本"所显示的负面效应,则从另一角度说明了非平衡运动的过程中经济的规律性的存在。

以上所论及的转轨经济的两个特殊性反映了转轨过程非平衡运动的根本特征。如果说政治经济学总体上是研究处于不同历史阶段,即在各种确定性制度状态下人们的经济活动和经济关系的话,那么转轨经济研究的则好像是"制度之外"的状态和变革,确切地说是由传统计划经济体制向现代市场经济体制变革的过渡期。当然转轨经济的不稳定特征和非平衡运动特征并不等于说对其进行的研究也是不确定的,相反我们要通过一些稳定的因素和关系来描述这一不可逆转的变革过程,这些稳定的因素和关系就是符合转轨经济特征的规律性的东西。

图 4.2 是以中国政府设定的改革发展目标为样本设计的非均衡分析模型,大体上也适用于其他承担着体制改革与技术创新双重任务的国家。O→S_1→S_2 是按时间序列演进的过程,横轴反映了转轨过程中的状态分布。任何一个肩负经济体制转轨和发展阶段转型双重任务的经济体置于该模型中时,必然会有两条曲线:一条是体制转轨的曲线,代表打破旧体制均衡、建立新体制均衡过程中的变动情况;另一条是发展转型曲线,代表打破传统经济社会结构、建立现代经济社会结构过程中的变动情况,在这里我们着重从技术的吸收和创新的角度进行分析,因为在现代社会中技术可能是发展转型最为关键性的要素。制度变革与技术创新契合的程度,决定了一个经济体从旧体制与传统经济双重约束起步,向新体制与现代经济双重激励进步的过程及过程的最终结果。成型的旧体制低效率平衡运行状态的均衡点被打破,到达新体制成型位置时,则建立一个高效率平衡运行状态的新的均衡点,随后进入稳定的保持较快增长的最好时期;传统经济结

---

① 吕炜.资本挑战体制:关于中国经济转轨原理的一种解析.经济科学出版社.2000.第 132—147页。

② 约瑟夫·E·斯蒂格利茨.中国第二步改革战略.人民日报.1998 年 11 月 13 日。

构中占主导地位的经济从偏重技术吸收推动产业结构变动,经历创新地位上升、吸收创新并重产业调整之后,进入偏重技术创新为特征的现代经济占主导地位的最好时期。

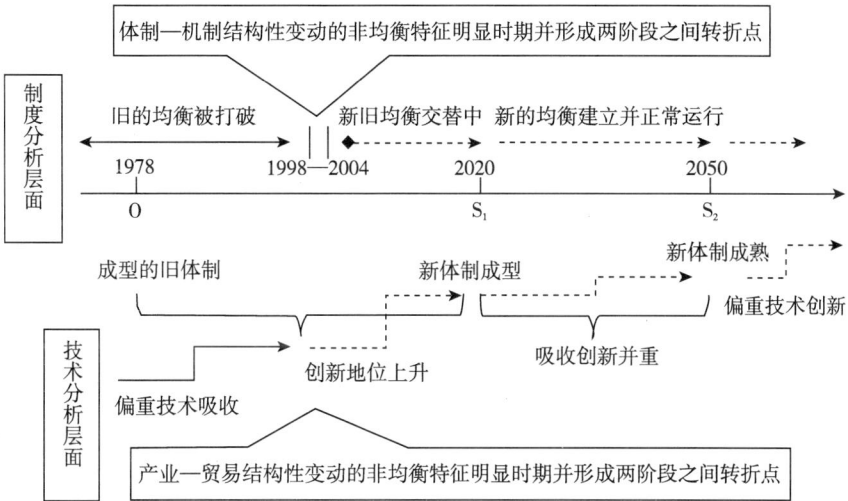

图4.2 适用于发展中转轨经济的双内涵、两阶段非均衡分析模型

就中国的转轨实践来看,已经从成型的旧体制低效率平衡运行状态中脱离出来,目前正处于新旧均衡的交替中,新的体制虽然已经显示出无可比拟的优越性并事实上已经占据整体体制形态的主导地位,但是由于我国的特殊国情特别是农村人口众多、自然经济传统浓厚的现实存在,使得新的体制完全代替旧的体制并不是一朝一夕之事,两种体制之间需要不断进行斗争、磨合并最终以新的体制完全取代旧的体制。从技术角度考察,改革开放以来,我国基于国内生产力水平的现状,大胆吸收和引进西方发达国家比较成熟的技术,以加速我国的工业化和技术化进程,技术引进不仅节省了大量的研究开发时间而且也节约了宝贵的资金,极大地推进了我国的经济社会发展。在经过长时间的技术吸收后,特别是我国整个国民工业体系基础的建立和夯实,我国对技术的消化、创新能力有了比较大的提高,在某些领域已然进入或领先于世界科技最前沿。但是就整体而言,我们的技术创新能力还是比较薄弱的,还需要有一个长时间吸收和消化的过程,我们现在所正在努力做的不过如此。

从转轨经济体非均衡特征的实践材料来看,以上这些非均衡因素的存在,不仅影响了转轨经济体经济增长的质量,而且因各市场的非均衡有互相传导的"溢出效应",从而使得目前的宏观经济政策对实现各市场的同时均衡无能为力,宏观经济政策经常面临两难困境。如何实现这些非均衡市场的重新均衡,是经济转轨政策研究的重要课题。

第三节　经济转轨的阶段性及划分标准

一、阶段性产生的原因

产生经济转轨阶段性的原因之一,是经济转轨进程的过程性。

中国三十多年经济改革实践成功的轨迹,首先表明了经济转轨应该是一个过程,这一过程标志着一个特殊经济形态即转轨经济存在的客观性,"过程中经济"成为转轨经济的最基本特征。在对经济转轨的研究中,我们不是在头脑中进行缺乏时空概念的臆想,而是根据各转轨经济体的转轨实践来进行有着明确起点和终点概念的研究,因为经济转轨是正在进行之中的客观实在,理论必然来自于实践并反过来指导实践。中国的经济转轨开始于1978年的中国经济改革,终止于2020年左右中国基本完成从经济欠发达国家转型为经济初等发达国家的任务和2050年基本实现现代化的目标(这是基于国家经济发展的远景战略规划得出的合理判断)。这两者之间还客观地存在着一个代表体制转轨实质性跨越的转折点,时间大致在1998年至2004年。1989年前苏联解体和东欧剧变后,这些前社会主义国家都相继进行了经济体制改革,通过各有侧重的方式向市场化迈进,因此可以把1989年作为其经济转轨的起点,但其终点我们还无法做出明确的界定,因为就目前来看还没有一个转轨国家已经完成了经济转轨进程,不同国家的经济发展战略也不一样,不可能得出一个整体上的终点时间(当然对于某一具体转轨国家而言我们可以进行基于理性预期的判断)。经济转轨的阶段性是转轨经济体的一个共同的特征,其产生有两个深层次的原因。

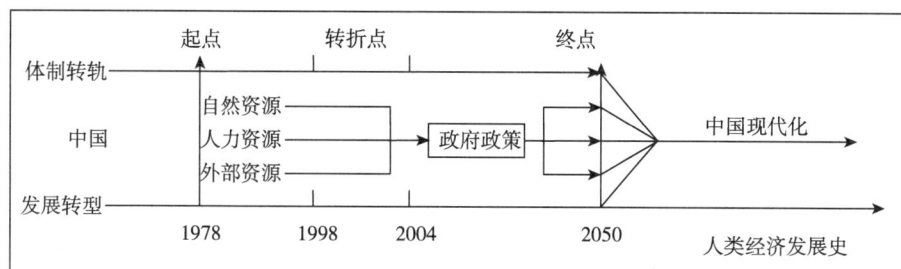

图 4.3　中国转轨过程——一个基于中位法的双视角考察

　　对于某一转轨国家而言,经济转轨是一个有着明确起点和终点的客观与主观相统一的复杂过程,在联结起点和终点的过程之中不可能是直线的或者是线性的,作为社会经济现象的经济转轨必然表现出经济运行的阶段性,不同阶段之间就经济运行状态、政府当局宏观经济政策倾向、社会生活方式等主要方面而言呈现出不同的特点。所有的转轨经济体所正在进行的都是从计划经济体制向市场经济体制转轨,那么对转轨阶段性的清晰认识有利于把握转轨进程并对转轨绩效进行评价。一般而言,当一个转轨经济体资源的基础配置方式由"计划 > 市场"过渡到"市场 > 计划"时,应该说就取得了向转轨最终目标前进的显著成功,实现了转轨进程中的重大转折。只要能够比较准确地确定出转轨进程的转折点,那么从转轨起点到转折点、从转折点到转轨终点就自然而然地区分为两个阶段,前一个阶段的特征集中表现为"计划 > 市场",后一个阶段的特征集中表现为"市场 > 计划"。因而从计划经济体制向市场经济体制转轨的整个过程来看,明显存在的阶段性并不是人们主观意志规定的,而是由经济转轨的客观属性所决定的,具有内在的必然性。因此,经济转轨阶段性产生的第一个也是最根本的原因是:经济转轨是一个有着明确起点和终点的客观与主观相统一的复杂过程,从转轨起点到转折点、从转折点到转轨终点就自然而然地区分为两个具有不同特征的阶段。

　　经济转轨是一个涉及到经济、政治、文化、阶层、宗教、国际关系等的全方面的社会进程,是一个崭新的社会系统性工程,而不是一个仅仅根据经济学原理就能解决的技术问题,因而要完成这项事关国家前途和民族命运的巨大工程决不是一朝一夕之事,而是需要一个长期的过程。这个过程充满了来自内部和外部的各种冲击和冲突,特别是各种利益分配格局的调整和改变,使得转轨过程不可能是按照理想的目标一帆风顺的行进,暂时的挫折不是例外而是不可避免的,同时也使转轨过程具有长期性的特点。长期性的存在使得在衡量经济转轨的进度和进行绩效评价时要求把长期的过程划分为容易观察和测量的不同阶段。用阶段性来衡量处于转轨不同时期的特征,有利于把握整个转轨的进程,有利于根据进程制定和执行相应的转轨经济政策,这就如同在测量长江的长度时,我们不是一口气从源头一直测量到入海口,而是把整个长江分为几个区段分别进行考察和测量,这样就相对比较容易和可行些,这也为我们进一步进行绩效评价提供了一个分析基础。根据以上的分析,我们可以得出经济转轨阶段性产生的另外一个原因:经济转轨过程具有相对长期性,长期性的存在使得在衡量经济转轨的进度和进行绩效评价时要求把长期的过程划分为容易观察和测量的不同阶段。

二、转轨阶段性的划分标准——建诸于转轨国家集合

西方国家流行的经济转型理论①把转型分为两个阶段②。第一个阶段是各个原先的计划经济国家已经进行的自由化、市场化的改革。第二个阶段便是在 1995 年开始的以追求经济稳定和经济增长为内容的改革。经济转型第一阶段所包括的主要内容有:(1)内部市场自由化(自由的国内价格,取消国家的贸易垄断)。(2)外部市场自由化(放松对外贸易的制度,包括取消出口控制和关税,通货可兑换)。(3)便利私人部门进入(私有化企业,改革银行部门)。在这一阶段中,不同的国家市场化的重点不同(如波兰、俄罗斯等国家重点在私有化,中国的重点在经济运行机制的转换),改革的速度不一样(前苏联和其他东欧国家基本上都采用了大爆炸改革战略,中国实行渐进式改革战略),改革的效应也不一样(大爆炸改革战略效应明显低于渐进式改革战略)。1995 年初世界银行组织了一次关于第二次转型的讨论会,会议主持人、世界银行首席经济学家 Michael Bruno 就第二次转型提出了三个论题:(1)转型国家稳定、自由化和经济增长的依赖关系。特别强调控制通货膨胀和经济增长的意义。(2)企业重组问题。大批企业私有化后提出了企业重组

---

①　经济转型理论针对原有的实行计划经济体制的国家转向市场经济体制过程中出现的经济波动、通货膨胀、失业、腐败等问题进行理论解释,并提出改变这种状况的政策建议。由于前苏联国家和东欧国家基本上采纳西方萨克斯等人的"休克疗法",因此,西方的转型理论大都是以这些国家为背景的。

②　洪银兴.在经济稳定中实现转型——经济转型理论评析.经济社会体制比较.1997(5)。

问题,需要解决谁控制那些私有化的公司? 谁是公司实际的所有者? (3)法律的规则。这涉及腐败问题:腐败在转型经济中是否制度性的? 是转型本身产生更大的寻租机会和增加腐败吗? 或者是旧制度的遗产吗? 或者是早前的限制瓦解了? 腐败是转型过快还是过慢引起的? 国际货币基金组织的 Stanley Fischer 则把旨在实行稳定和增长的第二次转型的重点概括为三个方面:(1)改革财政制度;(2)改革金融制度;(3)改革汇率制度。这基本上反映了转型理论的主流观点。

目前我们所见到的关于转轨总过程的阶段性表述,大致可以概括为两类。第一类是完全遵从西方发达资本主义国家的市场经济模式来仿制所谓后社会主义国家由社会主义计划体制过渡到资本主义市场体制的制度变迁总过程。这种观点在经济转轨阶段性的判断上更多地着眼于政治力量强弱,政治转轨决定并引导经济转轨过程。这种观点可能有利于从某些重大政治事件出发来对转轨进行阶段性划分,而且也容易根据政治力量或者政治倾向判断某一特定时期的转轨经济特征或转轨政策偏好,但是这种观点存在着明显的局限性,那就是既忽略经济运行与政治力量并不必然和随时都密切相关,这样不利于对经济转轨的绩效进行考核、不利于切实有效经济转轨政策的制定和执行,同时也忽略了转轨过程的长期性,经济系统运行特征的改变需要有一个相对长期的过程。我们以此类分析方法作为前苏联、东欧国家经济转轨阶段的划分标准;第二类分析方法是着眼于从计划到市场的经济运行机制变化的实践主线,将转轨国家政府做出放弃国家集权的计划经济、采取市场化的重大政策性决定的年份作为转轨总过程启动的基准年;考察改革政策的推进过程与对应的国民经济运行中的主要矛盾演变过程的关联性,从中找出各阶段的转折点。该类分析的优点是,紧扣住了 20 世纪下半叶社会主义国家制度性变革所共同具有的一个特定范畴,即偏离效率不高的计划体制而承认货币和商品交换的合理性,由此引起市场化广度和深度日益扩大和强化的经济运行机制层面转轨的普遍意义,并且注意到转轨绩效与经济增长绩效的同步考察,言之有物而持之有据。

不足之处在于,该类分析主要局限于回顾性总结,缺乏前瞻方面的提示,对当前阶段的阐释往往只是点到为止,显得过于粗疏,难以建立过程演进的内在逻辑联系。更为关键的是,由于缺少从始点到终点这样一个完整的、系统的、理性的立意作为分析框架,对转轨总过程和各阶段特征、过渡状态难以进行动态的把握,对当前经济现象的分析往往只能局限在静态的体制框架中,或与过去类似的情况作比较,或与成熟市场经济体制下类似情况作比较,其结果也就很难说是准确的。关于中国经济转轨阶段划分的研究多以此类分析方法为标准。

(一)适用于前苏联、东欧国家经济转轨阶段性的划分标准

整个 90 年代,东欧国家面临的首要任务是经济转轨,毋庸置疑,为进行这一艰难的经济转轨过程,东欧国家付出了极其昂贵的代价。经过近 10 年的努力,各国均取得了程度不同的进展:一些国家政局由动荡趋向稳定,经济转轨取得相当进展,经济由严重萧条转向平稳回升;另外有些国家因政局尚未结束动荡,经济转轨进展缓慢,经济只能说稍有起色;一些国家改革缺乏连贯性和彻底性,致使经济发展出现重大反复;而前南斯拉夫地区则多年经历战争的苦难,现正集中力量医治战争创伤,努力恢复和重建经济。由于各国的国情和起始条件不同,东欧经济转轨和经济发展呈现参差不齐的特点。前苏联国家的情况则可能更为复杂一些。为了使转轨经济体呈现出较为清晰的阶段性,笔者拟采用一种简化的方法来分析阶段性问题,即将多种经济因素抽象为一个指标,即 GDP 的分析中来,以各个转轨经济体各年度 GDP 的变化来研判其阶段。当然,这种分析是非常粗线条的,但对于我们认识这些国家转轨的阶段性却有很大的启发作用。

表 4.1   转轨经济体   GDP 变化率(1989—1999)

国家	1989	1990	1991	1992	1993	1994	1995	1996	1997	1998	1999	1999 真实 GDP 1989 = 100
阿尔巴尼亚	9.8	−10.0	−27.7	−7.2	9.6	9.4	8.9	9.1	−7.0	8.0	7.1	92.5
亚美尼亚	14.2	−7.4	−17.1	−52.6	−14.8	5.4	6.9	5.8	3.1	7.2	4.0	42.5
阿塞拜疆	−4.4	−11.7	−0.7	−22.6	−23.1	−19.7	−11.8	5.8	1.3	10.1	3.7	45.2
白俄罗斯	8.0	−3.0	−1.2	−9.6	−7.6	−12.6	−10.4	2.8	10.4	8.3	1.5	78.2
保加利亚	0.5	−9.1	−11.7	−7.3	−1.5	1.8	2.1	−10.1	−7.0	3.5	1.4	66.8
克罗地亚	−1.6	−7.1	−21.1	−11.7	−8.0	5.9	6.8	6.0	6.5	2.3	−0.7	77.2
捷克共和国	1.4	−1.2	−11.5	−3.3	0.6	3.2	6.4	3.8	0.3	−2.3	−0.3	94.7
爱沙尼亚	−1.1	−8.1	−13.6	−14.2	−9.0	−2.0	4.3	3.9	10.6	4.0	0.0	75.7

格鲁吉亚	-4.8	-12.4	-20.6	-44.8	-25.4	-11.4	2.4	10.5	11.0	2.9	3.0	33.8
匈牙利	0.7	-3.5	-11.9	-3.1	-0.6	2.9	1.5	1.3	4.6	5.1	4.2	99.2
哈萨克斯坦	-0.4	-0.4	-13.0	-2.9	-9.2	-12.6	-8.2	0.5	2.0	-2.5	-1.7	60.2
吉尔吉斯斯坦	4.0	3.0	-5.0	-19.0	-16.0	-20.0	-5.4	7.1	9.9	1.8	0.0	60.4
拉脱维亚	6.8	2.9	-10.4	-34.9	-14.9	0.6	-0.8	3.3	8.6	3.6	1.5	60.1
立陶宛	1.5	-5.0	-6.2	-21.3	-16.0	-9.5	3.5	4.9	7.4	5.2	0.0	65.4
马其顿	0.9	-9.9	-7.0	-8.0	-9.1	-1.8	-1.2	0.8	1.5	2.9	0.6	72.0
摩尔多瓦	8.5	-2.4	-17.5	-29.1	-1.2	-31.2	-3.0	-8.0	1.3	-8.6	-5.0	30.5
波兰	0.2	-11.6	-7.0	2.6	3.8	5.2	7.0	6.1	6.9	4.8	3.8	121.6
罗马尼亚	-5.8	-5.6	-12.9	-8.8	1.5	3.9	7.1	4.1	-6.9	-7.3	-4.1	73.0
俄罗斯	2.6	-4.0	-5.0	-14.5	-8.7	-12.7	-4.1	-3.5	0.8	-4.6	1.5	56.1
斯洛伐克	1.4	-2.5	-14.6	-6.5	-3.7	4.9	6.9	6.6	6.5	4.4	1.9	101.5
斯洛文尼亚	-1.8	-4.7	-8.9	-5.5	2.8	5.3	4.1	3.5	4.6	3.9	3.5	107.6
塔吉克斯坦	-2.9	-1.6	-7.1	-29.0	-11.0	-18.9	-12.5	-4.4	1.7	5.3	5.0	44.1
土库曼斯坦	-6.9	2.0	-4.7	-5.3	-10.0	-18.8	-8.2	-8.0	-26.1	4.2	17.0	51.2
乌克兰	4.0	-3.4	-11.6	-13.7	-14.2	-23.0	-12.2	-10.0	-3.2	-1.7	-2.5	35.7
乌兹别克斯坦	3.7	1.6	-0.5	-11.1	-2.3	-4.2	-0.9	1.6	2.4	3.3	3.0	92.3

资料来源:转引自 Grzegorz W. Kolodko. *Globalization and Catching – up in Transition Economies*. Rochester, N. Y. : University of Rochester Press. 2002.

表 4.2 1990—1999 年衰退和成长的时期(年数)

国家	转轨衰退	恢复	第二阶段收缩	成长	衰退总年数	成长总年数
阿尔巴尼亚	3	4	1	2	4	6
亚美尼亚	4			6	4	6
阿塞拜疆	6			4	6	4
白俄罗斯	6			4	6	4
保加利亚	4	2	2	2	6	4
克罗地亚	4	5	1		5	5
捷克共和国	3	5	2		5	5
爱沙尼亚	5			5	5	5
格鲁吉亚	6			4	6	4
匈牙利	5			5	5	5

哈萨克斯坦	4	2	2	6	4	6
吉尔吉斯斯坦*	6				8	2
拉脱维亚*	5	1	1	4	5	5
立陶宛	3			4	4	6
马其顿	5			5	5	5
摩尔多瓦	7	1	2		9	1
波兰	3			8	2	8
罗马尼亚	3	4	3		6	4
俄罗斯	7	1	1	1	8	2
斯洛伐克	4			6	4	6
斯洛文尼亚	3			7	3	7
塔吉克斯坦	7			3	7	3
土库曼斯坦*	7			2	7	3
乌克兰	10				10	0
乌兹别克斯坦*	5			4	5	5

资料来源：同表4.1。标注*的国家增长一直持续到1990年,从1991年才开始衰退。

　　东欧和前苏联的转轨国家在转轨之初由于实行自由化、市场化改革而无一例外的发生了衰退(无论衰退的时间长短),所以按照前述的西方国家流行的经济转型理论,我们可以把转轨经济体的转轨过程大致分为两个阶段:第一阶段的转轨是一个衰退的过程,表现在指标上,即为GDP负增长;第二阶段以追求经济稳定和经济增长为内容的改革会使经济表现向好,指标显示为GDP的正增长。结合表4.1、表4.2分析可得东欧、前苏联转轨经济体简化的阶段划分方法,由于各国的转轨起点不同,而终点尚无法做出明确的界定,因此我们只研究两个阶段的转折点,结果如下(见表4.3)。由于可能出现的经济调整、外部冲击等情况,转折点可能不是唯一的,也可能会发生真实转折点滞后于(领先于)参考转折点的情况。但是,以此作为对转轨国家转折点总体的一种把握仍然是有现实意义的,如表4.3的分析结果显示,东欧、前苏联国家经济转轨的转折点大多出现在20世纪90年代中期,即在这一时间,转轨经济体改革的任务和重点发生了改变,这与其经济转轨的实践是一致的。

表4.3 东欧、前苏联转轨经济体简化的阶段划分方法

国家	转折点	国家	转折点	国家	转折点
阿尔巴尼亚	1993	匈牙利	1994	俄罗斯	1999
亚美尼亚	1994	哈萨克斯坦	－	斯洛伐克	1994
阿塞拜疆	1996	吉尔吉斯斯坦	1996	斯洛文尼亚	1993
白俄罗斯	1996	拉脱维亚	1996	塔吉克斯坦	1997
保加利亚	1994、1996、1998	立陶宛	1995	土库曼斯坦	1998
克罗地亚	1994、1999	马其顿	1996	乌克兰	－
捷克共和国	1993、1998	摩尔多瓦	－	乌兹别克斯坦	1996
爱沙尼亚	1995	波兰	1992		
格鲁吉亚	1995	罗马尼亚	1993、1997		

注:有两(三)个转折点对应发生了两次(或两次以上)衰退,第一个转折点表示经济好转,第二个转折点表示经济又一次衰退,第三个转折点表示经济转好;"－"表示至今未出现明显的经济好转现象,转轨仍处于第一阶段。

(二)适用于中国经济转轨阶段性的划分标准

以俄罗斯等基本上采纳西方萨克斯等人"休克疗法"的前苏联和东欧国家为背景的阶段性的划分标准,其对像中国这样的采取"渐进式"改革策略的转轨经济国家的指导意义并不十分明显,其尤其忽视了市场化改革的复杂性。关于转轨总过程阶段性划分的第二类分析方法,是着眼于从计划到市场的经济运行机制变化的实践主线,将转轨国家政府做出放弃国家集权的计划经济、采取市场化的重大政策性决定的年份作为转轨总过程启动的基准年;考察改革政策的推进过程与对应的国民经济运行中的主要矛盾演变过程的关联性,从中找出各阶段的转折点。然后在此基础上重点探讨转轨的阶段性特征。其逻辑依据在于,正是转折点的存在才把经济转轨过程区分为具有不同特征的各个阶段,转折点既是前一个阶段的结束同时也是后一个阶段的开始。

该类分析的优点,是紧扣住了20世纪下半叶社会主义国家制度性变革所共同具有的一个特定范畴,即偏离效率不高的计划体制而承认货币和商品交换的合理性,由此引起市场化广度和深度日益扩大和强化的经济运行机制层面转轨的普遍意义,并且注意到转轨绩效与经济增长绩效的同步考察,言之有物而持之有据。不足的是,局限于回顾性总结,缺乏前瞻方面的提示,对

当前阶段的阐释往往只是点到为止,显得过于粗疏,难以建立过程演进的内在逻辑联系。更为关键的是,由于缺少一个"始点"——"终点"这样一个完整的、系统的、理性的立意作为分析框架,对转轨总过程和各阶段特征、过渡状态难以进行动态的把握,对当前经济现象的分析往往只能局限在静态的体制框架中,或与过去类似的情况作比较,或与成熟市场经济体制下类似情况作比较,其结果也就很难说是准确的。

三、中国转轨过程的阶段性划分

转轨经济作为一种有预设目标的非平衡运动的过程中经济,体现为一种连续性运动状态,根据其经济形态变动程度和变动的性质,在体制运行轨迹中必然存在着具有转折点意义的若干标志。研究这些转折点应该具有的特征,既有利于把握转轨过程中经济运行状态的阶段性变化,同时也有利于适时调整相关政策,有针对性地处理不同阶段遇到的不同性质的问题。在这方面,中国经济转轨的连续性和渐进性演进无疑是最好的案例。

以短缺现象的普遍消失、市场化取向不可逆转这两条件来衡量中国转轨进程是否到达告别旧体制的转折点,后一条在 1992 年中共十四大确定以建立社会主义市场经济体制为转轨的最终目标时就已经达到,而前一条可以 1996 年上半年全国商品信息中心宣布其监测的 601 种主要商品全部处于供大于求和供求平衡为标志大体确定。因此,应该和可以说:中国经济体制转轨在 20 世纪 90 年代中后期已经越过"短缺时期",进入了"后短缺时期"[1]。

以这样的转折点研究,中国经济转轨总过程可划分为两个大的阶段:

(1)经济转轨前期。从改革发动到社会主义市场经济体制基本框架建立,即转轨越过第一个转折点。时间区间以政治生活事件为标志应从 1978 年党的十一届三中全会以搞活经济为最初动机,到 1992 年党的十四大明确提出建立社会主义市场经济体制的转轨目标。实际经济运行则是在 1996 年前后显示出明显的状态变动特征,经济告别短缺、需求约束主导运行,而这一

---

①　吕炜.进入"后短缺时期"的中国经济.财经问题研究.2001(3)。

具有转折点意义的变化成为人们的普遍共识则还要晚一两年,即 1998 年。

经济转轨前期即从 1978 年党的十一届三中全会到 1998 年前后实际经济运行出现明显变动特征的这段时间内,中国政府和人民把工作重心从以阶级斗争为纲的政治斗争上转移到经济建设中来,开始有计划、有步骤、分阶段地逐步推进各项改革。中国的改革目标是从传统计划体制向市场经济体制过渡,在这样一个市场化过程中,体制变革经历了三个阶段[1]:1978—1984 年为第一阶段,主要特征是通过传统体制内部改良和在传统体制边界上培育市场化因素启动改革;1984—1992 年为第二阶段,主要特征是非公有制经济迅速发展,市场规模化扩张,形成了以价格双轨为代表的体制双轨运行时期;1992年以后为第三阶段,主要特征为市场化体制取代传统体制,在经济运行中逐渐居于主导地位,市场经济体制建设进入完善时期。

但是正如我们每一个人所知道的,我们的经济改革是在原先高度集中的计划经济的框架中进行的,计划经济对人们思维以及行为上根深蒂固的影响在很长一段时间内都难以清除,与其相伴随的经济运行的低效率也不是在朝夕之间就可以显著改观的,同时,我们的经济改革是在经历了长达 10 年之久的“文化大革命”浩劫之后、国民经济陷入极度瘫痪、人民生活极度贫弱的大背景下开展起来的,薄弱的基础严重束缚了这个农业人口众多、自然经济占据统治地位的社会主义大国在短时期内迈向富裕和发达的脚步,虽然客观地说,经过十多年的社会主义市场经济改革,中国的经济建设取得了举世瞩目的成就,但是大量的统计资料和我们每一个生活其间的人的切身感受都告诉我们的一个客观事实就是:在 1996 年之前的经济转轨前期中,短缺现象一直是一个伴随我们改革进程的挥之不去的阴影。对于传统体制下和改革前期基本由传统体制主导下的经济运行状态,我们定义为“短缺状态”,这一时期称为“短缺时期”。

(2)经济转轨中后期。从社会主义市场经济体制基本框架建立到建成完善的社会主义市场经济体制,即转轨越过第二个转折点。时间区间以政治生活事件为标志应从 1992 年党的十四大提出建立社会主义市场经济体制的改革目标,到 2020 年党的十六大所确定的战略机遇期结束、完善的社会主义市

---

① 参见吕炜.资本挑战体制——关于中国经济转轨原理的一种解析.经济科学出版社.2000。

场经济体制建成时①。

　　从计划体制到市场体制的变革,随着市场化程度的加深,经济运行状态的正常过渡体现为资源约束到需求约束、从短缺到过剩的变化。在中国,这种经济运行状态的更迭是由政府主持下的体制改革来推动的,目前正处于中途,变革过程中的路径选择、推进步骤以及运行机制从无到有、从低效率到更有效率的运转,会导致经济运行出现一种过渡状态,或称中间状态,其特征为面对供给总量的日渐充足,需求能力两极分化日益严重,有消费能力无消费需求和有消费需求无消费能力的问题十分突出,城乡之间、地域之间、行业之间等形成的最终消费能力差异十分明显,加之供给方面企业的产品结构、行业结构、产业结构的自我调节能力滞后,低收入水平的供给相对过剩成为经济运行的常态。我将这种状态定义为"后短缺状态",这一时期称为"后短缺时期"。解决结构性矛盾对经济运行的约束,成为继续深化改革、持续增长的目标。

　　中国经济运行状态从"短缺时期"到"后短缺时期"的变迁大致可以1997年作为分界线,1998年以后理论界对经济生活中相对过剩的现象及影响力有了较为普遍的认同。而事实上,1996年经济实现"软着陆"以后,经济运行状态变迁所引发的问题就已经显露出来。后短缺时期的初始阶段(5—10年)的主要特征可进一步作如下描述:

　　(1)从总体水平看,我国仍属于较低收入国家,人均消费水平或人均资源消费水平大大低于世界人均水平。西方国家的需求不足基本上是在高收入、高消费以及消费饱和的时候出现的。因此,"后短缺时期"的市场过剩是在低收入水平下的相对过剩。

　　(2)这一时期的有效需求不足首先是指占人口很大比重的广大农民消费需求不足,改革过程中不断累积下来的相当比例的低收入阶层和绝对贫困人口处于极低的消费水平。收入的两极分化,针对现有供给水平而言,形成了有消费能力无消费需求和有消费需求无消费能力两个阶层。1998年上半年

---

　　①　1992年邓小平南巡谈话中曾讲了一段意味深长的话:"改革开放以来,我们立的章程并不少,并且是全方位的……随着实践的发展,该完善的完善,该修补的修补……恐怕再有三十年的时间,我们才会在各方面形成一整套更加成熟更加定型的制度。在这个制度下的方针、政策,也将定型化。"从时间上算,也大致在2020年前后。参阅邓小平.在武昌、深圳、珠海、上海等地的谈话要点.邓小平文选第3卷.人民出版社.1993.第371、372页。

占全国总人口 70% 以上的农民人均现金收入无增长,目前农村还有 5000—6000 万绝对贫困人口,城镇还有 1300—1400 万的贫困职工和贫困人口,他们根本没有能力消费,甚至是进行基本消费。

(3)渐进改革所形成的市场化程度不均衡格局和市场效率不均衡状态,使这一时期体制性障碍、运行不畅和低效率所导致的结构性矛盾十分突出。我们仍然沿用前面的市场化考察数据,企业的市场化程度低于工业品的市场化程度,企业改革的滞后导致企业应变市场、创造消费的内在机制滞后,形成市场供求矛盾和企业自身经营的困境。再如,政府对市场的适应程度较低,这就意味着政府对企业进行非市场行为干预的能力仍然很强,政府对自身角色的把握和调控难度在加大。

(4)这一时期的改革进入实质性阶段,由于转型期各种风险不断增强,民众的不安全感和危机感在加剧,广大居民会对消费需求做出不同程度的压抑。市场开放度提高使国内外不确定因素的影响更为直接,企业改革、结构调整使大量下岗工人的境况对在岗人员形成"约束",我国又逐渐进入退休高峰期,仅 90 年代以来,退休人员净增 1000 万人,困难企业拖欠退休人员各种医药费,截至 1998 年底达 200 多亿元,涉及 1700 万人。在缺乏有效的社会安全网的情况下,各项改革措施增加了人们的预期支出,也使人们的收入预期下降,在减少即期消费的同时恶化了人们的消费预期。

(5)过去重复建设、无效供给的状况仍然存在,无效增长、低增长加剧了生产能力的过剩,供需结构间的失衡以及各类库存的大量增加。一方面大量生产能力过剩,形成低水平的结构矛盾,一方面市场需求旺盛的一些高技术、高加工度的产品,也是我国经济发展迫切需要的,多依靠进口。这种供需结构性矛盾仍将限制我国产业市场规模的扩大,制约经济增长质量和效益的提高,也会影响到经济发展的后劲。

从经济增长和社会发展的关系来看,转轨中后期与转轨前期相比大大不同。转轨前期,一般地说,经济增长会带来社会状况的自然改善。也就是说,经济增长和社会发展的关联度是很高的。因为当时改革的起点是经济生活的匮乏和由此导致的社会生活的种种问题。也就是说,当时的许多社会层面上的问题,集中表现在社会的经济实力上。但到了转轨中后期,经济的增长在很大程度上已经不能导致社会状况的自然改善。具体表现在,贫富悬殊的状况没有发生明显的改善,就业状况没有得到明显的改善,包括治安在内的社会问题的状况也没有得到明显的改善。以最近几年的情况看,已经出现了一种明显的"没有就业机会增加的经济增长模式"。实际上,中国的经济增长近些年来在现实的层面上陷入一种悖论之中:即使经济有一个较为快速的增长,社会中大部分人并不能从中受益;但如果没有一个较为快速的经济增长,社会中的大部分人会从经济停滞中受害。这种悖论的出现表明原有的改革逻辑发生了改变。

在传统计划经济体制下,为了实现快速工业化和经济增长的目标,政府与公众之间相应形成了一系列的社会契约。这些契约一方面要求公众必须忍受工业化和经济增长带来的消费利益的牺牲,以使积累保持在较高水平;另一方面则通过统一标准将较低价格的福利和社会保障安排于企业或单位中。改革开始后,随着价格的市场化、企业产权制度改革的推进,福利性公共品的供给价格必然逐步提高、成本逐渐外部化,顺利解除这一部分福利性公共企业是计划到市场转轨最终完成的前提。转轨成本的消化将形成对这一阶段经济运行和市场机制的基本制约,而这一过程中的成本支付方式无非两条:(1)一部分转化为家庭部门的个人支出;(2)一部分转化为财政必须承担的公共服务项目支出。比如原来体制下全民范围都享受到的教育之类的补贴,不论结构如何调整,一部分支出仍然要由政府来负担,一部分则转移给家庭迫使居民以增加储蓄、缩减即期消费来应对。这些未偿费用的累积引发了日益严重的结构性失衡,并伴随市场化进程的深化而加剧,最终形成了对经济运行的制约。

20世纪90年代中后期中国市场经济体制刚刚建立,经济就面临失速,其体制原因即为大量的未偿费用的积累。从这一角度分析,1998—2004年旨在扩大内需、拉动经济增长的积极财政政策,实际上是在保持一定增长速度的同时,通过对部分未偿费用进行集中消化,减小经济运行中的阻滞,增强经济的自我运行能力。恰恰是因为积极财政政策和扩大内需的外部拉动,推动了消费升级、减轻了消费对市场实现的制约,阻止了经济的突然失速。同样是由于这种外部力量的持续性存在,使最近几年连续推出的公共住宅私有化、非义务教育负担个人化以及退休、养老、公共医疗等深层改革造成的压力得到部分缓解和释放,经济社会运行机制得到一定程度的润滑。因此从转轨角度来看,积极财政政策实际上具有"积极偿债政策"的性质,是对第一阶段转轨中部分未偿费用的集中清偿,也是对其绩效的相应校正。

1998—2004 年长达 7 年的一个过渡期,使转折点延迟为一个转折阶段,形成转轨前期与中后期的一个交叉过程。转折阶段的突出特征是:体制转轨与发展转型的进展都不明显,政策的重点集中于应付实际经济运行中出现的诸多问题。这一阶段从时间起止上看,好像是一个从实施积极财政政策到经济开始新一轮增长的调控过程,是经济运行方面的问题。但隐藏于背后的却是 20 世纪 90 年代中期以来经济体制、运行机制发生深刻变化,实际经济运行、政策判断、思想观念之间出现不同步、甚至碰撞的过程。实际上已经不是一个时点意义的概念,而是演化为大致从 1992—1998 年的一个过渡期。从实际经济运行的评价来划分,未来战略机遇期基本是与转轨中后期重合的,目前这一时期从政治生活事件划分刚经历了 13 年,从实际经济评价才经历 8、9 年,未来的前瞻性研究还很长。目前依然增长强劲的中国经济,事实上正运行在以 1978 年为起点,以全面建设小康和基本实现现代化为终点的转折点上。转折意味着改革和发展的阶段、思路发生了重大变化,这是我们认识问题的出发点。

第四节 经济转轨的二元性

一、非平衡性导致二元性

从经济体制的角度进行考察,在遵循"计划"→"计划 > 市场"→"市场 > 计划"→"市场"的演进过程之中,很长时间内都存在着"计划"与"市场"双轨并存的局面,也就是说存在体制上的二元性。从发展阶段的角度进行考察,由于各转轨经济体都基本上处于经济起飞阶段,在从历史原因造成的落后状态下向有着明确目标和既定参照物的发达阶段迈进的过程中,由于客观历史条件已经不允许其进行遵循人类经济发展史的自然演化过程,而是必须借鉴和直接利用发达国家现存的先进技术和发达的生产力,因而不可避免地出现传统的生产力与现代发达的生产力长期并存的局面,表现为多种类型的发展阶段的差距。这种发展水平上的差距在不同的国家,其表现方式或程度不太一样,如有些面积比较小的转轨经济体主要体现在城乡之间,不同地区之间则不是很明显;而地域广阔、人口众多、自然条件各地差距很大的中国在发展阶段上的二元性则体现得特别广泛和深刻。

同时,由于经济转轨是一项庞大的系统性工程,各转轨经济体不可能同时在社会的所有方面全面展开,而必然采取有步骤、有计划、分阶段的转轨策略,并表现为转轨政策的试点性、次序性和层次性。不同的地区、不同的人群所受到的转轨政策的影响是不一样的,有些地区受到转轨政策的照顾而快速发展了起来,而其他地区则由于没有政策的倾斜而停滞不前;有些人群因为经济政策的调整而受到恩惠,另外一些人群则可能从中遭受到损失。再加之,经济转轨是一个政府主观驾驭的强制性公共政策过程,在这个强制性的过程之中,一般人士并没有自觉选择的自由和能力,因而不得不接受转轨政策带来的结果。于是,由于转轨政策驾驭的次序性和强制性,二元性的产生便难以避免。

从理论层面寻找根据,则是由转轨总过程系统的高度不平衡运动的规律所引致。经济领域的研究通常强调平衡(均衡)的重要性,经济活动实践更多地表现出来的却是非平衡(非均衡)。三十多年的改革与发展走的是一条渐进式的道路,其基本特征就是:通过非均衡的制度创新推动各领域的不平衡发展。中国经济具有多元结构性质,旧体制并非铁板一块,经济中的不同部分如农村经济,城市国有经济及非国有经济,其改革得以发生的条件、阻力大小等都存在明显差异,这就在客观上为中国经济转型提供了分散改革风险、降低改革成本以实行渐进改革的有利条件。这样,在改革与发展的空间演进上,就表现为先农村而后城市,先沿海而后内地,先非国有、中小型企业而后国有、大中型企业,先农业、服务业、加工工业而后工业、基础设施和基础产业等等,实行局部调整、各个击破的策略。结果,市场化制度创新的不均衡导致了发展的不平衡。

传统二元直接折射着转轨国家较低的经济成长阶段与高度发育的现代市场经济的运行机制"接轨"的"时空错位"问题;转轨二元的某些严重程度,甚至可能超过当年发达国家经济结构变动出现的畸高、畸低收入群体分离的严重程度,则间接与"时空错位"所构成的基础性障碍发生联系。这是因为,发达国家在市场机制发育过程中,产业部门的两极差距并没有转轨国家现在拉得的这样大,这一点只要看一下转轨国家从事新经济行业的高收入者/传统的现代产业部门的中收入就业者/传统产业低收入者这样一个系列的两极,就可以看得十分清楚。此外,转轨二元所包含的市场化逐渐扩展过程中某些垄断行业因种种原因较长时间继续维持其垄断优势,以及非平等竞争原因优先取得泛垄断畸高收益的情况,也是不容忽视的。

二、"经典二元"、"二元变异"与"转型二元"

笔者认为,在经济转轨国家存在两类"二元结构"。第一类称为"经典二元":由于几乎所有转轨经济都是不发达经济即发展中经济,所以其现代产业部门与传统部门之间(集中表现为工农、城乡之间)存在二元结构。第二类称为"转型二元":不论是激进主义改革还是渐进主义改革,转轨中的市场化推进都会出现因体制变动导致利益转移的两极分化或泛两极分化现象,在"转移性收益偏多"的部门或领域造就一批"畸高收入阶层"、同时在"转移性损失偏多"的部门或领域造就一批"畸低收入阶层"的"逆向分离",构成二元结构。

(一)"经典二元"

在经济学的研究中,人们通常更多关注的是传统的农业经济与发达的现代经济二元并存以及与此相对应的城乡或者地区之间的贫富差距问题,这也是发展经济学领域关注较多的"经典二元"问题。从 20 世纪 60 年代初开始,中国逐步通过一系列的制度安排构建了一个城乡隔绝的二元结构社会。这个二元社会结构以二元户籍制度为核心,同时也包括一系列其他的制度安排,其结果就是,城市人和农村人这两种完全不同的社会身份形成了。

根据国家统计局发布的 1998 年国民经济和社会发展统计公报,中国当年总人口为 124810 万人,家庭户均规模 3.63 人,由此计算总户数为 34382.9 万户。这样 1998 年人均可用于即期消费支出的资金即储蓄提款部分加上等额的手持现金全部用于购买消费资料部分,均为 641 元,两项合计人均消费能力 1282 元、户均消费能力 4653.7 元。如果考虑到中国城乡、工农、东西部地区这些原因所形成的"二元结构"差异,取加权平均数进行分析,结果就有所不同了。根据统计公报,1998 年中国城镇人口为 37942 万人、乡村人口86868 万人,当年城镇居民人均可支配收入为 5425 元,农村居民人均纯收入为 2160 元,将其中 70% 计算为实物以外的可支配现金收入为 1512 元。将上述比例关系引入人均消费能力的计算过程,测算出城镇居民的消费能力为 3296 元,农村居民的人均消费能力为 402 元,"二元结构"现象十分明显。占中国人口总数 69.1% 的农村居民的恩格尔系数尚处偏高位置,他们的收入中的较大一个数额是用于解决食品支出,而食品支出中的较大一个数额是由自给自足方式来完成的,这些都决定了"后短缺时期"初始阶段内中国居民最终消费的实际能力仍然是很不均衡的。

(二)"二元变异"

在中国经济的现实存在中,除了"城"与"乡"差距拉得过大这一类型差距外,还有"城"与"城"、"乡"与"乡"之间的差距拉得过大的问题,即在经济学论述中的"常规二元"(或称"传统二元")范围内,还存在着与其既相似又广泛化的"二元变异"。所谓"相似",是指大体上还有区域经济差异的影子在,表面化地去归类,将其划入经济学里已经定义过的那个"二元"范围里,也无不可。所谓"变异",是指这种区域性差异虽然过去也有,但在计划经济体制限定的经济运行环境中不具有存在的合法性。

从实际情况看,在中国 1978 年启动经济体制改革进程的起点上,存在着差距并且差距比较明显的只是在"城"与"乡"之间,而在当时"城"与"城"、"乡"与"乡"之间并不存在太明显的差距。有谁听说过那时在北京、上海、广东"吃皇粮"的人,其收入就比新疆、内蒙、西藏"吃皇粮"的人收入高?可能因为存在地区津贴费,后者反而比前者还高一点。在农村,自然条件好的地区多作贡献,自然条件差的国家照顾,也没听说某一区域的"乡"比另一区域的"乡"的富裕,并且可以受到保护或鼓励。而现在所看到的"城"与"城"、"乡"与"乡"之间差距拉大的情况,除开政策特殊开的口子以外,大多是计划约束经济资源不恰当配置的影响力逐渐削减,市场激励经济资源优化配置的影响力逐渐增强所促成和推动起来的。所以将各种地域差距的形成完全归结于国外经济学家在并不包含体制变革条件下推导的"二元结构说",就难免失之于简单了。

例如"常规二元"(或称"传统二元")内存在着相似而并不相同的变异性问题:同是居住于"城"的中国城镇居民家庭,到"九五"期末的 2000 年,在各地区城镇居民人均"可支配收入"排名列表中,前三名的上海、北京、广东的城镇居民分别已达到11718.0元、10349.7元、9761.6元,而后三名的山西、河南、吉林的城镇居民只分别为3724.1元、4766.3元、4810.0元;后三名的"收入—消费/收入—储蓄"能力只有前三名"收入—消费/收入—储蓄"能力的40.3%、46.1%、49.3%。由于"可支配收入"与"有效的消费能力"存在着正相关联系,上述同居在"城"这"一元"区域的居民中,该年度前三地的城镇居民人均消费性支出额分别已经达到8868.2元、8493.5元、8016.9元,而后三地城镇居民人均消费性支出额则分别只有3941.9元、3830.7元、4020.9元,后三者分别只及前者的39.4%、38.3%、50.2%。

同是居于"乡"区域的居民家庭中,这种与"常规二元"(或称"传统二元")相似并不等同的变异情况同样也存在,且"乡"与"乡"之间的差距比"城"与"城"之间的差距还要拉得大些。统计数据显示,到"九五"期末的2000年,按"农村居民纯收入"排名,前三名仍然是上面3个省、市,排名后三名的是3个内陆省份。具体数字是:5596.37元(上海)、4604.55元(北京)、3654.48元(广东);1374.16元(贵州)、1428.68元(甘肃)、1443.86元(陕西)。后三名分别只有前三名的24.55%、31.03%、53.08%。这意味着1个上海、北京、广东的农村居民的纯收入水平,分别约可相当于4个多贵州农村居民、3个多甘肃农村居民、2个多陕西农村居民的纯收入水平。

改革开放后,我国开始实行向东南沿海地区倾斜的非均衡发展战略,其中以"梯度发展战略"为典型代表。"梯度发展战略"是一种建立在非均衡理论基础上,以效率优先为基本指导思想的区域发展战略。这种战略对我国经济发展的作用是巨大的。首先,在市场经济条件下,大量资本、技术、人才纷纷流向经济发展基础好、资本回报率高、市场发育程度高的东部地区,而东部对中西部的技术推移带动效应十分有限。区域差距拉大使落后地区陷入"马太效应"的恶性循环,地区间冲突日益激化。其次,中西部地区自身条件的不完善给"梯度发展战略"的实施增加了难度和阻力。中西部特别是西部地区,基础设施落后,资源开发严重滞后,不仅阻碍了东部地区技术、经济的推移,而且影响了整个国民经济的发展后劲。

伴随着不断扩大的地区间经济发展差距,东部地带各省市相继迈入高收入地区的行列,中西部地带各省区则相继走进低收入地区的行列。同时,也出现了上面提到的"城"与"城"、"乡"与"乡"之间的差距拉得过大的问题,强化了"二元变异"。

　　(三)"转型二元"

　　中国三十多年改革与发展的成就来自于让一部分人先富起来的战略——渐进改革所带来的结构性变动。即在非均衡条件下(如要素市场分割等)通过结构调整使资源转移和进行再配置,实现效率的提高和对经济增长的刺激。但是也正是由于这样的路径选择,在效率增进的同时,非平衡的发展战略导致了比改革初始状态大得多、也比一般市场经济国家大得多的两极分化。该类型"二元结构"现象是在体制变动导致的利益转移过程中,由于"转移性收益偏多"与"转移性损失偏多"的逆向性运动,带来了非正常速度的高低收入群体的分化。

　　这里的"转移性收益"和"转移性损失",是反映体制变动过程中因各人所处地域、产业、岗位、人际关系等可利用性和受约束性的机遇不同,改革的步骤与方式不同、避免社会震荡的保障机制和缓冲机制不同,在改革的各个阶段里,因政策变动而发生的既有财富的体制性转移,处在不同位置的家庭、部门之间,有的轻易就获得了转移性收益,有的没有获得这种收益的机会,甚至失去了既有的收益,也就负担了体制转嫁的损失。举一个极端的例子,两个同是四世同堂的工人家庭,家庭甲从老一代家长开始就从事纺织、机械工作,子女大多继承父业,家庭乙从老一代家长开始就从事通讯、电子工作,子女也大多继承父业。在产业结构调整和国有企业改革推进过程中,前者就可能由"压锭"、"限产"、"破产兼并"、"下岗"等变动而加入到"转移性损失偏多"的群体;后者则随"股份制改造"、"股票上市发行与交易"、"政府投资倾斜与分配激励"、"合资利润上升"等变动而加入到"转移性收益偏多"的群体。类似的变动过程中,显然还会产生大量由于法律不完善、监督缺位、运作不规范、体制性资源滥用所导致的"衍生性"收益畸高者与损失畸高者。这种因既有财富占有格局发生转移性界定并进一步导致财富增量与分配畸形所形成的家庭、部门的收入分化,加上前20年改革以效率优先、鼓励一部分人先富起来所拉开的收入差距,二者结合在一起,就不仅在乡村而且在城市,都同时并存着"畸高收入阶层"与"畸低收入阶层"的"逆向分离"——事实上,这是体制变革过程中形成的一种新"二元结构"现象。因为这种"二元结构"经过增值效应的博弈,能量差异已经相对固化,对社会再生产的影响程度正在日益加深,以致于宏观经济层面再也不能忽视它的存在。笔者在这里将其定义为"转型二元"或称"新二元"。

现在我们通过数据来进行具体分析。1999 年国家统计局在一份报告中引述了"财政部最新调查资料,10%的居民拥有66%左右的存款"的数据后指出,近 6 万亿元存款是少数人拥有多数存款的极不平衡的分布结构,消费政策最有可能调动的存款仅 2 万亿元左右,"有钱的不消费,想消费的又没钱"的消费格局,制约了降息政策作用的发挥[①]。以下我们就以上述报告提供的材料为背景,将"10%居民拥有66%左右的存款"的权威数据作为基础性依据,来进行相关指标的数据换算(见表4.4):

表4.4 1999 年城乡居民储蓄存款的分布结构分析

序 号	类 别	数 据
阶层一	计算 10%的人数(万人)	12590.9
	拥有 66%的存款(亿元)	39350.52
	人均拥有存款(元)	31253.10
	户均拥有存款(元)	111886.00
阶层二	计算 90%的人数(万人)	113318.1
	拥有余下 34%的存款(亿元)	20271.48
	人均拥有存款(元)	1788.90
	户均拥有存款(元)	6404.00

表4.4 是 1999 年年末中国城乡居民储蓄存款余额分布结构的分析。按户均存款的20%计算可用于即期消费再加上等额手持现金一并加入即期消费,这样得出的人均以货币表示的购买力为 1894.13 元,户均购买力为6780.98 元。以这种简单平均计算的方法得出的结论似乎是:城乡居民大多数应当处于中等即平均值所标识的位置,以这样的储蓄水平来购买千元以上、万元以下的耐用消费品不存在困难,因此家用电器市场远未饱和。但是,将 10%的人拥有 66%的存款的实际情况考虑进去进行加权计算,便出现了明显差异,即由较少社会成员构成的消费群体中,人均拥有存款在 3 万元以上,

① 国家统计局一份报告表明:降息难以有效启动即期消费.中国改革报.1999 年 11 月 22 日。

户均拥有存款超过了 11 万;而由大多数社会成员构成的消费群体中,人均拥有存款只有不到 2000 元,户均拥有存款不足 7000 元。我们仍按存款的 20% 加上等额的手持现金用于即期消费的计算方法,可算出 90% 的社会成员所构成的消费群体中,人均现实购买力表现为货币值只有 715.56 元,户均集合的现实购买力表现为货币值只有 2561.70 元。其"二元结构"现象也十分明显。

第五章

中国经济转轨的路径选择

实践中,经济转轨的路径安排一般可以划分为两类。一方面,是我们所经常谈到的激进式和渐进式两种转轨路径或模式,目前学术界对两种路径选择孰优孰劣的判断和评价非常之多,坚持渐进式转轨路径的学者说:"要生小孩,必须经过十月怀胎",而赞成激进式转轨路径的学者则认为:"人不能分两步跨过一个大鸿沟"。并且作为激进式转轨路径或者"休克疗法"的具体实施方案和中国渐进转轨路径之间的实践比较也引起了世界的关注和反思。另一方面,由于经济转轨过程受到客观特性的约束,各个转轨经济体的经济转轨路径必须依据本国的具体国情,掌握和运用制度变迁的规律,借鉴其他国家的经验教训,选择经济体制市场化的途径。如果充分考虑参与经济转轨国家的历史文化传统、经济、政治、社会发展水平、地理资源环境的不同,那么,按照国别分为中国模式、俄罗斯模式以及东欧模式似乎更能全面考察不同主观能动性见之于客观规律所产生的不同经济转轨实践过程。无论从哪种角度划分转轨路径模式,关注转轨的次序和速度问题,同时对这些问题做出合理的选择将有利于转轨绩效和收益的实现。

第一节　中国式转轨的客观特性和内在规律

一、中国式转轨路径的客观特性

转轨的路径安排或者转轨的最优速度和次序的确定不可避免地要受到

经济转轨客观特征的约束,至少包含以下因素:

(一)经济成长的阶段作为基础性制约,决定了被选择路径安排的先进性和适应力

经济转轨面临双重任务,即对转轨国家经济体制和经济发展双重约束的解除,转轨经济运行同时承担着经济体制转轨和经济发展阶段转型的两方面任务。指引转轨经济的转轨路径需要能够很好地契合制度选择和发展阶段。二重任务的完成程度要由发展绩效来评价,而发展绩效的本质始终应该是以民生为根本目的,以民意为转轨路径选择的基本导向。那么,可选择的转轨路径安排就要受到经济成长的阶段的基础性制约。一方面表现为,转轨路径的起点改革是基于民生的改善而启动的。因为,在经济转轨之前,几乎所有的前社会主义国家(或称计划经济国家)在转轨前都处于较低的经济社会发展水平,计划体制无法通过效率带来发展水平的迅速、持续提高。

另一方面表现为,随着转轨—转型经济的发展,民生的改善程度或者转轨绩效受到制度模式与发展模式的契合程度制约。当制度模式与发展模式的契合没有完成、定型时,转轨过程中的二者就处于动态和不确定性的状态,二者同时受到重视并匹配得当时,经济运行绩效就比较明显、全面,反之则可能带来矛盾的累积和结构性失衡。因此,制度模式与发展模式的契合程度较高,就会促进经济发展,改善民生;制度模式与发展模式的契合程度较低,发展将会对制度形成反作用。路径选择因此具有了通过制度选择改善发展的激励条件的含义,如上分析,制度模式与发展模式的契合程度可以通过对民生改善或者转轨路径的成本—收益来评价。转轨是否进行取决于转轨过程的净收益。假设:

转轨路径 j 的净收益(K)=适应能力指数(e_1)×转轨后的收益(Q)-转轨的初始收益(V)-适应能力指数(e_2)×转轨成本(C)

转轨路径 j 给转轨经济体带来的总的收益评价实际上由三部分构成,一是转轨启动时原经济体已经具有的收益水平 V。二是转轨实施后的预期收益水平 Q,并且,在事先确定"预期转轨净收益"后,引入适应能力指数 e 对其进行调整。e 是对民众适应改革能力的衡量适应能力指数,其中,e_1 是对民众获取转轨收益的适应能力的衡量,e_2 是对民众承受转轨成本的适应能力的衡量。由于转轨经济运行的复杂性,在准确地预期转轨路径的收益水平时要受到一定限制。比如,转轨经济体政府或为政府提供政策建议的经济学家在设

想改革方案时,以及向议会和民众宣传使其认可制定的方案时,有可能把影响变革时期新增收益的有利条件高估了,与此同时对可能影响变革时期新增收益的不利因素低估了。还可能对预计到的意外损失有意无意地加以回避或隐瞒。结果变革的绩效比预期的目标出入很大。与此同时,也有趋向于稳健实施变革的政府,以及以严肃态度为政府提供政策建议并富有经验的经济学家,他们估计的有利条件均被恰当的加以利用,而预计的不利因素却又以恰当的策略运用被化解了,取得的变革绩效比预想的还好得多。由于有上述两类情况存在,就路径选择而言,"转轨净收益"事实上仍然很难在事前测定,因此需要进一步分解为可观测指标。个人对变革适应能力的差异,以及个人基础上形成的集团或利益集团的一致行动倾向,将影响预期的转轨收益,在一定程度上决定转轨路径的可行性和有效性。三是转轨过程中的成本 C。樊纲(1993)曾探讨了中国的转轨路径问题,将改革成本划分为实施成本和摩擦成本。他认为,实施成本是改革激进程度的减函数,改革的速度越快,持续时间越短,改革过程中的信号扭曲就越小,从而越有利于减少实施成本;而摩擦成本却刚好相反,是改革激进速度的增函数,改革越是激进,招致反对的人就越多,改革的阻力就会越大,为克服阻力所要耗费的摩擦成本就越昂贵。从这个角度看,在中国的转轨过程中,必然会存在积极和消极两个因素的共同作用。那么,适应能力指数的取值范围为 $e \in [0, +\infty)$,当 $e_1 \in [0,1)$ 或 $e_2 \in [1, +\infty)$ 时,表明转轨路径受到阻挠,民众对于转轨是消极参与的。转轨方案越是脱离实际,变量值 e_1 越接近于 0,变量值 e_2 越趋近于 $+\infty$。当 $e_1 \in [0, +\infty)$ 或 $e_2 \in [0,1)$ 时,表明转轨路径得到支持,民众对于转轨是积极参与的。转轨方案越是符合实际,变量值 e_1 越趋近于 $+\infty$,变量值 e_2 越接近于 0。

(二)非均衡的经济现状决定了转轨推进的战略与步骤

转轨经济形态的特殊性决定了经济运行的非均衡状态,新旧体制的共存和影响力的变化必然使得多种所有制形式、个人收入分配格局、地区之间协调发展、国有经济的多种存在方式、按劳分配与按生产要素分配等具体经济领域表现出非平衡性的经济运行方式,各个领域、各个地区之间的非平衡性改革和发展要求转轨在其中具有不同的推进战略和步骤,直接导致了经济转轨路径安排中的战略与步骤问题。经济转轨各环节的转轨问题是一个复杂而且缺乏共性的问题,每个转轨国家面对不同的转轨初始条件可能有着完全不同的转轨次序。但一个共性的次序选择标准应该是从计划体制较为薄弱的环节，即能较多地带来转轨收益，而相应转轨成本较少的环节入手，以增量收益增强转轨的能力，再攻关较难的环节。对于渐进式的经济转轨路径，我们只能是对转轨的速度和次序做出选择，而不存在极端情况下的一步到位式的转轨方式，其主要原因是，打破旧的体制可以一夜之间完成，而建立一套新的经济体制以及与之相适应的法律与制度环境却绝不能在一朝一夕中完成。经济转轨作为一个新体制置换旧体制的过程，对于建立新体制之前是否摧毁旧体制的问题，是经济转轨次序选择中的一个总括而且重要的问题，有时对于这一问题选择不同的答案将会导致不同的转轨路径安排。

（三）对旧制度遗产的处置方式决定了转轨第一阶段的绩效

经济转轨的启动是从旧制度边界还是从旧制度核心开始，初始路径选择往往对于后期的制度演进有很大的决定作用。俄罗斯1992年的证券私有化和中国1978年的联产承包责任制这两种制度安排就给俄罗斯和中国第一阶段的转轨带来了明显不同的绩效。对于旧制度遗产的处置方式，可以形象地比喻成"蝴蝶效应"，只要一只蝴蝶在地球的一端扇动翅膀，在未来地球的另一端就可能造成一场大风暴。当俄罗斯的证券私有化给整体国民经济带来灾难性的下滑后，经济出现的扭曲和转向偏离原先所设想的结果，使得俄罗斯的路径安排不得不在高通胀率中于1994年7月1日进入私有化的第二阶段——货币私有化。另外，俄罗斯私有化第一阶段还导致了国家财产的不公正分配合法化，在1993—1994年，每张私有化证券的价格不超过1万卢布，相当于3—18美元。按照俄罗斯官方说法，该价格应该代表每个公民在国有财产中占有的份额，但是，全国居民实际人均国有财产的价值应是4.17—2587亿美元。俄罗斯证券私有化和股份化的匆忙进行，导致了其私有化并没有完成转轨之初的构想。俄罗斯在1992—1998年间的私有化（证券私有化和货币私有化）共带来647.83亿卢布收入（按1998年1月1日后的价格计算），这大大低于起初设想的数额。与此相反，中国在转轨之初的对于旧制度遗产的处置采取了从边界上突破的路径安排，对于农村经济的资源配置方式的改革并没有明显触动传统经济体制中的核心部分，市场经济成分的逐渐培育和"增量改革"使得中国在转轨的第一阶段表现出了持续稳定的高速增长。

（四）对市场制度核心要素的认识和利用决定了新体制框架的基本特征

与效率

一般而言,经济体制改革包括所有制和运行机制两个方面。对于所有制的改革,可选择的路径安排主要为全盘私有化,还是多种所有制共存;对于运行机制的改革,可选择的路径安排主要为全面放开价格、政府完全让位于市场,还是政府发挥主导作用,培育市场环境,建立价格双轨制。对于把哪种因素作为市场制度的核心因素的不同认识导致了不同的经济转轨路径安排,从而也导致了实践中转轨收益的巨大差异。

事实上,从欠发达经济向发达经济的成长转型,在技术条件并不十分先进的状态下,并非需要立即安排高度发育的市场体系。换言之,发达的市场体制虽然可以尝试通过外部力量强制建立,但并不一定适合转轨时期经济实际的要求。脱离太远,必然会从经济增长失去基础和体系建立成本过高两个方面产生不利影响。一定的成长阶段决定了相应的市场体制先进程度,这是由经济史一般规律决定的。放弃计划体制过于理想化的制度安排,是由于它超越了现有的经济发展水平;按照发达市场体制设立过高的转轨目标,同样意味着对现有经济发展水平的背离。人类社会生产力的发展如一条历史长河,处在不同成长阶段的经济体,分别航行在不同的河段。巨轮在靠近大海的河段航行,处在上游的河段则只能行驶小船,不同的航段需要不同的组织结构与其适应。如果将巨轮的组织结构放置在小船上,这样的组织结构安排不仅成本太高,而且效果也不可能好。只有在初期选择了适宜的制度安排,才可能通过经济增长推动成长阶段的转型,并不断形成对制度的反向激励和要求,这一过程逐渐使转轨与转型关系的特殊性内生于经济和社会的正常结构演进中。就目前的经济转轨进程来看,这种巨大差异突出表现在对旧制度遗产的处置方式上,导致了转轨第一阶段的不同绩效。

(五)对变革的认知能力、学习能力和承受能力决定了转轨实施的方向和速度

经济转轨从起点到终点的过程之间存在不同的政策、经济和社会特征,转轨经济也相应地表现出不同的特点,那么,在从计划经济体制向市场经济体制过渡的轨道上,随着具有代表性的经济转轨特征的变化,整个转轨过程就可以划分出不同的阶段,这就是经济转轨过程的阶段性。而经济转轨阶段性的存在,致使转轨全过程中人们对于变革的认知能力、学习能力和承受能力都有所不同,越到转轨后期,人们对于变革的适应能力越会增强,对于变革各个方面的

认知也都会增加。不同的转轨阶段,经济转轨主体(政府、民众)对于实施转轨和推进转轨的方式都将具有不同的特征,那么各个阶段实施转轨的重点必然不同,也必然不存在一个一成不变的反映转轨全过程的最优速度。

就总体而言,由计划经济体制向市场经济体制的转轨是一个系统对另一个系统的置换过程,而系统内部包含许多相互关联的变量,这些变量相互影响、相互作用从而整体上构成了一个完整的经济系统。当任何一个或一部分变量发生了转变,则整个系统就处于了过渡状态之中,即经济体制处于转轨的过程中。严格讲,人们的认识不可能穷尽经济系统中的所有变量,而且这些系统变量的范围也会各不相同,大的变量本身可能就是一个小的系统包含许多更小的变量。根据主流经济学和转轨实践,至少已经可以确定一些经济系统的转轨变量,从大的变量看,如自由化、私有化、法制化以及宏观经济稳定化等所谓"华盛顿共识"所开列的经济转轨指标;从小的变量看,如资本市场建立、国有企业改革,乃至价格听证制度等很具体的方面。由此可见,经济转轨是一个社会经济系统整体性的置换和转变,因此确定经济转轨最优速度时,试图寻找整个经济转轨过程,或者包含所有转轨变量的全系统的一个最优的速度是不可能或者极为困难的。我们所能做的只能是针对各个具体的转轨环节(即转轨变量)设定最优转轨速度。罗兰(2002)在其《转型与经济学》一书中就认识到了这一点,他在书中对部门再配置的最优速度和价格自由化的最优速度进行了详细分析,而没有试图寻找转轨整体过程的最优速度。

(六)原有经济管理体制及其经济组织结构客观上决定了转轨路径的选择

经济转轨的初始条件对于转轨路径的选择和安排是不容忽视的,从初始的经济发展阶段和原有的经济组织形式和管理方式两方面客观地决定了转轨方式。如果我们将考察的历史拉长,就可以发现东欧国家以及前苏联在20世纪五六十年代就已发现了计划经济体制的一些弊端,并曾经多次尝试过用渐进式的方式进行改革,但都以失败告终,最终在20世纪90年代内部矛盾激化升级的情况下,选择了"大爆炸式"的激进式转轨路径。这表明除了政府主观对转轨驾驭能力的差异之外,可能还存在某些客观原因导致了东欧和前苏联国家在20世纪五六十年代和中国在20世纪80年代的同样是渐进式的改革,却有着巨大不同的转轨绩效。

通过考察转轨各国的经济管理体制和经济组织结构,我们可以发现虽然转轨各国都是原有的中央计划经济体制,但中国计划经济的程度远不如前苏联和中东欧地区。从管理形式上看,表现为前苏东国家的 U 型和中国的 M 型两种不同的组织形式(Roland,2002;Qian,Roland and Xu,1999,2006a,2006b)。所谓 U 型组织结构是指在前苏联和中东欧国家,各地的国有企业基本上由中央直属的各部委控制,各部委之间所管辖的企业相互补充、依赖而没有重叠,地方政府基本没有权利管辖这些企业,可以简单地形容为"条条化"组织结构;而 M 型组织结构则是指在中国,大多数企业是由地方政府所控制,或由中央部委与地方联合管理,而中央部委直接管理的企业只是很少部分,而各地区之间基本相互独立,可以形容为"块块化"组织结构。U 型的组织结构导致了各部委之间的相互依赖,共同构成了一个有机的整体,任何一个部分和环节的变动都会影响到整个经济的运行。因此,U 型的组织结构很难对经济的某一个环节或某一个地区进行试验性的改革,整体性的"大爆炸式"的激进式转轨似乎成了前期渐进式改革绩效不好之后的一种必然的选择。相反,中国的 M 型"块块化"组织结构从另外一层意义上来讲,各地区之间基本上相互独立,从而使得可以在某些地区进行实验性的改革(例如建立经济特区等),却基本上不会影响到其他地区原有经济的正常运行,而且,各地区之间的相互独立和经济结构的趋同也为各地区之间的相互竞争创造了条件,这正是建立市场经济体制的微观基础、决定中国经济转轨取得重大成功的重要因素。换句话讲,原有经济管理体制和经济组织结构的客观体制差异,相当程度上决定了两种不同模式的转轨路径的选择与安排。

二、中国式转轨的内在规律

客观约束虽然在相当程度上能够影响和决定转轨所能选择的路径、速度和次序,以及可能获得的绩效,但转轨主体的主观选择仍能够在这些客观约束条件下,作出最能契合客观约束的最优路径选择和安排。在客观约束下,合理安排经济转轨路径的关键是所选择的经济运行机制与经济成长阶段的契合程度,或者是经济转轨主体在主观上的能动性对于经济转轨过程客观约束的破除,其标准则是对转轨的绩效评价。

从静态方面来看,对于经济转轨次序的不同选择会产生不同的经济增长机制。图 5.1 描述了转轨—增长的几种一般模型:图 5.1.1 描述了描述了路径选择通过企业经营自主权扩大、产权约束的强化、预算约束的硬化,在企业之间、劳动者之间引进了竞争机制,打破了那种"旱涝保收、大锅饭"的旧体制,推动曲线上的 B 点向 A 点移动,从而实现劳动保障与效率之间替换的过程,人力资本的使用效率得到提高;图 5.1.2 描述了路径安排通过利率市场化、强化资本使用的效率措施,推动曲线上的 E_0 点向 E_1 点移动,从而实现资本向消费品生产领域流动,改变过度积累对生产能力和消费水平的抑制,使过去严重失衡的经济结构得到扭转;图 5.1.3 描述了路径安排通过价格市场化措施推动 S_1 向 S_2 转动、补贴措施推动 D_1 向 D_2 移动的双向策略,以供给的迅速增长使短缺缺口($Q_2—Q_1$)迅速缩小,在更高的产出水平 Q_3 实现市场出清,单个产品生产的配置效率明显提高;图 5.1.4 将路径安排的推动作用扩大到整个社会再生产过程,由于要素市场和产品市场效率的改善,国民产出能力也大大提高,由 B 点向生产可能性曲线上的 A 点移动。

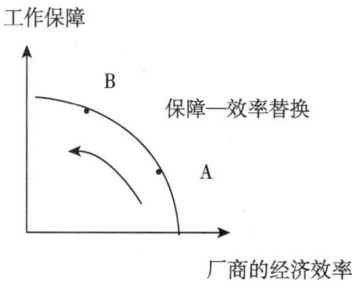

图5.1.1 作用于劳动力市场

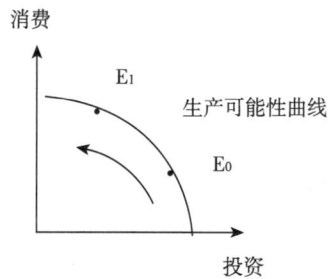

图5.1.2 作用于资本市场

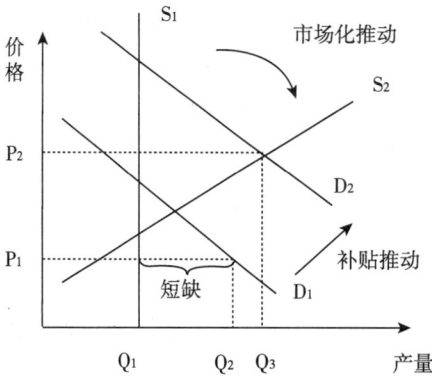

图5.1.3 单个产品资源配置的改善

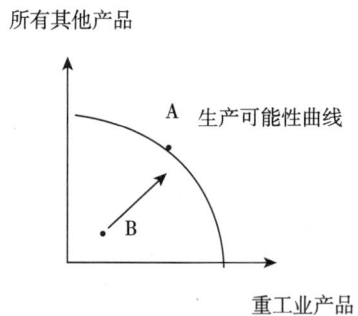

图5.1.4 国民产出效率的增进

图 5.1 转轨—增长的一般模型

　　从动态方面来看,政策搭配与公众行为之间的博弈,使转轨与增长的关系变得更为复杂。借鉴佩恩和布朗斯坦的成对博弈理论,同一转轨时期的公众选择可能同时存在着"前瞻性偏好"、"稳定性偏好"、"回顾性偏好"的博弈倾向。"前瞻性偏好"基于收入前景的乐观判断,倾向于加快变革,对市场体制替代计划体制感到前途光明,对继续推进改革抱有充分信心。当变革呈现出向好的趋势时,各种群体均会向该类型靠拢,否则只可能出现在部分群体中。该类型通常只关注收入预期,往往忽略了可能发生的损失,这显示了某个群体或所有群体处在特殊阶段,承受风险能力较强,即使变革遇到某些曲折也能自我慰藉,较有耐心等待走出低谷。"回顾性偏好"基于某些原因,非但对将要出台的变革措施缺乏信心,而且对现状的满意度也不高。体现在模型中的显著特征在于,将整个关注点集中在损失预期上,对可能发生的收入增长几乎不加考虑。此种情况出现于大多数人群中时,任何劝说都将失去效力。耐心等待客观条件积累成熟时,再相机考虑加快变革进度,是较为恰当的选择。中性状态的"稳定性偏好"的显著特征,是在收入预期与损失预期之间徘徊。大多数群体采取这种态度时,变革进程处于胶着状态。变革进程某些重要阶段交替时,也常常呈现这种状态。以 S_1、S_2、S_3 分别代表"前瞻性偏好"、"稳定性偏好"和"回顾性偏好";以 T_1、T_2、T_3…T_n 表示设计中的变革要素的变量集合,如 T_1 代表价格改革,T_2 代表产权改革,T_3 代表住宅改革,等等。由于 T_1、T_2、T_3…T_n 集合关系中存在灵活搭配的可能性,静态地看可以认为只有激进和渐进两种变革模式,动态地看则在"纯粹激进的实施方式"R_1 和"纯粹渐进的实施方式"R_2 之外,还会有"灵活变动的实施方式"R_3、R_4。选择—契合思想认为,充分考虑变革对象适应能力变化与政策措施搭配之间的关系是增长所必需的(见表5.1)。

表 5.1　选择—契合思想下的路径安排

| 项目 | T_1、T_2、T_3…T_n | | | |
	纯粹激进的实施模式 R_1	纯粹渐进的实施方式 R_2	基本激进模式与渐近政策适当搭配 R_3	基本渐近模式与激进政策适当搭配 R_4
总体倾向 S_1	积极适应	不适应	一般性适应	基本不适应
总体倾向 S_2	不适应	一般性适应	基本不适应	积极适应
总体倾向 S_3	不适应	积极适应	基本不适应	一般性适应

　　因此相对于一般制度变迁而言,转轨的路径安排在于这一过程中选择—契合思想的重要性。选择—契合思想是基于转轨—转型经济提出的,从静态和动态两个方面强调经济增长的制度依赖和技术依赖不可或缺。它们构成转轨时期经济增长的基本约束,变革模式和政策搭配是从基本约束因素的可能性集合中挑选最优组合,而不是片面地重视一个方面而忽视另一方面。如果简化地把经济体制转轨理解为解决“市场稀缺”,把经济成长转型理解为解决“资本稀缺”,转轨时期就可以理解为一个侧重以解决“市场稀缺”为主导任务的经济史的特殊阶段,但作为基础性制约的“资本稀缺”始终不应被忽视。经济转轨的效率事实上处在两种约束的复杂结构中,如果一个稀缺的缓和使另一个稀缺加重,就意味着发生了非契合的误选择;一个稀缺的减轻不以另一个稀缺的加重来获得,就被认为符合选择—契合的优化原则。因此,选择—契合并不代表某种具体的体制变动模式,也并不孤立地评价某一制度选择的优劣。在具体地探讨某个转轨国家的绩效时,选择的过程与契合的效果可以成为研究该经济增长原理的方法论。

第二节　中国经济转轨的特殊路径选择

一、转轨的次序选择

　　转轨速度与转轨次序是转轨路径问题的两个方面。在承认经济转轨渐进完成的前提下,转轨经济呈现出过程中经济形态和非平衡系统运动的经济形态(吕炜,2002),经济转轨在从起点到终点的过程中的非平衡性和阶段性将影响转轨次序的选择。

　　有些学者分析了经济转轨的最优次序问题,大多数都承认改革的不同组成部分之间都存在着一些时间顺序上的相互依存,尤其是有些部分需要在其他部分完成后才能进行。吴敬琏和刘吉瑞(1991)认为价格放开应该在企业改革之前,而 Newbery(1991)认为打破垄断应该在价格放开之前。选择错误的改革序列也许会比不改革造成更大的恶果,因为完成某些改革也许会制约一些基础性的改革。也许现在判断中国的改革序列是不是最优序列还为时尚早,但是中国是按照“从简单到复杂”的顺序进行改革这一点已经很清楚了。也许从易到难的顺序和最优序列没有什么两样,因为最容易的改革往往在最难的改革的前面。尽管如此,中国并不是因为从易到难是最优的原因才选择了这一模式。如果它能够达到最优,这种选择是一种幸运。事实上,很多中国改革的主流经济学家都曾经将这种模式看做是一种幸运。但很多中国改革的主流经济学家都曾经将这种模式看做是短视的(吴敬琏,赵人伟,1988)。樊纲和胡永泰(2005)分析了体制转轨最优路径应该"循序渐进"还是"平行推进"问题,实际也可看做经济转轨的最优次序问题。他们认为"循序渐进"的转轨次序不能解决改革的体制与尚未改革的体制之间的"不协调"成本问题,经济转轨过程中各种体制之间是相互依存、互相制约的,不可能改好了一个再改下一个。而"平行推进"的转轨战略,可以在各个领域(包括政治体制和社会政策)进行部分的改革同时,尽可能在没有彻底完成改革之前相互协调、相互促进,减少经济转轨的成本和费用。此种转轨路径安排可以简称为"全面改革",只是其中各个领域的转轨速度如何确定? 以及由于各个领域的转轨都是"半吊子",更可能滋生大量的腐败。

一般而言,激进式转轨在新体制正在建立的过程中或未建立起来之前就迅速而彻底地摧毁了旧体制系统,放弃了旧体制所残留的体制能量,完全寄希望于迅速地建立新体制以从中获得收益。渐进式转轨则是在转轨行动开始之初,利用旧体制所能发挥的配置资源的作用,在旧体制仍能获取应有收益的基础上,继续维持原有体制的运转,使之继续发挥低效的,但至少井然有序的经济运转职能,然后在旧体制的边界上培育、发展新体制以获得新体制的增量收益。新体制逐渐在旧体制中成长、壮大,并成为主导力量时,对旧体制的内核实施关键的替换,是经济转轨最为关键也是必须经历的过程。那么,为了更多地获得转轨收益和维持稳定,改革次序应选择那些难度较小和符合民意的转轨环节作为转轨突破口。具体而言,在次序安排上,那些民意所广泛支持的,并且转轨实施难度较小的转轨环节和对象,应先于那些民意分歧较大,并且需要足够的经验和知识储备才能完成的转轨环节和对象被实施。根据以上关于转轨速度的分析,这样的转轨次序能够最大限度保持转轨过程中的稳定和最大限度地获得转轨收益。

基于中国式转轨的实践,渐进式转轨一直是我们所坚持的转轨道路与模式,始终在不断的摸索中与自我反思中寻求中国的体制转轨与经济发展之路。在中国所走过的所有经济转轨环节中,有些环节是增进所有人的利益而不损害其他人的利益,这样的环节仅仅是政策的放松,也使得在旧体制下受到压抑的生产力得到释放,所带来的收益是一种纯粹的"帕雷托"改进,这样的转轨环节应比其它环节率先实施。因为这样的改革不会遇到阻力,是一种社会福利的净增进。而那些需要涉及利益结构调整和碰撞的转轨环节,如国企、医疗、教育改革等,是新体制实质性的置换旧体制的转轨活动,必然会产生新旧体制的激烈摩擦和碰撞并且会遇到很大的社会阻力,因而这样的转轨环节需要具备客观的经济条件和知识储备后再实施转轨行为。然而,对于实现帕雷托改进的可能性,却有两种不同看法。持肯定看法的有:"中国的渐进式改革最接近于'帕雷托改进'或'卡尔多改进';从微观经营机制入手的改革没有受损者,因而具有'帕雷托改进'的性质"(林毅夫等,1993);"经济双轨制是符合'帕雷托改进'的,因为它没有给任何人带来损失"(盛洪,1991)。持相反看法的有:"改革的本质特征在于它是'非帕雷托改进'"(樊纲,1993);"帕雷托改进既不是成功的权利重新界定的充分条件,也不是必要条件",新的制度安排的形成,"总是更有利于在力量上占支配地位的行为主体集合"(胡汝银,1992)。

　　虽然在整体的过程性质上转轨体现出一种"非帕雷托"改进的特性,但不同的转轨阶段的性质却并不一定表现出与转轨整体性质的一致性。在某个特殊的阶段上,并且初始条件允许的情况下我们可以并能够选择使这一转轨阶段成为纯粹的"帕雷托"改进,即在没有社会成员利益受损的情况下,使得部分或全部社会成员利益增进,这是一种增量式的经济转轨,并没有涉及原有利益结构的调整。因此我们以经济转轨过程中的效率改进为标准,可以将转轨过程分为以"帕雷托"改进为主和以"非帕雷托"改进为主的两个阶段。那么,转轨次序的一种选择应该为率先实施具有"帕雷托"改进性质的转轨环节,而后实施"非帕雷托"改进性质的转轨环节。

　　一般意义上讲,这种阶段性的转轨进程会较为顺利地推行(除了思想、意识形态方面的阻隔)。但增量性质的纯粹"帕累托改进"式的转轨方式并不能从根本上解决经济转轨问题,经济转轨本质上仍然是一个打破旧体制、建立新体制的"破"与"立"的过程,这期间必然要经历剧烈的利益冲突与碰撞,才能最终实现经济转轨的目标。因此,虽然可以在转轨进程内部产生一个阶段性的"帕累托改进"时期,但最终转轨所要面临的仍是更为艰巨的利益结构重塑问题,因而这个"非帕累托改进"过程还是必不可少,也是经济转轨所要面临的主要和关键的问题。

这两类不同性质的经济转轨的阶段有着相辅相成的密切关系,其中"帕累托改进"阶段可以通过不涉及利益结构等难度大的转轨环节(如产权制度、福利制度等)在旧体制外积极发展新生力量,通过增量的发展来为下一阶段"非帕累托改进"的转轨攻坚战积蓄力量和创造适宜的环境,以增强经济社会抵御体制变革可能带来的震荡与破坏的能力。同样,"非帕累托改进"阶段在利用了第一阶段增量发展带来的优势的同时,也承载了更多的转轨进程所必须面临的难题与负担。并且在旧体制既得利益集团未被打破的情况下,在这种转轨阶段间的过渡体制下新的利益集团又已经出现,从而形成了转轨向终极目标推进的新阻力。因此,在新旧阻力的联合抵制下,"非帕累托改进"阶段的转轨进程将比预想更为困难的。在这一阶段上,经济转轨由于面临了较"帕累托改进"阶段更多的困难和实质性的问题,也必然会在转轨推进的速度和势头上受到更大的限制,甚至可能出现转轨的停滞与徘徊。而当停滞与徘徊持续出现时,人们在其中可能会对经济转轨的预期前景失去信心与耐心,转轨因而进入一个攻坚时刻和处在岔路口的分界点上。客观地讲,选择在转轨初期实施避重就轻的增量改革的转轨国家,必然会遇到上述的转轨停滞与徘徊。

但是,从另外一个角度来看,这种停滞与徘徊似乎并不是转轨进程的无谓损失,而是转轨进程中所必然要付出的成本,这种成本是为了获得最终转轨收益所必需进行的投入。首先,人们对转轨进程阶段性、本质性的正确认识需要时间,因而对于转轨攻坚阶段困难性与艰巨性的认识和准备不足,从而造成了暂时的停滞与徘徊。其次,"非帕累托改进"阶段需要各方利益进行协调和权衡,因而对于进一步转轨的最终方案的制定需要必要的时间。第三,"非帕累托改进"阶段转轨更需要在实践中学习、不断修正自己政策这样一种由实践到理论、再由理论指导实践的过程。

因此,转轨进程暂时的停滞与徘徊是必须的,但这种暂时的调整期不能影响到最终转轨目标的实现,因而在这个时期坚定地以最终目标为方向,着手现实的政策机制创新推动转轨进程继续向前推进就更显得尤为突出与重要。上述原因恰恰从另一个侧面说明了,在初始阶段就开始摧毁旧体制、以利益结构激烈的调整与碰撞为代价的次序安排,明显要付出比初始阶段以增量改革、其后再进行核心体制替换的改革的次序安排更多、更大的成本。

分析至此可以看出,对转轨速度和次序的分析是把握经济转轨中的路径选择问题的关键。路径选择是整个转轨过程中主观意愿的根本思想性体现,对于具体的机制创新和随后可能产生的转轨绩效都有直接作用,因此路径选择在转轨活动中的地位是十分重要和关键的。所选择的路径模式是否能与客观转轨实际相契合是转轨活动成败的重要决定因素,如果路径模式未能在经济体制转轨和经济发展转型二者之间寻求到合适的契合点,则经济转轨的"过程中经济"的非平衡性不会减弱,甚至还会加强,转轨绩效将无从谈起。

二、转轨速度与难度调整

对于转轨最优速度研究的文献已有许多,这些文献从不同的角度对如何确定最优速度的问题进行了有益的尝试,对于人们认识转轨、把握转轨的整体进程起到了重要的推进作用。有的学者则从社会对于转轨的可承受程度的角度进行把握,以"相机决策"的方式确定最优转轨速度,并强调了社会对于转轨的可承受力的可变性(钟笑寒,1999);有的学者注重初始条件对转轨速度的影响,运用只有保守派和改革派两个参与人的两阶段博弈模型对最优转轨速度进行确定(张军,1999);罗兰(2002)在其《转型与经济学》一书中对部门再配置的最优速度和价格自由化的最优速度进行了详细的分析;有的学者从确定改革的两种成本的角度来定义收益既定条件下成本最小化的转轨速度为最优速度(樊纲,1993)。

我们认为客观约束致使经济转轨过程中的最优速度是不稳定的,要随着改革的实际绩效的大小而进行调整和变动,而且转轨过程中的各个环节对于适应改革的能力也不尽相同,因此,经济转轨全过程的最优速度不可能是一个数值或变量。因而,可以假设转轨全过程的最优速度是一组包含所有转轨过程中所有环节的,由 M 个子过程复合累加而成的最优转轨速度的 n 维向量。即:

$$V_w^* = \sum_{i=1}^{M} (v_{1i}^*, v_{2i}^*, \cdots, v_{ji}^*, \cdots v_{ni}^*)_{xn}, v \in [0,1]$$

其中 V_w^* 表示经济转轨全过程的最优速度,它是所有转轨环节的最优速度所复合累加构成的一组 n 维向量;而 V_{ji}^* 表示转轨系统中第 j 个变量在第 i

个阶段的最优转轨速度,其中 $j=1,2,3,\cdots,n$ 表示转轨系统中的不同变量,$i=1,2,3,\cdots,m$ 表示转轨系统中的不同阶段,由于认识的限制我们不可能知道 n 和 m 的确切值。$V\in[0,1]$ 表示所有变量的转轨速度都是介于 0 和 1 之间,即当针对这环节的转轨没有发生时 $V=0$,而当这个环节的转轨采取一步到位的"大爆炸"式转轨时 $V=1$,这样速度越接近于 1 表明转轨速度越快。此时,我们就可以对实践中的经济转轨方式进行重新的定义,俄罗斯所采取的"大爆炸"式的激进转轨并不是某一环节的激进转轨,而是试图在所有转轨变量(至少是我们已经知道的变量)上采取一步到位的转轨模式,其经济转轨的速度可以表示为 $V_R=(1,1,1,\cdots1)_{xn}$,而中国的渐进式转轨则是采取了"实践性"的摸索前进策略,整体转轨速度可以表示为 $V_c=\sum\limits_{j=1}^{m}(a_{j1},a_{j2},\cdots a_{jn})_{xn}$,$a_{ji}$ 即中国的渐进式转轨在各个具体转轨环节或变量上没有采取冒进的策略,而是将各具体变量的转轨速度控制在了较为适当的速度上。

　　但到目前为止,对转轨速度的重新表述并不能解释中国式转轨路径和俄罗斯式转轨路径之间出现的绩效差异。其中的原因主要是我们不能判定两种方式哪种更接近于最优的转轨速度,这就要求我们深入到某个具体的转轨环节,找出各个环节的最优速度,最终得出转轨整体过程的最优速度。考察整体转轨过程最优速度需要对某个具体转轨环节的最优速度进行确定。影响各环节转轨速度的因素有很多,其中关键的因素主要有两个:一是民意指向;二是相应转轨环节的转轨实施难度。

　　经济转轨是一场由所有民众集体选择所导致的,由政府具体实施的大规模社会体制转换过程,而赞成与反对转轨的群体就会相应地成为转轨推进的动力与阻力,所以民意指向对于转轨能否顺利推行至关重要。一方面,作为转轨主体的政府而言(革命和政变情况除外),他们选择的最优转轨速度是社会整体对转轨支持程度最大化时的速度,即最大程度确保经济与社会稳定运行的转轨速度,转轨在这种速度下进行,所遇到的阻力会最小,中国政府一直提倡的"我们要照顾各方利益"其实正是出于这种考虑,能使政治局势更加稳定。

　　另一方面,从经济转轨过程中的两个主观能动者来看,作为转轨设计与驾驭主体的政府更加关心的是政治与社会的稳定,而公众对转轨的适应程度体现了公众的意愿,也就体现了公众对转轨活动的政治支持度,转轨的收益大小则居于次要地位;民众对制度的变革总是存在着一定的"惰性",除非旧体制已经到了忍无可忍的地步,大多数人不会有要求转轨的意愿,从这个角度看收益最大化也不是公众选择转轨速度的标准。不同群体对转轨的偏好恰好能够体现人们对转轨活动的意愿和态度,而这种意愿和态度从根本上决定了转轨的发生和速度的选择。并且,这一标准与追求转轨收益最大化并不矛盾,社会整体对转轨支持度的提高,也意味着转轨所遇到的阻力就会变小,相应发生的成本就会减少,最终获得的转轨收益也会增加,转轨速度过快会导致摩擦与阻力的增加,甚至发生动乱。那么,对转轨路径以及转轨速度的选择的决定因素,是以民意指向为第一位,而收益最大化为第二位的。尽管二者之间并不矛盾,但思考最优转轨速度的出发点应是前者,而后者则是相应的结果。

将相应转轨环节的转轨实施难度作为决定最优速度的影响因素,是基于不同的转轨环节会面临着不同的实施难度。对于一些较为简单的环节只需要旧体制的退出、政策的放开就可以自行完成,无需人为的控制和设计,这样的环节只需要考虑民意指向即可,如中国的体制外发展市场经济的转轨政策。而对于一些较为复杂的转轨环节则需要更多的相关制度因素进行配合和更多的人为控制与设计,因此也就需要更多的时间去认识和设计,以及需要相关配套制度才能完成这项转轨任务,相应速度就会减慢,如大到产权改革,小到股票市场的建立等等。

不同的转轨环节需要考虑不同的实施难度,从而对由民意指向确定的最优转轨速度进行调整。即民意指向作为最优转轨速度的决定因素,而相应转轨环节的转轨实施难度作为最优转轨速度的调整因素。当相应转轨环节的转轨实施无难度,即难度为零时,最优转轨速度就是由民意确定的转轨速度;而当相应转轨环节的转轨实施难度大于零或很高时,就应相应地将最优转轨速度向后调整。下面我们通过一个简单的模型对此加以说明和分析。

我们假设 v_n^* 是整个转轨过程中一项具体转轨环节的最优速度,假设政府充分尊重社会对转轨进程的集体意识,并对转轨环节的实施难度有充分认识。这样我们可以给出 v_n^* 的表达式:

$$v_n^* = v_F^* - v(D)$$

其中,v_F^* 表示由民意指向而确定的最优转轨速度,是最优速度的决定变量;而 $v(D)$ 是政府通过对所实施的转轨环节难度的判断而对最优速度做出的调整,是最优速度的调整变量,D 表示所实施转轨环节的难度,其越大则对最优速度的影响越大,当其为零时则无需对由民意指向确定的最优速度进行调整。

对于由民意指向确定的最优速度,需考虑不同社会群体对转轨的不同支持程度。如前所述,同一转轨时期的公众选择可能同时存在着"前瞻性偏好"、"稳定性偏好"、"回顾性偏好"的博弈倾向,前瞻性偏好对转轨进程持欢迎态度,并且对于转轨速度也有偏好,希望快速实施转轨进程;而稳定性偏好对于转轨进程则不置可否,持中立态度,但并不赞成过快的转轨速度;回顾性偏好则是旧体制的受益者和留恋者,他们坚决反对转轨行为,对快速转轨更是坚决抵制(见表5.2)。

表5.2　不同偏好人群对不同转轨速度与方式的支持度

转轨速度偏好	渐进转轨→……不同速度的中间状态……→激进转轨
前瞻性偏好 S_1	坚决反对→……支持程度逐渐提高……→支持程度高
稳定性偏好 S_2	支持程度高→……支持程度逐渐降低……→支持程度较低
回顾性偏好 S_3	支持程度较高→……支持程度逐渐降低……→坚决反对

在此我们还必须假定个人具有完全理性、能够察觉到转轨对自身利益的影响,并且有足够动力以各种方式表达出这种偏好及其程度来影响转轨进程。那么,相应的社会上就应该存在着支持与反对转轨进程的两种力量,持稳定性偏好和回顾性偏好的人对于转轨的支持度会随着速度的增加而下降,甚至坚决反对,即他们对转轨的支持程度是转轨速度的减函数;而持前瞻性偏好的人对于转轨的支持度会随着转轨速度的增加而增加,即他们对转轨的支持程度是转轨速度的增函数。我们用 r_1、r_2、r_3 分别表示前瞻性偏好、稳定性偏好和回顾性偏好三种不同偏好人群对转轨的支持度,α 为不同偏好人群所占的权重,其由这一人群占社会成员的比重、对转轨进程的影响力以及初始经济状态等因素决定;而 r 表示社会意识对转轨的支持度,其最大时即为最优的转轨速度。转轨速度选择的标准有两个:一是社会整体对转轨支持程度的最大化;二是社会整体对转轨支持程度为正,以保证转轨可以发生。则必定有:

社会支持度函数: $R = r_1(v)\alpha_1 + r_2(v)\alpha_2 + r_3(v)\alpha_3$ 　　　　(5-1)

且目标函数为: $MaxR = R(v_F^*)$ 且 $R > 0$(保证转轨能够发生的可能性存在)

其中 $\partial r_1/\partial v > 0, \partial r_2/\partial v < 0, \partial r_3/\partial v < 0$,并且 $0 \leq v \leq 1$

我们最大化目标函数式,则有

$$MaxR = maxR\big[\,(r_1(v)\alpha1 + r_2(v)\alpha_2 + r_3(v)\alpha_3)\,\big]$$

取一阶条件：

$$(\partial r_1/\partial v)\,d\alpha_1 + (\partial r_2/\partial v)\,d\alpha_2 + (\partial r_3/\partial v)\,d\alpha_3 = 0$$

若 r_1、r_2、r_3 的函数形式如图 5.2 所示,则上式解存在。若当上式解不存在时,则存在两种角点解的可能性,一种是当社会中绝大多数人为回顾性偏好时,随着转轨速度的增长,社会支持度会持续降低($dR/dv < 0$,见图 5.3 中的 R_1),也就是说转轨速度为零时社会支持度最高,即此时无需转轨;另一种是当社会中绝大多数人为前瞻性偏好时,随着转轨速度的增长,社会支持度会持续提高($dR/dv > 0$,见图 5.3 中的 R_3),也就是说转轨速度为 1 时社会支持度最高,即需实施一步到位的激进式转轨。当解存在时,由于二阶条件难以保证,因此可能存在 n 个不同的解,并且 $0 < v_1, v_2 \cdots v_n < 1$(存在 $dr/dv = 0$,见图 5.3 中的 R_2),此时,最优速度应该为其中社会支持度最高的速度,即
$$R(v_F) = \max[R(v_1), R(v_2), \cdots R(v_n)]$$

至此我们可得出最优转轨速度:v_F^*,并且 v_F^* 保证 $R > 0$(因为当 $R > 0$ 时,转轨不会发生)

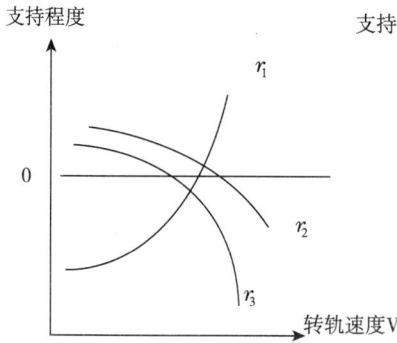

可得:
$$\begin{cases} v_F^* = 0 & dr/dv < 0 \\ v_F^* = R^{-1}\{\max[R(v_1), R(v_2), \cdots R(v_n)]\} & \text{存在 } dr/dv = 0 \\ v_F^* = 1 & dr/dv > 0 \end{cases}$$

至此我们可得出最优转轨速度:v_F^*,并且 v_F^* 保证 $R > 0$(因为当 $R < 0$ 时,转轨不会发生)

图 5.2　存在解的可能性　　　　图 5.3　角点解

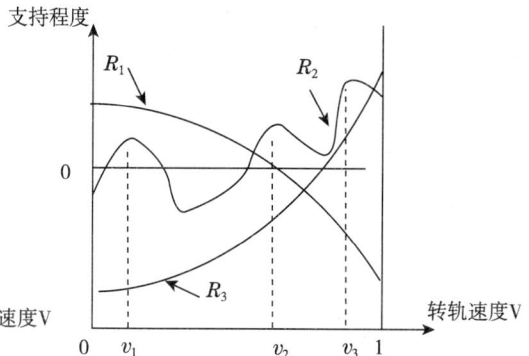

其中 α 值是动态的,是随着转轨进程的推进不断变化的,因此转轨的速度不会是匀速的,而是动态的。随着转轨阶段的不同,人们在利益结构中所处的地位也会不同,因而人们随着转轨进程推进,会改变自己对转轨活动的偏好,权重 α 值会变化,而相应各阶段的最优速度也会发生相应的变化。因此,最优速度 v_F 不会是匀速的,而是随着转轨进程的推进不断改变的,转轨的每一阶段都应对当期转轨所面临民意支持程度进行考察,根据实践的民意来调整转轨的最优速度。

在得出由民意指向决定的转轨速度 v_F 后,我们需要考虑调整变量——转轨环节的实施难度问题,以对 v_F 进行调整,最终得出这一转轨环节的最优转轨速度。由于我们假设政府能够足够充分地认识到所实施转轨环节的难度和所需要的相关制度、技术保障,因此在 v_F 速度的基础上需要对最优速度进行"后向调节",以确定最终的最优转轨速度。如图 5.4 所示,在 v_F 确定之后,经过 $v(D)$ 的调整,可得出最终的 v_n。而 v_n 所表示的速度要明显慢于 v_F,并且所实施转轨环节的难度越大,即 $v(D)$ 越大,最优速度 v_n 越慢于民意指向的最优速度 v_F。相应的我们可以最优转轨速度 v_n 为分界点划分和定义不同的转轨速度模式,实施速度在最优速度附近区域的转轨模式我们可称之为"适度转轨",实施速度慢于"适度转轨"区域的转轨模式我们可称之为"惰性转轨",而实施速度快于"适度转轨"区域的转轨模式我们可称之为"过激转轨"。这样我们可以更清楚地对不同转轨速度的转轨模式进行细分。

现在我们相应地可以给出不同转轨速度状态下的转轨收益的状态。如图 5.5 所示,在转轨速度为最优转轨速度 v_n 时,即"适度转轨"时转轨收益最大;而小于最优转轨速度 v_n 的转轨速度模式,即"惰性转轨"所能获得的转轨收益要略低于最优速度时的收益,并且随着速度越来越慢而呈现缓慢的下降态势;相反大于最优转轨速度 v_n 的转轨速度模式,即"过激转轨"所获得的转轨收益要明显少于最优转轨速度时的收益,并且随着速度的越来越快于最优速度而呈现急剧下降的态势。我们给出这样的判断,是因为最优转轨速度是由转轨环节实施难度调整过的民意指向的转轨速度而得出的,在转轨速度低于最优速度时,表明民意希望转轨的速度能够加快,而且加快速度也不会相应地带来实施难度巨大的问题,所以"惰性转轨"会使得经济状态无谓地长期停留在旧体制的非效率状态下,因而其收益必然低于可获得的最大转轨收益。而在转轨速度高于最优速度时,表明转轨速度超出人民的意愿,或者低估了实施转轨的难度和相应的制度与技术的保障,因而"过激转轨"必然会遇到极大的社会阻力以及转轨实施难度巨大而难以推行的问题,这样很可能导致转轨进程的失败或误入歧途,甚至极端情况下最终可能导致社会经济的动荡与崩溃,所以过快的转轨速度所获得的转轨收益必然小于最优转轨速度。此外,"过激转轨"模式所获得的转轨收益还要小于"惰性转轨"模式,因为在"惰性转轨"模式下旧体制所带来的收益没有消失,经济依靠旧体制仍然能够运行,但"过激转轨"模式在不具备条件的情况下强行推进转轨进程,会使得转轨误入歧途或者失败,此时旧体制被打破而新体制由于受到制度、技术和民意的限制而难以建立,必然使得经济陷入混乱之中,转轨收益必然大幅下降,甚至成为负值,出现产出的大幅倒退。

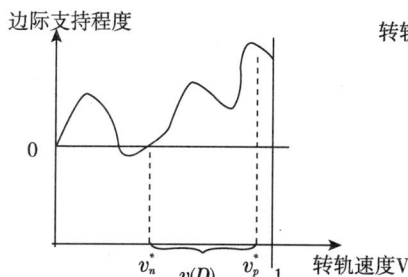

图 5.4　边际支持程度　　　　图 5.5　转轨收益

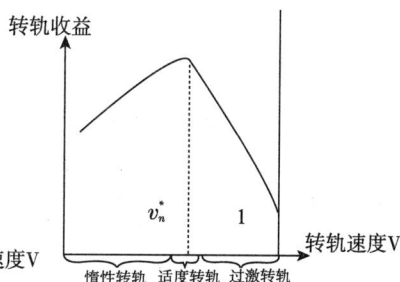

这样我们就可以运用以上的模型对现实中的情况进行一下分析与解释。比如,我们可以解释中国和俄罗斯两种转轨路径的不同绩效。前面我们指出了俄罗斯所实施的转轨策略是试图在所有的转轨环节上采取一步到位的转轨方式,我们将其重新定义为 $V_R = (1,1,1,\cdots 1)_{xn}$,但我们知道作为一个体制系统中的各个变量或环节,它们各自所面对的社会意愿和要求的制度和技术是不相同的,这样它们也就不可能拥有相同的最优速度,当然最优速度更不可能全部是1,即一步到位式的转轨。尽管大多数民众对旧体制持厌恶的态度,希望加快转轨进程,但由于忽略了各转轨环节的难度问题,所以俄罗斯转轨在几乎所有环节上都采取了超过最优转轨速度的转轨,即"过激转轨"。由以上模型我们知道,在某一环节上采取"过激转轨"都可能造成转轨的失败或社会动荡,而俄罗斯的激进式转轨是在几乎所有环节实施"过激转轨",那么

这就会产生一种"过激转轨"破坏效果的"叠加作用",最终导致社会的动荡和经济的倒退也就不足为奇了。近年来中国在经济快速增长的同时,也由于经济的不均衡发展出现了一系列的经济和社会问题。如贫富差距拉大、失业增加、内需不足等问题。同时国企改革、医疗改革、教育改革等问题似乎也都没能像预想一样顺利完成,而陷入了僵局。

这一方面是由于改革越来越涉及旧体制的核心,利益结构的调整和碰撞日益严重,转轨所面临的阻力骤然加大所致。另一方面,由于现阶段转轨环节和对象相对于前一阶段而言难度增大了,这一阶段转轨任务再也不是政策的简单放开,为新体制生存创造空间就可以的,而是需要技术难度很高的复杂、系统的新体制塑造过程,因而这一阶段就更需要政府花费更多时间去认识和学习相关的知识和客观条件以制定的相应对策去推动转轨,同时政府也需要在利益结构的调整与碰撞中寻求各方的利益平衡,这一切都需要时间去完成。因此现阶段转轨推进缓慢甚至停滞是现阶段转轨所难免和必须的一个过程,否则盲目的推进各项改革将会导致过激转轨,从而导致转轨失败。

相反,中国的许多转轨环节可以被认为采取了"惰性转轨"的策略,是在"摸着石头过河"的注重实践的理论指导下逐步、稳健向前推进的,是政府对于转轨难度难以把握,以及实施稳健、谨慎和实践性的转轨策略所难以避免的,是在充分考虑了民意和转轨难度的情况下做出的,虽然不可能完全与最优速度相一致,但更多的转轨环节是处在"适度转轨"和"惰性转轨"的区域内。当然,中国在部分转轨环节上也显示出了"过激转轨"的迹象,如中国的股票市场的建立就是一例,中国在信托机制、法律体系以及制度环境缺失的条件下,提早建立的股票市场,过快的发展速度使得中国股市成为了一个先天不足的"早产儿",从而在中国信用作假案件中注定了其艰难的成长历程。

第三节　中国经济转轨的演进线索与过程

路径安排的不同造成了对推进经济转轨的手段与方式的不同,从而必然导致经济转轨与经济发展契合程度的不同,这又直接导致了最终绩效的差异,如激进式转轨和渐进式转轨两种模式已被当前的实践证明,会产生截然不同的绩效结果。而如何评价已有转轨又是下一阶段转轨路径选择的依据,这从实质上证实了前文述说的转轨主观过程循环的正确性。但是,就目前的转轨实践而言,对两种方式在转轨全过程中做出确切的优与劣的评判还为时过早。虽然,在最近关于渐进式转轨和激进式转轨的相对优点的论战中,渐进主义的观点处于优势地位(罗兰,2000;萨克斯、胡永泰,1999)。因为就现阶段而言,中国的渐进式转轨所获得的成就和绩效,从客观上为下一步进行更深层次的转轨奠定了扎实的物质和经济基础,也提高了社会经济运行对于体制变革的承载力,这至少证明短期内从渐进角度对转轨速度的把握和次序的优化是较优的选择。但现在是否就可以断言渐进式转轨取得了成功,而激进式转轨就已被证明是失败和错误的呢?这一问题现在还存在很大的争论,从转轨的整个过程运用成本—收益方法来考察,是否渐进式转轨必然优于激进式转轨还没有定论。一方面一些学者认为初期的"转型性衰退"(transfor-mational recession)是难免的(Kornai,1993),一旦新制度建立起来,效率就会得到体现,而萨克斯、胡永泰和杨小凯(1999)则在《经济改革和宪政转轨》一文中以法国大革命以及美国独立战争和美国南北战争做模拟,来证明激进式的、包含宪政转轨的转轨路径在短期内虽都具有破坏性,但不会有人否认这两次宪政转轨显著的正面长期经济效应;另一方面,也有学者认为中国由于采取的渐进式"双轨制"改革模式致使"体制外"部分和"体制内"部分之间摩擦剧烈,在经济体系中留下了许多问题,如国有部门的改革滞后,大量存在的利用公共权力敛财肥私的"寻租活动"和贫富差距拉大等,而这些都是阻碍中国渐进式转轨进一步推进的巨大阻力。更重要的是,诸如俄罗斯的经济转轨国家在第一阶段经历过"快速"的路径选择后,现在更多地是采取"速度放缓"的改革模式,而在中国的中后期转轨过程中,已经有学者针对"循序渐进"概念的缺陷提出了"平行推进"的最优路径理论与政策。

那么,无论是"激进"与"渐进"之争,还是"循序渐进"与"平行推进"之争,其实质仍然是转轨路径安排中的次序与速度问题。当把理论上的诸多争论还原于转轨路径的实践安排,可以在原有理论的基础上考察实践偏离理论的原因(中国在改革之初并没有精确地计算转轨的最优次序和最优速度,而俄罗斯的经济转轨却是在"华盛顿共识"的精心策划下开始的,然而,理论与实践出现了巨大的反差)以及理论的局限性。我们的目的不是争论哪种转轨路径好(激进或者渐进),而是要说明为什么各国的改革进程能够进行到现在,是怎样进行到现在,同时又将怎样走下去? 中国渐进式转轨与俄罗斯激进式转轨以及东欧各国的各具特色的转轨历程,为人们研究转轨路径的选择问题提供了鲜活的实证数据。

中国始于1978年的市场化改革是在一种"理性的无知"状态下开始的。所谓的理性无知就是人们在面对信息搜寻上的成本和不确定性时不获取某些知识的行为,是实事求是而不虚夸,是培育规则而不妄为。也就是说,在知识搜寻成本高昂而成果又不确定的情况下,人们选择只获取特定的部分信息并保留对其他信息的无知是合乎理性的。从时间、努力和资源的角度来看,获取信息和分析新知识都是代价高昂的。认同理性的无知,才使知识的创新和秩序的确立成为可能。这体现在决策的制定和实施中,应该允许试错,逐步发现什么是他们能够争取的,并以一种适应性的方式来合理地驾驭其实现目标的努力。理性地控制无知的范畴,达到知和用,并不意味着在特定的场合,"理性的无知"不会做出最后发现是错误的决策。但起码可以做到,不会无知到自以为具有"完备的知识"而犯更严重的错误,那是一种更为可怕的"无知的理性"。中国刚开始改革的路径比较像"随机行走",在摸索中前进的对原有计划体制实施逐步推进的改革,在保留原有计划体制的同时,积极发展计划外的市场成分,在增长中再逐步改革原有的计划体制并逐步培育起市场经济。中国的前期经济转轨随其阶段性而呈现出显著的次序:(1)1978—1984年进行了三个领域的转轨。价格改革逐步深入,价格信号作用的增强;非国有化经济有了一定的发展,市场主体多元化形成了一定规模的市场化环境;资本形成通过社会动员的能力增强,国有企业自主权扩大,体制外与体制内的比较优势形成。(2)1984—1992年主要进行了价格双轨制的改革。在价格双轨制的体制环境下,存量资源(包括生活资料、生产资料、金融资产等)开始出现集中性的由旧体制向新体制流动的特殊商业化过程。由于体制条件的不完善,这一过程中有正常的经济行为,有过渡性经济行为,也有大量的"寻租"行为,利益关系的合理调整与不合理调整并存,在一定程度上具有原始积累的特征,并导致了经济运行的波动与混乱。但从整个转轨过程来看,这一时期基本改变了旧体制下商业功能、商品流通缺失的格局,建立了以商品流通为枢纽的资源配置方式,从而使社会再生产的方式发生了根本性改变。这种改变的经济绩效十分突出,1984—1992年国民经济年平均增长率高达10.2%,是增长最快的时期。其中1984—1988年,即邓小平高度评价的"可以算作一种飞跃"、"功劳不小"的五年,国民经济年均增长更高达12.1%。(3)从1992年到1998年前后,是商业革命的延续时期。商业革命推动了双轨制向单一市场体制的并轨,推动了市场体制基本框架的建立。国内贸易与国际贸易逐步实现统一,商业制度的国际化趋于完成。非均衡战略推进的以"长三角"、"珠三角"、"京津唐"三大经济区为带动的中心—外围效应已经形成。那么,中国在经济转轨第一阶段的路径安排可以从两个角度来看:(1)经济体制转轨的路径安排是:计划机制→双轨制→市场机制;(2)经济成长转型的路径安排是:让一部分人先富起来,效率优先,兼顾公平。这一转轨路径安排被实践检验后证明是有效的,中国经济在开始改革后的二十多年间始终保持了经济的高速增长,宏观经济稳定发展,人民生活水平获得大幅度提高。

对于中国渐进式转轨取得的成功,使得一些激进式转轨的倡导者感到困惑。为了解释为何中国取得了较快的经济增长,而实施激进式转轨的东欧国家和前苏联地区却经历了转轨初期的经济大幅下降,他们提出了初始条件是我国可以成功实施渐进式转轨的关键的观点,认为中国经济转轨的"起点"与东欧和前苏联地区有很大不同,因而中国的经验不能在东欧和前苏联地区复制。其所谓的不同"起点"是指中国在转轨前夕经济的计划程度要远远低于东欧和前苏联地区,因此中国经济转轨的成功并不能说明渐进式转轨的成功,也不能说明渐进式转轨的普遍适用性,而只能表明中国改革的起点有利于经济的增长(萨克斯、胡永泰,1994)。但这是否就能说明东欧和前苏联地区选择激进式转轨仍是他们的正确选择呢,是否能说明中国的渐进式转轨道路对中国经济增长所起的作用就微乎其微呢,这似乎还是很值得怀疑。中国经济虽然在改革前计划程度较低,为其体制外改革或增量改革创造了条件,但否认中国在改革策略选择上的实践性和稳健性对于中国转轨成就的巨大贡献是片面和错误的。许多非洲国家的改革与发展的起点相比较中国而言更低,但所取得的绩效却十分不尽人意。中国在转轨实践中创造性地运用"猫论"和"摸论"对中国经济的深入把握以及在此基础上运用了确切可行的渐进式的转轨策略,对于中国宏观经济的稳定和中国经济的增长无疑是起到了至关重要的作用。

对于在第一阶段转轨,渐进式转轨国家取得了明显高于激进式转轨国家的绩效的现实,一种合理、深层的解释是:激进模式代表的转轨国家,一般希望通过对旧体制的彻底放弃,以加速生成新体制,但自主增长的市场制度无法在短期内建立起来,因此在次序上所选择的是先"破"后"立"的策略。但前后脱节的"制度真空"使旧体制遗产归属于新生的寡头组织,资源配置畸形导致经济持续衰退和负增长,供给短缺的矛盾更加尖锐。由于旧体制留下的资源性遗产已经私有化,政府手中再无可调度的资源,只有借助外援刺激以校正新体制偏差,等待经济缓慢复苏。

渐进模式起步的转轨国家实际上是尽量避免直接触动深层次的产权关系变动,把着眼点放在培植竞争的客观环境,因而选择了价格改革为突破口,在次序上所选择的是"破"前先"立"的策略。中国运用适宜的转轨速度和次序培育了良好的竞争客观环境。以1978—1984年的路径安排为例,中国的经济转轨是在"计划的边界"上展开,呈现着散点式、外围试探式渐近突破的特点,而且在城市进行的其他改革,尤其是以城市为依托的市场培育和非国有资本的培育也都呈现着散点式推进的特点,并逐渐产生了示范作用和以点带面的效果,形成良好的市场竞争环境。表5.3所展示的"城市经济体制改革散点式启动过程",清晰地标志着这样一个必备条件正在逐步形成中:左侧系列——对外开放及非国有制经济成分成长——8种新的经济形式将与扩大企业自主权后的全民、集体所有制企业一道,在自主经营、自负盈亏基础上,建立起公平竞争的"对手"关系;右侧系列——计划边界上的市场因素加入——计划管制范围逐渐缩小后,伴随着市场软、硬件环境日益完善,各竞争主体间彼此让渡使用价值和实现价值的过程将更加灵活、方便。这一时期的商品购销活动的持续发展和空前繁荣,为上述分析提供了有力证据。1978年中国城乡集贸市场的集市总个数为33302个(当时城市集市个数为零),到1984年发展到56500个,其中城市集市个数为6144个;1978年集市贸易成交额为125亿元,到1984年增加到470亿元,其中城市80.3亿元。活跃于商品流通领域的集体商业个数和从业人员,1984年分别比1978年增长61.8%和1.3倍;个体经营者从边界逐步向核心推进的路径安排,造就了多种经济成分生龙活虎的源泉。市场主体多元化不只是互相竞争,而且彼此之间还会出现劳动力、资源、资金、技术等多形式、多渠道、多途径的融合与渗透,无疑对于进一步激活资本(在技术范畴内的功能)并提高其运行质量,都是大为有利的。这样,政府手中握有绝对优势资源可以控制市场化的进程,对避免衰退迅速建立增长起点有利,但与此同时也把产权改革等难题留到下一阶段。但填平旧体制留下的供给缺口后,在经济社会矛盾较为缓和的条件下,决策者可以较为从容地考虑后续的改革任务,其回旋余地较大。这样,第一阶段各方的成功与失败就不会那么让人感到困惑了。

表5.3　城市经济体制改革散点式启动过程

对外开放及非国有制经济成分成长	计划边界上的市场因素加入
1979.7 在深圳、珠海、汕头、厦门划出部分地区试办特区,作为吸收外资的一种特殊方式,叫出口特区	1979.3.16 商业部、财政部印发《商业部系统利润留成试行办法》
1979.7 五届人大二次会议通过《中华人民共和国中外合资经营法》	1979.11.21 国家物价总局发出《关于修订物资协作管理办法的通知》,将原由国家计委、经委审批协作的 23 种重要物资减为 5 种:煤炭、焦炭、生铁、木材、水泥
1979 全国各省、市、自治区新批准开业的个体工商户 10 万户,总数达到 25 万户	1980.4.1 工商行政管理总局发出关于进一步发展城乡集贸市场的通知
1980.5 中共中央、国务院发文将"出口特区"改为"经济特区"	1980.7.1 全国性贸易货栈——郑州贸易中心站开业
1980.8.26 五届人大常委会第十五次会议批准《广东省经济特区条例》(福建省参照执行)	1980.10.17 国务院发布《关于发展和保护社会主义竞争的暂行规定》
1980.9.19 中国人民银行发出《关于积极支持个体工商户适当发展的通知》	1981.8.8 国务院批转《关于工业品生产资料市场管理暂行规定》,允许一部分工业品生产资料进入市场自由购销
1981.1.24 新华社报道,中国除了原有的全民和集体所有制之外,目前陆续出现了以下 8 种新的经济形式:全民企业和集体企业合营、全民企业和私人合营、集体企业和私人合营、中外合营、华侨和港澳工商业者经营、外资经营、个体经营、私人集资经营	1982.4.10 国务院发出《关于在工业品销售中禁止封锁的通知》
1981.7.7 国务院发出《关于城镇非农业个体经济若干政策性规定》,指出:对个体经济的任何歧视、乱加干涉或者采取消极态度,都是不利于社会主义经济发展的	1982.9.16 国务院批转国家物价局等部门《关于逐步放开小商品价格实行市场调节的报告》,规定第一批放开价格的小商品共 6 类 160 种
1982.1 中国国际信托投资公司在日本发行 100 亿日元私募公司债期限为 12 年——这是中国首次在国际金融市场上发行债券	1983.9.1 国务院批转物价局报告,规定第二批放开价格的小商品共 350 种

1983.4 中共中央、国务院批转《关于加快海南岛开发建设问题的纪要》,授予海南行政区人民政府对外经济活动方面较大自主权	1984.1.10 全国第一个大型的工业品贸易中心——重庆工业品贸易中心开业
1983.4.13 国务院发布《城镇劳动者合作经营若干规定》	1984.5.23 全国第一家科技市场——天津市常设科技市场开业
1983.4.14 国务院发布《关于城镇集体经济若干政策问题的暂行规定》	1984.7.14 国务院批准商业部《关于当前城市商业体制改革若干问题的报告》
1984.2.25 国务院发出《关于合作商业组织和个人贩运农副产品若干问题的决定》,指出:贩运农副产品不受行政区划和路途远近的限制,可以出县、出省,可以利用机动车船	1984.10.6 经国务院批准,国家物价局发出《关于全部放开小商品价格的通知》
1984.5.4 中共中央、国务院批转《沿海部分城市座谈会纪要》,进一步开放 14 个沿海港口城市;厦门特区扩大到全岛,实行自由港的某些政策	

资料来源:吕炜.资本挑战体制.经济科学出版社.2000.第 92—100 页。

第六章

中国经济转轨的评判

面对中国经济改革所走过的历程与转轨现状,有些人将目光聚焦在中国所取得的辉煌成就,认为中国的经济转轨已基本取得了决定性的胜利,中国经济形势一片大好;有些人则更多地关注于中国经济改革辉煌成就下的隐患。"仁者见仁,智者见智",每个人都能为自己的论点找到充足的论据。中国的改革过程毕竟是在摸索中前行,有好的方面也有不如人意的方面,对任何一点局部的放大都可能成为影响全局的重要方面。面对背负着众多问题高速前行的中国经济,究竟如何评价已经走过的转轨历程,是一个重要而且现实的问题。在本篇开始提出的客观约束下的经济转轨主观过程螺旋上升循环的三个相互依存、共生的因素中,绩效评价处于单个循环的最后一个环节,既是对上一阶段转轨活动绩效的回顾性评价,也是下一步路径选择和机制创新需要校正和纠偏的依据,以确保转轨活动进展的方向不偏离最终的转轨目标。因此,绩效评价一方面涉及对前一阶段转轨活动成败、优劣的认定,另一方面也关系到下一阶段转轨策略思路上是否应该有所调整。

转轨过程是一个符合经济史一般原理的客观过程,历史、社会和经济条件约束体现了这一客观性的存在;同时,转轨过程又是一个一国政府和民众参与的主观见之于客观的过程,路径选择、政策驾驭和机制创新,以及本章所要讨论的绩效评价等都体现了这种主观能动性的存在。绩效评价虽是主观行为,但却必须使用客观的分析工具与方法,因此绩效评价既具有主观性,又具有客观性,也是联系转轨过程主观特性与客观特性的一条纽带。从这个意义上讲,经济转轨活动中主观过程的政策驾驭与制度创新是否符合和体现了转轨时期的客观要求,重要的判定条件就是通过对转轨时期收益与费用的比较来体现,通过一定的价值原则来进行转轨过程的评判。

第一节　中国经济转轨的两种视角

把转轨经济学列为主题考虑而与变革时期的制度变迁相关的部分,称为经济体制"转轨";把发展经济学列为主题考虑而与变革时期经济增长相关的部分,称为经济成长"转型"。本节将以上述两个观察角度切入,从经济学的两个分支学科的结合部,针对(有体制变动产生的)新的经济特征附加于原来就存在的(基于发展约束产生的)旧的经济特征时所构成的特殊经济形态——"转轨—转型经济"开展研究。观察问题的出发点,是将两个分支学科的经济分析方法放到特殊时期的背景下。

体制转轨与发展转型是经济转轨过程中的双重任务,其实从最终目标意义上进行考察,体制转轨本身并不是最终目的,而经济社会发展才是最终目的,即改变贫穷落后的面貌、全面提高人们的物质文化生活水平。体制转轨只是为社会发展提供一个强有力的手段,只是在这个有着起点和终点概念的特定经济转轨过程中,由于体制转轨所蕴含的特殊意义而成为转轨时期的主要任务,并在一定时期内成为目的本身。

一、体制转轨视角

体制转轨是指由计划经济体制向市场经济体制转轨,是资源配置方式和经济运行系统的根本性改变,而不是既定经济运行系统下某一具体制度的特定变迁。这种由计划经济体制向市场经济体制的转轨不是一个自然的历史演进过程,因为从经济史的角度来看计划经济体制的出现无异于体制演进次序中的一个"意外",而市场经济体制才称得上是体制演进次序中的"正果",在经过充分的实践检验和历史比较后,人们发现至少在现时的历史条件下市场经济体制的效率要大大高于计划经济的效率,从而在这个"正果"占据全球经济绝对统治地位的世界中向其靠拢显然符合历史发展的内在逻辑和各转轨经济体民众的心愿。在前面的分析中我们已经指出,各转轨经济体缺少一个商品经济的自然演化过程,迫切需要补商品经济的课,并"逆向生成市场机制",也就是说寻找一种更适应当前经济运行的制度条件,以充分发挥当前经济基础的内存效率。既然体制转轨是指由计划经济体制向市场经济体制转轨,那么其必然遵循"计划"→"计划>市场"→"市场>计划"→"市场"这样一个配置经济资源的基础方式改变的经济制度变革过程,体制转轨在这里集中表现为将结构复杂的市场机制作为外生变量系统性、集束性地强行注入传统计划体制管理下的国民经济肌体中。

实际上,各转轨经济体在转轨实践中所采取的转轨策略可以划分为两类:一类是市场化,即在中央计划经济中引入市场、市场的资源配置与收入分配过程,这些过程迄今为止仍取决于国家或计划者的偏好;另一类是私有化,即在社会主义经济中引入私人所有制因素,包括国内的和外国人的私人所有。中国式转轨采取的策略则是前一种,即市场化。

如前所述,中国计划经济年代超越了商品经济的自然演化过程,建立起以高度行政集权为特征的计划经济体制。在计划经济体制下,一切社会资源的配置都是按照计划指令来进行,僵化的配置方式导致了资源配置的普遍低效率。在转轨过程中,各转轨经济体都需要补商品经济的课,并"逆向生成市场机制",也就是说在既定的经济系统中不断引入市场因素,把个人、企业以及政府等社会经济主体都推向市场中去,按照市场经济的内在规律思考和行动,并最终使市场成为资源配置的主要方式。这个过程是市场逐渐融入、加强、战胜并最终取代计划的过程,是传统的计划逐渐被市场同化的过程,即市场化的过程。

根据亚历山大·巴伊特的分析,市场化过程按照其历史出现的顺序有下述几个有明显区别的阶段性步骤。这些步骤使原先国家预算控制下的企业有可能获得组织上和财务上的解放,此后就引入了企业自行考虑经营效果的自负盈亏。

第一步是引入消费品市场,但价格在配置方面只起一种很有限的作用,通过这种途径来调整生产和供给,并带来补充性的分权化决策方式。

第二步是扩大市场和分权化决策到生产资料行业,生产资料的传统上受压制的价格适当增高到与消费品价格相适应的水平。

第三步是企业在生产和销售上(包括定价)成为独立决策者,在此意义上有权决定资源配置,甚至在一定程度上有权决定收入分配。

第四步是通过取消国家干预引入要素市场,即资本市场、外汇市场和劳动力市场,其结果由市场来形成利率、汇率和劳动工资率,与此同时由市场来配置这些资源。

第五步是企业内部结构的市场化,即引入所谓"内部"市场作为企业的运行原则。和外部市场不同而又可比的是,外部环境围绕着企业并给它们一组在决策过程中所需要的参数。

第六步是整个非生产领域的市场化,最重要的是全体人口,也包括社会公务员的就业与工资决定的市场化。

显然,巴伊特关于市场化的步骤,主要是从企业的角度出发进行考查的,市场化的目的在于使企业获得组织上和财务上的解放,并最终成为自主经营、自负盈亏的市场主体。

日本学者大野健一则给出了关于"市场化"的两个模型:资源转移模型和中心—外围模型。资源转移模型假设经济由三个部门组成,一是传统经济部门:以发展中国家的传统农业和家庭作坊最为典型。其特征是规模小、劳动生产率低、靠天吃饭、有限的产品交换,以维持成员的生存为主要目的,以宗族或村落组织为社会基础。二是国有经济部门:由国有企业和集体农庄组成,由中央政府按行政命令调度生产和分配。三是市场经济部门:资源流动和配置主要通过有经济自主权的个体和企业的经济决定的价格进行调节。在资源转移模型中,市场化被定义为:资源(劳动力、资本和土地)从传统经济部门和国有经济部门向市场经济部门转移的过程。在此过程中,市场经济部门在 GDP 中的比重不断增加,并由于市场经济具有良好的信息和激励机制,市场化会促使经济的长期生产能力得到显著提高,这实际上也是政府要市场化的主要原因。中心—外围模型说的是现在的世界经济是以西方发达国家为中心的,西方军事经济强国往往利用自身的优势征服外围国家即发展中国家,把它们以次等地位纳入自己的文化体系。某些西方价值观被认为是高级的,世界其他国家应效仿他们。因此,尽管发展中国家在政治上获得了解放,但仍然被纳入到一个推行这些价值观的全球体系中,而这些价值观的核心便是倍受尊重的市场和民主。美国作为第二次世界大战后世界的领导国家,一直在积极地推行着这些价值观。像国际货币基金组织和世界银行这样的国际组织,由于在其决策过程中起决定作用的是西方发达国家,也成为推行市场化的坚定支持者。

中国的经济体制改革,从本质上说,就是市场化取向的改革,而从某种角度来说,中国经济体制二十多年的改革成果,都可以反映在市场的培育和发展上;反过来,市场的培育和发展,又可以被看成是中国经济体制改革的一面镜子。因此,在市场化策略中,我们主要基于中国样本进行分析。中国学者陈宗胜对中国的市场化问题进行了较为深入的研究。他认为在从计划机制向市场机制转化的过程中,政府行为和企业行为,以及市场的各个方面都要相应发生变化。这些变化就是市场化的表现。因此,分析市场化的特征也就是描述着各个方面发生变化的特点。在他1997年主持的《中国经济体制市场化进程研究》课题中对中国各主要领域的市场化程度进行了测度,并进而对中国经济的总体市场化程度加以综合,共使用了五种思路和方法分别测算了中国经济总体市场化。从测度结果看,数据都相差不大,也很难判断哪一种更为准确。从测算过程可以看出,结果如何与选择几个分市场作为加总平均对象是关系很大的,但是可以清楚地看到这些测度结果是符合人们对市场化程度的直观感受的判断的。

与中国的渐进式改革特点相对应,虽然中国的市场化程度得到了较大提高,但这种提高在很大程度上是"经验主义"式市场化的结果,是传统体制的局部瓦解释放能量的客观结果,而不是通过对市场化制度变迁人为把握的必然结果。从改革当前呈现的态势看,攻坚阶段的到来说明,体制领域内较易改革的部分已经改革,局部改革已无助于市场化的推进,改革需要整体推进,需要对传统体制中的核心因素进行转换。这就需要对改革制度的高理性设计。而国内市场化研究者在市场化阶段划分与制度设计中的研究则大多侧重于对改革经验的总结,陷于改革过程总结者居多,涉及制度走向把握的较少。一些研究即便在总结既往改革过程的基础上,对市场化的走向进行了预测式设计,但制度成分的缺失使其研究更多地停留于一种实证分析,较少具有价值判断与理论归纳的功能与意义。所以,针对一些具体领域的市场化改革所出现的争论,如金融市场化改革、汇率自由化措施的采取等就显得缺少理论根据,而不是以我国制度变迁的实际趋向来判断改革措施是否应该采取。这显然不能满足市场化改革对理论研究的需要,也是市场化研究需着力的方向。

二、发展转型视角

发展转型是指经济发展阶段的转换，即从不发达状态向发达状态的转换。在转轨经济体中，除俄罗斯有些特殊外，其他几乎都属于贫困的发展中国家，经济贫困和落后是其共同特征。在放弃国家集权的计划经济向市场经济转轨的过程中，如何改变贫穷落后的面貌、推动经济社会全面发展和人民生活水平的大幅度提高，是各转轨国家所面临的非常迫切和棘手的重大问题。在各转轨国家既定的生产力发展水平下，在业已形成的发达国家居于世界政治经济主导地位的国际大背景下，发展阶段转型本身也必然无法遵循一个长期的自然演变过程，而与体制转轨一样带有非常浓厚的强制性、外加性的色彩。发展阶段转型作为一个庞大的社会系统性工程，其涉及的内容不仅仅是作为外在约束条件之一的体制，而是关乎到诸多方面的内容和要素，例如社会结构、文化传统、技术能力等等。

一般而言，社会发展包括诸多方面的内容，例如经济持续稳定的增长、经济结构的改善、人们生活质量的提高、自然环境和社会环境的改善等等，这其中最为核心的内容显然是经济增长，虽然社会发展并不仅仅是经济增长，但没有经济增长无论如何也不可能有社会发展，也就是说社会发展是建立在经济增长基础之上的，经济增长是社会发展的"发动机"或者是"火车头"。对于在贫困落后状态中长时间备受煎熬的各转轨经济体而言，其首要的和根本的任务便在于通过各种切实有效的政策和手段推动经济增长，并利用经济增长所带来的收益来解决转轨过程中其他方面的诸多问题，这实际上蕴涵着运用增量来解决存量的意思。

经济学家西蒙·库兹涅茨认为"经济增长是指人均或每个劳动者平均产量的持续增长"。转轨时期经济增长的特殊性就主要体现在这种增长并不是简单地遵循古典经济增长模型，而是这些推动经济增长的因素与经济制度的变迁密切地联系到了一起。这也同时构成了转轨时期推动经济增长的困难，虽然社会发展才是经济转轨的最终目标，但是这种社会发展需要以急剧的体制变革为必要条件，从而使得在特定时期内体制变革本身却成了转轨的目标。在体制变革的大背景中寻求经济增长，并不是一个简短的增长函数的建立问题,而是一个各转轨经济体迫切需要研究和解决的现实实践问题。

发展经济学兴起于第二次世界大战后,从学科传统上看,一直是以发达经济为参照研究欠发达经济结构方面的约束问题,在这一领域已经有相当成熟的理论模式。华盛顿共识和制度—演进观点代表了目前经济转轨理论的最重要概括,但原社会主义国家内部长期酝酿的偏离命令经济的思想,也是认识转轨经济学学科渊源的另一条线索。传统的发展经济学对经济增长依赖的制度变迁因素关注不够,引入制度经济学理论研究计划向市场转轨中的效率问题,显然很有必要。但这样的思考如果被强调过度则可能引致另外一个方面的缺陷,那就是,在把一个缺乏效率的经济制度向一个富于效率的经济制度急剧变迁时的情形和规律作为研究的主题时,可能淡化了发展经济学原来强调的那些主题。

人类社会的历史发展过程,表现为制度进步与技术进步两种力量的共同推动,同时二者之间又存在着相互制约与激励的关系,总体上表现为“(技术进步↔制度进步)→经济增长→经济社会发展”的过程。虽然对于两种力量在人类发展中的主导地位,不同的学派有着截然不同的观点,但两种力量的影响力则得到了一致认可,并为经济史所证明。转轨的动因是希望通过适宜的制度安排,寻求改变增长现状的机会,即制度变迁→技术进步→经济增长→成长转型的过程。这一过程发生的前提是旧体制对资源、技术基础的不适应,需要通过从不适应→适应的制度选择,使两种力量更好地匹配。转轨时期的一切安排最终是要解决增长(发展)问题。如果没有增长(发展)出现,转轨就必然要陷入绝境,上述过程就不会发生。因此,试图发挥制度安排的积极作用时,一个隐含前提是必须考虑技术条件和成长阶段的基础性制约,矫枉过正仍然会影响效率的实现。

经济学的某一重要学派在建立其理论基础时,几乎都是沿着首先假定什么问题不是主要的,而将被强调的问题作为核心来开拓研究的新领域。然而,任何假定所排除的变量都仍然会实质性地对主题产生影响而无法最终忽视。“知识和技术存量规定了人们活动的上限,但他们本身并不能决定在这些限度内人类如何取得成功。政治和经济组织的结构决定着一个经济的实绩及知识和技术的增长速度。”诺斯可以这样坚定地来确定被他论述的主题,然而他阐述这一主题所依赖的框架,却如他所说“我们的模型恰恰建立在资源基数的扩张依赖于技术进步,最终取决于知识存量的基点上"。资源的数量是相对于技术状况而言;技术发展是建立在前人知识的积累上,这些知识决定了发明活动的方向;在农业出现之前,人类就开始发掘更广泛的食物源;人类的创造力使得人在几百万年前就同其它动物区别开来,即使简单地对近1万年的技术试作一探讨,也会看到人类的创造力令人惊讶——总是在强调"发明活动当然不是这里的主题"时,又不得不顾及"发明和创新似乎是人类固有的天性"那一方面的联系。

诺斯把制度作为经济史分析中的重要变量,是基于1600—1850年间世界海洋运输生产率有很大提高但该时期这一行业并未发生重大技术进步的困惑。他提出的解释是,尽管这一时期海洋运输技术提供的经济增长因素没有出现,但是出现了类似船运制度和市场制度的改进,安全管理和更富效率的交易引致海洋运输成本降低,同样提高了海洋运输效率。在长期经济增长和国际比较研究方面有极高声望的经济学家麦迪森却认为,17世纪结束时欧洲在造船和武器方面已经很明显地处于领先地位,同时也有很多制度上的进步。18世纪末的航海船可以运载相当于14世纪威尼斯帆船运载量10倍的货物,且所需船员大为减少。诺斯对经济史的制度分析方法,突出了制度安排的重要性,可以较好地用来说明转轨对一般性原理的遵循。制度变迁带动了技术进步,并因此扩大了资源基数,提高了人类生活的质量。这种关系可以分别通过技术革命的线索、人口与资源关系的线索、经济成长阶段的线索来反映。制度与技术的关系一方面形成了人类经济史递进向前的一般规律,一方面也形成了不同经济体之间的经济成长阶段的差异。

转轨时期经济运行绩效的获得,实质是在符合于经济史一般规律的前提下,谋求经济成长阶段上的迅速演进和提升。但是作为一种制度变迁,转轨的特殊性在于它不是一个自然演进过程,而是一种自觉选择的结果。基于不同认知基础的路径选择和政策取向始终存在着与实际经济状况(资源基础、技术条件等)契合的问题,并因此影响着制度变迁→技术进步→经济增长→成长转型的传递过程与效率。自觉选择方式至少带来两个方面的突出压力:一是作为一种经济制度向另一种经济制度的整体转换,转轨的发动和推进过程,始终存在着更加迫切需要通过全新的制度安排实现增长的要求;二是认知的局限和人为选择的不确定性,使制度的效果更容易受到转轨国家现有成长阶段的基础性制约。这两个压力意味着,体制转轨与成长转型两种矛盾,必然成为转轨时期贯穿始终的约束内因。市场体制先进程度、市场化推进速度并不必然成为一国经济增长的前提,而对成长阶段的不重视常常形成对增长的反向制约。因此,转轨时期的增长既迫切需要制度安排的激励效果,同时也迫切需要成长阶段转型的激励效果。

一部经济增长史,技术因素应被视为增长的基础性力量。具体地比较分析又会注意到,几乎每一项对经济增长速度产生重大影响的技术进步,总是在某一地区首先出现,然后扩散到其他地区,这其中的重要原因是经济组织方面激励或约束的差异所致。因此,与技术因素相对应的制度因素,必然成为经济增长的另一个重要力量。

经济增长技术因素与制度因素相互交织所构成的复杂关系,一方面勾画人类经济史演进的总体规律,另一方面则形成了不同经济体增长水平的多样性。把这样的差距投射到经济史的一般过程中,就形成了经济体之间的经济史区位落差。

转轨的任务是阶段性的,转型的任务是长期性的;转轨的任务是紧迫地提出来的,转型的任务是原来就存在的;经济体制转轨与经济成长转型,转轨的性质是外生力量强制地进入经济运行中,转型本质上依赖经济发展因素积累到一定程度由内部力量引起质变。

如此一来,经济分析就会走出制度变迁决定和主宰经济效率的误区,把变革时期经济增长的认识角度定位在"转轨/转型"两股力量恰当配搭而形成的集合效率上。经济转轨进程中,如果某个国家发生了负增长而又不存在别的更为重要的特殊情况,那就应该认为,是两股力量作用于国民经济运行时,出现了一条腿长与一条腿短的"跛行"所引致。

第二节　中国经济转轨特殊性的历史说明

经济转轨的目的是摆脱低效率困扰实现经济增长的跃升,经济增长跃升依赖的是两股力量的复合效率,从而变革时期的经济增长的起点只能建立在转轨—转型经济的认知基础上。走出经济转轨会自动带来经济效率提升的理论误区,只是认识变革时期经济增长原理的第一步,接下来继续探讨的切入点,应该是中国经济转轨直接面对如何避免衰退实现正常增长的路径。

一、中国经济转轨避免衰退、实现正常增长的考察

变革时期的经济增长,可以理解为变革过程中实际国内生产总值的增长和实际人均国内生产总值的增长。一国变革时期的经济运行绩效,总体反映了经济转轨的进展,其更深刻的内容是特殊经济形态的非均衡因素是否被恰当认识和利用。

"选择"与"契合",是分析衰退原因和寻找解决方案的两个主题。变革时期能否避免衰退实现正常经济增长,总体上取决于制度(改进和替换)进步力量与技术(潜在和更新)进步力量选择与契合的有效性。整体的搭配方式,实际上从一个国家选择什么样的经济转轨路径时,就基本被决定下来,我们称为静态的选择—契合。

计划向市场的体制转换,无论在激进的还是在渐进的模式下展开,总是要经历"计划→…计划 > 市场→…市场 > 计划→…市场"的过程。就体制变迁绩效最终要融入国民经济运行绩效检验这一点来理解,置换过程中动态变化观察和控制的重要性,规定了静态背景下辅以动态的政策搭配的必要性。灵活政策搭配是基于过程中变化所引起的,我们把它称为动态的选择—契合。

选择—契合本身不是模式也无激进或渐进偏好,但作为一种变革时期经济增长原理的理解方式,它有独立为思想方法的可能性。

(1)选择—契合思想尊崇经济学基本模型,建立在科学思维方法的基础之上。

契合在逻辑上与"求同"同义。逻辑学将判明现象因果联系的一种归纳方法称为"契合法"或"求同法",而将判明现象因果联系的另一种归纳方法称为"差异法"或"求异法"。"契合"即"求同"的观点认为,如果在被研究现象出现的几种不同场合中只有某一个情况是共同的,那么,这个共同的情况就与被研究的现象有因果联系。

选择—契合思想建立在转轨—转型经济这一认知基础上,从静态和动态两个方面强调经济增长的制度依赖和技术依赖不可或缺。它们构成变革时期经济增长的基本约束变革模式和政策搭配,是从基本约束影响的各种可能性的机会集合条件下挑选最优,而不是片面地重视一个方面而忽视另一方面。如果简化地把经济体制转轨理解为解决"市场稀缺",而把经济成长转型理解为解决"资本稀缺",那么就可以把双重限制的竞争市场模型简化地理解为:变革时期是一个侧重以解决"市场稀缺"为主导任务的经济史上的特殊发展阶段,事先已存在的"资本稀缺"被降到次要地位,但始终不应被忽视。经济转轨效率事实上处在两种约束的复杂结构中,如果因为其中一个稀缺缓和使另一个稀缺加重,那将被认为是非契合的误选择;反之,一个稀缺的程度的减轻有助于另一个稀缺矛盾缓和,就被认为是符合选择—契合的优化原则。

(2)选择—契合思想重视经济史区位落差的客观存在,把着眼点放在"节点"效率上。

转轨经济和发达经济成长阶段上的差距和水利工程学上的区位落差十分相似,如何取得静态与动态的选择—契合的最优化,与它的"节点"确定原则也相似。

转轨经济将抛弃计划体制走向市场体制确定为制度变迁的目标,而蕴含在选择—契合思想内的"经济史区位落差,决定了契合于经济环境组织形式的差异性",意味着步骤和过程的重要性。

从不发达向发达经济的成长转型,对任何一个国家的国民经济运行来说,经济结构中的传统部分向现代部门发育十分艰难,都是若干特征中的最重要特征。一方面,经济发展的技术条件处在后进状态,另一方面,却要把市场制度设计为先进状态,其间的矛盾冲突多么尖锐不言而喻。市场体系从低级形态向高级形态发育虽然可以在制度变迁理论指导下以外部力量促成,但显然不能与转轨经济的实际脱离太远。脱离太远,会使经济区位配合不当直接影响经济增长,相对高级的市场体系反而会更耗费成本,从而对变革时期经济增长不利。

随着经济史区位改变,市场体系由相对低级层次向相对高级层次提升,将不再主要由外生力量促成,而是由经济成长阶段转型的要求使体制融合于经济和社会的正常结构演进中。过度偏离实际经济水平需要的市场体制架构的强制建立,不仅将影响相当长一个时间里的国民经济绩效,也会使体制性的校正和修补所造成的损失更大。

(3)选择—契合思想强调收益—成本评价的灵活结构,对变革时期经济增长来源有独特的理解方式。

人们鉴于新旧体制冲突与摩擦,通常将变革时期理解为一个甚至比转轨前更为糟糕的时期,在选择—契合思想看来,这种认识存在很大的局限。新旧体制转换需要在国民经济运行一刻不停的运转下进行,由此造成的成本与收益的不确定性,是这一时期宏观经济难以驾驭的根源所在。选择—契合思想认为,变革时期的收益—成本具有灵活的结构。经济增长并不仅仅来源于新体制的完善与效率,同时也来源于新旧体制交替过程中的动态组合。这一认识可以得出与"经济史区位落差,决定了契合于经济环境组织形式的差异性"命题相联系的另一命题:"变革进程阶段性,提示了回顾性增长与前瞻性增长相互支持的可能性。"

变革时期经济增长始终处在过程中经济形态的背景中。体制方面的组织结构变动与产业方面的组织结构变动互相交织。这意味着,在一定程度和范围内,经济体制转轨的效率与经济成长转型的效率可以实现替代。

任何一个经济转轨国家,在启动改革时总是拥有相当数量的由旧体制留下的资源性遗产,只要选择了新旧体制摩擦中有成本效益收益的新体制进入方式,那些资源性遗产与新增效率结合,就可以在改革初期避免负增长。

二、中国经济转轨持续性超常增长的考察

探讨变革时期经济增长原理,把认知前提建立在什么样的基础上、避免衰退实现正常增长的路径是什么,肯定是论题的基本方面,而探讨未来增长前景及持续性正常增长演进为持续性超常增长的原因,则可能是难度更大的课题。

越来越多的分析家认为,中国把它持续了二十余年的国内生产总值年增长率8%的纪录再往前延续同样长的时间毫无问题;有人预言,到2020年中国将成为第二经济大国。

尽管目前关于持续性超常增长的实践材料主要是由中国样本提出来的,但增长的原理应该具有借鉴和普遍研究的价值。变革进程开始后的第一个10年里,确实发生了大多数转轨经济体负增长的情况,然而与此同时也有多个国家,分别从第5、第7、第8或第10年起(波兰、斯洛文尼亚、斯洛伐克、匈牙利、阿尔巴尼亚)踏上增长之路。比中国面积和人口小得多的越南,也是一个值得重视的样本。自明确提出"两个转轨"的改革目标以来,越南在1991—2000年10年间人均GDP也翻了一番,农业在GDP中的比重从38.7%下降为25%,外贸出口额从20多亿美元增加到128亿美元,2000年出口额相当于GDP的40%,这一增长速度高于同一时期包括中国在内的所有其他东亚国家。

这样的趋势为什么会较为普遍地存在——一个剧烈变动中的经济10年或20年甚至更长时间内,国内生产总值一直保持相对稳定的高增长,甚至连商业周期也不明显,实在是耐人寻味。对于中国持续高增长的解释,来自日本的评论,多半倾向于强调中国经济增长要素并不是自身经济内生力量构成,而因偶然性因素与特殊运作方式所引致;来自俄罗斯的评论,往往因原来政治制度背景相似而强调体制模式成就了中国的经济增长;来自欧盟国家和澳大利亚等发达国家的评论,侧重关注中国经济增长因素可能对世界经济格局变动产生影响与商业对策;来自美国的评论最不稳定,关于中国经济的"崩溃论"和"威胁论"几乎同时地来自这些自称最熟悉市场理论的经济学家及官员的言论中。新近提出的支持中国经济增长的一个观点,则把经济增长的历史与转向上一代没有听说过的新工作的历史相联系,理论见解令人联想到经济增长的深刻层面。以中国样本为参照的两个时间概念:(1)1978—2020年的43年间,中国国内生产总值可能一直持续以年均8%的水平实现超常增长;(2)1978—2050年的74年间,中国大多数年份国内生产总值年均增长率保持在8%的水平上,仅少数年份降为5%—6%之间——都不能不使人联想到更为深刻的论述主体。因为前一个时间概念已经不算短暂,后一个时间概念则与技术变革发生的时间相近,从而与"经济革命"联系起来。在诺斯的经济史分析框架中,这种超常发展只有依赖于两次经济革命的推动才可能发生。由此不能不使人产生一种猜想:促使变革时期持续性正常增长演进为持续性超常增长的巨大推动力量中,是否也内在地蕴涵着一次经济革命性质的时间发生呢?

针对这一推断所展开的论述构成了这一部分的主题。它是以"转轨—转型经济"作为认知基础,遵循"选择—契合思想"的继续思考。为表述简练起见,仍以相似形式来概括所阐述的主题,称为"重商—催化效率"。

"重商—催化效率"推断的结论包含了以下要点:

（1）前社会主义国家加速工业化进程尤其是优先发展重工业的人为推进经济成长阶段演进中,把商业革命阶段丢失了;

（2）计划—集权化的经济制度安排所以在上述范围国家被接受和顺利实施,与其缺损重商时代的自由化经济思想有关;

（3）转轨经济低效率的经济成因并不单纯是由其体制性缺陷所决定,还内含了经济史段落缺失的规律性制约;

（4）仅仅把经济转轨理解为经济制度安排层面上的变迁是片面的,这样的变迁同时也体现为商业革命补课的性质,将制度变迁效率和商业革命效率结合起来才是全面的、有效的;

（5）商业革命的缺损对经济转轨的深刻影响,表现为交易制度难以随旧体制瓦解而被迅速接受,曲解交易规则和异化惯例的行为更容易发生;

（6）从增长经济学角度看,传统计划经济低效率引致体制性失败的根源,是它试图把一个农业革命时代"广泛性成长"的经济通过加速工业化移植到产业革命时代的"库兹涅茨型成长"的经济运行环境中去,造成了经济增长史上商业革命时代"斯密型成长"的中断;

（7）建立在"转轨—转型经济"认知基础上的"选择—契合思想",把商业革命缺损理解为制约转轨经济增长的根源,同时又理解为制度安排所要解决的对象;

（8）加速工业化尤其是优先发展重工业虽然造成了经济成长过程被扭曲的严重问题,但它所留下的体现产业革命进步的物质基础,则是一笔巨额的体制性遗产,关键是看计划向市场的制度变迁怎样把巨额的资本"从低效率配置机制的篮子搬到高效率配置的篮子";

（9）哪一个转轨经济能够通过商业革命补课以较低成本完成"高效率配置篮子"的"编织",同时又在这样的搬运过程中长期保持秩序化状态,就有可能实现经济的超常性增长。

可以把"重商—催化效率"解释为商业革命引导下,以"斯密型成长"为催化剂,使"库兹涅茨型成长"和"广泛性成长"内含的增长因素充分激活的运动。

关于落后经济追赶先进经济的研究一直把关注重点放在产业革命上,事实上是一个经济史意义上的误会。对历史数据作深入分析的西方经济学家已经肯定地说,过去200年的老一套看法需要翻新,产业革命是以前一系列实践逐步积累的结果。经济史学家们的一个共同认识是,大约1400年开始世界商业获得巨大发展,"商业革命"因此成为概述以后3个半世纪经济进步的重要概念。从今天返回去看所有后社会主义转轨国家,无一例外地都存在着同发达经济体之间的差距。这种差距既不产生于农业社会,也不产生于工业社会的突变,而是从商业社会开始的(见表6.1,表6.2),其实质是生产方式先进性上的差距。

表6.1　经济增长的历史背景分析,GDP 规模和增长率

地区及组别合计	公元元年	1000 年	1820 年	0—1000 年	1000—1820 年
	（10 亿 1990 年国际元）			（年均复合增长率）(％)	
西欧	11.1	10.2	163.7	−0.01	2.13
西方衍生国	0.5	0.8	13.5	0.05	3.68
日本	1.2	3.2	20.7	0.10	2.75
A 组合计	12.8	14.1	198.0	0.01	2.57
拉丁美洲	2.2	4.6	14.1	0.07	3.05
东欧和前苏联	3.5	5.4	60.9	0.05	1.92
亚洲(不包括日本)	77.0	78.9	390.5	0.00	1.84
非洲	7.0	13.7	31.0	0.07	1.99
B 组合计	89.7	102.7	496.5	0.01	1.96
世界	102.5	116.8	694.4	0.01	2.21

资料来源:[英]安格斯·麦迪森.世界经济千年史.北京大学出版社.2003.第16页。GDP 年均复合增长率,商业革命背景下发达经济体提高了 2.56,中国所隶属的范围经济体因缺损商业革命背景,相同时期只提高了 1.84,从起点上的只相差 0.01 拉开差距为 0.73。东欧和前苏联相同时间与发达经济体构成差距为 0.75。

表6.2　经济增长的历史背景分析,人均 GDP 规模和增长率

地区及组别合计	公元元年	1000 年	1820 年	0—1000 年	1000—1820 年
	（1990 年国际元）			（年均复合增长率）(％)	
西欧	450	400	1232	−0.01	0.14
西方衍生国	400	400	1202	0.00	0.13
日本	400	425	669	0.01	0.06
A 组合计	443	405	1130	−0.01	0.13

拉丁美洲	400	400	665	0.00	0.06
东欧和前苏联	400	400	667	0.00	0.06
亚洲(不包括日本)	450	450	575	0.00	0.03
非洲	425	416	418	−0.00	0.00
B组合计	444	440	573	−0.00	0.03
世界	444	435	667	0.00	0.05

资料来源:[英]安格斯·麦迪森.世界经济千年史.北京大学出版社.2003.第16页。发达经济体人均GDP规模增长了725国际元,中国所隶属的范围经济体因缺损商业革命背景只增长了125国际元,二者年均复合增长率构成了0.10的差距。东欧和前苏联相同时间与发达经济体构成的差距为0.07。

据经济史数据,公元1000—1820年与0—1000年的GDP年均复合增长率相比,西欧、美国等发达经济体提高了2.56个百分点,东欧和前苏联地区提高了1.87个百分点,中国等亚洲地区(不含日本)提高了1.84个百分点。同一时期的人均GDP相比,西欧、美国等发达经济体提高了0.14个百分点,东欧和前苏联地区提高了0.06个百分点,中国等亚洲地区(不含日本)提高了0.03个百分点,增长差距更为明显。

将中国样本的超常增长定义为特殊背景下的一次商业革命,基本的思想是:作为一定资源条件下的计划体制向市场体制的转轨,适宜的制度安排和变迁是引擎。在中国这种启动和推动首先体现为财政放权让利(对计划体制下资源配置权利的调整,实质是一种产权性质的改革),农村改革、城市改革都是在利益分配关系的调整中寻求突破的。这种适宜制度安排与变迁的实质,引发了以价格为交易实现的供求关系的形成,以及市场配置资源基础方式的逐步确立和相应制度条件的完备。这种转轨其实是建立一种商业制度,也是建立市场制度最基础性的功能。超常增长意味着恰当的路径安排使这一过程具有了革命性。

特殊背景下的商业革命表现在两个方面:一是它发生在从计划体制向市场体制转轨的背景下,是自觉选择的结果;二是存在着大量计划体制下物化的资源通过交换实现价值增值的要求,有利可图成为基本的驱动力。在中国,这一过程前延后续大致跨度为20年,即从1978年改革开始到1990年代中后期,其中可细分为三个阶段:第一阶段从1978年到1984年,是商业革命的酝酿时期。主要完成了三个方面的准备:(1)价格改革逐步深入,价格信号的作用增强;(2)非国有经济有了一定的发展,市场主体多元化形成了一定规模的市场化环境;(3)资本形成通过社会动员的能力增强,国有企业自主权扩大,体制外与体制内的比较优势形成。第二阶段从1984年到1992年,是商业革命的爆发时期。在价格双轨制的体制环境下,存量资源(包括生活资料、生产资料、金融资产等)开始出现集中性的由旧体制向新体制流动的特殊商业化过程。由于体制条件的不完善,这一过程中有正常的商业行为,有过渡性商业行为,也有大量的"寻租"行为,利益关系的合理调整与不合理调整并存,在一定程度上具有原始积累的特征,并导致了经济运行的波动与混乱。但从整个转轨过程来看,这一时期基本改变了旧体制下商业功能、商品流通缺失的格局,建立了以商品流通为枢纽的资源配置方式,从而使社会再生产的方式发生了根本性改变。这种改变的经济绩效十分突出,1984—1992年国民经济年平均增长率高达10.2%,是增长最快的时期。如果以商业革命最剧烈的1984—1988年,即邓小平高度评价的"可以算作一种飞跃"、"功劳不小"的5年来考察,国民经济年均增长更高达12.1%。第三阶段从1992年到1998年前后,是商业革命的延续时期。商业革命推动了双轨制向单一市场体制的并轨,推动了市场体制基本框架的建立。国内贸易与国际贸易逐步实现统一,商业制度的国际化趋于完成。非均衡战略推进的以"长三角"、"珠三角"、"京津唐"三大经济区为带动的中心—外围效应已经形成。

中国经济转轨第一阶段的政策思路可以作如下归纳(见表6.3)。

表6.3　中国经济政策中的选择—契合思想

项　目	经济体制转轨	经济成长转型
战略设计	渐进的制度改革战略	非均衡的发展战略
路径安排	计划机制—双轨制—市场机制	让一部分人先富起来;效率优先,兼顾公平
政策驾驭	整体推进,重点突破,循序渐进,注重制度建设和创新	加速发展与治理整顿交替
转轨—转型的关系	把改革的力度、发展的速度和社会可承受的程度统一起来,把不断改善人民生活作为处理改革发展稳定关系的重要结合点	

资料来源:江泽民.全面建设小康社会开创中国特色社会主义事业新局面——在中国共产党第十六次全国代表大会上的报告.人民出版社.2002.第8—9页;邓小平.在武昌、深圳、珠海、上海等地的谈话要点.邓小平文选第三卷.第376—377页;吕炜.资本挑战体制:关于中国经济

转轨原理的一种解析.经济科学出版社.2000。

商业革命带动的超常增长在 20 年左右的时间内实现了中国经济质的变化。从经济制度来看,转轨已经完成了经济体制从计划体制→双轨制→市场体制基本框架的变迁,商品交换关系、资本形成机制等市场体制最本质的特征已经具备,资源配置已经以市场作为基础方式。从经济运行来看,短缺作为制度性特征已经彻底消失,需求约束和相对过剩正在成为新的增长约束。斯蒂格利茨认为,转轨时期"中国面临两个挑战:一个是转型,一个是发展。如今中国的经济既成了最成功的发展经济,也成了最成功的转型经济"。这样的评价可以说为本书的思想做了最好的注解。在以商业革命方式迅速完成商业功能重建后,近几年的中国经济运行已经展现出新阶段的特征:一是在 1992 年以来 GDP 增速的回调过程中,经济增长方式正在发生转型;二是城市化水平迅速提高,从 1978 年的 17.92% 上升到 2000 年的 36.22%;三是在商业发展的基础上,工业化开始进入一个新的阶段。

从实践来看,无论选择何种制度安排,只要适合该国经济发展的实际情况和要求,制度激励的经济绩效都会得到明显反映,并随着转轨和认知的深入,将逐渐形成向好的趋势。假定以中国转轨的时间安排为下限,把转轨时期设想为 50 年左右,不同国家转轨时期的经济增长轨迹,大体上可作 4 种情况的推测(见图 6.1):

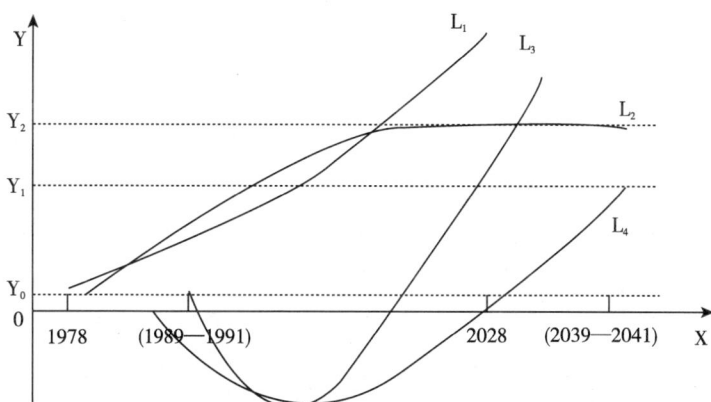

图 6.1　转轨的预期结局与经济增长的趋势

　　X 代表转轨的时间进程,Y 代表经济增长。中国从 1978 年开始实行改革开放政策,将 1978 年作为转轨时期开始的第 1 个时间点,相应的 2028 年作为转轨时期结束的第 1 个时间点。1980 年代末 1990 年代初,前苏联和东欧各国开始实施经济/政治的根本性变革,将(1989—1991)作为转轨时期开始的第 2 个时间点,相应的(2039—2041)作为转轨时期结束的第 2 个时间点。越南等国家于 1990 年代开始了与中国模式大体相似的改革,从时间上看,也归入(1989—1991)→(2039—2041)的区间内。纵轴上的 Y_0 代表启动变革时的经济增长基准线,Y_1 代表回顾性增长与前瞻性增长分界线,Y_2 代表持续性稳定增长与持续性高增长分界线。经济增长曲线随转轨进程移动,当曲线上行越过 Y_1,表示从回顾性增长向前瞻性增长转变;继续上行越过 Y_2,表示前瞻性增长从持续性稳定增长向持续性高增长跃升。与之相反,曲线停止在 Y_0 表示经济徘徊,继续下行表示负增长;曲线上升后向下运动,则表示增长速率从高到低的调整。L_1、L_2、L_3、L_4 代表 4 种转轨时期经济增长趋势。其中 L_1、L_2 代表较早从回顾性增长转入前瞻性增长的一组,L_3、L_4 代表较晚实现这种转变的另一组。比较而言,较早转入前瞻性增长对实现整个转轨时期经济增长有利,如果不考虑其他因素,最低限度可以 Y_2 为增长底线来结束体制转轨。而较晚转入前瞻性增长的转轨经济,在转轨结束时的增长底线,只能接近于 Y_1 的水平。

　　代表转轨时期经济增长的 4 条趋势线,总体呈现乐观结局。除曲线 L_4 表示的增长底线位置外,曲线 L_1、L_2、L_3 均处在积极进取的增长状态。值得关注的是曲线 L_1 和 L_3,虽然分别属于两种不同的转轨模式,在接近转轨时期结束的某个时段上,却体现为从持续性稳定增长形态向持续性高增长跃升的趋同性。所以有这样的判断,是基于人们对待这场变革的学术理解和政策设计的认识水平的逐步趋同,经济转轨国家的民众的行为越来越趋于理性和成熟。我们没有理由把未来经济转轨进程的失误和偏差想象得比过去更多,而有理由期盼未来有正常增长的可能性发生。从激进与渐进带着浓厚意识形态观念的模式之争,到后"华盛顿共识"与制度—演进观点的学术分析;从以社会主义改良或资本主义改革划线,到不同路径市场制度建设的比较研究;从过多渗入文化历史环境因素的先入为主的转轨好恶观,到经济增长绩效的优先考虑……新世纪出现的这种思想转变就是一个令人乐观的侧影。

第三节　中国经济转轨的综合评判与自身改进

在经济转轨主观选择过程中,对所要采取的和已经采取的具体转轨活动进行评价是人们对转轨活动进行选择和价值判断的过程和依据。在前面所提的经济转轨主观过程螺旋上升循环图示中,更清楚地显示了每轮的绩效评价都是基于上一轮已有转轨实践而作用和指导于下一轮转轨进程。绩效评价在转轨活动中的承上启下特性,决定了其必然要见证转轨活动的阶段性和过程性,对转轨过程中的各阶段分别予以评价和认定。

但绩效评价模式并不是人们天生具备、一成不变的固定思维定式,而是与众多社会科学一样需要在不断的认识、实验和总结中形成、固化和升华,最终实现对转轨全过程和各阶段转轨性质客观、清晰的分析与认定。从而在转轨过程中的具有转折意义的关键点上,提出与客观实际相对应的转轨整体方略和具体策略,尽力达到转轨路经与客观条件的契合,以保证转轨进程始终向着最终目标的方向行进。

实践中,转轨过程的绩效评价思想与模式虽然并未被理论界明确提出过,但是相关分析实际上一直在进行,并且主流的共识一直在发生转变。从"华盛顿共识"到"后华盛顿共识",再到"北京共识",这些"共识"的变迁表象上是人们对不同转轨路径模式认可的转变,而其背后实质是人们关于绩效评价模式的转变历程。如"华盛顿共识"和"后华盛顿共识"强调以是否达到预设指标体系来评价转轨的成效,导致了实践中路径选择上的激进式转轨;而"北京共识"强调以自身实践为依据,重视转轨的发展绩效,因而在实践中选择了渐进式转轨的路径模式。两种不同的评价模式导致了不同的路径选择,并且最终导致了不同的转轨绩效。

一、不同于固有模式的中国经济转轨评判

对于转轨过程的绩效评价思想与模式最初的思考方式是:计划体制低效率运行所导致的供给普遍短缺已经令人无法忍受,既然市场体制已被证明更有利于增加产出和福利,转轨必然会体现为绩效的改善。如果未来的绩效增进是可知的,转轨过程经历的时间越短越能节省成本、减少痛苦。因此西方

主流派大都倾向于采取激进的转轨方式,而不看好渐进的制度变革。波兰等适合采取激进方式的国家已经印证了其好的方面。但是缺陷也是显而易见:其一,转轨完成后才能进行绩效的验证,在此之前只能是一种设想,整个转轨过程不得不以成熟体制作为样本、以转轨本身作为目的;其二,激变本身的巨大不确定性被置于无关紧要的位置,必然忽视或低估过程中的成本付出和社会动荡。如果转轨设计一方面对未来的绩效改善预期过高,一方面又对过程中的绩效损失和不可控性估计过低,很容易与经济社会实践层面的客观要求脱节。说明人们对于转轨绩效最初的思考是通过简单比较转轨前后两点的收益状况而假定了转轨收益的可获得性,忽视了转轨的过程性和收益的不确定性。因此在评判转轨绩效的标准上也就相应地忽视了转轨收益的考虑,而是将转轨活动本身作为了唯一评判标准,将转轨收益的获得当作转轨活动本身的必然结果。

与上述思想不同的是,中国政府从一开始就把改革开放作为手段,提出了三步走的发展战略;改革绩效不以私有产权实现程度评价,而以发展绩效来体现。比如1992年对确立社会主义市场经济体制目标的阐述是:"计划经济不等于社会主义,资本主义也有计划;市场经济不等于资本主义,社会主义也有市场。计划和市场都是经济手段。"被同时强调的中国特色是:"社会主义的本质,是解放生产力,发展生产力,消灭剥削,消除两极分化,最终达到共同富裕。"邓小平将这两个方面同时提出,告诫当政者"就是要对大家讲这个道理"。允许和提倡一部分地区和一部分人先富起来的第一阶段目标,与消灭剥削,消除两极分化,达到共同富裕的第二阶段目标之间如何实现恰当的转换?如何把握阶段性的变化?如何选择可行的实施路径?始终是"1978—2020"转轨过程中重大而尖锐的理论课题和实践课题。其中的中心环节,正是绩效评价思想及模式的界定问题。通过以上中国关于改革目的和手段的指导思想可以看出,中国最初对于转轨的评价标准不是拘泥于计划经济向市场经济的过渡,而是将发展和共同富裕作为根本目的,得出体制也需要转换的诉求则是由于发展的需要而提出的。因此在各国所选择的路径模式和其评价模式的关系上,与其说是以俄罗斯为代表的激进式转轨国家选择了以转轨活动本身为评判标准,而以中国为代表的渐进式转轨国家选择了以发展绩效和民生作为评价转轨绩效的标准,不如说是他们不同的绩效评价模式作为主动因素导致了不同路径模式。

相对于只是关注转轨指标高低来评价转轨进展的西方学者而言,中国学者根据本国国情和渐进改革的实践回馈,在转轨绩效评价思想的研究方面,有两大理论贡献值得关注。一是注重转轨过程中控制成本与扩大收益的研究,即绩效评价的方法创新。中国学者的可贵之处在于重视转轨的过程研究,认识到转轨过程中两种制度的安排除了对立的一面以外,还有可兼容的一面,对立与兼容都是转轨可以利用的方面,也是成本—收益分析方法的基础和实践路径的依赖。随着中国经济"一枝独秀"式的快速增长,以及世界上来自正面的"21 世纪是中国的世纪"和来自负面的"中国威胁论"等各种声音,使得我们一度开始更多地醉心于我们所取得的成就,而忽视了经济高速增长下的各种正在潜伏、积累中的危机。而这种思想在学术上的反映就是绩效评价研究的创新没有持续下去,没有更多地考虑在获得收益的同时如何控制成本。成本—收益的分析方法除了用于解释局部和短期问题,没有随着实践的演进应用于转轨全过程的考察,导致对中国经济转轨两阶段的评价始终存在很大的分歧。

一些学者认为中国第一阶段的增长实际上是将大量成本和问题推迟到了第二阶段,一些根本性的改革被延迟,经济改革的成果被夸大,例如有的学者认为中国的 20 世纪 90 年代以来的经济增长出现了"宏观好、微观不好"的局面。因此未来改革的不确定性很大,政府负债沉重,准财政赤字积累的速度将远远快于产出增长的速度。转型发展的研究思想在实际应用中也主要是分别强调两个方面,缺乏关于二者内在联系的研究,更没有考虑从这一类特殊经济体、特殊经济形态的角度来考察约束条件下的体制转轨与发展转型的动态过程,预见转轨时期结束的种种政策安排。由于中国的经济一直保持快速增长,这些思想方法上的停滞或变化在较长时间里并未引起太多关注,理论和认识上的误区也由此产生,突出地表现为将体制上的不尽如人意之处笼统地归咎于市场机制的不完善,需要通过加快推进市场化来解决;将经济结构、社会结构中的不尽如人意之处笼统地归咎于发展阶段落后,需要通过加快推进工业化、城市化来解决。并且根据发达经济的历史经验,在某一水平、某一阶段必然会存在这样那样的一些问题,只要忍耐一时之苦,越过了某一曲线情况便会自动缓解。进一步的结论就是加速推进得越快忍受痛苦的时间就越短。一方面,理论上越来越倾向于单兵独进,忽视成本核算;另一方面,简单地将经济和社会成本过大归于体制改革尚未得到实际的最优解。指标片面化、加速推进、一蹴而就成为评价绩效的简化原则。

二、新绩效评价模式的不断衍化

绩效评价模式转变的观点,是基于转轨过程的阶段性和增长方式的变化做出的判断:在"过程中经济"的非平衡运动和连续性运动中,随着体制转换的进展和发展水平的进展,在新旧体制之间、传统社会与现代社会之间必然存在着具有转折点意义的若干标志,形成不同的阶段特征、阶段目标和评价标准。转轨过程中如果当期行为产生的未偿费用累积过大,可能会在转轨过程中直接导致经济运行效率的降低和阻碍经济运行,使政府不得不以牺牲经济增长为代价对部分费用进行处置,或对绩效评价模式进行校正。

在经历了第一阶段的转轨实践后,我们可以看出无论以俄罗斯为主的激进式转轨国家以转轨本身作为评价转轨的标准,还是以中国为主的渐进式转轨国家注重过程性、效益性的转轨评价体系,都是转轨活动主观过程循环体系中第一层次时期的评价模式。而在转轨进程已然经历了明显的转折后,所需评价的时间跨度更大,领域更加广泛全面,内容也更为丰富,因此评价模式也应在客观经济条件发生改变的基础上随之上升到更高层次,比以往更为全面、系统和复杂,更加深入转轨过程内部,客观地评价转轨所取得的成就及所付出的成本。当然,理论界对于转轨成本有不同的看法。张军(2002)把中国的经济转轨、增长与工业化联系起来,给出了转轨后中国经济增长可持续性的概念框架和经验描述,认为中国在20世纪90年代中后期以及21世纪初期所表现出来的经济增长下降趋势可以由转轨前期过度的工业化过程来解释。事实上,更为深刻的原因是,转轨时期的经济运行同时承担着经济体制转轨和经济发展阶段转型的任务,具有"转轨—转型"的双重内涵。转轨的长期目标是要建立一种能使生活水平长期得以提高的繁荣的市场经济。应将经济体制的转轨与发展阶段的转型同时作为这一特殊经济形态的考察对象,以此建立对经济运行进行绩效评价的总体原则。

关于转轨时期绩效的研究,不能局限于以多大代价把计划化的指标降低了多少、市场化指标提高了多少,还要考察制度变革对经济的激励效果,考察发展阶段转型的实现程度。关于市场化进程测度的研究成果在20世纪90年代以陈宗胜(1999)的《中国经济体制市场化进程研究》最有代表性,在这之前,卢中原、胡鞍钢(1993),江晓薇、宋红旭(1995)以及中国原国家计委课题组(1996)分别选取不同的指标测度了中国市场化程度,但是对于其指标体系选取的指标的全面性、科学性似乎缺乏一定的认同。陈宗胜(1999)采用五种思路测算了中国经济体制总体市场化进程,结果表明中国经济的总体市场化程度已经达到60%左右。张曙光和赵农(2000)对该研究进行了评析,认为其主要贡献在于提出了一套测度市场化的指标和方法,并对中国经济市场化的程度进行了实际的测度,给出了中国市场化程度的测定值。但是,对于其测度方法和测度的结果持保留意见,指出该研究存在定义市场化范围不够清晰、涵盖的市场化内容不够全面(例如产权保护、政府规制等均未包括),借鉴的国际经验不足等缺陷。樊纲、王小鲁(2001)对中国2000年的市场化指数进行了分析和测算,试图从政府与市场的关系、非国有经济的发展、产品市场的发育程度、要素市场的发育程度,以及市场中介组织发育和法律制度环境等五个方面评价各省市区的市场化相对程度,以求建立一套能够基本上使用客观指标进行度量的,既可在地区之间进行比较,又可以按时间顺序持续测度的指标体系,以较为客观地反映各地区的市场化改革的深度和广度。但是,其研究方式和研究方法主要是选取一定的指标和进行指数分析,得到的结果为各省在各个领域的市场化的得分和排名,事实上,各省之间的市场化程度差别是显而易见的,而每年的《中国统计年鉴》业已有效、明显地标注了他们之间的经济发展差距。且不谈对于各省市场化程度评分和排名的研究方法是否规范化和科学化,单就其研究内容而言,似乎只是在证明大家已经知道的事实,是一拍脑袋就能想出来的结论。舒元、王曦(2002)对经济转型量化问题进行了基础性探讨,认为应该建立涵盖不同转轨范围的指标体系,例如经济市场化指标体系、经济自由化指标体系、经济增长相关指标体系、经济发展相关指标体系、国家竞争力指标体系等等。

有关建立经济转轨量化的指标体系的研究至今尚未达成一致,即便是测算中国具体的市场化进程指数,也遭到一些人的质疑。在设计经济转轨量化指标中,明显的缺陷是过于强调经济增长、忽略了发展的重要地位,有着目标(指发展)与手段(指经济体制)倒置的嫌疑。而事实上,体制转换过程中对利益冲突的处理、对经济失衡的驾驭、对环境资源的保护、对国际贸易关系的协调、对经济社会安全的保障、对社会公平的矫正等，都应与 GDP 增长同时被纳入绩效的评价范围。

中国在实现经济奇迹的同时，传统社会主义下的公平也受到了挑战。例如，居民之间、城乡之间的收入差距以及沿海和内陆省份之间的发展不平衡都在迅速、不断加剧，使得中国面临着收入分配难题；从计划经济时代继承下来的居住控制制度——户口制度，在城市与乡村居民之间制造了一种类似种姓制度的隔膜。虽然，随着"农民工"的浪潮，农民已经重新开始并加速向城市移民，但是他们依然被城市的很多公共服务排斥在外，例如教育、住房、医疗和福利等。另外，中国在农村贫困之外，还出现了城市贫困，这与城市里失业和下岗人员比例急剧上升密不可分。

而在实践过程中，体制结构转换与经济社会结构转型非同步所产生的利益激荡和社会机遇不能公平分配，更是一直普遍存在的问题。董晓媛(2002)采集了山东、江苏两省农村的 39 个民营化企业和 6 个政府所有企业以及超过 1000名工人(主要是生产工人，也包括一些技术、销售和中层管理人员)的数据，实证分析了民营化前后按收入回归估计的股权、人力资本特征和地区因素促成的收入流的基尼系数的份额，得出的结果表明乡镇企业的民营化导致了在短短三年间员工收入不平等程度骤然上升，其中股份所有权的不平等分配是民营化后收入不平等上升的重要原因，民营化后，收入不平等上升41.4%，其中股权为造成不平等贡献了9.1%。虽然，这篇文章所选取的样本有限，但是，在一定程度上表明由于社会机遇的不同将会导致社会不公正的深化。蔡昉、孟昕(2004)分析了中国养老保障体系的历史欠账问题，以往运行的现收现付养老保险制度造成了中国养老保障资金的巨额"空账"，据相关数据表明，中国养老保险个人账户空账已达 6000 亿元。2005 年 12 月 3 日国务院颁发的《关于完善企业职工基本养老保险制度的决定》明确提出逐步做实个人账户的改革，自 2006 年起，个人养老金账户的规模将由本人缴费工资的 11% 调整为 8%，单位缴费不再划入个人账户。这意味着社会养老保障将会实行养老金积累方式从社会统筹向个人积累方式的转变，之前的"空账"则成为中国转轨前期遗留下来的"转轨成本"，而中国人口的老龄化特征又使得解决该"转轨成本"问题迫在眉睫。

扣除过程中的城市贫困、养老保障资金缺口等类似代价之后，普通民众究竟从这场急剧而壮观的变革中分享了多少绩效,转轨究竟是为了获得一个体制还是体制带来的增长与福利,仍然是令人困惑的难题。2004年3月5日,政府工作报告提出转变经济发展模式的要求:重新调整发展战略,强调均衡性、可持续性和以人为本;加强社会保障;解决农村财政问题;抑制腐败和滥用政府权力的问题;制定实现"小康社会"的时间表。这次政府报告明确提出"以人为本"的科学发展观,即反对狭义地注重GDP增长,而强调社会的全面发展,实现更均衡、更协调的增长。表明了一系列促进和谐发展的政策倾向,比如:通过对农业部门的倾斜政策以矫正城乡不平等的现状,也就是向农业、农村和农民提供优惠措施的"三农"政策。为了支持这些政策,财政部还准备出台相应的"把公共财政拓展到村",以改进对农村的公共服务。目前,很多学者也正在研究衡量"小康社会"指标体系,其中将包括教育水平、清洁用水和医疗服务等社会经济指数,与某些国际组织正在采用的"人类发展指数"非常接近。政策制订者应该分析和评估不同的转型路径,对于一系列价值观都要协调,以此实现和谐社会。

总体而言,以俄罗斯为主的激进式转轨国家在转轨初期对转轨活动的评判模式多是以转轨活动本身所取得的进展为标准,而以中国为主的渐进式转轨国家则更多地关注发展绩效,关注民生的改善,两种评价模式导致了不同的路径选择和机制创新方式。最初的评判转轨活动的标准与价值取向,在某种程度上决定了两种转轨模式在第一阶段转轨活动所取得的绩效水平的差异,以及转轨活动的成败。各国的转轨实践已证实,新一阶段转轨开始之际,以一种相对更为科学、客观的评价模式来评判过去转轨的成败,分析当前经济体制和经济发展的现实条件,并以最终转轨目标的实现为核心,校正和重塑转轨的路径选择模式以及机制创新方式,对最终转轨绩效的实现是至关重要的,因此,提出了经济发展绩效和体制转型绩效双重考察标准,以民生为转轨的基本目的,以民意为转轨路径选择的基本导向,作为转轨绩效评价的核心。

第四节　转轨过程的最终费用结算分析与绩效评判

一、最终费用结算思想的提出

在关于转轨绩效评价思想与原则分析的基础上,我们根据转轨阶段的转变进一步提出以最终费用结算作为绩效评价模式转变方向的观点。这一观点的提出是基于两个判断：

一是基于转轨过程的阶段性和增长方式的变化，在"过程中经济"的非平衡运动和连续性运动中，随着体制转换的进展和发展水平的进展，在新旧体制之间、传统社会与现代社会之间必然存在着具有转折点意义的若干标志，形成不同的阶段特征、阶段目标和评价标准。从中国的实践检验来看，有两个转折性标志尤其重要：一个是告别旧体制、确立新体制的转折点，标志着转轨进程的重大跃升；另一个是建设新体制任务接近完成的转折点，标志着转轨进程的基本结束。经济转轨过程迈过转折点后，中国经济社会发展将面临重大变化，绩效评价模式也需要进行相应的调整。

二是基于不同的转轨思路使得转轨过程中发生的收益、费用在时间、空间、主体上并不完全对应，导致费用发生时间与受益期间的不对应。众所周知，会计学通过确定不同的会计基础来反映这种不对应，以准确记录和核算企业的经营状况，比如在权责发生制下通过递延、待摊、预提等方式来处理已发生费用和未偿费用的问题，以正确评价当期的盈利，并用于指导和调整下期的经营思路。对转轨过程的评价，也需要以一定的绩效评价思想和模式为基础，处理各种跨期的费用、历史欠账以及其他待处理事项。如前所述，不同的绩效评价思想和模式形成对转轨过程及阶段的不同评价结果，并且，极大地影响着决策者在转轨过程中的判断、政策和行动，影响其对发展道路的设计，对转轨目标与结果的预见。因此，当转轨经历转折性变化之后，正确认识和及时清偿这些费用，调整第一阶段的绩效评价模式及与之对应的发展思路，引入未偿费用和最终费用结算的概念，以转轨过程的最终费用结算对转轨绩效进行校正和再评价，以最终费用结算的思想对各转轨阶段的收益、费用在转轨全过程内进行统筹考虑和清算是十分重要的。

最终费用结算是指以转轨过程为存续期间，对期间内各种未偿费用的最终清算。未偿费用是指一个转轨阶段结束时已发生的应付而未付的费用。这些定义与转轨过程的绩效评价相对应，是对转轨的阶段性绩效评价和最终绩效评价的扣除。体制转轨与发展转型是转轨时期的双重任务，但转轨时期以转轨的开始与完成为区间，是一个特定的过程，经济社会发展则是人类生活的一个一般过程，不会因转轨完成而结束。在转轨时期，转轨会发生成本，转型会发生成本,二者之间关系的处理也会产生成本。转轨时期的总成本可以因转轨路径、政策安排的不同而得到控制,但成本一旦发生就具有客观性,不会因为转轨阶段的转换而消失,期间内被推迟、忽略、隐藏的成本都会以累积、转移的方式在后续的转轨过程中或转轨结束时反映出来,成为必须最终结清的费用,从而对转轨的最终绩效评价产生矫正作用,或者直接在过程中对转轨的效率产生影响。

运用上述的最终费用结算的绩效评价模式对中国转轨实践进行考察,可以让我们更为清楚、客观地认识和判断中国转轨实践所取得的真实绩效。可以发现,中国在第一阶段转轨时期获得了大量的收益,但与之相对应的成本却没有全部在当期进行清算,而是在随后的转轨进程中不断积累,并最终拖住了中国转轨进程的顺利推进。

中国在转轨过程发动前,处于计划体制下的原社会主义的人民,尽管生活改善未尽如人意,但低消费、高积累的增长机制却留下了巨额的固定资产。转轨过程发动后,僵化的价格形成机制和经济组织结构秩序稍微有所松动,潜在的人的要素与闲置的物的要素相结合,就能释放出巨大的生产力,从供给普遍短缺的阴影里走出来并不格外困难。这一时期的增长绩效往往与计划约束因素从根本上解体,按市场配置资源的基本框架初步形成相一致,我们将其定义为转轨过程二阶段增长分析模型之第一阶段增长,简称"回顾性增长"。

如果不考虑转轨过程中不断付出的代价在全社会各经济主体之间的公平分担问题,不考虑费用未及时偿付而向下期转化、累积的问题,不考虑这些矛盾对未来增长潜力的约束、对未来发展趋向的误导问题,那么转入简称为"前瞻性增长"的第二阶段增长后,只要不发生异常情况,持续性吸引外部资金和技术用以支持 GDP 较长时间的增长,以及保持较高速度的增长,将不会比过去更困难。因为当今世界技术存量已经相当可观、发达经济体资本沉淀过多,市场化配置既然已经生成,经济的各个部分既然充满活力,兼以自身经济实力显著增强,粗放的增长理应具有更为强劲的需求。但中国在完成第一阶段转轨增长后,由于受到未偿费用拖累,未能顺利地转向第二阶段。在第一阶段以打破计划体制、建立市场体制,结束短缺经济、解决温饱问题为目标的发展过程中,为了摆脱"穷社会主义"的困扰,或许不可避免地会发生不顾一切地追求经济高速增长的集体行动趋向。虽然以发展绩效作为评判转轨的标准,但过度地依赖经济增长的速度,而没有协调、综合地考虑经济增长、社会发展程度和资源可持续性等方面的问题。因此在获得经济超常增长的同时,这一过程中发生的大量费用却未在当期进行清算,各种结构性失衡无法及时进行矫正。在连续的政策取向和行动偏好作用下,这些费用作为未偿费用被累积并向转轨中后期转移,政府成为最终结算责任的承担者。近几年,我们在应付日益增加的社会危机和资源矛盾的过程中,已经越来越明显地感受到了这种趋势。

二、最终费用结算的优化组合模型

前面讨论了最终费用结算绩效评价模式的基本思想以及运用这一思想对中国转轨实践所取得的绩效进行了再认识。本部分将在此实践的基础上提升、总结,提出最终费用结算的优化组合模型,以期从中国转轨实践的分析中总结出通用、一般的规律与认识。

虽然经济总量指标被称作"20世纪最伟大的发明之一",离开了它们"宏观经济学就会在杂乱无章的数据海洋中漂泊"。但早在1993年时,统计学领域就开始指出,总量指标只是SNA(国民经济核算体系)工作的一小部分,"SNA的目标在于对复杂的经济提供一个简明而且又完整和详细的描绘,所以总量计算既不是国民经济核算的唯一目的,也不是主要目的"。而在以往更多的时期,人们似乎更多地关注了这个总量指标,造成了盲目追求总量增长的态势。因此在探讨转轨过程中最终费用结算的一般经济学原理,采取把总量分解、细化为三个比例关系复合的决定经济运行的概念模型,至少可以认为是在进行避免GDP指标被片面强调的一种努力。优化的增长模式理论告诉我们,速度的增长任何时候都是重要的,不包含任何负绩效,在这个世界上是根本不可能存在的。因此,笼统地将妨碍经济——社会结构良性运行的体制问题,归咎于对GDP的崇拜是不切当的。我们将最终费用结算引入GDP增长的分析中,目的在于:(1)应当尽可能做到从眼前看,在扣减负绩效之后,真实的GDP仍然是正的绩效;(2)从未来趋势看,估计下一个可争取到的绩效,也会是一个正的绩效,即目前的绩效获取方式并不过分妨碍未来绩效获得的可靠性。

为了进一步分析转轨过程中最终费用结算产生的原因及其经济学含义,分解、细化总量指标,可以一般经济理论为基础,建立优化组合模型进行解释。转轨过程的最终费用结算是建立在国民经济综合平衡基础上的一种分析工具。以一国的体制结构和技术结构相对稳定为隐含前提,设 X 代表人力资源状况,Y 代表自然资源状况,Z 代表一国以外可利用的资源状况。设 m 为现有资源条件下的最优产出值,m"映射"到空间坐标系不同平面上的点 a、b、c,分别代表了 m 值所要求的不同资源之间配置的生产可能性曲线上的点,这是关于产出的最优绩效决定与评价的一般模型。而政策制定的次序则是反向的,即由各种资源配置的生产可能性曲线确定不同平面上的点,从而确定空间中的 m 点(见图 6.2)。

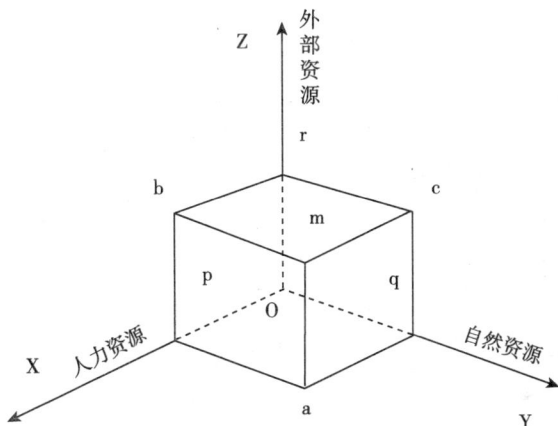

图6.2　一国经济增长的三维极限值求解模型

相应的我们可以根据上述的分析进一步建立一个简单的动态模型,主要包括用来选择资源配置的目标函数和资源使用的约束方程。最优产出的目标函数可以用公式(6-1)描述:

$$\max M = \max f(X_t, Y_t, Z_t) \tag{6-1}$$

其中函数 $f(X_t, Y_t, Z_t)$ 代表一国将要素转化为产出的体制结构和技术结构,X_t, Y_t, Z_t 分别代表一国在 t 年所拥有的人力资源、自然资源和可利用的国外资源数量。资源使用的约束条件可以用公式(6-2),公式(6-3),公式(6-4)来表示:

$$X_t^{\&} = k_{1t}X_t - w_{1t}X_t \geqslant L_{1t} \tag{6-2}$$

$$Y_t^{\&} = k_{2t}Y_t - w_{2t}Y_t \geq L_{2t} \tag{6-3}$$

$$Z_t^{\&} = k_{3t}Z_t - w_{3t}Z_t \geq L_{3t} \tag{6-4}$$

$$\frac{MP_{Xt}}{P_{1t}} = \frac{MP_{Yt}}{P_{2t}} = \frac{MP_{Zt}}{P_{3t}} \tag{6-5}$$

其中 w_{1t}、w_{2t}、w_{3t} 分别代表一国在 t 年对人力资源、自然资源、可利用国外资源数量的使用比例。k_{1t}、k_{2t}、k_{3t} 分别表示一国在 t 年人力资本、自然资源、可利用国外资源的再生产比例。L_{1t}、L_{2t}、L_{3t} 分别表示一国从可持续发展的角度考虑第 t 年人力资源、自然资源、可利用国外资源最终减少的可承受水平。MP_{Xt}、MP_{Yt}、MP_{Zt} 分别表示一国在 t 年人力资源、自然资源、可利用国外资源的边际生产量。P_{1t}、P_{2t}、P_{3t} 分别表示一国在 t 年人力资源、自然资源、可利用国外资源的成本。

公式(6-2)、(6-3)、(6-4)描述的是一国单个资源的可持续使用的问题,也就是说,一国应该保证每种资源在每年被使用的量处在可接受的水平上,从而促使每种资源都能得到可持续的使用。公式(6-5)描述的是一国在使用各种资源时的结构安排问题,也就是为每种资源支付的每单位成本都能取得相同的边际产量,从而实现资源的配置效率。联立公式(6-2)(6-3)、(6-4)、(6-5)采用适当的优化方法,可得到经济学意义上的最优解。同时模型的分析还可以由三维扩展到多维,同时每一种资源内部的结构与水平也可以建立次一级的多维分析。如人力资源中的不平等状况、教育状况、健康状况等。在全面、合理的配置条件下,收益与成本是对应的,绩效是真实的。

但是,转轨时期的经济是在体制和技术不稳定的条件下运行,作为一种"过程中经济",非均衡和动态不确定性是其突出特征,客观上造成变量之间的关系难以确定和及时调整。此外,作为政府推进的转轨过程,服从于一定目标和价值判断的行为会导致对某些比例关系的人为扭曲、放纵或忽视,使实际产出偏离最优值。

我们用比较静态的方法来分析其中一种现象发生的过程:

1. 为了讨论方便,我们设定产出目标为 $M = f(a,b,c)$(这里 a、b、c 代表不同的资源),由于多种原因(即放弃了一些资源配置的均衡要求),$M_1 = f(a,b,c_1) > M = f(a,b,c)$,并且该国在两个产出水平上使用的 a 和 b 两种资源都相同,只有在资源 c 的使用上存在差别 $c_1 \geq c$,但很显然的是,由于 M_1 放弃了一些资源配置的均衡要求,其在经济上并不具有可持续性,"看不见的手"最终会重新配置 M_1 状态下的资源配置,使其达到另一个新的均衡状态,不妨将其设为 M_2(由于转轨使经济基础已经发生了变化,可以认为 $M_2 \neq M_1$);其中设初始状态为 T_0 时刻,转轨目标实现状态为 T_1 时刻,整个转轨对经济的影响持续到 $T_1 + \triangle T$ 时刻,也就是说达到另一个新的均衡的时刻(一般来说,$T_2 \geqslant T_1$)。

2. 在实际的资源配置中,由于部分资源状况并不支持这样的产出要求,导致 X、Y、Z 空间结构的失衡。短期的超常增长必然建立在对某些资源的过度闲置、对另一些资源的过度消耗上,实际的产出以更大的成本为代价,资源矛盾开始积累,而绩效评价中对一些被放弃的均衡要求并不予考虑,即将对部分资源过度消耗或过度依赖产生的费用和负外部性排除在外,没有全部从当期绩效中扣除,造成收益期与费用支付期的不同步。在本模型中,未偿费用由两部分构成。一部分是从 T_0 到 T_1 时刻的摩擦成本(或称效率损失)。经济的增长就是以资源 c 的过度消耗或过度依赖支持的,在这种资源配置条件下,将导致公式(6-5)的失衡,也就是该国各种资源的组合配置出现缺乏效率的变动,由于这种变动人为因素很大,会造成严重的结构摩擦,使经济增长不得不依靠一种扭曲的资源配置作支撑;另一方面,也可能会导致公式(6-4)的失衡,也就是导致该国某种资源被掠夺性地使用,这将削弱经济在中长期发展中的可持续性,同时也会产生负外部性。一般而言,这段时间的摩擦成本与调整的时间长短相关。另一部分是从 T_1 到 $T_1 + \triangle T$ 时刻的优化成本(或称治理成本),即经济系统由人为造成的状态 M_1 恢复到新的均衡状态 M_2 所付出的各种成本。一般而言,$\triangle T$ 取决于在 T_1 时刻经济失衡的严重程度和当时所采取的制度。用下式来表示期间内发生的未偿费用:

$$C(t, T_1) = \begin{cases} C_1(t) & T_0 \leqslant t \leqslant T_1 \\ C_2(t) & T_1 \leqslant t \leqslant T_1 + \triangle T \end{cases} \qquad (6-6)$$

3. 上面使用的是比较静态分析,也就是没有考虑时间变量对经济的影响情况,但实际上产出水平由 M 过渡到 M_1 是一个渐进的过程,并且在过程中资源配置变动所带来的成本尽管可能会出现转轨时期上的不同步,但也是必须加以考虑的。用公式(6-7)来大体表示这种成本关系:

$$C_T = C_{T_1} + \int_{T_0}^{T_1 + \triangle T} C(t, T_1) dt$$

$$C_{T_1} = P_{1T_1}a + P_{2T_1}b + P_{3T_1}c - P_{1T_0}a - P_{2T_0}b - P_{3T_0}c \qquad (6-7)$$

其中，C_T 表示整个转轨过程的总成本，即最终费用；C_{T_1} 表示达到 T_1 时刻后由于相对资源成本变化所发生的成本，即 T_1 时刻的成本，其与前期未偿费用的累积相加后得出总成本。

由于收益期与费用支付期的不同步，不仅使不同阶段的绩效评价存在被夸大或低估的问题，更为重要的是由于当期评价不准确，必然导致政策判断和预见力的下降，出现将短期目标长期化、对潜在风险估计不足等问题。

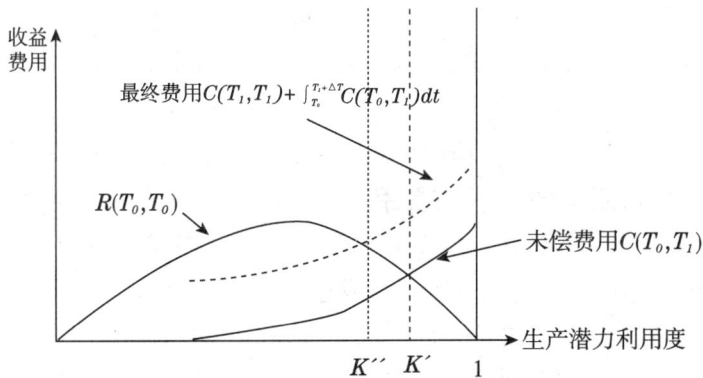

图6.3　跨期收益、费用结算的生产潜力利用图

结合图6.3我们来做以下分析，其中 $R(T_0,T_0)$ 表示转轨活动期间所获得的收益，括号内的两个时间变量分别表示这一收益在 T_0 时刻发生或者获得，并且在 T_0 时刻被观察到。$C(T_0,T_1)$ 表示转轨活动期间内发生的未偿费用，即上述的 $C(t,T_1)$，同样括号内的两个时间变量分别表示这一成本发生在 T_0，但在 T_1 时刻才能被观察到或者在经济运行中被体现出来。$C(T_1,T_1)+\int_{T_0}^{T_1+\Delta T}C(T_0,T_1)dt$ 即是转轨活动的总成本或最终费用，包括 T_1 时刻的成本和 T_0 时刻未偿费用在 T_1 时刻的累积两部分。K 表示最佳生产潜力利用度，理论上最优的 K 值应为1，此时所有资源都得到了配置和使用。但现实中由于信息延滞、要素流动摩擦等因素的制约，任何经济的现实生产点都不可能在生产可能性边界上，因此最优的 K 值会略小于1。如果收益和费用同期发生并同期结算，那么最优的生产潜力利用度就应为 K'，此时收益的获得与成本的上升相等，收益达到最大。但费用如果未能在当期结算，而是成为未偿费用，那么相对应的在最终费用结算期成本会由于累积而不断上升。此时如果

未能及时察觉未偿费用的存在和积累,就会造成高估当期转轨绩效的后果。在经济政策上的反映就是生产潜力利用度被人为错误地拉高,造成高速度、高消耗、低效率的增长模式长期化,而造成最终收益的下降,这一结果无疑将是灾难性的。

4. 由转轨过程的非均衡运动、政策目标取向、绩效评价模式等因素决定的资源配置结构失衡、偏离最优配置,如果不能及时矫正,将导致部分资源总量上的不可持续和结构性的萎缩。如某些自然资源过度消耗形成的资源"瓶颈"、人力资源内部不平等导致社会激励因素的下降、总体消费力不足。这些问题会以未偿费用的形式积累下来并产生持续影响,一方面使该种资源承受更大的压力,如旧的社会契约解除不当或延迟,造成个人住房、社会保障等方面的预期支出上升,导致消费的自发性收缩;另一方面则使资源之间的代偿行为普遍发生,一种资源供给效率的不足常常需要另一种资源更大量的消耗来进行替代、补偿,如国内需求不足导致增长过多依靠外部资源。最终费用的存在就像一个附着在国民经济肌体上的"漏斗"一样,不断地累积着转轨过程中的各种未偿费用,同时也对现存的资源总量与结构产生挤压作用,使经济运行与结构逐渐发生改变。

模型的思想还可以由经济增长进一步扩展,建立一国发展的三维优化组合模型。即用经济、社会、自然构建三维空间结构,从经济增长能力、社会发展水平、自然承载能力三个方面的状况,求解一国发展的优化组合 M。这时候一国的政治制度、文化传统、历史沿革、价值观念等非经济因素也囊括其中,形成全面、协调、可持续的评价体系。转轨—转型的作用会影响、扩散到各个领域的各个层面,此时的最终费用成为一个广义的概念,国家、民族、精神、道德等也成为考察的重要方面,结构失衡也在一个更广泛的意义上使用。比如我们经常谈到的重视经济增长、忽视社会发展所造成的一条腿长、一条腿短的"跛行"问题。由于经济建设是中心,经济增长对其他领域的改善作用也更为明显,而物质满足后,其他领域的发展又明显对经济进一步增长产生制约作用。因此在一国发展的模型中,将经济、社会、伦理等角度综合起来进行评价是十分重要的。

以中国为例,1998 年之后政府对于经济转轨的绩效评价模式已经相应有所改变。这是因为,1998 年之前的中国经济转轨阶段中,虽然取得了经济高速增长、解决了温饱问题,也为此付出了相应的代价,积累了大量的未偿费用。这些未偿费用的累积引发了日益严重的结构性失衡,并伴随市场化进程的深化而加剧,最终形成了对经济运行的制约。这也构成了20世纪90年代中后期中国市场经济体制刚刚建立,经济就面临失速的体制原因。中国政府在1998年后推行的积极财政政策实质是试图补偿在这之前发生的部分费用,对其进行结算。积极财政政策实际上具有"积极偿债政策"的性质(见表6.4)。中国1998—2004年的转轨阶段,已经对于转轨前期的未偿费用进行了部分清算,但这之后的经济转轨历程仍需从绩效和最终费用的角度考虑。因此,政府进行政策安排时有以下原则是应该强调和坚持的:(1)加快完善市场制度,建立健全各项法律法规,从体制上使转轨过程中的费用能够与收益更好地对应起来,减少新的未偿费用的发生和向政府的转嫁。(2)有计划地摊销前期累积的未偿费用,防止其导致某些领域的矛盾激化、运行受阻,或者导致最终结算压力过大,转轨过程延长。(3)从战略上设计和矫正不合理的发展思路,防止坏的市场体制和发展模式固化,转轨的整体绩效递减。一旦已经建立的市场体制无法实现经济社会的协调发展,无法获得预期的效率,改革将不得不从头再来。(4)增强政府驾驭经济社会发展的能力,增强财政的调控能力,及时疏导运行中的障碍,及时校正改革与发展中的偏差。

表6.4　中国转轨前期递延的未偿费用分类及清偿方式

序号	未偿费用的性质	相应的财政支出安排
1	解除旧体制过程中的欠账	国债还本付息支出,社会保障体系的历史欠账,补充银行资本金,处置不良资产,国有企业的解困支出
2	建立新体制过程中的欠账	科技教育卫生等事业发展支出,与公平、福利相关的支出
3	应对因未偿费用导致的环境与社会矛盾	生态建设与环境治理成本,老工业基地的调整与改造支出,西部开发支出
4	应对因未偿费用导致的经济效率损失	建设国债,预算内基本建设支出、其他政府性投资
5	应对因未偿费用导致的各种突发事件	突发性公共事件与应急性的支出

　　分析至此,关于转轨过程的最终费用结算可以做进一步的概括:最终费用结算是"转轨—转型"经济在运行过程中发生的未偿费用,在转轨中后期或

转轨完成时需要最终结清,以形成对转轨过程绩效的正确评价。因此它是对传统绩效评价模型的完善,更有着政策指南的意义。从费用发生的原因看,有的是转轨引致的,如体制转换必然涉及解除旧的社会契约;有的是转型引致的,如粗放经济增长模式过程中对环境、生态的破坏;有的则是二者共同引致的,如改革次序和发展步骤可能会在打破平均主义的过程中导致"二元结构"的进一步恶化。这些方面的发生有一定的必然性,但驾驭和处理这些过程的方式决定着费用的大小。

从费用转移的原因来看,转轨过程中的费用转化为未偿费用、再转化为最终费用,其原因,一是打破传统体制过程中形成的欠账。旧体制社会契约的解除主要依靠旧体制遗留下来的资产来偿付。但是由于旧体制遗产处置不当,如重视程度不够、延迟支付以及过多向个人转移等原因,都会导致差额的出现,如果费用大于收益形成挂账,并向第二阶段转移;二是建立新体制过程中形成的欠账。新体制形成过程中的不完善运行会导致矛盾的增加和计划,另外市场机制会要求公共产品和公共服务的相应提供作保障。如果政府财政汲取能力不足,或者因为政府职能转换等原因限制了能力的发挥,新体制的要求得不到满足,既会影响体制的运行效率,也必然形成欠账的积累。这些未偿费用或者在今后的转轨过程中支付,或通过延长转轨过程支付,其对当期和最终绩效的影响是始终存在的。

关于最终费用结算的绩效评价模式可以总结如下:(1)转轨时期的绩效评价应建立在"转轨—转型"的认知基础上;(2)绩效评价模式的转变是由转轨过程的阶段性变化所决定的,基本方向是由单纯的GDP指标向更全面的经济指标转变,由单纯的经济增长向经济、社会、自然和谐发展转变。这也说明经过前期的经济转轨,经济体制和发展水平都已有了一定进步,有基础、有能力以人为本来考虑和设计经济社会全面发展战略;(3)最终费用结算是由于转轨过程中当期费用发生未偿行为而产生的,这些费用的性质和未偿的原因可以从多个角度来描述,但核心都与转轨的设计、政策安排以及政府能力有关。最终费用是对转轨绩效的备抵因素,无论转轨过程中的绩效评价指标如何,费用都会客观存在并向下期递延。但合理的评价体系有利于在过程中消化费用,减轻最终结算的压力。此外,未偿费用累积过大时,可能会在转轨过程中直接导致经济运行效率的降低或阻碍经济运行,使政府不得不以牺牲经济增长为代价对部分费用进行处置,或对绩效评价模式进行校正;(4)转轨过程中保持强大的财政能力是政府驾驭改革与发展的基本前提。由于转轨从瓦解传统的资源配置方式开始,对政府配置资源范围和能力的摧毁是每个转轨经济体初期的通行做法。这一过程往往会导致财政能力的急剧下降,使政府在驾驭经济的过程中常常有能力发现问题而无力加以解决。而在新体制形成过程中,由于种种原因,又往往不能尽快实现政府职能的转换,建立与市场体制欠账和新体制欠账的双重压力,隐形债务、或有债务的风险骤然加剧;(5)就中国的经济转轨进入中后期的案例而言,中国的转轨经济会进入一个利益纷争多元化、法制建设滞后突出、政策约束明显乏力的时期。强势地区、行业、群体中的某些集团的利益诉求,日益演化为促使 GDP 增长走向异化的力量。为了防止新增的外部负效应持续性转化为新增未偿费用,增加政府的结算压力,除了提出和倡导新的发展观之外,更需要从转变绩效评价模式出发,制定相关法规,进行逆向约束;(6)到转轨结束时,对于转轨过程的评价应该包括三个方面:一是是否建立了一个好的市场经济体制;二是是否确立了一种好的经济社会发展模式;三是是否为未来的经济社会发展奠定了一个好的现实基础。中国目前转轨的实践进展已经提示我们,将转轨作为一个完整过程来考察,将转轨的目标、绩效的评价、费用的结算、政策的选择联系起来,从全局、从转轨完成后的经济社会考虑,既是一个重要的方法论的转变,更是一项十分重要的现实任务。

第三篇

转轨的政府驾驭

第七章

经济转轨中的政府驾驭与机制创新

经济转轨的整体过程是一个主观与客观辩证统一的过程,其实质是主观在客观的约束条件下推动转轨进程。客观约束是任何一个经济转轨国家所面临的基础性制约,尽管制约每个经济转轨国家的客观约束不同。从经济过渡的历史看,始于 20 世纪后期的许多国家由传统计划经济体制向市场经济体制的转轨过程属于一种改革演进的过程或称作自觉选择的过程,即一种民众或政府主观推动的社会体制转变的过程,其与经济过渡的自然演进过程相对应。这种主观推动的经济过渡是一种在自觉研究制定的社会改革方案的基础上对有明确目标的过渡经济行为进行调节,但这种调节必须以经济过渡的自然演进过程所暗含的基本规律为前提和保障,这些基本规律也构成了主观行动的客观约束。因此主观意愿不能违背客观发展因素的作用以及总体演进的规律,而主观行动所能做的只是在尊重客观约束的基础上通过对实施手段和演变速度的选择对经济过渡过程施加相应的影响。

经济转轨是由体制转轨和发展转型两个子过程构成的一个复合过程,而经济转轨过程的客观特性表现出的这两个具体子过程也就最终成为了政策驾驭经济转轨这一主观过程的客观约束,即政策驾驭必须以合理解决体制转轨和发展转型两个转轨基本问题作为自己选择和行动的准则。就体制转轨而言是一种"逆向调整"的过程,目前处于经济转轨的前社会主义国家除了前苏联等少数国家外都是在工业化程度极低、产业发展落后以及商品化程度低的情况下建立起来的,这种人为跨越商品经济阶段直接进入计划经济体制的行为违背了经济史的一般发展规律,从而造成了经济发展阶段和经济体制的时空错位,并作为更深层次的原因导致了转轨经济形态的长期性。因此体制转轨便是一种经济体制"逆向调整"主动适应经济发展阶段的过程,即市场化的过程。而就经济转轨而言则是一种"顺向增长"的过程,表明经济的发展阶段不是静态地等待经济体制的"逆向调整"与之适应,而是在顺向发展中与经济体制一起寻求两者的相互契合,在完成经济体制转轨的同时实现经济的快速发展。而主观驾驭的实质就是主要通过政府驾驭政策,尽可能使带有"逆生"特征而出现在体制转轨过程中的市场化运行机制转化为"顺向增长"方式。其中,这种政策驾驭的具体表现形式就是由基础性制约而选择的转轨路径下的具体实践,我们将其概括为机制创新。

在该主观与客观辩证统一的过程中,政府在经济转轨过程中担当着驾驭转轨进程的重要角色以及面临着进行机制创新的多重政策抉择。因此,在经济转轨过程的客观约束下,政府作为机制创新的主体和驾驭者,必须以合理解决体制转轨和发展转型两个问题作为自己进行政策安排的准则。从经济转轨主观见之于客观的契合过程出发,它可以被看作是在路径、机制创新等因素的作用下从起始点螺旋上升到终点的过程。具体而言,政府在转轨起始点拟定经济转轨的目标,初步选择能够达到目标的路径安排;具体的机制创新启动转轨过程并为其注入活力,推动转轨进程向前发展;当达到经济转轨过程中的某个转折点时,通过运用合理的转轨评价方法来检验已有转轨进程的效率,随后,在此基础上做出关于转轨速度与次序的进一步决策,选择适当的公共政策以实现转轨收益的最大化,推动经济发展阶段的快速稳步前进,最终完成经济转轨由起点至终点的过程。基于以上经济转轨客观过程与主观过程的辩证关系,本章将从政府驾驭转轨进程的内在逻辑出发,系统地说明经济转轨中的机制创新需求及其在政府驾驭下的实际构建,通过将转轨经济体进行机制创新的一般性与中国转轨实践所面临的特殊性相结合,阐释政府在经济转轨过程中所担当的重要角色以及进行的主观抉择。

第一节 政府驾驭转轨进程的内在逻辑

一、转轨进程的主观特性

在中国的转轨从起点螺旋上升至终点这一过程中,除遵从转轨的客观特性外,还具有重要的主观特性,而政府驾驭转轨进程的内在逻辑就暗含在转轨过程的主观特性之中。从过程的观点,政府首先拟定经济转轨的目标,初步选择能够达到目标的路径安排,当达到某个转折点时,运用绩效评价体系和方法来检验已有转轨进程的效率与成果,再在此基础上做出关于转轨速度与次序的路径选择的进一步决策。其中,政策选择的依据是最大限度地维持转轨过程中的社会稳定、较低的转轨成本与转轨收益的最大化。各个环节都在转轨客观特征约束下如此推进,即整体的路径安排→具体的机制创新→绩效评价(转折点1)→整体的路径安排→具体的机制创新→绩效评价(转折点2)→整体的路径安排……,通过改革经济体制来契合现实的经济社会发展状态与要求,以推进经济发展阶段的快速稳步前进,最终完成转轨由起点至终点的过程。

(一)路径安排:"选择—契合"思想

所谓路径安排,即在既定的制度约束条件下选择如何进行转轨,如何在适当的时间、适当的地点推进某一改革,然后由具体的机制创新启动转轨过程并为其注入活力,推动转轨进程向前发展。根据中国转轨从起点在约束条件和启动机制的作用下最后达到终点这一过程的客观特性,中国式转轨可以被简要概括为在转轨目标明确的情况下,政府通过各种政策驾驭转轨,并激励民众积极参与转轨,从而使之顺利完成的一个过程。在该主观见之于客观的契合过程中,政府在路径上的主观安排充分地体现了"选择—契合"思想。

"选择—契合"思想是指,客观约束虽然在相当程度上能够影响和决定转轨所能选择的路径、速度和次序,以及可能获得的绩效,但转轨主体的主观选择仍能够在这些客观约束条件下,做出契合客观约束的最优路径选择和安排。转轨是基于现实经济的自觉选择过程,路径安排与经济成长阶段的程度决定着控制冲突的程度和对冲突的处置能力。由于促进转轨绩效和转轨目标的最终实现是评价路径选择的根本标准,因此任何偏离这一根本目标而选择的转轨路径都会造成经济发展的挫折与阵痛。

合理地安排转轨路径以实现经济增长,涉及到两个层次的战略问题:一是转轨路径安排的次序与发展战略的选择与搭配问题,即在转轨路径安排的次序中进行诸如产权制度、宪政体制的变革与价格机制、商业规则的建立谁先谁后的选择。这一层次的选择与搭配具有长期而不易更改的性质,可称为路径安排的静态选择。二是改革政策与经济增长政策的选择与搭配问题。转轨过程中,新旧体制摩擦将以不同强度出现在不同阶段,为了保证经济增长目标实现,必须及时采取有利于减少摩擦、避免损失的措施,由此突出了政策选择的必要性。灵活的政策搭配基于过程中的变化,调整各个领域的变革速度,可称为路径安排的动态选择。

(二)机制创新:公共政策的主观驾驭

中国经济转轨机制创新从总体来看,主要是计划与市场两种经济运行机制并存,努力在稳定性、自由化之间权衡。如价格双轨制、国有经济与非国有经济并存、按劳分配和按要素分配多种分配方式并存等。从体制外来看,对部分经济领域和空间领域进行市场化改革试点先行,先从传统体制比较薄弱的经济领域开始,例如,改革是从沿海地区逐渐向内陆扩散的,从农村向城市逐渐转移的。特许改革或者试点的成功案例能够对人们起到一种示范作用,说服人们、减少改革的阻力,相应地降低转轨成本,这也是符合行为学原理的。从体制内来看,一是实行增量改革①,例如,粮食的计划销售价格通过多次小幅度的调整,最后当其接近市场价格时再放开。同样,农村土地承包制是从农民到社区,从社区到地方,从地方到中央,逐级实现了合法化;二是补偿改革,国家通过弥补既得利益者在改革中的损失来降低改革成本。例如,在逐步提高对城市居民供应的农副产品的价格的同时,对城市居民进行相应的补贴;外汇额度交易在用计划权利与计划义务"对冲"之间逐渐消亡。

在该过程中,政府作为一个有限理性的机制创新的主要供给者,虽然受到认知理论的限制,即使充分考虑了特定部门特征、国际经验教训和主要起始条件以及制约后来行动出发点的历史路径,其对机制创新的供给仍然可能

① 但是,这个理论却难以解释前苏联的渐进改革(1985—1989)为什么失败,为什么当前俄罗斯也采取了增量主义的改革方式,形成了经济中国有部门与非国有部门并存的"两部门结构"却没有成功地实现经济的增长。参见张军."双轨制"经济学:中国的经济改革(1978—1992).上海人民出版社.1997。

存在不足和不完美,但对于处于落后经济发展状态的一个民族走出"恶性循环",政府对政策的驾驭始终是不可或缺的。

(三)绩效评价:最终费用结算

转轨的好坏要通过绩效来评判。由于转轨是一个相对长期的过程,短期内不能尽显其成本和收益,因此,需要不同于一般的绩效评价方法。中国学者的理论创新体现在两个方面:一是绩效评价方法创新,注重转轨过程中控制成本与扩大收益的研究。中国实践使传统的成本—收益分析由没有过程的时点概念转向针对转轨经济过程中累积效应的研究,从而证明至少在短期内适宜的路径选择与次序优化是存在的。二是绩效评价思路创新,注重转轨过程中改革与发展关系的研究。转轨节约的成本和扩大的收益并不仅仅来自于改革,同时还受到传统社会经济结构的约束。转轨过程中的利益冲突,都隐含着发展水平对转轨速度、路径的制约。例如转轨过程"非均衡经济"[①]的定义、"转型发展理论"[②]的提出,以及以体制转轨为约束条件对增长方式转型的研究[③],都体现了这方面的贡献。

可以认为,以民生为转轨的基本目的,以民意为转轨路径选择的基本导向,经济发展绩效和体制转型绩效双重考察标准应作为转轨绩效评价的核心,据此,我们提出了最终费用结算的转轨绩效评价模式。最终费用结算的核心概念是未偿费用,指转轨过程中的某些当期行为产生的费用并没有在当期偿付,而是由于政策安排或者政府能力等原因向下期递延,例如先增长后民生、先发展后环境治理等。当未偿费用累积过大时,可能会降低经济运行的效率或者阻碍转轨的继续前进,如果合理分摊未偿费用,可以减轻进一步转轨的压力。到转轨结束时,其绩效评价应该包括三个方面:是否建立了一个好的市场经济体制,是否确立了一种好的经济社会发展模式,以及是否为未来的经济社会发展奠定了一个好的现实基础。

中国最初对于转轨的评价标准不是拘泥于计划经济向市场经济的过渡,而是将发展和共同富裕作为根本目的,得出体制也需要转换的诉求则是由于发展的需要而提出的,实际上是选择了以发展绩效和民生作为评价转轨绩效

---

① 厉以宁.非均衡的中国经济.广东经济出版社.1998。

② 厉以宁.转型发展理论.同心出版社.1996。

③ 周振华.增长转型.上海人民出版社.1997。

的标准。改革开放初期,中国政府对于经济转轨的绩效评价模式偏重于经济增长,在 1998 年之后有所改变。这是因为,1998 年之前的中国经济转轨阶段中,虽然取得了经济高速增长、解决了温饱问题,但也为此付出了相应的代价,积累了大量的未偿费用。这些未偿费用的累积引发了日益严重的结构性失衡,并伴随市场化进程的深化而加剧,最终形成了对经济运行的制约:利益纷争多元化、法制建设滞后突出、政策约束明显乏力在当前已有所体现;强势地区、行业、群体中的某些集团的利益诉求,日益演化为促使 GDP 增长走向异化的力量。为了防止新增的外部负效应持续性转化为新增未偿费用,增加政府的结算压力,除了提出和倡导科学发展观之外,也需要从转变绩效评价模式出发,制定相关法规,进行逆向约束。中国政府在 1998 年后推行的积极财政政策实质是试图补偿在这之前发生的部分费用,对其进行结算。例如,通过国债还本付息支出、补充银行资本金、处置不良资产和国有企业的解困支出,以及科技、教育、卫生等事业发展支出以及与公平、福利相关的支出来解除新旧体制过渡过程中的欠账,通过建设国债、预算内基本建设支出、其他政府性投资应对因未偿费用导致的经济效率损失;通过突发性公共事件与应急性的支出应对因未偿费用导致的各种突发事件(如 2008 年的雪灾)。这些方面都体现了对未偿费用的清偿与结算。

二、公共政策的驾驭需要以政府为主体的机制创新

在体制转轨过程中,政府的主要职责是作为新制度的供给者,通过对体制转轨秩序的控制和调节,逐步制定和完善一系列符合市场经济的规则来组织市场,完成制度变迁。因此,研究如何平稳、持续、快速地推进转轨,应是这一时期最大的机制创新目标。由此延伸出来的对国情民意的判断、对体制转轨目标的确定、对改革步骤的安排、对各项政策的预见和把握、对矛盾与冲突控制和化解的能力、对相关政策之间的统筹和协调等,也自然成为政府供给和驾驭机制创新的主要内容。

(一)政府是机制创新的主要供给主体

在从计划经济体制向市场机制的经济转轨过程中,无论是从旧体制的边界突破还是进攻旧体制的核心,都会出现不同程度的新旧体制之间的摩擦,不同经济主体的政治、经济、文化价值观相互碰撞。在这种情况下,需要机制创新供给者能够在各种摩擦中保持对于转轨进程的有效控制,才能顺利推进经济转轨的进程。因而,在机制持续创新过程中,政府成为经济转轨活动的主体,政府智慧对于转轨活动的成败至关重要。机制创新是真正考验政府智慧的一项政府活动,它通过政府的具体政策措施及驾驭经济活动的能力来体现,通过政府这个经济转轨主体不断主观地将经济体制"逆向调整",以启动和维持经济发展"顺向转型",最终实现经济体制和经济发展在相互调整中契合的过程。经济转轨过程的多次机制创新活动主要是政府主导的,是因为政府具有作为机制创新供给主体的能力。具体来说,政府作为机制创新供给主体的能力包括:

1. 财政控制能力

经济转轨进程的开始需要有一个初始的推动力来启动,而启动转轨的资本从何而来呢? 这个推动力应由谁来提供是由转轨初期的客观条件所决定的。因为,任何通过现有体制内挖掘潜在资本启动转轨进程的改革措施都必然会产生既有权益结构的调整,即一部分权力或利益从这一群体转移到另一群体,或从某一产业部门转移到另一产业部门。在一国国民收入总额一定的情况下,新体制的驱动和驾驭,需要对经济中各个利益主体进行重新调整。加强基础设施建设、推行市场经济原则、培育市场经济发挥作用的竞争环境、弥合由于体制变动产生的损失,这些都是机制创新的运行成本和实施成本,而在经济转轨之初,除了政府具有一些控制全国财政以优先支付改革成本的能力之外,企业和家庭两大部门均不具备这种能力。中国经历了自改革开放以来三十多年的高积累,在优先发展重工业的战略指导下,国家实力虽获得了巨大的提高,但作为公众的广大人民却从中获益甚少,并且企业也是始终作为完成国家生产计划的一个车间单位,不具备独立的经济地位。从家庭部门看,从 1957 年至改革发动前的 1977 年,20 年间城镇居民人均可支配收入仅由 235 元增加到 316 元,年均增长不到 4 元;农村人均纯收入仅由 73 元增加到 133.6 元,年均增长不到 3 元。从企业部门看,它们的生产经营权掌握在计划部门手中,既无追逐利润的欲望,也没有面向市场需求组织生产经营的条件。可见,当时只有政府具备在转轨初期弥补既得利益的受损来启动转轨的能力。

随着转轨进入新体制的完善阶段,政府拥有的财政能力仍然是能够持续机制创新的基本前提。由于转轨从瓦解传统的资源配置方式开始,即对政府配置资源范围和能力的摧毁是每个转轨国家初期的通行做法。这一过程往往会导致财政能力的急剧下降,使政府在驾驭经济的过程中常常有能力发现问题而无力加以解决。而在新体制形成过程中,由于种种原因,又往往不能尽快解决转轨新阶段的责任下放等问题。那么,能够同时承受处理传统体制欠账和新体制欠账双重压力的经济主体就只有政府财政,政府可以通过政府职能的转换,建立与市场体制要求相配套的财政支持体系,有效地推进转轨。

2. 强制能力

经济转轨本质上是一种以强制性为主、诱致性为辅的经济体制变迁过程。转轨经济体在改革初期处于一种"时空错位"的经济发展状态,如果按照经济史的自然发展规律,转轨国家从与经济发展状态不相匹配的计划经济体制回归到与之相匹配的市场经济体制将需要花费长久的时间,这在世界经济逐渐一体化的时代,无疑会使得这些经济不发达国家的人民遭受极大的痛苦。本着提高一国综合国力的宗旨,必然需要转轨经济体的政府合法使用强制性手段包括命令和法律进行改革路径安排,创新经济运行机制,以求经济起飞。这里实际上暗含了政府有激励和能力去设计和强制推行由诱致性制度变迁过程所不能提供的、适当的制度安排的假定。

政府的合法性强制能力或者权力,可以决定强制性机制的数量、结构和实施的速度,也决定了由政府主导的机制创新比个人或集团进行的机制创新具有低成本高效益的特征。一方面,政府强制能力能够更直接地将各个资源的使用权集中到所确定的转轨目标轨道,当确定或要实现转轨过程中的某一目标时,通过计划、规则、行政、法律等方式在整个社会上来进行地区协调、产业均衡、人财力的调配,在组织成本、实施成本、监督成本上都比个人或集团因搭便车而产生的机制创新具有优势。另一方面,政府强制力是正式规则的制定和实施的有效保证,并且这种正式规则可以通过影响和培育非正式规则而使资源的配置实现统一的经济增长目标。当然,经济的良性运行说到底需要微观经济主体的积极配合,在政府强制推行改革命令和法律时,也要充分考虑民意取向。

以中国为例,其经济转轨过程的各个阶段和相关的政策文件完全契合。1978 年 12 月,十一届三中全会的胜利召开拉开了中国经济体制改革的序幕,开始了以计划经济为主、市场调节为辅的经济运行;1984 年 10 月中共中央十二届三中全会做出了改革重点转向城市的决定,标志着中国当时的经济运行体制特征是实施有计划的商品经济,1988 年 9 月 30 日召开的党的十三届三中全会,做出了治理经济过热、整顿经济秩序、控制物价上涨幅度的决策,这是充分考虑了当时由于价格改革引起的人们的恐慌心理和通货膨胀预期的民意取向,而进行的经济运行机制调整;以 1992 年初的邓小平南方谈话和当年 9 月份召开的十四大为标志,中国开始了社会主义市场经济体制的建立历程;2002 年的十六大的召开,意味着中国的经济转轨进入了社会主义市场经济体制的完善进程。

3. 文化导向能力

利益集团、民众对经济改革的认知将对经济转轨能否顺利前进产生重要影响。个人对某一事物的认知建立于遗传基因与后天环境的基础上,而后天环境对认知的影响取决于文化与个人的社会交往。按照马克思主义观点,文化包括思想道德、科学技术、价值观念、精神产品等各种文化知识和理念,它是人类文明进步的结晶,是推动社会前进的精神动力和智力支持。文化无疑是经济转轨进行顺利与否的一个重要因素。制度本身可以被看成迅捷变革制度(政治)和缓慢演进制度(文化)相互作用的产物①。是否认识和接受先进文化,是否拥有和创造先进文化,是否代表和引导先进文化的前进方向,决定着一个政党、国家和民族的素质、能力、精神风貌和兴衰。显而易见,利益集团和家庭对于社会的文化导向能力远不及政府。政府具有整合社会资源,从传统文化中找到向现代社会转变的连接点,重新构建"民族主体文化",促进社会中各个经济主体对于经济转轨的认同、认知的能力,能够更好地进行转轨,获得转轨收益,降低转轨成本,最终完成转轨。

(二)创新机制需要政府的主观驾驭

图 7.1 描述了政策的主观驾驭在经济体制"逆向调整"与经济发展"顺向增长"共生过程的位置和重要性。横轴代表的是经济体制自然演进的趋势,

---

① 罗兰将制度分为迅捷变革的制度与缓慢演进的制度。缓慢演进的制度的典型就是"文化",它包括价值观、信仰和社会规则等。而政治制度则是迅捷变革制度的代表,它不一定经常变化,但变化起来可能非常迅速——有时甚至在一夜之间发生。他认为,迅捷变革的制度与缓慢演进的制度之间的相互作用能够解释制度变迁的为什么发生,怎样发生及何时发生。参见热若尔·罗兰. 理解制度变迁:迅捷变革的制度与缓慢演进的制度. 南大商学评论. 2005(5)。

纵轴表示经济发展的水平,经济发展与经济体制的一般规律表现为向右上方倾斜的曲线,表明经济发展水平与经济体制不断相互契合共同实现各自的发展与演进。要想顺利地完成这项包含两个重要目标的经济社会领域的系统而巨大的工程,没有政府的政策驾驭是难以有效而顺畅地推进的。这种政策的驾驭就主要体现在对原有机制破除、创新体制来启动转轨进程并不断为转轨进程注入活力,通过市场化运行机制的逐步积累而最终推动转轨过程产生质的飞跃、新体制逐步取代旧体制的过程。因此在这一逐步渐进过程中也就必然蕴含着不断的机制创新和新体制自身持续更新的过程。每一轮的经济体制上的"逆向性"的机制创新能够在本质上为经济运行的"顺向性"发展创造空间。随着经济转轨进程的推进,上一轮的机制创新所依赖的各种经济要素逐渐改变时,该创新机制对经济发展的推动作用也将逐渐丧失,最终还可能成为下一阶段转轨进程的阻滞。因此,适时更新创新机制,使之不断地启动新的转轨阶段并推动经济增长尤为重要。毫无疑问,在新体制不确立、不健全或不能完备运行的阶段,即转轨过程中,这种创新机制的持续更新是需要政府不同程度的参与甚至主导来完成的,而政府不同的机制创新能力对推动转轨的进展有着不同的效果。

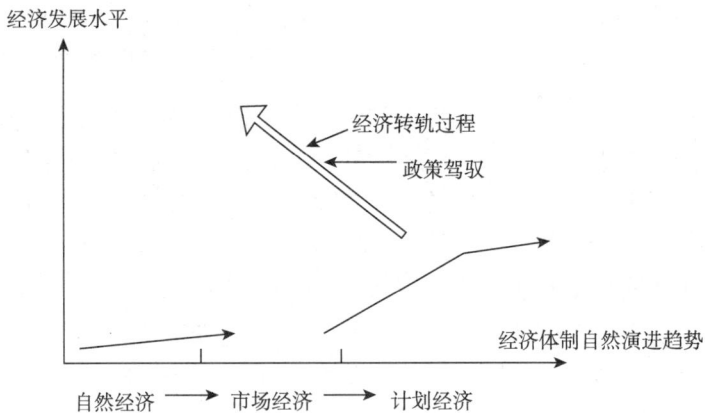

图7.1　经济转轨过程的体制"逆向调整"与发展"顺向转型"示意图

(三)政府自身职能转变也构成机制创新的一部分

从经济史的发展角度来看,政府与市场的适宜结合是一条经济持续稳定发展和繁荣昌盛之路①。政府和市场是资源配置的两种方式,关于"看得见的手"和"看不见的手"哪个起主要作用的争论从亚当·斯密时代就开始了,在经济实践不断地修正经济理论的过程中,政府职能在成熟市场经济中扮演的角色也随之相应变化。总的来讲,市场经济体制作为一种资源配置机制,是经济发展的工具和手段,手段与目的并非总是协调一致的,尤其是在当手段的作用与目标发生偏差甚至背离时,就需要政府对其进行调控。转轨经济运行不仅存在市场经济本身所固有并随其发展而发展的缺陷,也存在着大量转轨过程特有的市场失灵。这种转轨经济中的市场失灵可以从两个角度来观察:

1. 一般层次上的市场失灵

一般层次的"市场失灵"是指成熟市场经济体制下市场运行所存在的缺陷。从西方国家的实践来看包括两个层次:一个层次是以亚当·斯密为代表的古典主义的,主要是指涉及国家安全、公共秩序与法律、公共工程与设施以及公共服务等的"市场失灵";一个层次是 1929—1933 年大萧条后的凯恩斯主义的,主要是指涉及市场经济的外部性、垄断、分配不公、经济波动、信息不对称等的"市场失灵"。这些缺陷所导致的市场机制运行出现负效率、两极分化、盲目竞争与浪费、对环境的破坏等必然使得市场经济不能正常、有效运转。

2. 转轨经济特有的市场失灵

除了一般性的"市场失灵"外,不同的转轨国家还要考虑转轨进展、经济发展水平和市场发育水平相联系的特殊性的一面。转轨经济下的特有的市场失灵源于尚不完善的市场经济体制。主要包括:(1)市场本身应具有的资源配置功能不能有效发挥。这是由于受经济发展水平和市场成长阶段的限制,市场结构和市场功能还残缺不全,各种市场尤其是要素市场缺乏良好的组织,市场信息不灵敏、不准确,不能及时正确地反映产品、劳务和资源的真实成本。对于这种性质的缺陷总体上要通过市场本身的发展来消除,但在转轨过程中政府需要通过公共政策进行一定程度的弥补和替代、促进市场发育(如明晰产权、加强法制建设等)。这是必须兼顾好的市场—政府的动态关

---

① 盛洪.中国的过渡经济学.上海人民出版社.1994。

系。(2)政府应该退出尚未退出导致的市场缺陷。主要是指政府对市场干预过多或不适当干预所造成的市场扭曲，这是转轨经济特有的现象。在从计划体制向市场体制的转轨过程中，政府从传统职能的退出不是一次性完成的，而是一个渐进的过程。在政府退出与市场进入的过渡状态，传统的"政府缺陷"仍然发生作用，配置的冲突和扭曲会普遍存在，如行政性垄断、双轨制、按隶属关系划分的财政体制等。这些缺陷的消除将取决于改革进程。(3)转轨过程中由于改革战略的失误、试错、纠错而产生的市场失灵。如激进改革战略失误所造成的经济衰退、资源配置低效、大量非法经济行为、经济社会政治动荡等，这种失灵代价巨大，并且必然伴随一个重新强化政府和培育市场的过程。还有一类是由于有限理性或认知能力不足而在"边学边干"中试错的成本，以及对经济运行的影响。(4)在转轨本身的发生、发展上的失灵。市场不可能在计划体制下自发产生，不可能自发地设定转轨的路径，也不可能自发地推动转轨向前演进。政府必须始终对体制转轨秩序进行控制和调节。政府是新制度的供给者，通过逐步制定和完善一系列符合市场经济的规则来组织市场，完成制度变迁，软弱的政府不可能完成推进市场化进程的任务。(5)制度属性对市场的约束。市场调节作用的发挥必须在国家法律、法规和计划指导下进行，必须考虑特殊的政治制度。引导非公有制主体在追逐利润目标的同时兼顾社会福利目标，消除经济运行的盲目无政府状态和保证社会资源的配置效率，要通过利益机制和制度约束来实现。

　　无论哪种市场失灵都需要相应的政府的自身职能转变对之纠正，市场经济的发展要求决定了政府职能的边界，而且，新制度取代旧制度在经济社会中履行职能的过程，非常漫长，需要政府的不断参与和驾驭，那么，政府本身的职能转变就是对经济变革的一种机制创新供给。政府的最佳职能不仅仅是体现在经济方面，更重要的是体现在如何协调经济活动和政治目标的一致①。市场经济体的政府需要良好的管理制度来实现其职责。管理者的目的不能偏离这些体制，否则政府就很容易成为经济活动的傀儡，最终被一些人利用以谋求自己的利益，导致腐败大量生成。制约腐败问题的体制不会自动地实现和生成，它们需要通过创造和持续改革来对国家经济生活进行管理。

---

① 维托·坦齐.经济转轨与政府的角色转变.转轨通讯.2005(4)。

转轨经济中的政府自身职能转变的政策范围包括对冲突的控制(体制冲突、利益冲突)、对发展战略的控制、对经济的保护、对变革路径的选择、对受损者的补贴、对宏观经济稳定的维护等。总体上是在资源配置方式的替代过程中对制度进行设计、确立目标、安排步骤,由此对经济运行、社会稳定等方面的影响加以控制和管理。

就中国而言,政府在主导经济转轨的过程中,其本身一直在进行机制创新,一方面是更好地推动经济转轨、调控经济运行,不断提升根据体制演进和经济运行的变化进行创新的能力,另一方面是本身作为经济转轨的一个重要组成部分,适时进行改革,保持与整个体制的同步性和一定的运转效率。随着1978年以来的经济转轨向前推进,政府本身职能发生转变:从横向来看,由原来的单一的行政管理为主转向经济、法律、行政手段综合并举;由原来的直接管理为主转为间接管理为主;由原来的经营性管理转换为服务性管理;由原来搞项目审批、分钱、分物、分人,转向利用经济手段搞规划、协调、引导、监督、服务。从纵向来看,按精简、统一、效能的原则,改革现有的行政机构;把干部管理制度转变为公务员制度,为政府职能的转变和实施做好制度保证;按"革命化、年轻化、知识化、专业化"的标准,提高经济管理者的素质。进入完善社会主义市场经济体制转轨阶段,对于政府机制提出了新的创新要求:(1)从"机制创新供给者"转向"机制创新需求者",以"完善政府社会管理和公共服务职能","切实把政府经济管理职能转到主要为市场主体服务和创造良好发展环境上来"为目标[①]。(2)从"以培育市场经济体制"的机制创新目标转向"驾驭市场经济体制"的机制创新目标。进入经济转轨中后期,政府机制创新的主要任务是弥补成熟市场经济与生俱来的市场失灵,发挥"看得见的手"的作用,与"看不见的手"相得益彰。(3)从"强制性"机制创新手段转向"诱致性"机制创新手段。在过去的经济转轨过程中,政府主要采取了强制性的机制创新,通过颁布一系列的命令、法律、规则和政策文件等行政性方式推动转轨,大多是在正式制度领域展开的,也获得了一定的绩效,但当经济转轨深入到非正式制度领域,诸如统筹城乡发展、统筹区域发展、统筹经济社会发展、统筹人与自然和谐发展、统筹国内发展和对外开放"五个统筹"等执

---

① 《中共中央关于完善社会主义市场经济体制若干问题的决定》。

行弹性加大,同时又无法硬性规定的改革领域,则应更多地采取"诱致性"机制创新,引导民众的认知、价值观念、道德观念和意识形态。

第二节 机制创新在政府驾驭下的实际构建

一、机制创新构建的一般框架

机制创新并不是一个笼统的、泛泛的概念,而是需要涉及各项转轨领域及各个要素和产品市场的机制内部的实实在在的机制创新实践,并且通过对各领域与各市场的效率推进作用,最终实现转轨绩效的整体增进。可以讲,机制创新是整个转轨过程中具有行动意义的核心,如果说路径选择好比眼睛一样用来辨别转轨前进的方向,那么机制创新就好比双脚向着我们所选择的方向迈步前进。为清楚地展现政府的政策驾驭与机制创新能力对转轨进展的推动作用,我们可以将机制创新能力引入传统的生产函数①之中,使其成为影响最终产量的一个重要变量,以考察机制创新因素在经济转轨时期对经济绩效的影响。假设生产函数为:$Q = F(L, K, \cdots, T)$。其中 L 表示劳动,K 代表资本,T 代表技术水平,Q 代表在一定技术条件下,任何一组特定投入所能产生的最大产量。这是传统意义上的生产函数形式,产量只由劳动、资本、技术变量决定。现在我们将生产函数置于转轨经济运行的背景下考察,引入制度和机制创新因素,并将条件设定为要素投入和技术水准不变,具体考察机制与制度变量对最终生产函数的影响。则我们简化后可表示为:$Qt = F(Lt, Kt, \cdots, Tt, Pt)$,用来表示经济转轨时期的投入与产出之间的效率关系,即在一定制度和机制创新条件下,所有的劳动、资本和技术的任意组合所能产生的最大产出结果。其中,Lt、Kt、Tt 分别表示转轨过程中第 t 年所投入的劳动、资本和所具有的技术水准,而 Pt 则表示转轨过程中第 t 年的机制创新参数。由于我们假定了要素投入和技术水准不变,则 Qt 的变动就取决于 Pt,而这种变动并不是像要素投入组合变动一样使得产出在原有生产可能性曲线上移动,而

---

① 传统生产函数一般假设完全市场经济的制度背景,并且视为外生,因此并不将其作为影响经济结果的考察变量。而经济转轨时期,体制处于转变的不稳定时期,并且转轨主体可以在客观约束下驾驭转轨的进程,因而经济转轨时期的生产函数除了考察传统劳动、资本、技术变量外,更应重点考察制度和机制创新变量对经济结果的影响。

是由较低的生产可能性曲线向较高的生产可能性曲线移动,从而使经济绩效得到改善。

相应地,机制创新的构建,就是怎么样从效率较低的旧制度安排转变为效率较高的新制度安排。前苏联、东欧和中国具有相似的初始条件,"都曾经推行过赶超型的发展战略,并在此前提下形成了扭曲的产品和价格的宏观政策环境、高度集中的资源计划配置机制和毫无自主权、缺乏激励的微观经营机制"[1]。由于各国国情包括初始条件、部门特征、民俗等,千差万别,即使每个国家都持相同的制度改革原则,进行改革的实际计划在任何时候仍会不同,这也是对经济转轨的机制创新并不能给出详细实践性方案的一个原因。因此,这里重点描述合理而且必须的一般方法和要点。科尔奈[2]为十个东欧国家的卫生部门改革献计献策,给出了九项具有普遍意义的指导原则。具体包括:(1)个人自主权:要推进的改革必须增加个人在福利服务领域的决策范围,减少政府的决策范围。(2)一致性:帮助受苦的人、困境中的人和处于劣势的人。(3)竞争性:不应该存在国家所有、控制和一种垄断,应允许在不同的所有制形式和协调机制之间存在竞争。(4)有效激励:必须建立鼓励效率的所有制和控制形式。(5)政府的新角色:政府在福利部门的主要功能必须是提供法律框架、监管非国有机构,并最终提供最后的救助与保险。政府有责任保证每一公民享有获得基本教育和医疗保险的权利。(6)透明性:居民必须明确国家提供的福利服务与对此进行融资的税负之间的联系。改革必须通过公开的、公众知晓的讨论然后再行实施。政治家和政治党派必须宣布其福利部门政策是什么以及如何进行融资。(7)方案的时间要求:必须留出时间,让福利部门的新机构得到发展,让公众学会适应。(8)和谐增长:用于直接促进快速增长的投资资源与用于经营和发展福利部门的资源之间存在和谐的比例。(9)可持续融资:政府预算必须有能力为履行政府义务提供持续融资。

可以看出,科尔奈主要从公平性(一致性、竞争性)、激励性(个人自主权、有效激励)、环境培育(政府的新角色、透明性)、渐进性(方案的时间要求)以

①　林毅夫、蔡昉、李周.论中国经济改革的渐进式道路.经济研究.1993(9)。

②　雅诺什·科尔奈、翁笙和.转轨中的福利、选择和一致性:东欧国家卫生部门改革.中信出版社.2003。

及可持续性(和谐增长、可持续融资)五个方面对于福利部门的机制创新进行了原则约束。通过借鉴科尔奈对于福利部门改革的原则归纳,以及参考世界各国转轨经济体进行改革的经验和教训,一般而言,机制创新的主要功能是在现实与经济规律之间进行适宜的"纠偏"。例如,在稳定与速度之间纠偏;在短缺和过度投资之间纠偏;在计划与市场之间纠偏,并逐渐偏向市场;中央政府和地方政府之间的利益纠偏;民众和政府之间的利益纠偏。创新机制的实施效果与纠偏的适宜程度有很大的关系。

(一)"纠偏"的制约因素

1.初始起点的客观约束和主观意识形态对机制创新的绩效有一定影响

俄罗斯、东欧和中国在经济转轨之初虽然都处于传统计划经济体制下,但是,不只是总体经济计划的程度不同,各个具体领域或者机制创新应用部门的固有特征、初始条件都会对后来的行动形成制约。而且,不仅转轨经济的客观条件会对机制创新纠偏能力形成约束,原有的意识形态也从主观上形成刚性约束。人们对长期以来形成的关于经济社会的原有意识形态具有一定的依赖性,随着经济社会发展的不如意,新旧意识形态之间的缝隙在增长。强制推行新的经济体制,并改变原来的意识形态,虽然是为了经济和社会更好地发展,但也很可能伤害一部分人的既得利益。政府在创造新的经济体制时,就不得不考虑要在一定程度上维持旧的无效率的制度安排,对原有的意识形态在一定程度上进行妥协。另一方面,由于经济转轨对于人们来说是一种未知事物,从经济史和世界其他国家所可借鉴的经验也是有限的,社会科学知识不足、机制创新供给者的有限理性都增加了认识、了解经济转轨以及设计、建立机制所需信息的复杂性。例如20世纪50年代初期,许多不发达国家采用了苏联式的中央计划体制,实际上,由于社会科学知识储备的束缚,很难证明这种体制在当时是否能够发挥资源最优配置功效。但是处于当时所能选择机制的考虑,以及那个时代占统治地位的社会思想对全面的政府计划的诱发和塑造,这些国家还是选择了传统的计划经济体制,与当时流行的社会知识似乎并无多大的直接关系。

2.利益集团的制衡

创新机制必然涉及方方面面的利益关系的变化,而实施更新的机制的中央政府也需要地方政府和各种利益集团的支持,以按照中央的意图执行经济体制改革。地方政府本身也具有"经济人"的一些特征,也会对本身的行为进行成本—收益分析。例如,在中国 1978 年改革之前的行政性分权时代,许多措施得以实施都是建立在中央与地方之间的讨价还价和博弈基础上的。那么,中央政府制定和实施的机制创新就需要"纠偏"中央与地方之间的集权和分权关系,考虑到如何建立对地方政府的激励机制。如果创新机制没有考虑到制衡的额外利润被官僚自利的可能性,新的制度安排就会成为滋生腐败的温床。这一点,在俄罗斯表现得比较明显,在该国证券私有化过程中,民众拥有的国家资产所剩无几。在东欧,改革建议一般来自于委员会,其政策建议的最后决定以及付诸实施阶段都反映了委员会成员之间的观点和政治妥协。

3. 具体部门转轨政策对总体思路的适应性

转轨国家现阶段的市场机制还只是框架性的,由于体制背景问题,实践中的具体部门政策实施所依赖的体制环境、经济运行环境,以及其实施后所推动的体制环境、经济运行环境的改善,都具有自身的特殊性。具体部门政策的设计要想更有效率,必须首先适应这些特殊性。

经济转轨从根本上讲是针对传统体制的无效率经济运行进行市场化路径的重新安排,以调整各种经济系统的结果和要求。这种变化是全方位的,包括路径安排与经济的关系以及创新机制作用于经济的方式。现有的具体部门转轨政策的安排,需要重新审视转轨政策运行的环境,把体制性问题纳入考虑体系,否则,按照成熟市场经济体制下的规则去制定实施往往会显得力不从心。即在具体部门改革的取向问题上,充分考虑如何形成有助于推动旧体制向新体制转轨的运行机制,以把转轨经济的体制性约束转化为体制性激励。

4. 纠偏标准的模糊

创新机制设计的最终目标应该定位为相对福利还是绝对福利是一个值得争论的问题。"帕累托改进"是一个适宜的标准,但是,从心理学角度考虑,人们希冀自己与自己所处人群的其他人之间福利的相对差距达到最大。假如某种制度安排给自己带来的害处(如个人收入的减少)小于给其他人造成的损失,那么这种制度安排也极有可能出现。然而,一旦人们意识到中性制度变迁已经无法继续扩大和缩小业已存在的差距,新制度安排的创新机能也就失去了效力。

（二）"纠偏"工具

政府作为一个有限理性的机制创新的主要供给者,受到认知理论的限制,即使充分考虑了特定部门特征、国际经验教训、主要起始条件以及制约后来行动出发点的历史路径,供给的机制创新仍然可能存在不足和不完美,但对于处于落后经济发展状态的一个民族走出"恶性循环",政府对政策的驾驭始终是不可或缺的。"没有一个国家不是在明知政府的积极刺激下取得经济进步的,……另一方面,经济生活中也存在这么多由政府弄出来的祸害,以致很容易就在政府参与经济生活一事写上满满的一页。"[1]这实际上说明政府驾驭也是一柄"双刃剑"。提高政府的驾驭能力,合理确定政府在实行创新机制过程中所采取的步骤和具体措施,是机制创新进行适宜"纠偏"的重要工具。所谓的明智政府可能是"在于政府如何引导个人激励",在任何情况下,人们总是在寻找使他自己获得好处的机会。然而,为了一个经济的发展,有必要冒超越一般情况下的风险去建立一种鼓励个人生动活泼地寻求并创造新的可获得的生产收入流的系统,和一种允许用时间、努力和金钱进行投资并让个人收获他应得好处的系统[2]。

在体制转轨过程中,政府的主要职责是作为新制度的供给者,通过对体制转轨秩序的控制和调节,逐步制定和完善一系列符合市场经济的规则来组织市场,完成制度变迁。对于我国而言,随着市场经济体制基本框架的建立,转轨进入中后期,政府政策的关注点将逐步转向如何创新和驾驭机制以完善新经济体制。

二、启动转轨所需的政府驾驭与机制创新

原社会主义国家经济在转轨前期已深深陷入短缺、停滞状态,在计划经济体制下,需求与供给脱节,经济结构严重失衡,经济运行乏力,增长缓慢。已然决定选择转轨的国家,需要寻找到合适的转轨突破点,并以适当的创新机制来推动转轨进程的启动,这是所有转轨国家面临的首要问题。转轨突破点和初始创新机制的选择需要有相当的准确性和可操作性,若机制创新过大、过快则可能导致旧经济体制的迅速崩溃,而新体制一时又难以建立,从而

---

[1] Lewis W. Arthur. The Theory of Economic Growth. London：George Allen & Urwin. 1955. p. 376.

[2] Lodge George C.. The New American Ideology, New York：New York University Press. 1986.

使得经济运行出现断层,导致经济衰退和社会动荡;相反,若机制创新所触及旧体制运行的根基过小或未能为新体制提供足够的生存空间,则会由于起不到打破旧体制,建立新体制的目的,从而难以有效启动转轨。当然,对于创新机制和转轨突破点的选择也反映了各国政府对于转轨路径的选择和理解,最终启动转轨进程的机制创新要在已经做出的路径选择下进行。从经济体制的"逆向调整"带来发展水平的"顺向增长"角度看,中国政府在转轨初期所选择的机制创新——"计划放权、财政让利"和在计划外发展市场经济的"双轨制",与俄罗斯的转轨初期所选择的彻底打破旧体制、迅速私有化和市场化,是两种完全不同的启动转轨的机制创新。

中国在转轨进程初期的机制创新经验充分验证了启动经济转轨需要机制创新。中国在转轨初期面临着许多原社会主义国家相同的资本稀缺和短缺经济的困扰,抛开政治体制的差异,单从经济运行的表象来看,一方面人民自愿提供的储蓄能力极为有限,导致了资本形成不足和投资过低,从而无法实现基本的生产效率,导致了产出和收入的进一步低下;另一方面也是由于人民较为贫困,消费和购买能力低下导致了投资需求不足,并进一步导致产出和收入低下。

这种现象正是美国经济学家、发展经济学早期代表人物纳克斯在分析发展中国家经济发展缓慢以及长期难以摆脱困境的原因时,所提出的"贫困的恶性循环论"和"资本决定论"[①]。通过两个循环的图形可以更为清楚地展示这一理论(见图7.2)。左边表示的是由于低收入而导致的储蓄能力过小,以致资金匮乏而导致生产效率低下,最终进一步出现低收入的资本供给不足的恶性循环。右边表示的是由于低收入导致了公众消费和购买能力有限,以致投资引诱不足,从而又造成了投资量过小和生产效率低下的问题,最终又进一步导致了低收入的需求不足的恶性循环。而两个循环则相交于一个交汇点——低收入。在此,低收入既是供给、消费不足的原因,又是供给、消费不足的结果。

对于这一问题如何解决,纳克斯主要从如何解决发展中国家资本缺乏的角度提出,摆脱两个恶性循环的关键是注入资本,具体途径一是依靠外援;二

① 纳克斯. 不发达国家的资本形成. 商务印书馆. 1986。

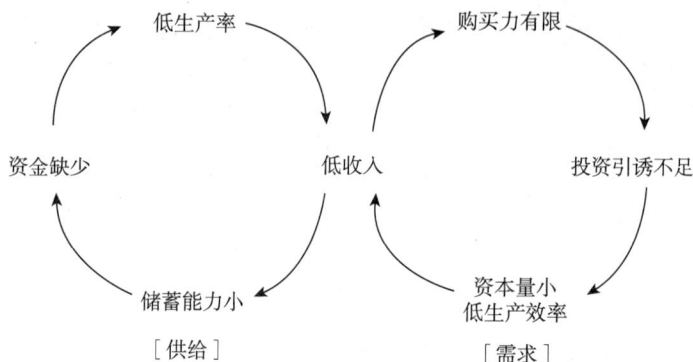

图 7.2　纳克斯贫困的恶性循环示意图

是强迫储蓄。纳克斯提出的贫困恶性循环的解决办法是关注于解决资本短缺,从而再次强调了资本的决定作用。纳克斯提出的解决方法可以称之为"反贫困恶性循环的资本注入解救论"。可以看出资本的注入解决了贫困恶性循环的症结,能够在一个特定的时期为经济增长带来活力,克服供给和需求不足的双重恶性循环。并且,在特定时期,资本注入的方法可能也是唯一的选择,除此之外别无他法。但是,纳克斯的资本注入解决方法是暗含一个假设前提的,那就是市场机制的存在,即在发展中的市场经济国家有可能通过依靠外援或强迫储蓄的方法来达到启动自愿储蓄和提高消费能力,最终促进经济进入良性循环和持续增长。但在计划经济体制国家,这种外在的资本注入或持续的强迫储蓄并不能将经济带入良性循环。以中国为例,改革开放前的中国经济所走过的历程正是按照"反贫困恶性循环的资本注入解救"的方法来发展我们的经济的。在外部依靠苏联的援助,内部实行高度集中的计划经济体制下的高积累,即纳克斯所阐述的"强迫储蓄"的资本注入意义。但结果却是经济实力从国家的方面大大加强了,但却由于计划体制的弊端出现了严重的短缺经济,公众的境况改变不大,生产效率低下,资本匮乏与消费不足仍然严重存在。因此,纳克斯的通过资本注入的方法没能解决中国经济的恶性循环问题。参见图 7.3,我国人均 GDP 增长率在正向增长和负向增长之间不规则波动,可见改革开放之前的中国经济增长的不健康状态。

　　究其原因,一方面外援的资本注入不可能是长期的,也不可靠;另一方面由于计划经济体制下的赶超战略使得经济片面和失衡发展,短缺经济盛行使得强迫储蓄带来的经济收益没能分给广大的公众,自发储蓄和提升消费力依

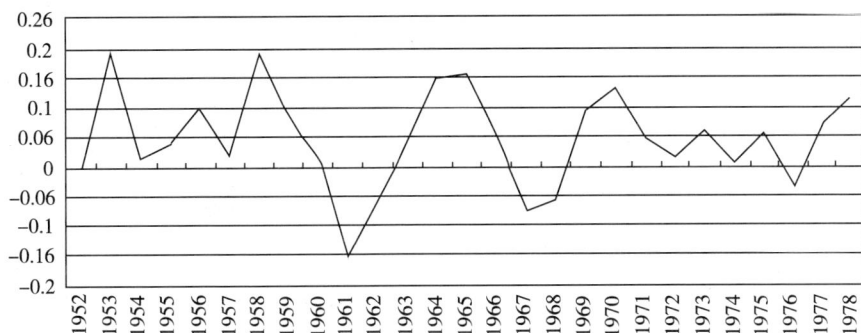

图 7.3　中国人均 GDP 增长率(1953—1978)

然难以启动。可见,资本注入只能是经济发展的外在推动力,虽然能在一定时期有效地推动经济的迅速发展,但它毕竟是外在动力,由于没能触及建立"自愿储蓄"这一"反贫困恶性循环的资本注入解救"的核心,因而不能为经济带来长期增长的内在动力机制。

突破经济的供给与需求不足的恶性循环,最为核心的方法是建立起"自愿储蓄"的资本动员机制,为经济进入良性运行提供一个内在的、持续的动力,而不是通过强化"强迫储蓄"这一外力来推动经济发展。通过外援或强迫储蓄的方式来使经济进入良性发展的道路,不如让经济运行机制本身产生供给和需求两旺的增长发展的持续动力。所以,从根本上打破纳克斯贫困恶性循环的关键不是资本的注入,而是提高居民和企业的收入水平来启动自愿储蓄和提升居民消费能力。但是,转轨国家在转轨初期不仅仅面临资本短缺所带来的经济恶性循环的问题,同时还面临着一个重要的体制问题,即市场机制的缺失。

在计划体制下,企业的生产经营权掌握在计划部门手中,运营面临预算的"软约束",没有追逐利润的欲望,不能也无法对市场信号做出积极的响应。因此除了物质上的资本短缺以外,转轨国家还面临着特殊的体制性资本短缺。物质上的资本短缺可以通过外援或高积累的方式加以解决,但体制上的资本短缺只能通过机制创新和改革来加以解决。在传统体制经历数十年的高积累率后,转轨初期资本所反映的技术水准已处于一定的发展层次。利用剪刀差和降低消费率,以超常速度优先发展重工业的发展战略,给原社会主义国家造成了一系列的结构失衡,但在此畸形的推进过程中,工业化也确实加快了步伐,在一些方面奠定了相当的物质基础。因此,此时的资本短缺更

多的是反映在体制层面上,经济的停滞和短缺盛行也主要是由于体制性的稀
缺所造成的。

鉴于此,为了寻找启动转轨的突破口,转轨国家必须利用机制上的创新
来缓和资本稀缺,通过改革造成体制性资本稀缺的旧体制,在体制内挖掘潜
在资本注入经济运行肌体之中,并保证无论旧体制是否被打破,新的市场经
济体制必须能够逐渐发展、确立,从而启动体制"逆向调整"和经济发展"顺向
增长"的转轨进程。这就必然要求政府既要寻找体制内的潜在资本,即还没
有被挖掘到的资本,同时又要为潜在资本转换成新资本并在经济体制中能够
顺利运行而为新的市场经济体制提供生存、发展的空间。

中国政府所选择的以"计划放权、财政让利"和在计划外发展市场经济的
"双轨制"作为启动转轨进程机制创新的突破口,正是通过机制创新来缓和物
质资本稀缺的道路。政府提前垫支了转轨的成本,使得企业和家庭在这场变
革中都获得了收益,因而转轨所遇到的阻力被减少到了最小。这样通过体制
上的"逆向调整",松动计划体制对经济的束缚,同时让利于民、让利于企业,
有效地解决了资本稀缺的经济恶性循环,带来了经济发展的"顺向增长"。从
图7.4 中,我们可以更为清楚地看出中国在转轨初期是如何通过机制创新来
解救中国经济的贫困恶性循环,同时成功启动体制"逆向调整"和经济发展
"顺向增长"的转轨进程的。

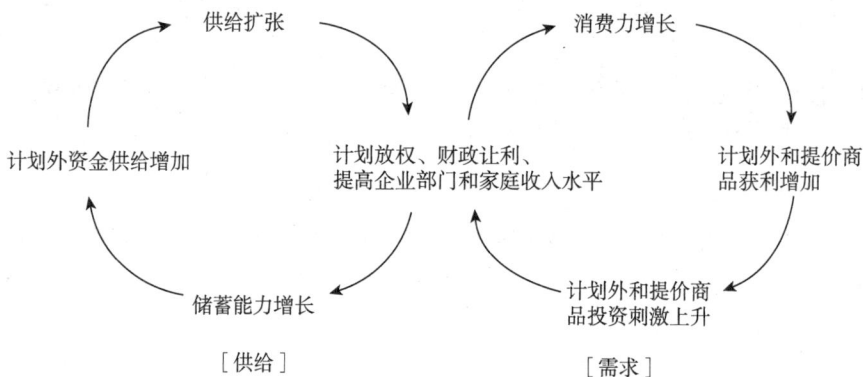

图7.4   反贫困循环创新机制的图形描述

图7.4 是根据中国改革开放初始阶段的经济运行情况所归纳的循环模
型。左边的圆环为供给转旺的循环圈,右边的圆环为需求转旺的循环圈,共

同交汇于"计划放权、财政让利、提高家庭部门收入水平"这个发动点。由这个发动点出发,向左的供给循环,首先引致储蓄力增长;向右的需求循环,首先引致消费力增长。与交汇点的改变相配套,向左的供给循环圈里,同时实行了投资体制的改革;向右的循环圈里,则同时实行了投资品和消费品的价格改革。这两项改革对两个循环产生的直接效果是,前者提高了资本积累的效率,后者刺激了投资增长。由此产生了供给与需求双双转旺的第一次回归效应。随之,第二次从交汇点的发动,对于供给循环和需求循环的推动力,显然会高于第一次发动的推动力。如此循环往复,就形成了起始点和回归点都不断垫高的螺旋上升过程。从图7.5中可以看到,1981—1988年的中国固定资产投资总额和社会商品零售总额呈稳步上升状态。

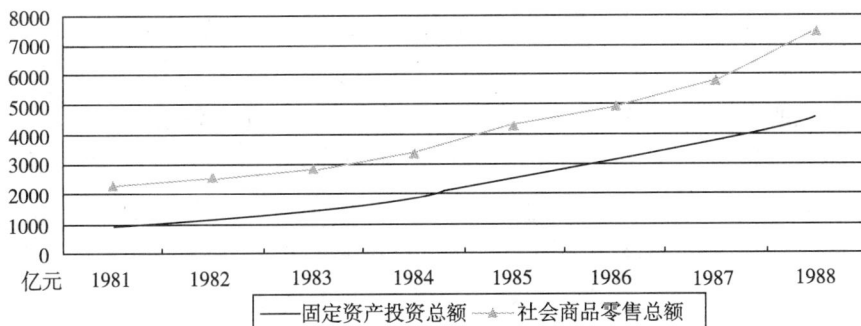

图7.5 1981—1988年中国投资和消费

值得指出的是,"计划放权、财政让利"和在计划外发展市场经济的"双轨制"虽然能够有效地解决纳克斯贫困恶性循环,成功启动转轨进程。但却是难以长久维系这种由政府让利、补贴推动经济发展的模式,更难以最终实现经济转轨的顺利完成。随着经济的发展、补贴额度不断增加,而政府财力却又增长缓慢,必然要求机制创新的适时更新。

三、持续转轨所需的政府驾驭与机制创新

特定的机制创新所能产生的推进转轨进展和促进经济发展的效能要依赖于当时的经济要素和经济条件。在初期启动转轨时,由于体制内尚有许多潜在的利益可供挖掘,机制创新可以暂时不必考虑经济转轨中损害某些利益集团的转轨措施,而使得最初的转轨进程成为一种各方都受益的"帕累托"式

转轨。但是,随着经济转轨的深入,经济环境和体制条件的不断变化,改革越来越渗入旧体制的内核,原有的以新体制在边界上发展修补和渗入旧体制的改革已逐渐转变成了新旧体制激烈的二元摩擦,原有机制创新对转轨推进和经济发展所能产生的正面效力会逐渐减少,最终由于自身运营成本过高而成为机制运行的障碍,后续的机制创新所要面临的战略层面和现实层面的问题会更加艰巨和困难。那么,作为由计划体制向市场体制转轨的过程而言,必须坚持"与时俱进"的机制创新与处于过渡状态、不断变革的转轨经济体制相适应才能将这一过程不断持续下去。

　　例如,"放权让利"机制的成功在于中国改革开放的初始阶段,有两个特殊的条件被政府成功地加以利用。一是卖方市场供给的严重短缺,许多基本消费品都还处于凭票限量供应的短缺状态;二是卖方市场的严重设备闲置,计划体制将需求与供给人为割裂,造成了大量资产设备的闲置。而改革开放初始阶段的居民消费,集中在食品和日用品领域,因此,财政退让、分利于民所扩张的有效需求和储蓄,使闲置的生产能力在短期内被迅速动员起来,巨大的市场容量使简单的高投入就能产生规模效益、产生高增长。但是随着总量的迅速膨胀,靠市场容量扩张的增长逐渐放缓,而市场化结构性不均衡的内在矛盾越来越突出,企业机制转换迟缓,对需求变动反应不及时,特别是这些年来收入分配方面两极分化的加大,客观上由收入断层—消费断层而最终导致了需求上的断层,也使得储蓄大幅增加和投资动力不足同时出现,原有的储蓄—投资转化机制出现障碍,并制约了经济增长。

　　另外,最初的通过"放权让利"政策来启动并维持经济增长的体制难以维持的另一个重要原因是,连续十多年的放权让利,政府花钱买稳定、促改革的成本支付,已使得财政攻关调控能力持续削弱,既无力进一步支撑既有机制的运行,同时财政宏观调控能力弱化带来的负面效应也在不断积累之中,财政赤字在1978—1993年间表现出不断扩大的趋势(见图7.6)。自1978年以来,中国财政支出增长速度平均保持了较高的增长速度,财政收支差额也由最初1978年的10.17亿元变为1995年的—581.52亿元,同时用于维系价格双轨制的价格补贴支出也由1978年的11.14亿元上升为了1995年的364.89亿元。

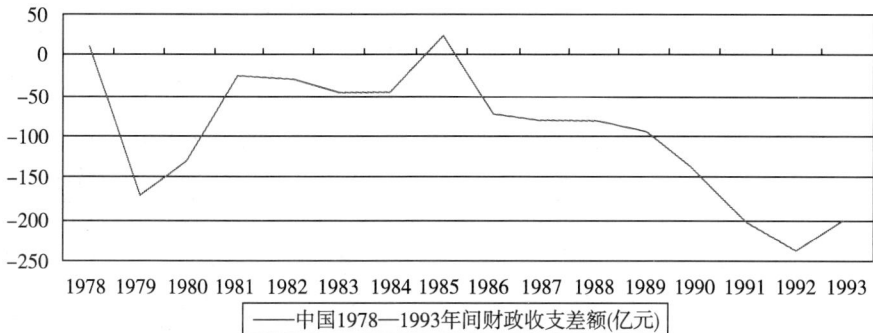

图 7.6　中国 1978—1993 年间财政收支差额(亿元)①

"放权让利"机制在转轨中后期遇到的困境同时也在经济体系引发了问题。一是国有企业运行乏力,处境日益艰难。"放权让利"政策对国有企业发展的推动力逐渐变得十分有限,在没有制度性变革的条件下,仅靠外部资本注入已不能激发其活力,更不能从根本上解决其低效率问题。例如,国有企业产权难以明晰,与职工签订的终身契约难以解除等。这些都严重制约了国有企业效率的提高,致使亏损企业逐年增多(见表7.1)。

表7.1　国有独立核算工业企业在改革中的效益变动情况

年份	亏损企业亏损总额(亿元)(A)	盈利企业盈利总额(亿元)(B)	净利润(亿元)(B－A)	亏损率(B/A)
1978	42.06	550.86	508.8	0.0764
1979	36.38	599.18	562.8	0.0607
1980	34.3	619.7	585.4	0.0553
1981	45.96	625.66	579.7	0.0735
1982	47.57	645.29	597.72	0.0737
1983	32.11	673.01	640.9	0.0477
1984	26.61	732.81	706.2	0.0363
1985	32.44	770.64	738.2	0.0421
1986	54.49	744.39	689.9	0.0732
1987	61.04	848.04	787	0.072

① 本图数据包括国外债务部分。

1988	81.92	973.82	891.9	0.0841
1989	180.19	923.2	743.01	0.1952
1990	348.76	736.87	388.11	0.4733
1991	367	769.17	402.17	0.4771
1992	369.27	904.37	535.1	0.4083

资料来源:《中国统计年鉴》(1996)。

　　二是贫富差距不断拉大,社会不稳定因素增多。由于转轨初期中国采取了不平衡的发展战略,致使增量改革所带来的收益不能较为平均地分配到不同的利益群体手中,某些行业、阶层和地域的人获得了改革所带来的大部分收益,而另一部分人则在改革中受益甚少。从而造成了收入断层,以及贫富差距的不断拉大,再加上体制性的改革所造成的消费约束,对经济的进一步快速发展带来了瓶颈和阻滞。见表 7.2,城乡人均收入比值和农村内部基尼系数呈逐渐扩大趋势。根据世界银行的测算,中国全国居民基尼系数从 1980 年的 0.33 扩大到 1988 年的 0.38。

表 7.2　中国主要年份城乡居民人均收入及其差距

	农村居民人均收入	城镇居民人均收入	城乡人均收入比值	农村居民基尼系数	城镇居民基尼系数
1990	686.3	1510.2	2.2005	0.3099	0.226
1991	708.6	1700.6	2.3999	0.3072	0.214
1992	784	2026.6	2.5849	0.3134	0.234
1993	921.6	2577.4	2.7967	0.3292	0.257
1994	1221	3496.2	2.8634	0.321	0.273
1995	1577.7	4283	2.7147	0.3415	0.265
1996	1926.1	4838.9	2.5123	0.3229	0.264
1997	2090.1	5160.3	2.4689	0.3285	0.282
1998	2162	5425.1	2.5093	0.3369	0.291
1999	2220.3	5854	2.6366	0.3361	0.301
2000	2253.4	6280	2.7869	0.3536	0.314
2001	2366.4	6859.6	2.8987	0.3603	0.328

| 2002 | 2475.6 | 7702.8 | 3.1115 | 0.3646 | 0.226 |

资料来源:《中国统计年鉴》(2003);城镇居民基尼系数来源于黄继东.从基尼系数看我国居民收入的差距.西南民族大学学报(人文社科版).2003(10);《中国农业年鉴2004》。

在供给方面,由于收入断层、贫富差距拉大,而且由于医疗、教育和住房等原有福利制度的改革,政府逐渐解除了与职工的这种终身契约,居民因对预期消费的过度担忧而导致了储蓄的过度增加,银行闲置资金大量出现,造成了金融风险的加大,并且造成了产品市场的相对过剩,导致企业和农业效益降低,低收入者的收入增长更加受到限制,造成了贫富差距进一步拉大。在需求方面,由于收入断层、贫富差距拉大和体制性的消费约束,造成了消费力严重不足,高收入者和低收入者之间出现了较大跨度的消费断层,如城市家电市场基本饱和的情况下,农村家电市场却相对来说难以启动(见表7.3)。

表7.3　中国主要年份居民家庭平均每百户年底耐用消费品拥有量统计

	每百户彩色电视机拥有量(部/百户)		每百户家用电脑拥有量(部/百户)		居民家庭文教娱乐支出比重(%)	
	城镇	农村	城镇	农村	城镇	农村
1989	51.5	3.6	–	–	11.1	5.7
1997	100.5	27.3	2.6	–	10.7	9.2
2002	126.4	60.5	20.6	1.1	15	11.5
2006	137.4	89.4	47.0	2.7	13.8	10.8
2010	137.4	111.8	71.2	10.4	12.1	8.4

资料来源:《中国统计年鉴》。

在此种条件下,民间投资严重不足,通货紧缩盛行,失业、半失业人员大幅增多,最终又回到了贫富差距和消费的体制性约束上,见图7.7。这一阶段经济发展顺向增长乏力是由于体制"逆向调整"的速度和方式所致。过渡时期的体制"逆向调整"开始触及社会利益结构,而不仅仅是对增量收益如何分配的问题。体制转轨逐渐涉及和深入旧体制的内核,而这也正是经济转轨活动所必须完成的一项艰巨任务,经济发展暂时的失速和各群体利益结构的激烈碰撞是转轨活动所必须承担的转轨成本。

供给相对过剩

消费断层
商品积压

大量资金闲置
金融风险加大

收入断层、贫富差距拉大
消费增长的体制性约束

民间投资不足

储蓄力过度增长

通货紧缩
失业加剧

［供给］　　　　　　　　　　　　［需求］

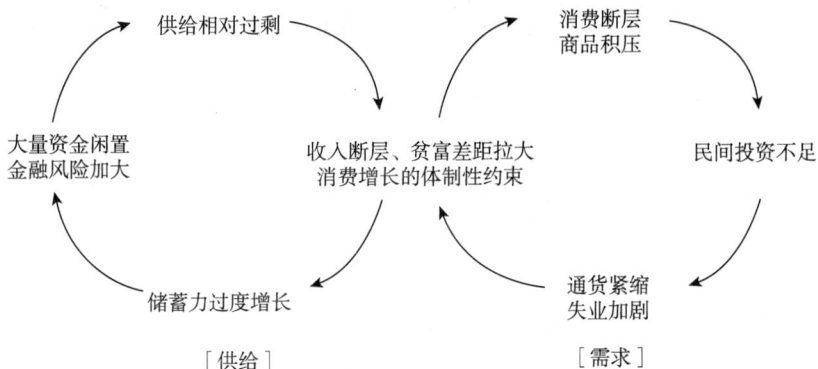

图7.7　20世纪90年代中后期经济运行乏力的循环示意图

上述问题自1992年以来逐渐在经济运行中显现出来,并逐渐成为经济进一步增长的束缚,对经济的持续稳定发展带来了极大的威胁,因此,必须适时更新机制创新以持续转轨进程。随后,我们仍借用纳克斯贫困循环图的分析范式来再次阐释机制创新如何持续经济转轨。鉴于此,解决由于经济的二元结构和体制性消费约束而带来的经济发展受阻的问题,可以从以下几个方面来更新机制创新(见图7.8)。

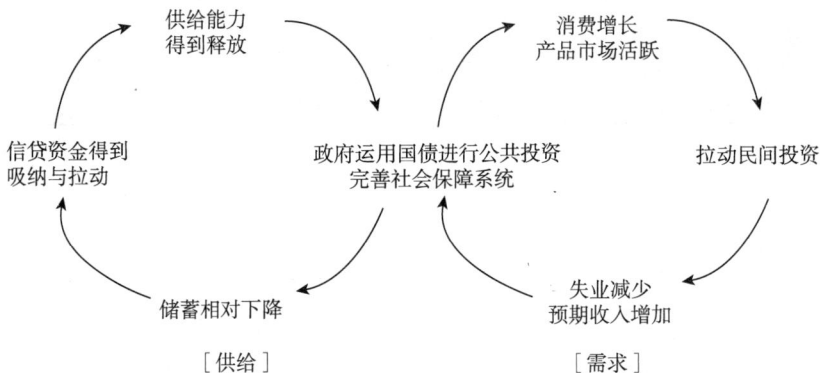

供给能力
得到释放

消费增长
产品市场活跃

信贷资金得到
吸纳与拉动

政府运用国债进行公共投资
完善社会保障系统

拉动民间投资

储蓄相对下降

失业减少
预期收入增加

［供给］　　　　　　　　　　　　［需求］

图7.8　更新机制创新持续经济转轨进程示意图

首先,正视由于渐进转轨的非均衡发展战略所带来的经济结构性失衡问题。由于城乡二元结构和贫富差距所形成的转型二元结构并存,致使中国经济发展结构性失衡问题严重,由收入断层引致了消费断层,最终成为了经济持续发展的巨大障碍。因此,着手从体制上解决贫富差距不断拉大的问题是至关重要的。完善政府在二次分配中促进公平的职能,建立高效、有序的公共财政体系也是保证经济顺利发展和社会环境稳定的必然选择。

其次,解决体制性消费约束问题,压抑消费的一方面是受到预期收入不明朗的影响,另一方面是由于医疗、住房、教育和养老等福利制度的改革所致。尤其是医疗、住房和教育像三座大山一样严重压抑了居民的现期消费,从而造成了储蓄额的大幅上升。由于消费受到抑制,致使民间投资又难以有效启动,而储蓄额又不断升高,因此就出现了储蓄—投资转化机制的障碍。因此有效解决和完善社会保障体系对于转轨进程的顺利完成是最为根本的保证,其既是体制"逆向调整"的必要过程,也是促进经济发展"顺向推进"的必要手段。但建立完善的社会保障体系是一个复杂而系统的工程,不可能在短期内完成,因此解决体制性消费约束问题是有效解决经济运行失速的根本的、长期的解决路径。但改善体制性障碍的长期性与经济发展所面临的紧迫性就形成了一对尖锐的矛盾。面对现实的经济问题必须要有一个解决经济失衡问题的短期的解决办法——政府公共投资吸纳剩余储蓄启动经济循环。

再次,充分发挥政府的经济职能,通过政府的公共资金运作打通储蓄—投资转化机制的障碍。20世纪90年代中后期民间消费不足,导致私人投资引诱不足,致使储蓄额过高而民间投资难以启动,造成了经济循环不畅。虽然这一问题的根本原因是由于体制性约束造成的,但从根本上解决体制问题不是一朝一夕所能完成的。因此,在体制性约束短期内难以有效解决的情况下,又要防止经济的突然失速产生社会动荡,此时政府必须运用其经济职能,积极通过国债形式吸纳滞留的信贷资金,通过公共投资的形式将过剩的储蓄力转化为有效投资,从而启动经济的良性循环。但通过公共投资来推动经济发展的方法终究难以有效解决体制上的问题,一是公共投资的效率问题。依赖政府强制推动或政府导向的投资机制有时不能保证资金的有效使用,从而导致资金使用效率低下。例如,政府对公共工程的投资欠缺公开、公正、公平的方式,造成了巨大的经济损失,也滋生了严重的腐败,间接导致了公共工程质量不高,浪费惊人,在一定程度上给公共工程招投标体制的效果和公共产品的生产效率打上一个折扣。二是由于政府职能也正处于转轨进程中,由政府导向的资源配置机制可能在某些领域排斥了市场的作用,信息在传递过程由于时滞及其他的利益阻隔而失真,又不能及时得到矫正,导致资金配置的失当与资源的浪费。三是尚在经济转轨过程中的国有企业将会因为政府的公共投资,其资金流动、重组和融合发展受到限制。因此,在依靠政府公共经济行为的同时,要加快体制性的创新与完善。

通过以上分析,经济转轨进程的启动和持续都需要机制创新来加以推动,这种机制创新的本质就是通过经济体制"逆向调整"来为经济发展的"顺向转型"创造生长的空间。每一轮的机制创新都是依据当时的经济条件和体制条件来做出的。随着转轨的深入,上一轮机制创新所依赖的经济因素逐渐改变时,就需要有新一轮的适应现时要求的机制创新来补充,相应具有一些明显的不同特征。一是相对于初始的机制创新应更具精准性和可操作性。二是由于所要触及的转轨问题会更为艰巨和困难,增加了新一轮机制创新的难度,同时,曾经的机制创新为新的机制创新积累更多经验和对转轨活动会有更深的认知程度,带来了便利条件。

四、实践中的机制创新案例

(一)案例1:针对价格改革的机制创新——计划权利和计划义务对冲

1. 背景

中国在1984年将经济转轨的工作中心转移到城市后,对于价格和企业两者改革的顺序进行了激烈的争论。1984年12月份发生的通货膨胀使得中国领导人在价格改革上比较慎重。1985年3月25日《世界经济导报》报导:1985年3月6日至13日在武汉召开全国城市经济体制改革试点工作座谈会上,一种意见认为,现在消费基金总额已使市场一个时期内难以平衡,因此必须"倒扣"一部分回来。经济学家在当时针对价格改革的次序问题主要有两种观点:一些学者认为价格改革涉及到利益冲突,必须要慎重行事,如"企业、地方的既得利益格局和现有的价格体系、生产结构密切相关,价格的一升一降涉及到千家万户。完全不顾及价格调整带来的利益格局的变动,很难行得通"①,"解决好收入分配问题,价格改革才可能实施下去"②,"先实行双轨价格,旧价格旧办法,新价格新办法,最后建立全新的替代价格制度"③;另一些学者如宋承先则认为:"应该继续坚持价格改革,否则一方面会对整体经济的前进产生不利的消极作用,将经历两个阶段,两个步骤。所谓消费基金总额'失控'的看法的错误在于:以偏概全,把十分个别的特殊的现象夸大为代表宏观的总体。因此 1984 年出现的通胀,除了违法乱纪以外,应是很不严重的;至于对市场造成的冲击,更是微不足道的,为此惊慌失措,是完全不必要的。……当前的价格改革仅仅是价格结构的调整,而不是全面涨价,仅仅是调整某些商品的价格,使之达到供需均衡和边际成本等于边际价格。对于高价格,应该采取一方面以货币工资提高的形式补贴物价上涨,另一方面通过提高存款利率和贷款利率来减少消费需求和投资需求以抑制总需求,但主要是压缩计划外投资,同时,运用发行公债的方法弥补财政赤字。"④

　　1986 年提出了"价税财联动"方案,即计划价格体系与相应的财政政策相匹配(包括对不同行业和企业的"政策性亏损"、补贴和利税指标),同时又要调节税收结构和财政结构,其目的在于对体制内的计划定价体系进行全面改革,但由于有些领导人的反对和重要部门的反对,以及经过当时的决策咨询机构(主要是体改所)的研究,认为难度很大,建议改为"生产资料价格改革",后来觉得还有难度,就改为钢铁价格改革,这一方案最后虎头蛇尾,无疾而终⑤。但是,由于价格双轨制导致的价格体系的扭曲以及"腐败"问题严重化,1988 年,政府还是接受了"放开价格,管住宏观"的建议,"价格闯关"开始,但由于民众挤兑存款和抢购商品的风潮,而告流产。1989 年开始了三年治理整顿时期,价格改革的速度似乎停止了,但是实际上,随着指令性计划和

　　① 华生、何家成、蒋跃、高梁、张少杰. 论具有中国特色的价格改革道路. 中国:发展与改革 1984—1985 首卷. 中共党史资料出版社. 1985. 重印于 1987。

　　② 楼继伟、周小川. 论我国价格体系改革方向及其有关的模型方法. 经济研究. 1984(4)。

　　③ 张维迎. 关于价格改革中以"放"为主的思路. 经济研究参考资料. 1985(6)。

　　④ 宋承先. 过渡经济学与中国经济. 上海财经大学出版社. 1996。

　　⑤ 盛洪. 一个价格改革的故事及其引出的过渡经济学的一般理论. 管理世界. 2003(5)。

统配物资的范围的缩小,计划价格的比重在迅速下降①。1995 年,由市场决定的价格在社会商品零售总额中的比重已高达 88.8%。

2. 创新机制

盛洪对此的解释为:中国政府提供了"计划权利和计划义务对冲"的创新机制,即采取了计划权利的交易。比如,一个汽车制造厂既有用计划低价购买钢材的计划权利,又有用计划低价销售汽车的计划义务。那么,"对冲"就是用"低价买钢材"的计划权利抵消掉"低价卖汽车"的计划义务。用"对冲"在计划权利与计划义务之间"纠偏",不仅可以改善因国有经济与非国有经济的分割而造成的扭曲的资源配置,而且可以一劳永逸地消除计划权利和计划义务。

"对冲"机制创新的机理如下:

(1)当对现有产权仍然维持原有产权界定规则,而对新增资产适用新的规则时,由于没有形成对任何人的损害,并且,采取按市场规则进行的交易是自愿的,是一种"帕累托改进"。

(2)一般而言,计划权利的取消可以有"买断"、"资本化"等形式,但这两种形式不足以用来解释整个计划价格体系的消亡,"对冲"应该是这三种形式中交易费用较低的一种,其无需使用货币现金,节约了融资的交易成本;给交易双方带来了选择的自由空间,降低了交易费用②。

(3)一个经济个体,放弃他的计划权利就会得到补偿;而如果不想再履行计划义务,就可以用货币"买断"。当经济个体就时间有限的计划权利(如 1 年)进行交易时,他们只是获得了这一交易的生产者剩余和消费者剩余;当他们就永久性的计划权利进行交易时,他们就永久地消除了这种权利,在旧体制逐渐消亡的过程中,培育新的体制的利益冲突就会降低。

(4)外汇额度交易:一个计划权利交易的案例③。外汇额度即按照官方汇率购买外汇的权利,由于受管制的官方汇率低于市场汇率,二者之间的差价就构成了外汇额度本身的市场价格,企业可以合法地在官方设立的外汇交易中心买卖外汇额度,由此形成了市场汇率和外汇额度的价格。由于有了这

---

① 郭树清. 国民经济运行机制的转变与改革战略的选择. 经济研究. 1990(11)。

② 盛洪. 寻求改革的稳定形式. 经济研究. 1991(1)。

③ 盛洪. 外汇额度的交易:一个计划权利交易的案例. 中国制度变迁案例研究. 上海人民出版社. 1996。

一价格,外汇汇率市场化的潜在受损者,即可按照官方汇率购买外汇的企业,事实上已视市场汇率为自己持有外汇的机会成本,这里实际上是一种明晰产权的表现形式,因为如果它直接使用按官方汇率购买的外汇,就损失了在外汇调剂中心出售外汇额度的收入。当政府进行将官方汇率并轨到市场汇率的改革时,这些企业就不觉得有什么损失。

但是,两种汇率之差会导致分配不公和成为腐败现象的"温床"。人们可以在场内按官方汇率成交,在场外私下按双方商定的价格进行补偿支付。

(二)案例2:俄罗斯新经济政策的经验分析①

苏联是人类历史上第一个社会主义国家,它存在的整个历史为我们留下了无尽的经验和教训。俄罗斯学者对新经济政策这一改革的分析,有助于丰富分析经济转轨机制创新的经验。

20世纪20年代列宁采取了机制创新——合作社,实际上是一种新的激励机制,构造了让劳动者事实上既是做工者又是主人的前景,以求把个人利益同整体利益结合起来,发展当时经济。马克思主义者一直把取消商品生产作为社会主义的出发点。列宁在新经济政策初期,提出城乡之间的经济联系应当是直接的商品(产品)交换。然而,现实中,并没有出现产品交换,也没有出现商品交换,只有原始的买卖。产品交换变成了商品买卖,于是出现了学习做买卖、进行货币计算,建立金融——银行体系的任务,简单地说就是利用商品生产范畴的任务。由此列宁对社会主义的看法开始发生改变,并由此提出了建设社会主义应当是"不能直接凭热情,而要借助于伟大革命所产生的热情,靠个人利益,靠同个人利益的结合,靠经济核算……"②,这里与斯密的经济学思想有异曲同工之妙,只是斯密认为放任经济,经济自身会自然而然地达到利益的统一,而在社会主义国家,由于原有的计划体制,不得不通过机制创新来培育发挥客观经济规律或者市场经济的环境。

新经济政策的实施使苏俄经济很快得到了恢复和发展,然而它并没有像列宁设想的那样成为一个认真地和长期地实行的政策。原因有以下几种:(1)俄罗斯学者中最常见的一种观点认为是斯大林终止了这一政策。(2)自

① 资料来源:王丽华.历史性突破——俄罗斯学者论新经济政策.人民出版社.2005。
② 列宁全集第42卷.人民出版社.1987.第2版.第176页。

20世纪90年代以来,俄罗斯学者重新考察和研究了苏维埃俄国,认为经济改革必须有相应的政治制度作保证。但是在实行新经济政策的过程中,政治体制的变革未能与经济改革同步进行,政治制度不能适应经济改革深化的需要,这是新经济政策夭折的直接原因。(3)向新经济政策的转变是在农民、工人和知识分子普遍不满情绪的巨大压力下进行的,而不是修改执政党的政治意识形态原则的结果。

(三)案例3:东欧国家的医疗体制改革情况①

1.医疗改革的初始条件

(1)民意。公众的观点在优先考虑哪些方法或者它们的结合上存在着广泛的差异。这些观点上的差异可以通过前面提到过的匈牙利民意测验的结果来说明。从表7.4中可以看到,对于医院服务提供混合结构的机制拥有最高的民意,为44.1%。

表7.4　制度选择:匈牙利支持国家、市场和混合型解决方案的回答分布②

选择	出资		
	高等教育	医院服务	养老金
	回答分布(%)		
集中化国家解决方案	42.1	35.5	21.4
混合结构	43.5	44.1	56.6
市场解决方案	12.1	17.9	18.5
无法决定	2.2	2.5	3.5
总计	100	100	100

(2)现状或者困境。表7.5显示东欧国家20世纪90年代为改革卫生部门前比较糟糕的健康状况,其中只有捷克共和国和斯洛文尼亚的健康指标接近欧盟国家。

---

① 转引自:雅诺什·科尔奈,翁笙和.转轨中的福利、选择和一致性——东欧国家卫生部门改革.中信出版社.2003。

② TARKI研究所1996年进行了一项调查,目的是了解匈牙利人对福利服务与税收的关系的知识以及对各种制度选择的偏好问题。样本规模大约是1000人。就表中三个选择而言,第一个代表的是现状,即国家或半国有机构出资和经营的服务。第三个选择代表一种分散化且在很大程度上属于私有福利部门。第二个选择同多支柱制度安排结合在一起。混合结构应该不止一个,但时间限制,调查只能如此。

表7.5 东欧国家1990—1997年的婴儿死亡率、预期寿命和原始死亡率①

国家	婴儿死亡率(每1000个出生婴儿死亡人数)			预期寿命			原始死亡率,每1000人		
	1990	1994	1997	1990	1994	1997	1990	1994	1997
阿尔巴尼亚	30.9[2]	32.9	—	72.6	73.0	—	5.5[2]	5.3[4]	—
保加利亚	14.8	16.3	14.4[6]	71.5	70.8	72.8[6]	12.1	13.2	14.7
克罗地亚	10.7	10.2	8.2	72.6	73.2	72.6	10.9	10.4	11.4
捷克共和国	10.8	8.0	6.1	71.5	73.2	74.1	12.5	11.4	10.9
匈牙利	14.8	11.6	9.9	69.4	69.5	70.8	14.4	14.3	13.7
马其顿	31.6	22.5	15.7[5]	71.8[3]	71.9	72.5	7.72	8.1	8.3
波兰	16.0	15.1	12.2	71.0	71.8	72.4	10.2	10.0	10.0[5]
罗马尼亚	26.9	23.9	22.0	69.8	69.4	69.1	10.7	11.7	12.4
斯洛伐克	12.0	11.2	8.8[6]	71.1	72.5	—	10.2	9.6	9.8[5]
斯洛文尼亚	8.3	6.5	5.2	74.1	74.2	75.3	9.4	9.7	9.6
OECD平均	7.9	6.2	5.9	—	—	—	7.6	7.1	7.1
男性	—	—	—	72.6	73.5	74.5	—	—	—
女性	—	—	—	79.0	79.7	80.6	—	—	—

资料来源:中央统计办公室(1998);OECD(1998b,1999b);斯洛文尼亚统计办公室(1998);世界卫生组织(1998,1999b);中央统计局(1999):国家统计研究所(1999a,1999b);斯洛伐克统计办公室和VEDA(1999c)。

2.政府对机制创新的供给——支付制度

20世纪90年代后期的东欧国家医疗卫生部门改革,或多或少的采取了德国模式。在原有计划经济体制下,所有的公民都有权利获得免费的医疗服务(由国家规定)。但是,根据法律规定,病人无权用钱购买额外的服务②。开始制度改革后,一部分国家取消了部分免费服务(例如,牙科服务),开始区分在社会保险机制下可以免费获得的基础服务和可以用钱购买的附加服务,另一部分则停止一些完全免费的服务,引入了共同支付制度,减少国家预算

① 原始死亡率是指没有根据人口构成的差异进行调整的死亡率,例如人口的性别构成和年龄构成。OECD国家平均死亡率是根据年龄调整的死亡率数据,因此同东欧国家的数据不能直接进行比较。表格中的上标2表示1989年;3表示1991年;4表示1993年;5表示1996年;6表示1998年。
② 在大多数社会主义国家,宪法规定公民有权获得医疗保健服务。在保加利亚和波兰这两个国家,宪法规定免费的医疗保健服务是公民的权利。在前捷克斯洛伐克,也有相同的法律规定。

出资的医疗服务的比例,来补充社会保险。共同支付制度的主体结构主要有国家预算、强制社会保险、自愿保险和病人直接付费(见表7.6)。

表7.6　东欧国家20世纪90年代后期存在病人直接付费的医疗领域①

国家	药品	门诊服务	住院服务
阿尔巴尼亚	存在,不同的支付种类平均25%	不存在	不存在
保加利亚	存在,对于所有的门诊服务和医院的手术	在非推荐的情况下是可以评估的,计划:每次看病为最低工资的1%	在非推荐的情况下是可评估的,计划:最低日工资的2%,每年最多20天
捷克共和国	存在,不同的支付种类平均10%	不存在,但一或两个牙医治疗的主要费用例外	是,在慢性住院治疗的机构和额外的宾馆服务
克罗地亚	存在,可以评估	10%	是,可以评估
匈牙利	存在,不同的支付种类平均30%	在非推荐的情况下是可评估的	存在,在慢性住院治疗的机构和额外的宾馆服务
马其顿	20%	20%	10%
波兰	存在,不同的支付种类	不存在	不存在
罗马尼亚	存在,可以评估	不存在	不存在
斯洛伐克	存在,不同的支付种类	不存在	不存在
斯洛文尼亚	存在,不同的支付种类	家庭医生 0—25%　牙医 0—85%　其他门诊服务 0—85%	5%—15%

资料来源:Chen 和 Mastilica(1998);NERA(1998a);PHARE(1998,附录);Ventsislav Voikov(保加利亚)的私人谈话。

　　中央政府依旧是大型投资项目的主要资金来源,继续向公共医疗服务部门(例如防疫和胸透)出资。并继续支持或大量补贴大型专业化全国性机构(如癌症研究和移植机构)、许多医疗研究和医疗培训机构。资助非集中化的地区性组织:上层(省、县)或基层(镇、村)的地方政府。这也导致了一些所有权的转移,但是,这个过程是相互矛盾的。虽然增加了地方政府机构为居民提供保健服务的责任以及它们进行干预的权利,但是它们却无法获得这样做所需要的相应的资金来源,导致了中央政府和地方政府的卫生部门之间的

---

　　① 大多数国家对医药都采取一种不同的补贴制度。共同支付可能因为药品类型的不同以及病人的社会地位不同而有所不同。一些费用必须全部由病人支付,一些可以获得国家一定数额的补贴。

关系非常紧张。当由于客观因素导致医疗保险金额不足时,国家可为保证医疗保险事业的正常进行提供必要的补助。

强制保险构成了包括健康保险基金在内的社会保险基金的主要来源。有权享受公费医疗的人员必须加入医疗保险。投保人从工资中,或从开始经营活动之日起按规定定期缴纳医疗保险金。在职职工,包括职业军人、警察、消防人员等的医疗保险金,由职工本人和所在单位平均分担。领取退休金者的医疗保险金视实际收入而定,有的由社会保险公司全包,有的则由本人和社会保险公司均摊。失业者的医疗保险金由劳动局支付,在失业保障制度实施后,则由失业保障基金负担。领取固定社会救济者的医疗保险金由社会福利部门负责。农民个体经营者和私人业主的医疗保险金按规定定期由本人缴纳。东欧各国雇主和员工之间的分摊比例见表7.7。社会保险支付了大部分的服务成本,自愿保险和病人直接付费占的比例很小,但是,病人应该为其享受的服务提供部分开支的原则已经被普遍实行了。

表7.7　东欧20世纪90年代末期保健开支的规模及其在雇主和员工之间的分摊比例①

国家	规模(占收入的百分比)	在雇主和员工之间的分配百分比
阿尔巴尼亚	3.4	50:50
保加利亚[1]	6.0	50:50
克罗地亚	16.0	50:50
捷克共和国	13.5	66:33
匈牙利[1]	14.0	79:21[3]
马其顿	3.6	100:0
波兰[1]	7.5	0:100
罗马尼亚[1]	14.0	50:50
斯洛伐克	13.7	66:33
斯洛文尼亚[2]	12.8	50:50

资料来源:Saltman 和 Figueras(1997);NERA(1999);WHO(1999a,1999b,1999c)。

---

① 注:上标1:从1999年开始;上标2:在1992年保健开支的规模从18%稳步下降。上标3:在匈牙利,雇主每个月为其员工向健康保险基金支付一定数额的保险金。2000年的支付数额为平均工资的5%。

（四）小结

尽管我们认识到了机制创新对于经济转轨进程的正向效应,但我们不能忽视行动与结果之间的过程性,必须深入到机制创新与所带来的转轨绩效之间的因果关系内部来考察机制创新推动转轨进程的作用原理。因为经济转轨过程是一个复杂而漫长的系统置换过程,不可能一蹴而就。不同的转轨阶段需要不同的机制和制度与之相匹配,转轨初期正确机制创新的选择的依据是转轨初期的客观约束,但随着经济转轨进程的推进,上一轮的机制创新所依赖的各种经济要素逐渐改变时,则这一轮机制创新对经济发展的推动作用也将逐渐丧失,最终还可能成为下一阶段转轨进程的阻滞。因此不断地适时更新创新机制,使之不断地启动新的转轨阶段并推动经济增长尤为重要。因此机制创新除了启动转轨进程之外,还必须进行不断的自身更新,以担负持续转轨进程的任务。

第三节　基于政府驾驭与机制创新的公共政策实践

在体制转轨过程中,政府的主要职责是作为新制度的供给者,通过对体制转轨秩序的控制和调节,逐步制定和完善一系列符合市场经济的规则来组织市场,完成制度变迁。因此,对体制转轨目标的确定、对改革步骤的安排、对各项政策的预见和把握、对矛盾与冲突控制和化解的能力、对相关政策之间的统筹和协调等,都是政府供给和驾驭创新机制的主要内容。显然,在转轨进程中,政府对公共政策的驾驭始终是不可或缺的。总的来说,在体制约束下,政府进行公共政策的安排既不能是完全市场化的,也不能过多陷于过渡性做法,而是需要兼顾两个方面:一方面,根据完善社会主义市场经济体制的要求,公共政策要致力于最优配置资源,建立市场化的公共政策的基本框架,使政府提供公共产品与服务、调节经济运行等职能得到保障。另一方面,在"布新"的同时,在维持社会稳定和经济健康增长的前提下继续"除旧",仍是转轨的一项重要任务,具体部门的公共政策要在支付转轨成本、改革攻坚方面承担很多过渡性的职责。这些职责需要具体政策来协调和统筹。在实际的操作上,这就既要求公共政策安排具有前瞻性,同时又必须将过渡性应对措施融入政策设计中。

一、公共政策的研究定位

（一）公共政策的界定

从西方发达国家的发展线索来看,公共政策是与市场机制的演进相适应的。从演进线索来看,在资本主义自由竞争时期,市场的效率是主要的被强调对象,政府职能尤其是经济职能十分有限,公共政策依附于财政政策尤其是税收政策,此时,政府的作用主要局限在"守夜人"的职责范围内。而随着资本主义进入垄断阶段,尤其是20世纪30年代大萧条以后,对市场机制运行的效率追求被推到极致,其缺陷和负效率的破坏力也随之暴露到极致。此时,凯恩斯政府干预理论的提出试图解释和解决传统理论的实践危机,也由此形成了政府进行公共政策实践的理论依据。这种演进线索表明,市场经济在发展的过程中,其配置资源高效率的一面不断提高,其配置失灵和无效的一面也不断显现。这种失灵由传统的公共产品的提供扩大到市场运行的机制性、功能性障碍,突出表现在宏观经济运行的不稳定和收入分配不平等方面。政府对资源配置的范围,呈现出从国防、行政管理等"守夜人"职能到大量的政府投资、公共产品的生产、收入分配的公平,再到以福利化为导向的社会保障等特征。可以说,西方公共经济与政策的发展过程,也是政府适应市场经济发展要求不断发展和完善职能的过程。其中,政府对资源配置的意义,除了简单地应对市场失灵与提供必要的公共产品外,更主要的是作为保证市场机制顺畅运行不可分割的组成部分,作为驾驭市场的一种积极手段而存在。

从中国和其他转轨国家的实践来看,市场机制由建立框架到逐步完善的过程,以及市场经济基础作用的扩大和强化,同样需要公共政策的相应配套和保障。转轨国家市场化改革的启动,即意味着与之匹配的政府职能公共化进程的开始。由于在传统计划体制下,经济运行是由政府主导的,经济运行本身就是公共性的,不存在与之相对立的私人部门行为和利益。因此,从理论上讲不存在对公共经济与政策的区分,经济运行的范围与政府行为的范围基本是同一的。而随着经济运行开始以市场作为基础配置方式,私人部门及利益成为微观经济活动的主体开始出现,相应地也出现了与私人部门行为相对立而存在的公共经济、公共部门政策和政府行为。从这个意义上讲,公共政策可以被简要描述为市场运行基础上的一切政府行为及其经济影响，或基于公共目标的政府行为及其经济后果。

（二）转轨国家中政府对公共政策的驾驭是不可或缺的

经济转轨实质上是两种体制与运行机制之间的转换，市场配置资源范围的扩大必然伴随着政府从大部分资源配置领域的退出，退出的实质是政府职能分解、调整、转换、适应的过程。因此，从上文所述的一般意义而言，这一过程必然伴随政府在适应市场机制要求过程中其本身职能的公共化取向。这同时也较符合西方公共政策的范畴，即政府做该做的事情，弥补市场失灵，提供公共产品和服务。但是，在体制转轨过程中，这并不是最重要和核心的公共政策问题。由于缺乏稳定、成型的市场体制这一基本前提，政府在大多数时候并不具备按照成熟市场条件界定自身职能、进行政策安排的环境。既然市场不可能在计划体制下自发产生，不可能自发地设定转轨的路径，也不可能自发地推动转轨向前演进，政府就必须始终对体制转轨的秩序进行控制和调节。

事实上，这一特殊过程与公共政策的重要性已经在不同国家的转轨绩效中显现出来。"休克疗法"的失败除了目标设计上的脱离实际，其实施的路径一开始就排斥和否定政府在转轨中的作用，否定政府驾驭在市场制度形成中的作用，一味地追求理想市场条件下的理想结果，即认为只要让市场机制充分发挥作用就可以达到经济的均衡发展，结果导致了新旧制度衔接上的制度真空，引发资源的非法配置，公共政策无法实施有效的干预。与此同时，政府在宏观调控方面和保护本国经济方面软弱无力，经济衰退引发社会动乱和政治动荡。

（三）中国公共政策的实践

中国的经济改革是在政府主导下进行的，为了能够充分利用已有的组织资源，保持制度变迁过程中社会的相对稳定和新旧制度的有效衔接，政府在改革出台的时机、步骤的把握、利弊的权衡、变迁进程的调整等方面都起着决定性的组织和领导作用，公共部门也为推动制度变迁掌握着资源配置权限与范围的进退尺度，在市场培育和市场弥补两方面发挥了较好的作用。

生产力水平的落后决定了我国经济发展和市场发育还处于一个较低的水平，在通过体制创新提高激励效果的同时，还需要适合的发展战略来推进发展的速度。三十多年来,中国最大的发展战略可以归结为"让一部分人先富起来"即非同步致富的非均衡发展战略。邓小平称这种战略是"一个大政策,一个能够影响带动整个国民经济的政策",其实质是通过放松管制和政策引导,让资本、劳动、技术等要素在具有较好环境和较高效率的地区、领域先行聚集、配置,产生强劲的支撑和拉动作用。在实际的发展过程中,我们又将改革的步骤与节奏贯穿其中,通过激进与渐进政策的搭配,形成对发展的不同刺激,产生跳跃式发展的局面,使非均衡的战略得到更大的推进。邓小平将这种方式描述为"可能我们经济发展规律还是波浪式前进。过几年有一个飞跃,跳一个台阶,跳了以后,发现问题及时调整一下,再前进"①。

这一战略的基础是旨在激发市场机制的效率因素,而推进和驾驭这一过程的则是政府的公共政策。非均衡意味着对效率的倡导,同时也意味着打破均衡必将带来种种冲突与矛盾,政策选择的难度在于既要推进发展,又要控制其反向冲击可能对发展绩效的吞噬。加快发展与治理整顿的交替出现,正是体现了推进与控制的政策驾驭过程,其核心是解决发挥市场机制效率与市场规则不健全下寻租、非法等行为之间的冲突。就中国而言,这一驾驭是十分成功的,保证了国民经济的持续、快速、健康增长。在 30 年左右的时间里,基本消除了短缺现象,实现了 GDP 高速增长的目标,极大地提升了经济总量和国际竞争力。

随着发展阶段的升级,自 20 世纪 90 年代中后期开始,中国的公共政策对发展的驾驭开始转向对公平与效率矛盾的处理,同一时期出现的长达六、七年的经济增长动力不足的现象,虽有多种原因,但不能说与此无关,这一点从财政政策上可以得到印证。人们对于 1998 年以来积极财政政策的关注和评价,大都集中于对经济运行的反周期调控,尤其是国债投资、政府投资的正负效应、短中期影响,关于其功过的评说也大都源出于此。未被关注的是在此期间支出方面一系列着眼于福利与公平的力度颇大的举措。比如在巩固农业基础地位方面,2001 年国家财政用于农业方面的投入为 2573 亿元,比 1990 年增加 3.52 倍,农业综合开发、扶贫、水利建设、农业产业化建设、农业科技方面的支出都有较大增长。在支持就业和社会保障方面,2002 年中央财政用

---

① 邓小平文选第三卷. 人民出版社. 1993. 第 143 页。

于社会保障的支出达 1362 亿元,是 1997 年的 9.5 倍。通过持续增大社会保障支出,形成了国有企业下岗职工基本生活保障、失业保险、城市居民最低生活保障"三条保障线"。在教科文事业发展方面,2001 年全国用于教育、科技、文化广播事业的财政支出分别比 1990 年增加 5.3 倍、4.4 倍和 2.65 倍。在生态保护和建设方面,1998—2001 年中央财政共安排资金 427 亿元,用于天然林保护、退耕还林、京津地区风沙源治理等林业重点生态建设工程,促进了社会经济可持续发展。而同一时期预算安排的基本建设支出比重则由 1980 年的 55.3% 下降到 1999 年的 16.04%。近些年,我国用于基本建设的预算安排所占比重更是进一步下降,基本建设支出的投资重点也更多转向农业、交通、能源等领域。

这些举措反映了政策对经济失速后社会矛盾激化的关注,对保证这期间的经济社会稳定、推动经济恢复和新一轮启动政府投资起到了重要作用。更具深远意义的影响则在于,它昭示着下一阶段经济发展战略和公共政策选择方面的深刻变化。虽然目前这方面的公共支出在数量和体制上还缺乏规范的保障,但作为未来政策的重要取向则是确定无疑的。

(四)转轨国家公共政策实践的理论价值

公共政策在西方发展、在中国兴起,既反映了一般规律性,更包含着历史性。对于中国政府驾驭的公共政策的研究,至少应从转轨、发展、制度三个不同的角度去探索和把握,再综合起来形成基本的框架。而这一层次的研究显然具有战略和总揽的意义,是基础性的建设。只有完成了全局意义上的定位,对西方较为成熟的部门政策分析和技术内容的借鉴才具有生命力,才能着眼于回答中国现实经济中的问题。由于公共政策本质上是政府与经济关系在市场经济条件下转化为政府与市场关系的产物,转轨国家的公共政策实践事实上极大地拓宽了公共经济与政策研究的外延和内涵,使我们不再局限于市场经济的既定前提下分析市场失灵、政府与市场关系、政府政策影响及行政管理的绩效等问题。因此,总的来说,随着转轨进程的深入,我们将发现这一实践过程的理论价值最终会朝着两个方向归结:一是作为一个特殊阶段纳入经济史的研究中;二是作为一个特殊阶段纳入公共经济与政策的研究中。在某种程度上,我们可以将转轨定义为一个特殊的公共政策过程。所谓"华盛顿共识"、"后华盛顿共识",以及中国改革的独特方式,都可以作为公共政策来进行比较和评价。

二、公共政策实践的重点领域

总体上说,中国转轨实际上是政府当局通过政策驾驭一个相对比较短暂的时期(相对于人类体制的自然演化过程)将结构复杂的市场机制作为外生变量系统性、集中性地强行注入传统计划体制管理下的国民经济中,具体而言,则主要是在计划与市场两种经济运行机制并存的设计中,努力在稳定性、自由化之间权衡。从体制外来看,对部分经济领域和空间领域进行市场化改革试点先行,先从传统体制比较薄弱的经济领域开始,逐步扩展到其他领域。在该动态进程中,大到整个转轨进程,小到某一政策的实施,都可以作为公共政策的过程来分析,但针对转轨的阶段性及环境的变化,不同时期公共政策的侧重点也有所不同。根据体制转轨和发展转型两个基本方向,可以发现,公共政策实践的重点领域可被细化为经济增长、收入分配、民生保障等方面,在此,我们只对政策重点进行简要划分,对这些重点领域具体政策的分析还将在本书的后续章节进一步展开。

(一)转轨路径安排的"非平衡"政策设计

在转轨的过程中,政府并不是完全"摸着石头过河",而是有着现存的成熟的市场体制模式作为自己的参照坐标,其难点只是在于体制转换过程中不仅不能让经济运行停下来,而且需要经济运行提供比过去更高的效率。为解决这个问题,我国采取了渐进路径和非平衡发展的经济转轨战略,相应的,以"非平衡"为主要特征的政策设计在传统计划经济与市场经济、收入分配格局、地区之间协调发展等方面都有所显现,例如:在地区之间,我国采取的是优先发展东部的方针;而从市场化改革的角度,则按产品市场化、生产资料市场化、金融市场化的顺序逐步启动和放开,等等。从积极的一面看,这种战略对保持经济持续增长、用增量改革带动存量调整、保持改革的示范效应等起到了积极作用,也由此奠定了经济转轨的成功。但是随着体制环境的变化,贫富差距拉大等"非平衡"策略引发的问题开始显现,在新阶段下,政策方向也逐渐形成了调整的要求。

(二)经济增长目标与政策诉求

从经济增长的制约因素角度,中国的转轨可划分为两个大的阶段:供给约束时期和需求约束时期,前者从改革发动到 20 世纪 90 年代中期各个领域的供求基本平衡;而对于后者来说,普遍认为,自 1998 年至今,经济运行主要受到需求约束的主导。其中,供给约束是与传统的计划经济体制密切相关的,这个时期也是作为一种过渡状态而存在于新旧体制碰撞较为激烈的阶段,而需求约束则作为市场经济的普遍特征将长期存在。

相应的,政府在不同阶段促进经济增长的政策也具有显著的区别。其中,在第一个阶段,促进经济增长的核心是政府在计划领域的退出,为经济体注入市场的活力;而在第二个阶段,从 1998 年和 2008 年我国曾两次大规模进行政府投资扩张的政策取向也可以看出,财政政策已经成为政府在需求约束主导下促进经济增长的主要方式。

(三)促进“公平”与“效率”的政策安排

中国在改革开放之初就形成了“效率优先,兼顾公平”的价值取向,并在这一导向下形成了一系列对社会发展的认识,显著地影响了政策的实施阶段、实施手段、实施过程和实施效果。然而,长期的“效率”导向却使我国的公平问题愈加突出,成为公共政策安排所必须权衡的难题。2002 年世界银行报告关于中国的国情咨文指出:“大范围的贫困人口减少是中国 1979 年开始改革之后所取得的最大成就之一。……此后的深化改革并没有像之前那样让贫困人口受益。在没有解决其他国内市场扭曲问题的情况下进行这些改革反而使得中国的收入差距扩大”①。同期,联合国开发署公布的数据也表明,与中国经济的快速增长相比,公平问题在近年来愈加突出。这使我们认识到,在注重发挥市场配置资源效率的同时,缩小收入差距、实现社会公平已经成为未来发展中不容忽视的重大问题。

在未来,能否解决好公平与效率之间的矛盾,不仅体现着一国政府对社会发展观与价值观的认识与理解,还直接关系到由此引出的社会发展方向和政策导向问题。即通过什么样的政策导向来引导社会发展,采用什么样的政策实施方式来实现社会发展的目标。

(四)民生问题与政策保障

近年来在中国经济持续增长的同时,民生领域的改善却相对缓慢。改善

---

① 世界银行.中国:推动公平的经济增长.清华大学出版社.2003。

民生、提升普通居民的社会福利,让大多数人享受经济增长带来的实惠,已经成为一个基本的社会共识。尽管民众对民生改善期盼日深,党和政府也多次将民生问题写入中央文件和工作报告,并将其作为政府工作的重点,但实际效果却远非预期那么理想。现实的情况是:近年来政府在民生领域所承担的政府责任的程度非但没有提升,反而不断出现下降的趋势,而普通百姓的住房难、上学难和看病难等问题却依旧严峻。近年来随着民生领域问题的不断凸显,中国经济社会发展的诸多矛盾正在向这一领域集中,而近几年由美国次贷危机引发的中国经济困境,也再次验证了以投资和出口为主要驱动力的经济增长模式不具有可持续性,但民生领域的困境却制约了居民消费规模的扩大,成为制约中国经济增长方式转变的体制性障碍。因此,如何从根本上改善中国民生体制,突出政府保障民生的职能,将是我们长期面临的难题。

可喜的是,中国政府尤其是在中央层面,近年来对民生问题的关注持续升温,并在医疗、教育、养老、住房等民生领域积极出台了一系列政策措施,民生现状已经得到明显改善。但在政策运行中却受到了诸多体制层面的掣肘,或是现有国家财政和公共服务体制难以有效承载改善民生的政策主张,或是政策实施受到部门或地方利益集团的抵制,因而使得我们必须将改善民生提升到体制改革的层面来加以关注,努力使改善民生的政策安排具有与之相融的体制基础。中国民生问题的艰巨之处还在于,中国庞大的人口基数与仍然相对单薄的财政承载能力,以及就业压力所需要的一定增长速度之间的调节与把握。如何在保持经济相对平稳运行的前提下,尽快推进民生状况的改善,是当前及未来很长一段时期面临的一项最为重要的工作。

第八章

经济转轨中的"市场—财政—政府"关系演化

第一节　转轨经济研究的"市场—财政—政府"框架

　　财政的主体始终是国家(政府),公共财政的完整性既取决于市场体制的状况,也取决于政治体系和政府间层次的划分等因素。这些变量的多样性与不可比拟性可以搭配出不同的财政体系框架、不同的中央与地方财政关系、不同的公共产品提供方式。在本章中,我们首先对财政在政府—市场体系框架的定位和职能作用加以阐述,将现代公共财政定义为市场与政府妥协的产物,并相应提出"市场—财政—政府"三位一体的框架,不仅用以考察现代公共财政的内涵,并将此框架应用于转轨经济国家。根据转轨国家的实际情况,分析我国经济转轨中财政所需要承担的责任和各种财政政策工具在政府—市场体系框架中的积极意义。

一、财政在政府—市场体系框架中的定位

(一)政府—市场体系框架中的财政界定

　　从资源配置、收入分配等方面的职能来看,政府与市场在一些领域是相类似的,只是在运行机制上有所区别,使其在实现同一职能的适用领域、作用方式、经济效应上也有所区别。财政作为政府活动实现其职能的最重要手段(国家军队也是其实现政府职能的一种手段),实现了政府与市场的沟通与联

系。一方面,由于市场失灵的存在,政府介入或干预才存在必要性和合理性,但政府干预也存在失灵或缺陷,而财政作为政府干预的主要手段,可能产生正效应(即有助于弥补市场失灵),也可能产生负效应(即不仅无助于弥补市场失灵,甚至会干扰了市场的正常秩序),需要财政与市场之间的相互补充与相互完善。另一方面,公共财政发挥作用的核心环节,不是在政府或市场的经济职能之外找寻什么新的财政职能,而是如何界定各自的最适当领域和最佳的结合方式,最终实现公平与效率的最优结合(见图8.1)。

　　第一,之所以在财政一词前面加上"公共"二字,是起到规范、决定和制约的作用。首先,政府的权力是全体人民赋予的,权力的行使又需要通过纳税人提供的税收来解决,为此政府通过财政行使其职能时,必须接受公众的监督。财政是公众支持的财政,是公共约束的财政。其次,财政的活动体现政府的意志,必然在政治体制、政府层次划分、职能目标的框架之内,受这些因素的制约与影响。最后,公共财政还体现在通过分配的职能,对国家财富进行再分配,使其所有社会成员和不同利益主体(包括社会的各阶层、各集团和各种经济成分)都可以享受一视同仁的服务;通过资源配置的职能,尽可能将资源配置到具有正外部效应的领域,提供普遍服务,使社会成员,特别是弱势群体可以享受到国家财政提供的资源,等等。

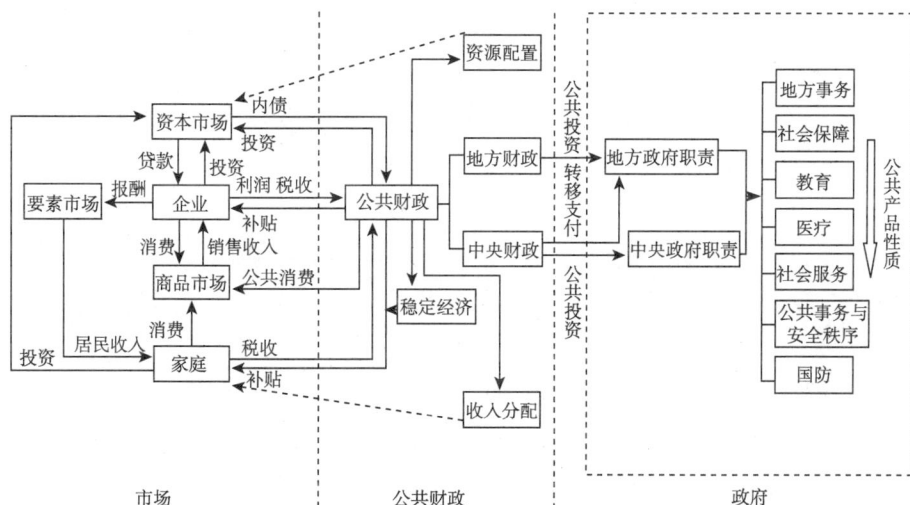

图8.1　公共财政在市场—政府中的作用

第二,市场经济的演化自始至终都离不开国家的介入。在向市场经济缓慢演进的历史进程中,只有在国家认同并出面确立了市场经济的两大基石(即法律和货币制度)之后,这种"自发秩序"的扩展过程才可能持续不断。从其中的演进过程来看,这种历史变革的主要原因就是财政压力。近代资本主义国家起源于 16 世纪的西欧,君主们需要大笔金钱去支付战争的费用。国家努力克服财政压力,一方面不断寻求向新财富征税,这导致了现代税收制度的建立;另一方面,由于日常的征税仍然满足不了非常时期的军费开支,借债成为非常迫切的任务。由此建立起来的信用关系也成了借债的关键,并逐步促进了资本市场和整个金融体系的成熟。市场经济体制的建立过程也是近代资本主义国家兴起的历史,可以说,资本主义国家正是借助了市场经济的力量才得以成型,并且依赖于市场经济行使统治权。因此,国家意识到必须保障市场经济秩序,同时也必须加大对市场经济的控制。

第三,多大的公共财政支出规模可以实现上述所讲的政府职能,公共财政与市场范围是如何界定的? 一种说法是如果一部分特定的资源或资金,交由政府公共部门集中支配使用所能达到的效益,恰恰等于由微观经济主体分散支配使用所能达到的效益(或者说等于其机会成本),那么就可以说整个社会的资源配置处于最佳状态。确定最优支出规模和公共财政的范围,就是比较政府和市场提供公共产品边际效率的高低。可以说,公共财政的分配规模是由市场来决定的,过大的财政规模会导致市场发展规模和速度不应有的压缩,而过小的财政规模则难以提供市场正常运转所需的各种服务和条件,这些都会对市场产生危害。因此,财政分配的规模应保持在市场所要求的适度规模上。另一种说法是支出的最优规模是在提供的公共产品的社会边际成本等于社会边际收益时达到。这些说法都是理论上的最优,难以在实际中应用。但经验表明随着经济发展水平的提高,政府的职能将不断扩展,政府运用预算、公共投资和补贴、公债等多种财政手段调控经济的职能得到不断强化,政府的公共支出占 GDP 的比重也不断增加。

第四,公共产品提供的层次划分与政府间层次的划分,要求具有不同特性的公共产品和政府间层次划分联系的相关职能,由不同层次的政府财政部门负责提供。不同层次政府对应不同的事权,这一事权决定了某一级政府应拥有的财权,但某一级政府可拥有的财权又约束着事权的实现。

（二）公共财政分析框架的拓展

现代公共财政实际上是市场与政府妥协的一种结果。理解这种动态关系，以一种动态、发展的眼光来判断政府与市场的边界，确定不同国家、不同发展水平下公共财政的定位，具有十分重要的理论意义与现实意义。

通常的观点认为，在市场体制中，公共财政是国家（或政府）为市场提供公共服务的分配活动或经济行为，是与市场经济相适应的一种财政模式或类型，是市场经济存在与发展的内在要求。公共财政活动的主要矛盾是市场，政府只是从属的次要矛盾，对公共财政的性质、范围和规模等方面的认识和实践，更倾向于从市场的单视角进行考虑。需要特别强调的是，虽然公共财政是伴随着市场经济的发展而不断发展的，因而从市场角度将更有助于考察公共财政演化过程和认识其现状，但公共财政的行为主体必须是国家（政府），它以社会管理者的身份来满足社会需求，提供、管理和分配公共范畴内的事务。如果脱离了国家（政府），公共财政就失去了在"市场—政府"对立统一关系中产生和存在的必要性、可能性，就不具备手段和工具的价值。

基于这种考虑，对公共财政分析的框架有必要进行创新，即由传统的偏重"财政—市场"的逻辑，扩展到一个三位一体的"市场—财政—政府"的逻辑。只有将政府（体制、职责划分等）、公共财政（职能、范围等）和市场（发展的缺陷、天然的失灵等）有机联系起来进行分析，才可能全面认识公共财政发展中的制约和促进因素，更好地解释公共财政进程的阶段性，预测未来发展的趋势。

二、市场经济国家的公共财政框架

在西方市场经济国家，公共财政的定位处于不断演化的过程中，这种演化是由"市场—政府"相互关系的演化所决定的。在实践中，市场经济国家不论其发达程度如何，其政府与市场的关系都不可能是静止的、割裂的，而是处于一个动态的变化过程中，因此"市场—财政—政府"的内在关系也不可能是静止的、教条的，而应该是一个动态开放的系统。建立了市场经济体制的国家，必然会相应确立公共财政职能、体制及管理制度，这是由整个经济体制所决定的财政制度的质的规定性。但是市场经济在发展，政府职能在变化，公共财政的职能与范围也必然会在质的稳定性下发生量的渐变。这种动态性是由社会发展的客观性或者更直接说是由社会再生产的连续性所决定的。实践中的大量证据表明,从空间角度看,不同的市场经济国家在公共财政范围与构成上具有明显的差异,形成了北欧模式、美国模式、德日模式等自然分类;从时间角度看,同一个市场经济国家在市场体制、政府体制的演进过程中,其公共财政的职能与内涵也发生了很大的改变。这些变化反映在财政的收支结构、政府间财政关系以及具体的管理制度方面,更是千差万别,没有一个统一的标准。但应该说总体上都是适应该国该阶段的市场条件与政府条件的,这正是体现了万变不离其宗的原则。因此,对一国公共财政的分析,必须在"政府—财政—市场"的框架下进行。

(一)从国家(政府)的角度考察

所有对于公共财政起源解释的观点都与国家的产生密切相关。以霍布斯、洛克和卢梭等人为代表的"社会契约论"和马克思的"阶级国家观"构成了国家本质学说的两大体系。依据"社会契约论",公共财政是基于市场经济条件下政府的"有所为,有所不为",即在自由平等的个人利益基础之上,为了保卫和维护自身的经济利益,但又无力仅仅依靠个人的力量来做到时,个人通过相互间的契约而形成了国家和政府。政府所有收入的取得从根本上都必须由全体人民同意,政府所有支出都必须依据全体人民的意愿来安排。据此,形成了收入方面的"税收价格论",即税收是因享用公共产品而必须向政府交纳的费用。从国家和政府来讲,税收是政府因提供公共产品而获得的收入,而非凭借暴力对私人的强制征收。在支出方面,财政支出应"一视同仁",国家应向全体社会成员提供公共产品,并尽可能做到公平、公正。

根据"阶级国家观"的论点,财政存在的依据是国家实现其职能的需要。国家职能可以分为政治职能和经济职能。从政治职能来看,国家是实行阶级统治的工具,作为这样的专门工具,国家不参与直接生产过程,其生存所必需的一切只能通过无偿性的分配获得。从经济职能来看,国家为社会再生产提供一般条件。个别生产条件直接作用于生产过程,因而由生产者自己提供。一般生产条件处于直接生产过程之外,不构成"国家财富的源泉",即"不能补偿它自己的生产费用"。在国家产生之后"为了维护这种公共权力,就需要公民缴纳费用——捐税"①。

资本主义社会以前的财政,一般被看成是政府(君主)的收入筹集和管理活动。进入资本主义社会以后,商品经济得到很大发展,社会分工进一步细化,资源开始以市场为中心,在全社会范围内进行配置,财政研究的视角也开始发生变化。特别是技术进步、社会生产力水平的提高为政府经济职能的扩大、公共财政的发展奠定了物质基础,财政被看作政府收支及管理活动。从这一阶段开始,公共财政或称现代财政的概念才产生。从亚当·斯密的"看不见的手"理论到凯恩斯的"国家干预"理论、到20世纪50年代之后新福利经济学的广泛应用、再到新自由主义的"反国家干预"理论,公共财政理论在干预与反干预的反复争论中不断发展完善,体现了政府与市场关系中的现代公共财政理念、职能与框架的形成过程。

目前,各国普遍认识到市场经济与公共财政两者具有相互制约、相互补充的作用。尽管市场机制存在着许多失灵,但其资源配置的基础地位是不可替代的,同时政府对经济运行的调节作用是必不可少的,公共财政存在的意义和作用也是不容置疑的。

(二)从市场的角度考察

公共财政是市场经济存在与发展的内在要求。但从市场产生之日起,人们在感受其配置资源有效性的同时,也发现了其失灵的一面。个人利益与公共利益在许多领域的不统一造成市场难以发挥作用,公共产品供应短缺,外部效应,以及免费搭车行为等成为市场机制配置资源时的软肋。正如马斯格雷夫所说:"个人的需求和关注的利益是至关重要的,但是他们相互作用的适当模式与他们独立和共同的利益的本质大相径庭。"②既然存在着市场失灵,按照福利经济学和公共财政的基本观点,国家应当是市场失灵的矫正者。

1.市场失灵

所谓市场失灵是指完全依靠市场机制的作用无法达到社会福利的最佳状态,一是市场机制在某些领域无法达到社会配置资源的最优;二是市场机制对一些以社会效益为目的的活动无能为力。具体表现在:第一,市场不能

---

① 马克思恩格斯选集.第4卷.人民出版社.1995.第107页。

② 布坎南、马斯格雷夫.公共财政与公共选择:两种截然对立的国家观.中国财政经济出版社.2000.第24页。

有效提供公共产品。公共产品具有非竞争性和非排他性两个基本特征。这两个特征的存在,使得对公共产品的消费进行收费不经济也不可能并最终有损社会整体福利。因此,市场没有提供公共产品的积极性,即使提供,也不能达到社会最佳水平,在这种情况下,政府应当承担起提供公共产品的职责。第二,市场不能完全解决外部性的问题。外部性是指市场机制无法反映的经济影响,它有正外部性和负外部性之分,对社会福利有很大影响。在存在外部性的场合,政府应发挥积极作用。第三,自然垄断和市场寡占的存在。某些经济活动,如自来水、道路网络供应等,存在明确的规模效益,其产品或服务的单位成本随着产出的增加而大幅下降。这类经济活动具有自然垄断性,为打破垄断局面,政府应介入,或直接开办国有企业,或对该领域的非国有企业进行外生规制。第四,信息不完全或信息不对称。在某一领域,个体容易做出错误决策,产生道德风险或逆向选择,需要政府补充某些信息,或代行某些决策、进行规制、直接从事经营。第五,在一些经济体制转轨的国家,市场机构不能完全消化转轨成本,如国有企业退休职工隐形养老保险债务的偿还等,是企业和居民难以消化的,政府不得不承担起来。

2. 国家矫正的范式

既然存在着市场失灵,按照福利经济学和公共财政的基本观点,国家应当是市场失灵的矫正者。福利经济学为市场失灵的政府干预提供了最初的理论依据。福利经济学第一定理认为,竞争性市场必然是帕累托有效的,国民收入总量越大,社会经济福利越大;第二定理则强调,国民收入越均等,社会经济福利就越大。如果市场形成的收入分配不是社会所普遍接受的,政府需要做的就是通过"不扭曲"的税收对最初的收入进行重新分配,其他的则由市场自发完成。也就是说,效率和分配问题是可以分开的,政府的作用在于限制后者,即在采取了合适的收入分配措施后,帕累托效率仍可由竞争的市场机制来实现。通过这两个基本定理,传统的福利经济学促使人们认识到,国家干预等非市场性力量可以有效地弥补市场的不足,这恰恰被认为是政府介入资源配置的理由。与市场这只"看不见的手"相比,公共财政是作为一只"看得见的手"来解决市场难以解决的效率问题。马斯格雷夫也认为,社会共存必然产生外部性,市场无法解决外部性,需要政治程序作为有效的解决之道。公共政策的核心,不是作为私人市场"自然秩序"的偏离,而是作为致力于解决某些不同问题的同样有效或自然的方法。

3.政府失效

对政府职能的强调并不意味着政府能够解决全部的市场失灵问题,特别是阿罗提出不可能定理之后,一些经济学家还从国家/政府失灵的角度考察、论证了即使在外部性、规模经济和公共产品提供的情况下,政府也不应干预经济。以布坎南为代表的公共选择理论从官僚和政治家的"经济人"属性上考察了"政府失灵"问题。另外,政治家与官僚的隐性合约中,还存在着由于信息不对称而带来的严重的逆向选择与道德风险问题,从而弱化了立法对行政的监督,使得公共利益无法得到应有的关注①。因此,"自然选择"过程具有"契约自由"的特点,私人的交易过程总比政府的集中调节有效率。

政府失效主要表现在以下几个方面:第一,政府活动的成本和收入难以约束,政府活动缺乏降低成本的激励。由于维持政府活动的收入与产生这些收入的成本无关,可能存在着使用较多的非必要资源,支付较大的实施成本的情况,也可能损害市场机制的正常运行,加剧资源配置的失衡和失效;第二,政府犯错误的几率并不低于市场,政府干预市场、弥补市场缺陷的措施也可能存在着无法预料的副作用;第三,政府干预市场的一些政策手段之间存在着相互牵制、作用冲突的关系,可能导致有效的预期无法实现;第四,政府在矫正市场分配的不平衡时,由于政府机构缺乏市场组织对企业的直接约束,干预活动可能产生新的不平衡或不平等,等等。

4.混合经济中政府与市场的分工

两种失灵的争论反映了经济社会实践的巨大变化。20世纪30年代,凯恩斯在《就业、利息和货币通论》中论述了政府干预经济的具体内容,即运用财政政策和货币政策,调节社会总需求与社会总供给的平衡,从而实现经济的稳定增长,并提出了混合经济体制的概念。随后汉森在《经济政策和充分就业》中指出,19世纪末期以后,大多数国家的经济已经不再是单纯的私人经济,与私人经济同时并存的还有社会化的公共经济。萨缪尔森在《经济学》中

---

① 布坎南指出,一切制度都包括公共选择的因素。在与公共有关的决策中,实际上并不存在"根据公共利益进行选择"的过程,而只存在各种共同利益集团之间的"缔约"过程。

进一步论述了混合经济中公共经济的内涵和作用,"自从 19 世纪后期,几乎在我们所研究的所有国家中,政府在经济上的作用稳步增加。经济是一种'混合经济'"。

混合经济中的公共经济就是指政府的经济活动,这些活动主要是通过财政进行的。也就是说:公共财政是适应市场经济的存在而形成的。市场作为一种资源配置的手段有其发挥效率的一面,同时也存在失灵的一面,与市场这只"看不见的手"相比,公共财政作为一只"看得见的手"可以解决市场难以解决的效率问题。因此,公共财政是与市场经济紧密联系的。公共财政作为一种自觉的配置资源、增进公平的机制和模式而存在,与市场手段共同保证生产、交换和分配在效率的基础上进行。

通过上述两条发展线索的分析可以看出,财政与国家关系的演进过程要早于财政与市场关系的演进过程。早期的财政职能被定位于国家运转和管理的需要。市场经济体制建立后,国家存在的意义被更多地从市场的需要、从契约的角度来解释,成为公共产品的提供者,财政职能的定位也相应发生改变,即被解释为配置公共资源的工具。并且随着市场需要(市场失灵)的不断增大,国家被赋予更多的职能,财政也被赋予更多的职能,逐渐形成了现代公共财政的思想。关于西方现代公共财政在市场—政府框架内发展的一般过程和定位,可以下表简要说明:

表 8.1　现代公共财政发展的内在逻辑

经济发展要求	市场职能	政府职能	财政职能(手段)
效率	提供私人产品	提供公共产品	配置(公共资源)
公平	自发作用	调节收入与财富	分配(社会财富)
可持续	自发作用	保持经济适度增长	稳定(经济运行)

三、转轨中国的"三位一体"框架

(一)转轨国家的公共财政定位

转轨国家的公共财政定位体现于财政公共化的过程中,这一过程由经济体制的市场化过程和政府职能的转型过程所决定,并使其相互关系变得更为复杂。我国自 1978 年开始引入市场因素意味着政府与市场的博弈关系开始形成,财政开始公共化,转轨开始启动。由于转轨不同于一般的制度演进过程,而是由政府推动的经济史中的一个特殊过程,是计划的逐渐退出,市场的逐渐形成和占据主导的过程。因而,该命题决定了转轨中市场与政府的关系是更为动态的,既有量的渐变,更有质的跃升。这种动态发展的最终去向是建立市场经济体制、转变政府职能,以及建立与之适应的财政体制。但在实践过程中,这种由去向目标所给出的参照标准并没有具体的路线图,而应该根据具体发展阶段中"体制市场化—政府职能转型"关系的进展进行调整。这既否定了通过简单的数据比较来判断财政行为有效性、公共性的做法,也提出了如何在这种"体制市场化—政府职能转型"的动态关系中,修正传统分析方法中"市场—政府"的那些原则,重新寻求转轨过程中的财政定位与财政公共化进程。

公共财政的完整性既取决于市场体制的发育程度与现状,也取决于政府体制的历史形成与现状,其多样性使政府与市场有着不同的边界与搭配。把握公共财政职能的关键在于其是否反映了既定的社会经济制度、资源配置和政府活动方式,以及财政对社会经济发展及其有效运行的适应程度。这一点在一般的制度演进过程中会自然形成,容易理解。但在转轨过程中,政府与市场的关系时常出现错位,即政府职能的"越位"与"缺位"。这些复杂性给转轨国家的公共财政建立提出了较西方国家更为复杂的课题,即一方面要保证财政向着公共化的方向持续推进,另一方面又要通过对转轨中的"市场—政府"关系适应,来弥补和化解二者之间因错位、摩擦、冲突而产生的矛盾。这就决定了不同转轨国家公共财政推进的路径、速度以及财政状况都存在着巨大的差异。进一步说,转轨国家财政的最优公共化过程肯定不符合成熟市场经济国家公共财政的自然演进过程,对其的评价也不能用自然演进过程所得出的标准来简单进行。从中国的实践来看,在经济体制转轨中,要求财政进一步体现保障作用、协调作用和制约作用;在总量上,不断满足社会公众对于公共产品的需求;在结构上,进一步细化不同政府级次与市场层次之间的财权与事权,逐步形成自己的公共财政定位。

财政本质与职能属于财政运行的内在制约因素,而财政运行作为体现政府与市场相互作用的一套机制,必然也会受到众多外在因素的制约。改革的实质是国家主导型的制度变迁①,是由国家主导的由"时空错位"回归经济史一般规律的一个特殊过程。从商品经济不发育的经济成长阶段和从排斥市场机制的旧体制下的运行机制看,经济发展阶段与体制之间都存在着错位性,而这种错位性又形成了体制对市场运行机制进入的排斥与摩擦,自然也伴随着社会经济生活的震荡,使市场与政府之间的调和变得更加动态和复杂。从公共财政自身活动的特点来看,其体现着满足市场经济运行和政府运转的双重要求,充当着市场与政府之间的调和与平衡,是实现市场与政府之间沟通的桥梁。下面,我们将在分析公共财政定位的基础上,对中国经济体制转轨实践中公共财政的作用进行探讨。这种分析试图将公共财政职能的建设与我国经济体制转轨过程中的特点结合起来,将公共财政的逐步建立健全与我国逐步由计划经济体制向市场经济体制过渡的实践联系起来,以进一步理解两者在动态过程中的关系。

(二)财政在中国经济转轨中的积极作用

在传统计划经济条件下,财政活动覆盖了包括政府、企业、家庭在内的几乎所有部门的职能,财政既管吃饭,也管生产建设。改革开放以来,随着我国经济市场化的推进,政府职能开始出现众多"越位"与"缺位"并存的现象,这是特殊过渡期财政"瞻前顾后"、处理复杂问题与局面的一种特殊存在方式,但总体上是朝着公共化方向迈进的。撇开其中可能产生的摩擦、内耗和负面效果不论,其在驾驭体制转换、调整政府职能与推进经济增长中的特殊作用可以概括为三个方面,即保障作用、协调作用、激励与制约作用。

1.保障作用:行使政府职能、推动转轨进程

中国的经济体制转轨是一个市场—政府关系逐渐优化的过程,是市场与政府互为主客体,相互影响,各自调整磨合的过程。转轨过程的动态性和复杂性客观上要求有一个相对稳固的保障平台从动态(推动转轨)和静态(行使职能)两个角度保障社会经济的快速发展。公共财政作为政府可操作的一种

---

① 可以理解为,改革是在保持原有政治稳定性的连续性的前提下,由国家对既有的政治经济体制做出的自我调整。从历史经验来看,这种调整主要表现在国家逐步放松对市场的管制,以及国家不断退出原有的特权领域,而放松管制和主动退出都是国家出于自身利益进行理性决策的结果。国家的自我调整意味着对于治国者而言,维持统治的外部条件发生了较为持久而重大的变化。一般而言,影响国家政权稳定的外部条件主要包括:人口压力、人口的数量变化不仅会影响到经济增长的绩效,诱发制度的变迁,还在很大程度上与国家政权的兴衰有着紧密的联系;外部竞争;制度僵化;市场体制内部的要求。

手段,是构成这个保障平台的重要组成因素之一。但由于这个保障平台的对象并不稳定,也要求保障平台本身具有较强的适应性和动态性。

将公共财政放在转轨的背景下进行考察,必须强调其承担着保障转轨平滑推进的职能。转轨是经济史的一个特殊过程,是一个从"(计划)→(计划 > 市场)→(市场 > 计划)→(市场)"的过程,也是计划的逐渐退出,市场的逐渐形成和占据主导的过程。经济发展阶段与体制之间的错位性自然带来了社会经济生活的震荡,那些即使被认为完成了经济、政治根本转变的国家,如果没有解决好这个基础性问题,也无法取得经济运行的预期效率。从这一点看,转轨国家的公共财政有必要将着眼点放在保障基础性障碍的排除方面,通过对市场与政府之间关系的调和推动转轨向前演进。

从转轨过程中一个特定的静态市场—政府定位中进行考察,公共财政是在这个点上执行和完成政府职能的主体,对政府职能的行使起着保障作用。公共财政是一种经济行为,其行为主体是政府。政府通过公共财政的手段,保障政府职能得到行使,即公共财政在政府与政府职能之间充当"介质"的作用。强调公共财政保障政府职能的行使可以从两个含义分析。首先,政府职能的行使离不开行为主体,不可能自发产生。虽然政府职能的行使方式并不唯一,行政命令等也可以保障政府职能的行使,但公共财政在这些方式中占据重要地位,一方面它保障着政府职能其他行使方式的活动,另一方面它与政府职能相辅相成,互为"源"和"水"的关系,并在很大程度上影响着政府职能的对象、范围、方式和力度等。其次,我国公共财政处在由经济建设向公共服务转型的过程中,过去和体制转轨中的市场—政府定位都存在着大量的遗留问题,亟待通过公共财政手段来解决,以保障政府职能的行使。当前,针对目前社会的矛盾,政府的重要任务之一就是保证公共产品的提供,确保社会的稳定和人民生活水平的逐步提高。社会保障、医疗、卫生、教育等公共产品的属性使其必须由财政来提供,且财政提供的水平将随着财政收入不断提高而提高。在中国经济发展的过程中,通过政府的分配职能,满足社会公共需要,保证公共产品提供和政府职能的行使的责任还非常重,公共财政体制的深化应首先满足保障社会正常运转、保障社会公众健康生活的职能,从根本上解决不同地区人们生存与发展所面临的问题,确保最低公共服务提供水平的不断提高。

从国际的实践来看,尽管在一些典型的福利国家,如瑞典,国家用于这一部分的财政支出有所下降,但从总体的发展趋势来看,国家的职能与财政职能将更多地集中于这一领域公共产品的提供。我们在深化公共财政改革过程中,保障社会稳定、提供社会公众所需要的公共产品,特别是有着较强的正外部性的公共产品已成为我国改革的首要环节。

2. 协调作用:协调市场—政府错位,缓和内部矛盾

我国经济体制转轨过程是计划的逐渐退出,市场的逐渐形成和占据主导的过程,这个过程隐含着政府与市场间的摩擦、政府主动的重新定位、市场自发的不断完善。但这种过程不可能一蹴而就,政府与市场自身及相互间将在相当长时期内交织着矛盾,并通过矛盾的转化或解决来获得发展。一个良性的经济体要求的不仅是保持增长的速度或方向,还要保障这种增长的质量,兼顾增长与稳定的关系,以最小的成本来获得增长的持续性和平滑性。政府以一种无为的方法来寻求这种增长的目标很难避免市场决策分散等造成的干扰,而需要发挥一定的积极作用,以公共财政等方式对影响到发展质量的各方面矛盾进行协调,并将其控制在可承受的范围之内。公共财政是政府可以驾驭的用来协调各种关系和矛盾的重要手段之一。公共财政发挥的协调作用主要包括以下两个方面的内容:

第一,转轨的过程暗含着市场与政府力量的此消彼长,互相影响。转轨是政府逐渐退出,将社会资源交由市场来配置的过程,但由于在转轨初期市场的不完善、不健全,就要求政府的边界适当地向市场进行挤占。随着转轨的进展,这些挤占应该逐渐地退出,但政府由于信息不对称、利益格局调整困难等原因,并不能及时地退出应该退出的领域或错误地退出还应该继续挤占的领域,即出现众多"越位"与"缺位"并存的现象,从而进一步阻碍转轨过程中对时空错位的排除,使得市场与政府之间的错位变得更加动态和复杂。因此,在对基础性障碍进行排除的过程中,必然会出现由于排除而出现的摩擦,从而对运动过程造成一定程度的震荡,使转轨过程很难保持平滑的状态。政府要实现其设想的增长目标,就必须以通过财政手段来协调市场与政府间的错位,使市场与政府间的关系处在一种可以保证增长目标的定位上,并通过这种定位来互动地决定公共财政的相应安排。

第二,市场自身的矛盾会导致其在发展过程中忽略社会经济协调发展的

大局。公共财政的重要职能之一是收入分配职能,其又具体包括经济公平和
社会公平两个层次。在转轨过程中市场经济逐渐占据主导作用,与市场经济
对应的内在要求是经济公平,即强调要素收入和要素收入相对称,它是在平
等竞争的环境下由等价交换来实现的。但由于各市场主体所提供的生产要
素不同、资源的稀缺程度不同以及各种非竞争因素的干扰,各市场主体或个
人获得的收入会出现较大的差距,而过度的悬殊将涉及到社会经济发展的大
局。因此,实现社会公平,即将收入差距维持在现阶段社会各阶层所能接受
的合理范围内,从而统筹社会发展是财政的主要职能,并在财政的主要政策
手段上具体体现。在实现中央财政收入稳步增长的前提下,完善转移支付制
度,通过收入、资源的再分配,改革与市场经济不相符合的分配方式,缩小不
同行业和层次的居民收入差距,协调地区间经济发展不平衡的矛盾。

财政对政治体制内部矛盾的协调作用与政治体制在市场与政府关系中
的定位互相影响。公共财政只是社会运行中的手段之一,所承担的职能和范
围受到财政收入的制约。在转轨期间,财政供给矛盾的长期存在使得政府的
公共职能依然只能在一定的范围之内发挥作用。如何使社会发展与经济增
长长时期地保持在一个较为稳定且高速的增长水平,是政府无法回避的问
题。财政作为实现政府职能和完善市场运行的关键环节,是两者同时发挥好
作用的核心,因此协调其自身的矛盾只能从其决定因素上,即市场与政府定
位的基础上来进行思考。财政通过不同级次的政府来提供公共产品、运用政
策手段配置资源将政治体制与市场联系起来,这种协调功能表现在科学界定
财政支出范围,优化财政支出结构,逐步从经营性、盈利性的领域退出,从市
场可以提供的,私营企业和家庭可以提供的各项领域退出;同时还要强化那
些必须有财政管理而财政却没有管理或没有管理好的各项事业和建设领域,
要强化社会领域的调控功能,比如社会保障、社会救济等,从而彻底解决好政
府和财政的"越位"和"缺位"问题,从根本上规范政府、财政与市场之间的
关系。

3. 约束与激励作用:优化政府间财权—事权结构,实现政府间约束与
激励

转轨国家的改革进程提出了财政分权问题,新古典经济学的理论框架
下,一个国家能完全根据居民的偏好和要素禀赋,合理地分配公共产品,实现

社会福利最大化。但现实情况下,几乎所有国家都存在着地方政府①,并且如何在中央政府与地方政府之间分权很大程度上决定了转轨的绩效。不同层次的财政主体对应着不同的财权与事权,政府间经济利益的不平衡是导致政府间争夺财政资源的关键。同样,政府间财政关系远不只是一个单纯的地方问题,它对几乎所有的转轨国家实现其改革目标都是至关重要的。地方政府有两种职能,一方面作为一级政府组织,要贯彻完成中央政府的相应政策,维护中央政府的权威,保证宏观的稳定发展,但另一方面,作为有自身利益的实体,也会尽量地维护自身的利益。在某些时候,这两方面利益必然会出现冲突。政府间的分权改革试图创造一个来自地方和基层的改革支持机制,从而保证有效率的改革得以不断推进;创造允许不同地区进行不同试点的改革环境,同时引入地方政府之间的竞争,使得各地方政府努力提供一个良好的环境以吸纳生产要素,降低了地方政府操纵本地区企业的可能性,迫使地方政府容忍、鼓励私有企业的发展,为非国有企业的进入提供了机会和可能性;硬化地方政府的财政约束,促使地方政府提高资源配置效率。另外,在深化公共财政的改革中,中央财政往往出于减少地方政府财政经常性收支缺口,缩小不同的财政净受益的差距等目的,增加对地方财政的转移支付力度。政策执行的效果,即中央政府通过这一政策手段能否有效地对地方政府在运行过程进行了补充、制约和激励,要通过不同层次合理的财权与事权划分加上有效的转移支付政策安排来实现。

第二节　市场化进程中的政府主导与财政保障

一、转轨国家的市场化进程与财政公共化

现代市场经济总体上具有国家干预的特征。在正常演进的市场经济中,政府对经济活动的干预基本上同"市场失灵"的范围相适应,政府—市场的边界有一个历史形成和发展的过程。在转轨经济中,由于市场是通过体制转换来建立,没有自然形成的过程,人们的观念、市场制度的建设、经济发展水平、转轨中的体制关系等因素,使情况又更为复杂一些。既然以现代市场经济作

---

① 施蒂格勒认为,地方政府的存在是为了实现资源配置的有效性和分配的公正性,中央政府则可以协调地方政府之间的利益关系,并有助于更有效地解决分配不公问题。

为转轨的一般目标模式,向市场机制的过渡就并不意味着政府从经济活动中完全退出,而是政府管理经济职能的转变,即在体制转换过程中、在未来新的市场体制基础条件下,如何使政府职能处于恰当的位置。另外,在经济转轨过程中,作为改革的设计者和主要推动力量的政府,还对市场形成本身起着重要作用。

1989年以来,波兰、匈牙利、捷克和斯洛伐克等东欧各国以及俄罗斯等原苏联国家先后制定并实施"向市场经济过渡"纲领和计划。在财税体制转轨方面,主要是按照"华盛顿共识"的方案,通过改革使国家财政向公共财政转化,缩小原有的财政范围和规模。财政职能转变的重点是两个:一是财政作为政府行为不再直接干预企业的生产经营活动,主要是解决市场不能满足的一些社会公共需要;二是国家调控宏观经济的方式由以直接行政方法为主转向以间接经济方法为主,通过实行分税制,在中央级预算中建立转移支付项目。但在实际执行中,情况远比预想的差甚至完全相反。"休克疗法"的核心是政府从传统资源配置方式中迅速退出,这一步骤主要通过大规模的私有化和自由化来完成。但政府退出的结果并不是预期中的市场配置效率,而是产出的大幅下降,企业经营状况的持续恶化。在国家收入不断减少的情况下,各国的财政收入、财政支出出现了大幅下滑的趋势。

一方面政府的迅速退出导致财政汲取能力的大幅下降。在转轨国家中,企业曾经是国家收入的主要来源,改革初期大量的国有企业进行了私有化,国家对于这些企业失去控制就意味着失去了对财政的控制。另一方面,财政支出比重的迅速下降意味着政府基本放弃了对经济的调控。在这种新自由主义影响下,国家最大限度地离开市场经济的结果是经济的大幅衰退和持续的通货膨胀。

以俄罗斯为例,1992年1月关于价格自由化的总统令在俄罗斯联邦境内生效,标志着以私有化、自由化和市场化为基本方向的经济转轨开始①。在随

① 其中主要的改革措施包括:(1)从1992年1月2日起,一次性大范围放开价格,90%的零售商品和85%的工业品批发价格由市场供求关系决定。(2)实行严厉的双紧政策,即紧缩财政与货币,企图迅速达到无赤字预算,降低通胀率和稳定经济的目的。(3)取消国家对外贸易的垄断,允许所有在俄境内注册的经济单位可以参与对外经济活动,放开进出口贸易。(4)卢布在俄国内可以自由兑换,由原来的多种汇率过渡到双重汇率制(在经常项目下实行统一浮动汇率制,在资本项目下实行个别固定汇率制),逐步过渡到统一汇率制。(5)快速推行私有化政策。

后的一年内政府以最快的速度、最大的规模从资源配置中退出。配合政府管理经济职能的完全放弃,财政范围不断缩小,财政支出大大削减。政府过快退出带来两个方面的突出问题:一是转轨过程中经济危机与财政危机形成对峙局面,导致稳定经济与稳定财政的措施相互矛盾。如果采取稳定经济、遏制生产下降的措施,则必须运用政府手段扩大投资;如果着眼于解决财政危机、压缩预算赤字,则要求大幅削减政府支出,减少国家投资。二者的不相容性使稳定经济和稳定财政这两个目标不可能兼得。在这种矛盾下,俄罗斯政府采取了优先稳定财政货币的紧缩政策,但在短缺和衰退的背景下,必然导致国内经济情况的进一步恶化。同时,紧缩财政政策还造成企业税收负担过重,税额竟占企业利润的70%,而政府为追求无赤字预算又竭力压缩国家集中生产性投资,结果整个经济缺乏投资主体和投资热情。由于政府管理经济职能在转轨初期的迅速退出,政府支出从1992年占GDP的比重从51.9%下降到1993年的39.9%,导致1992年基本建设投资总额减少45%,GDP增长率为-19.0%,通货膨胀率高达1353%,社会再生产过程的循环和周转条件被全面破坏。经济运行从此进入漫长的恢复中,到2000年,俄罗斯的GDP总量仍然只相当于1990年的64%①。二是形成了转轨过程中的制度真空,使转轨失去了应有的驾驭。"休克疗法"的失败除了目标设计上的脱离实际,其实施的路径一开始就排斥和否定政府在转轨中的作用,否定政府在市场制度形成中的作用,一味地追求理想市场条件下的理想结果,即只要让市场机制充分发挥作用就可以达到经济的均衡发展。结果导致了新旧制度衔接上的制度真空,引发资源的非法配置,财政无法实施有效的干预。与此同时,政府在宏观调控方面和保护本国经济方面软弱无力,经济衰退引发社会动乱和政治动荡。

这种转轨给国家和人民带来的动荡和贫困一直延续了多年之后,才引起各方的反思。"华盛顿共识"因拒绝政府在经济发展和转轨中的积极作用而受到广泛批评②。1999年底普京总统提出"俄罗斯思想",重新强调国家在政治、经济体制建设中的作用,即通过政治上建立强有力的国家政权体系与加

---

① World Bank country office data; Maddision (1982).

② Stiglitz. *More Instruments and Broader Goals: Moving Toward the Post - Washington Consensus*. The 1998 WIDER Annual Lecture (Helsinki, Finland).

强中央权力,保证俄罗斯实现市场经济的改革①。在这种思想指导下,1999年俄罗斯经济出现复苏,1999年俄罗斯国内生产总值增长5.4%,工业生产增长8.1%,基层企业的财政状况良好,企业利润同比增长2%,外贸顺差约为400亿美元;2000年在全球经济出现颓势的情况下,俄罗斯经济反倒爆出亮点,经济增长率达到9.0%,工业产值增长率约为9.5%,一些部门特别是轻工业部门增长更快,达到150%—200%,投资比上一年增长了近20%,外汇储备达到300亿美元,全年的国际收支差额达到10年来最高值约600亿美元,通货膨胀率被控制在21%以内②。

二、中国的市场化进程与财政公共化

从实践来看,我国将建立公共财政框架作为新时期财政改革的重要目标,是随着社会主义市场经济体制作用不断增强、财政改革不断深化而逐步认识和明确的。改革开放特别是1994年财税体制改革以来,我们一直在努力探索和构建适应社会主义市场经济体制要求的财政体制,在这期间尽管没有明确提出建立公共财政的目标模式,但我们已经在财政"公共化"实践中进行了很多探索与突破。

在计划经济体制下,经济资源的配置服从于国家计划,市场的作用受到排斥和禁止。高度集中的计划管理体制决定了高度集中的财政管理体制,传统的财政理论将财政职能定位于生产建设型,财政代替企业成为社会投资主体,成为社会再生产的主要构成要素。全社会基本建设投资的80%以上由财政拨款安排,财政基本建设拨款在整个财政支出中占30%—40%,居于首位。这一阶段财政运行机制的基本特征是以低价收购农副产品和低工资为基础,

---

① 普京指出:(1)俄罗斯必须在经济和社会领域建立完整的国家调控体系,这是指让俄罗斯国家政权体系成为国家经济和社会力量的有效协调员,使它们的利益保持平衡,确立合理的社会发展目标和规模,为目标的实现创造条件的机制。(2)在经济转轨的方法上,今后只能采用渐进的、逐步的、审慎的方法,切忌20世纪90年代机械搬用西方经验的错误做法,强调俄罗斯必须寻觅符合本国国情的改革之路。(3)重视社会政策。对俄罗斯来说,任何会造成人民生活条件恶化的改革与措施基本上已无立足之地。参见[俄]普京:"千年之交的俄罗斯",原载于《独立报》1999年12月30日。

② IMF, World Economic Outlook 2003: Growth and Institution;俄通社—塔斯社莫斯科2000年12月21日电。

企业利润上缴为主要形式的特殊财政收入机制①、大而宽的财政支出机制②、高度集中的财政管理机制。经济运行的好坏直接取决于财政投入产出的效果,财政安排生产、安排消费—积累比例、安排基建的效果。经济运行的矛盾直接反映为财政收支的矛盾。在这样的体制背景下,财政的首要任务是直接发展经济。

我国财政公共化的改革是与市场化进程相衔接的,在渐进的过程中可明显划分为两个阶段。

第一阶段:财政通过逐步退出传统的资源配置领域推动经济运行机制的市场化,以存量缩小的方式体现自身职能向公共化内涵的转变。从改革开始一直到社会主义市场经济体制基本框架建立起来之前,是我国从计划向市场转轨的一个比较长的量变积累期,时间跨度大致从 1978 年到 1992 年。这期间从转轨而言是要在打破旧体制约束的同时引入新体制的活力,并使新旧体制配置资源的能力和范围发生此消彼长的变化,使新的体制逐渐酝酿、形成;就发展而言是要实现经济持续、快速增长,到 20 世纪末基本达到小康,完成经济发展的前两步。因此这一阶段的经济运行同时包含了改革与发展两个主题,财政活动范围的界定十分复杂。一方面财政作为计划体制下资源配置的枢纽必须被打破,以便让体制外的资源能够寻求自发组合的方式,这就是我们讲的财政放权让利的过程。放的是资源配置权,让的是配置资源的范围,从而在计划体制的边界上才有了企业自主权的扩大、企业和个人收入分配比重的提高、银行经营业务的扩大、物资流通的放松等等,而这一切正是形成以利益为导向、以供求为平衡、以资本社会动员和形成为核心的市场化机制的雏形。另一方面,在配置方式的转型过程中,财政必须继续承担确保社会经济基本稳定的任务,这其中包括保持财政—国有企业的纽带关系(税收)以确保基本的平衡能力、支撑能力;保持对经济建设的较大投入以确保对经济总量的基本维持能力;保持对利益受损者的补贴以确保转轨的平滑度。这时的财政既要主动推进改革,又实际承担着改革所带来的损失和成本,收支

---

　　① 在 1957—1977 年的二十多年里,通过农副产品低价这一形式,农民承担了总额约 6000 亿元的"低价暗税";1956 年以后城镇职工经常性的工资升级被中止,在以后的二十多年里基本没有变动;企业留利率也一直很低,1978 年只有 3.7%。

　　② 财政职能延伸到社会各类财务职能中,包揽生产、投资乃至职工消费,覆盖了包括政府、企业、家庭在内的几乎所有部门的职能。

矛盾加大,平衡能力下降。此时,财政对经济的干预方式是多重的,既有直接作为生产主体、投资主体的部分,也有让出一部分资源让市场因素、市场主体经营的部分。财政的角色是多重的,财政与经济的关系也比较混乱、复杂。由于市场机制尚在形成中,市场与政府的关系界定还不清晰,市场缺陷和对政府职能的要求不突出,财政的职能也缺乏清晰界定的前提和基础。因此这一阶段总体上是一个传统资源配置方式逐渐被削弱、瓦解的过程,这种被削弱、被瓦解既表现为财政在经济增长中地位和比重的下降,也表现为财政体制内部分权化过程中,中央财政地位和比重的下降。其实质是财政对经济资源配置能力的下降和中央财政对整个财政资源配置能力的下降。由于与这种下降对应的是市场化配置资源和分权化配置资源的上升,因此在本质上是一个机制转换的过程、是一个制度变迁的过程。严格地讲,财政在这一阶段属于被改革的对象,其体制变动既来自于改革的压力,也来自于对维持基本平衡能力的底线的死守,因此还没有找到适应新体制要求的体制框架。但是这种渐进退出所带来的制度变迁效果是积极的,既推动了市场机制的逐渐形成,又保证了经济的稳定增长。与俄罗斯相比,我国财政支出占 GDP 的比重虽然也呈下降趋势,但这种趋势是平滑的、渐进的,体现着政府传统职能的渐进退出和市场机制的渐进生成。另一个支撑这种渐进退出的证据是在这一阶段长期保持的财政对国有企业、居民等的各种政策性补贴。这些补贴在改革初期的迅速增长与财政支出占 GDP 比重的下降形成反向作用,在总量缩减的同时起到了结构性补偿的效果,对于价格改革和国有企业经营起到了稳定器的作用。

第二阶段:财政通过自身改革建立适应市场经济体制要求的财政体制框架,逐渐将财政公共化的目标定位于弥补市场失灵,同时在这一过程中以增量拓展和存量的结构性调整,继续完成传统职能的退出和对改革进程的驾驭。1992 年我国确立以社会主义市场经济体制为改革的终极目标,并判定已经建立起社会主义市场经济体制的基本框架后,我们实际上进入了市场经济体制的完善时期。在此以后的过程中,由于市场机制已经在资源配置中发挥基础性作用,市场的效率和失灵都同时暴露出来,我国经济发展的特殊性也明显地显现出来,人们对市场、对政府有了更为深入的认识①。我们在实践中逐渐突破了市场化初期将市场经济等同于无政府、将政府等同于"守夜人"的极端、古典思想的束缚,对财政地位及职能的认识也就更深入了一步。即经济体制转轨、传统资源配置方式的转换、财政按传统方式配置资源能力的削弱,并不应该等同于财政地位的被削弱。在现代市场经济中,政府的介入为市场经济的运行提供了基本保证。财政面临的根本问题是在推进市场化改革、退出传统资源配置领域的同时,如何通过职能转型以适应新体制要求。1994 年我们在全国范围内进行了工商税制和分税制财政体制的改革,第一次真正按照市场经济的要求建立新的财税体制框架。在很短的时间内迅速提高了中央财政收入占全国财政收入、财政收入占国内生产总值两个比重,1994—2010 年全国财政收入增加了约 15 倍,全国财政收入占国内生产总值的比重由 11.2% 提高到 20.7%,中央财政收入占全国财政收入的比重在体制调整后迅速由 1992 年前的 38.6% 左右提高到 2010 年的 51.1% 左右,实际运行中一直在 50%—56% 之间。这次体制改革的实质是财力结构的调整,是财政在财权上的振兴。"两个比重"的提高主要是通过税制改革扩大税基、分税制改革划定中央与地方的财政分配关系所带动的积极性的提高来实现的。这一改革改变了改革以来财政收入占国内生产总值比重从 1978 年的 31.2% 下降到 1994 年的 11.2% 连续 15 年日益积弱的趋势,增大了财力安排上总体的回旋余地,同时也在一定程度上增强了财政体制承载 1998 年以来两次实施积极财政政策的能力。因此,从实际效果来看,体制对市场化进程的适应与配合是积极的。但是体制在某些方面的过渡性特征也是明显的,突出表现在财政职能的界定和各级财政的关系界定上,并导致财政在支持经济发展的方式上缺乏明确的界定,财政收支结构和范围还不尽合理;财政在支持其他事业发展方面的职能界定还不清晰。这些过渡性特征仍然对经济社会发展构成体制性的约束。

---

① 我们在政策导向上开始明确提出"我国市场发育还不成熟,必须加快市场体系的培育和发展……同时要看到,市场也存在着自发性、盲目性和滞后性的一面,国家必须对市场活动加以正确的指导和调控"。更为重要的是由于"我国是发展中的大国,又处在经济体制转轨、产业结构升级和经济快速发展的时期,加强和改善宏观调控尤为重要……经验证明,微观经济越放开,市场化的进程越快,要求宏观调控越有力和灵活有效。加强和改善宏观调控,要有必要的集中和相应的手段"。参见江泽民.正确处理社会主义现代化建设中的若干重大关系(1995 年 9 月 28 日).十四大以来重要文献选编(中).第 1468 页。

在改革开放后的三十余年中,我们的认识和实践又经历了一个不断深化的过程。比如"集中财力,振兴国家财政,是保证经济社会各项事业发展的重要条件"①,强调"衡量财税工作做得好不好的根本标准,就是要看是否有利于我国社会主义市场经济的发展和社会主义制度的巩固,是否有利于维护好、实现好和发展好广大人民群众的根本利益,是否有利于维护国家统一和安全、促进民族团结和社会稳定"②。"在努力促进先进生产力的发展和增加财政收入的前提下,将财政支出主要用于满足我国最广大人民群众的社会公共需要,包括政治、经济、科学、教育和文化等方面的公共需要……"③在此基础上,党的十六届三中全会《决定》对新时期市场—政府的关系做出了新的界定,明确提出在"更大程度地发挥市场在资源配置中的基础性作用,增强企业活力和竞争力"的同时,要"健全国家宏观调控,完善政府社会管理和公共服务职能,为全面建设小康社会提供强有力的体制保障",要"切实把政府经济管理职能转到主要为市场主体服务和创造良好发展环境上来"。要在完善财税体制的基础上,"完善财政政策的有效实施方式"④。伴随这一过程,我国在税制方面的改革(如所得税分享、税费改革)、支出结构的调整(增加对社会保障、教育、科学等的支出)也在渐进推进中。

总体上中国的经济改革是在政府主导下进行的。为了能够充分利用已有的组织资源,保持制度变迁过程中社会的相对稳定和新旧制度的有效衔接,政府在改革出台的时机、步骤的把握、利弊的权衡、变迁进程的调整等方面都起着决定性的组织和领导作用,财政也为推动制度变迁掌握着资源配置权限与范围的进退尺度,在市场培育和市场弥补两方面发挥作用。

中国政府在转轨中的作用以及财政政策的效果越来越受到国际组织的肯定。根据1996年世界经济论坛和瑞士国际管理与发展研究院每年组织和公布的国际竞争力评价,转型国家国际竞争力比较要素及排名中,中国以26

① 江泽民.高举邓小平理论伟大旗帜,把建设有中国特色社会主义事业全面推向二十一世纪(1997年9月12日).人民出版社.1997。

② 江泽民.关于财政税收工作问题(2000年1月19日).建立稳固、平衡、强大的国家财政.人民出版社.2000.第6—7页。

③ 李岚清.以"三个代表"重要思想为指导　逐步建立公共财政框架(2000年11月20日).以"三个代表"重要思想为指导　逐步建立公共财政框架.经济科学出版社.2000.第2—3页。

④ 中共中央关于完善社会主义市场经济体制若干问题的决定.人民出版社.2003.第12页,第21—23页。

名的高分排列在所有转轨国家的第一位。在对政府作用进行评价时,中国在
6个大的方面、30多个指标的综合排名位于转轨国家的第一位(见表8.2)。

表8.2   部分转轨国家竞争力指标排名情况

项目	要素总排名	国债	政府开支	政府参与经济	政府效率和透明度	财政政策	社会政治稳定
中国	9	4	21	24	40	7	28
捷克	34	11	17	35	18	37	38
匈牙利	40	38	26	23	31	39	35
波兰	43	37	39	19	36	34	43
俄罗斯	46	42	38	45	44	36	46

资料来源:The World Competition Report(1996),IMD.

三、财政在"市场—财政—政府"框架中的积极性

基于转轨国家"体制市场化—财政公共化—政府职能转型"三位一体的
框架,以转轨的全过程为大背景,我们发现,财政在中国整体转轨进程中始终
处于联系其他诸项改革的枢纽位置,并在新旧体制转换的各个联结点上发挥
着承前启后的传导功能。与成熟市场经济体制所表现出的静态性相比,转轨
是一个从"(计划)→(计划>市场)→(市场>计划)→(市场)"的动态、渐进
过程,此时,在转轨背景下考察财政的作用,从经济体制转换的角度,由于市
场与政府在社会资源配置中的基础地位将发生质的改变,经济体制与政府体
制的动态特征更为突出,市场功能的主导作用和政府经济职能的转换,使财
政必须不断适应经济运行这种基础性变革。同时,由于经济体制转轨本身也
成为需要时时面对的一项重要任务,为了减少市场与政府职能替换所产生的
摩擦,保证转轨的渐进推进,财政还要承担对转轨过程进行干预的特殊职能
要求。改革实践已经证明,对这些关系的驾驭既直接影响到市场与政府的关
系,也直接影响到财政发展变化的过程。

概括起来,财政的积极性体现在以下两个过程:第一,财政通过逐步退出
传统的资源配置领域推动经济运行机制的市场化,以存量缩小的方式体现自
身职能向公共化内涵的转变;第二,财政通过自身改革建立适应市场经济体
制要求的财政体制框架,逐渐将财政公共化的目标定位于弥补市场失灵,同
时在这一过程中以增量拓展和存量的结构性调整,继续完成传统职能的退出

和对改革进程的驾驭。

(一)把握财政发展变化的内涵

财政发展变化的原因从根本上讲,是转轨深化、市场化、政府—市场关系调整的结果和要求。这种变化是全方位的,包括财政的性质、职能、体制、管理等,还包括财政与经济的关系以及财政作用于经济的方式。在传统计划经济体制下,市场受到排斥,政府包揽了几乎所有资源的配置,财政既是资源配置的主要方式,也是决定经济运行的直接手段。改革开放以后,随着政府—市场边界的重新调整与界定,政府逐步退出一些领域的资源配置,或是不再参与一些新的领域的资源配置,财政的职能也相应地需进行调整,如对企业的放权让利以扩大企业经营自主权,对外资企业、个体私营企业、经济特区等实行特殊的税收减免政策等。这些调整表面上是财力状况的变化和决定经济运行能力的下降,实质是生财、聚财、用财观念的变化,更深一层则是随着市场化进程而导致的财政职能及体制的相应调整。

20世纪90年代中期,随着社会主义市场经济体制基本框架的确立,市场逐步在经济运行中发挥配置资源的基础性作用,此时的整个经济运行明显表现为市场主导型。市场主导的特点是效率优先,但同时也存在着配置无效的领域和无法自动实现公平的问题,这些方面需要政府出面来加以解决。在这样的体制背景下,1994年的财税体制改革是政府第一次按照市场经济要求进行的体制设计,总体上是成功的,这在以后的财力增长和调控能力方面都得到了证明。这次改革的着力点主要集中在如何解决改革开放的前15年中由于"放"、"让"所导致的财政总体实力过弱、财权关系混乱、中央财政调控能力严重不足等问题。这既反映了以"放"、"让"发展经济的效率递减,也反映了财政的日益不堪重负,改革意味着一种启动和发展经济模式的结束。但是客观地讲,改革对于财政职能的重新界定与调整是不明确的,至少在以后的实际操作中是如此。这种不明确突出表现在两个方面:一是财政支出的结构没有大的变化,政府投资与行政事业支出仍然占相当大的比重,公共事业发展支出增长仍然不足,新增财力在使用上的政策导向不够突出。1998年以来虽然中央迅速增长的财力大都用于对中西部的转移支付,但主要以专项下达,更多地服从于短期政策兑现的需要,在支出范围的确定、支出原则与方式上都缺乏规范性、科学性。近些年经济与社会矛盾的增加、区域之间矛盾的增加、城乡矛盾的增加、国内外协调问题的增加,都反映了政府—市场职能匹配上的冲突,反映了财政调控范围与经济社会全面发展关系上的冲突,反映出财政运行还不能完全适应既有市场经济格局的要求,公共性不足、职能缺位、监督考评不够等问题仍然存在。二是财政干预经济的灵活性不够,手段比较单一。为了应对经济失速、失业增加而实施的积极财政政策,其效果虽然直接,但对经济增长和结构的负面作用也比较明显。容易产生对财政政策作用及其工具的片面认识,从而忽视财政自身改革、发展中存在的深层问题。

(二)全面认识和理解财政的积极性

财政是实施资源二次配置的部门,"取之于民,用之于民",取得有序、有度,用得合理、有效,就说明财政运行是积极的,是有作为的。这就意味着财政本身并没有自己的特殊利益。在经济转轨的背景下,财政的积极性表现在两个方面:

一是财政对经济社会发展的协调和推动作用。财政的体制安排、税制设计要有利于激发企业的活力、有利于经济增长,做大"蛋糕";同时财政的支出安排又要有效地弥补市场机制的不足,有利于实现社会公平,有利于提高公众的福利水平。当前,仅仅关注财政直接贡献和直接拉动的观念已经不适应市场经济体制的要求。市场机制的核心是如何让企业作为,让企业积极去创造财富,最终实现社会财富的增长。在这种经济制度下,财政新的含义就不再是自己去更多介入具体的生产经营过程,去直接创造经济增长,而是如何支持和推动市场内在机制的生成与发育,如何减少不必要的干预,使市场机制的运行和传导更有效率。

二是财政对整个经济体制转轨的适应和推动作用。改革的不同阶段,财政积极性的表现也是不同的。在社会主义市场经济体制基本框架建立以前,财政支持改革的主要目标是如何通过传统体制的退让,引入市场化因素,包括实现价格的市场化、促进商品交换关系的形成、推动利益多元化、建立社会资本动员与积累机制等,使市场化的影响逐步扩大并最终促成机制的形成。因此,1978—1993年持续15年总体上以"放权让利"为主的财政格局,虽说是"放""让",但对改革的启动和发展是有利的,对企业的发展和民间资本的形成是有利的,是积极的。而在市场机制框架基本建立后,这种"放""让"体制的政策效果已不明显,甚至产生了负面影响,尤其在企业改革方面,到财力的制约使财政许多新职能无法实现时,说明体制的积极意义已经下降了,不能适应新的市场环境的要求,必须进行改革。

在市场机制主导的经济运行中,财政对转轨的支持主要表现为两个方面:一方面要考虑如何适应市场机制的要求,弥补市场配置的缺陷与不足,完善对公共资源的配置,使市场机制和整个经济制度的效率得以发挥;另一方面,财政要继续承担和支付一部分转轨成本,协调转轨中后期所积累的各种矛盾。这其中国有企业产权改革、社会保障体系的建设、"三农"问题、政府职能转换与行政体制改革,是制约市场经济体制健全与完善、实现全面小康的主要问题。财政要为这些问题的解决发挥积极作用。

财政的积极性还来自于财政体制创新和政策创新的进展。政策创新主要表现为随着经济运行状况和经济波动而灵活调整财政政策、恰当加以应对的能力。体制创新则主要表现为通过体制改革与调整提高财政体制对经济发展与改革的适应和推动能力,改善财政—经济之间的关系,尤其在经济转轨背景下,体制创新能够保证财政积极性的长效发挥。由于一定的体制决定着政策应对的弹性和能力,体制创新的意义更为重要。

(三)以发展的眼光看待财政问题

在经济、财政发展中认识和解决财政问题,意味着我们必须处理好改革与发展、稳定的关系,任何以牺牲发展、稳定为代价的财政改革都不可能得到支持、获得成功。这一命题包含两层含义。一层含义是用发展的眼光看待转轨中出现的问题。由于经济转轨处于过程中,一个阶段的体制、政策有它的合理性,同时也存在着不完善性。随着实际经济状况的发展变化,其积极的方面会逐步递减,矛盾就会逐步积累和尖锐,这是渐进改革的合理过程。我们既不能因此而否定既有体制、政策的进步性和改革的意义,也不能一味无视进一步改革的紧迫性和积极意义。质变总是在量的积累和深化中逐步完成的,我们要看到这种发展的历史继承性。我国经济体制转轨的总体背景,决定了财政体制总是处于适应—不适应—适应的动态过程中。1994年财政体制的重大意义和对1998年以来积极财政政策的保障作用是有目共睹的,但这并不因此说明那样的体制就是完善的、始终有效率的。在整个经济体制处于由计划向市场转轨的背景下,市场化的程度和市场配置资源的广度和深度,深刻地影响着政府职能的范围和基本取向;政府与市场的关系则决定着政府对于财政的基本要求;财政职能的定位则进一步决定着各级财政的基本财权事权关系、决定着与之适应的管理体制。我们从三十多年的改革历程中,可以清晰地看到财政体制变动与整个经济体制演进的这种互动关系。按照这样的次序,财政体制的适应与不适应也必然要受到经济转轨进展程度的影响。与时俱进是正确观察和评价不同阶段财政行为效果的基本方法。

另一层含义是在发展的过程中逐步解决问题。问题在发展中产生,就只能在发展中解决。转轨中矛盾的复杂性和关联性,决定了停止发展来处理问题的思路,既不利于发展,也不利于问题的解决。这就好比"水落石出"的道理,水是经济社会发展的流量,石头是存在于其中的问题。始终保持稳定的流量与流速,既有利于整个循环,又能起到冲刷和消化问题的效果。一旦水流减缓减小,甚至停滞不前了,水的合力没有了,石头就会集中暴露出来,结果必然是循环中断,问题反而更加严重。因此,任何以牺牲发展为代价来解决问题的方式,都会失去民心,注定不能被接受。

第九章

财政对转轨进程的体制保障与政策干预

第一节　经济转轨进程中的财政制度创新逻辑

以 1978—2020 年的转轨过程为大的背景,站在目前的时点上作一番"回顾"与"前瞻"的考虑会发现,在政府主导的渐进路径上,政府既推进着市场机制的建立,也同时推动着计划手段的创新,在市场机制发挥作用的同时,又始终承担着计划体制下的诸多任务与责任。财政作为政府政策实施的财力保障,以自身的变动见证了这一过程。协调各种利益关系,维系改革、发展、稳定的经济社会环境的任务无一不与同样处在变革进行中的财政体制的运行绩效密切相关。

在中国整体改革进程中,财政改革始终处于联系其他诸项改革的枢纽位置。纵观财政改革历程,一方面,其成功起到了推动经济转轨、调控经济运行的作用;另一方面,在整个转轨进程中,财政自身也经历了一系列改革,初步实现了向市场经济体制下公共财政取向的转化。但是,包括中国财政体制变革在内的整个经济体制改革,仍然是遵循着现代市场理论的基本原理和计划体制向市场体制转轨的基本规律进行的,只不过中国政府依据自身的国情和已有的正反经验,以制度创新的态度来应对了过程中的错综复杂矛盾的挑战。从总揽的高度对中国财政体制变动的已有实践线索进行逻辑梳理和规律探讨,不仅有利于深化对财政制度创新

的深刻性认识,更重要的是对作为一个实践框架的财政制度的继续创新
进行的前瞻性思考。

一、财政制度变迁的阶段性分析

财政制度创新与经济转轨进程之间有着深刻的互动关系,财政体制变迁
的阶段性划分,或者说具有创新特征的阶段性划分应服从于经济转轨的创新
背景。1978年以来的中国财政体制变动可以3个标志性事件来贯穿:一是延
续较长一个时期的财政放权让利、分灶吃饭的体制与政策;二是中央与地方
之间以划分税种为基础而确立的适应社会主义市场经济体制的财政—税收
体制框架;三是为应对金融危机和国内市场需求不足而实施至今的积极财政
政策及公共财政取向的改革。

1.财政体制与政策运行的第一阶段是以放促活,即以"分灶吃饭"、"放权
让利"的体制促动微观经济活力和市场机制形成(1978—1993年①)。这期
间,财政体制经历了三次大的变动:(1)1980年以前的"统收统支"体制。
财权集中于中央,中央财政根据国民经济计划核定地方的收入数额,按企
业事业的行政隶属关系,核定地方的各项支出,然后根据收支指标,核定地
方的收入留成及中央补助数额。(2)1980—1984年的"划分收支、分级包
干"体制,又称"分灶吃饭"体制。根据各种财政收入性质和企业、事业单位
的隶属关系,将财政收入划分为中央固定收入、地方固定收入和中央与地
方调剂分成收入;按企业、事业单位的隶属关系划分,由中央直接管理的,
列中央财政预算支出,由地方管理的,列地方财政预算支出,中央再专项设
置一部分资金用于解决特殊问题;以1979年为基数确定地方的收入、支出
基数,五年不变。(3)1985—1987年的"划分税种、核定收支、分级包干"体
制。基本按第二步利改税后设置的税种,将财政收入划分为中央财政固定
收入、地方财政固定收入和中央与地方共享收入;原则上按行政、企业、事
业单位的隶属关系,划分中央与地方的财政支出;以1983年为基数确定地
方收支基数,五年不变;实际执行中将地方固定收入与共享收入加在一起,
确定一个中央与地方的分成比例,实行总额分成。(4)1988年以后各种形

---

① 1992年开始分税制改革试点,1994年正式实行以分税制为特征的财税体制改革。

式的包干体制。收入递增包干;总额分成办法;总额分成加增长分成办法;
上解额递增包干办法;定额上解;定额补助。

2. 财政体制与政策运行的第二阶段是分税立制,即确立以分税制为基本
特征的适应社会主义市场经济体制要求的财政体制(1994 年至今)。1994 年
财税改革的重点是工商税制和分税制财政体制:(1)以公平税负和简化税制
为核心,建立以流转税和所得税为主体,其他税种相配合的工商税制,以解决
税制复杂、重复征税等突出问题。(2)在中央和地方财政之间实行分税制改
革,按照中央与地方政府的事权,确定各级财政的支出范围;根据事权与财权
相结合的原则,按照税种统一划分中央税、地方税和中央地方共享税,并建立
中央和地方两套税收征管机构;以 1993 年地方收入为基数核定对地方的税
收返还数额,并逐年递增。

3. 财政体制与政策运行的第三阶段是多重磨合,即在积极财政政策应对
经济周期和确立公共财政取向改革的多重目标中,磨合财政体系内部职能、
体制、管理的多重关系(1998 年至今)。(1)1998 年下半年以来,为应对外部
金融危机、防止经济失速,财政政策由适度从紧调整为积极扩张,通过大量发
行国债吸纳沉淀资金、降低金融系统风险、扩大基础设施投资以刺激和拉动
经济增长成为积极财政政策的基本思路。(2)公共财政取向的改革主要着眼
于财政管理层次,包括三项内容:部门预算改革,将部门的各种财政性资金
(包括预算外资金)逐步纳入一本预算中编制;国库集中支付制度改革,通过
建立国库单一账户体系,逐步对财政资金进行集中收缴和支付;政府采购制
度改革,要求各级国家机关、实行预算管理的事业单位和社会团体逐步以竞
争、择优、公正、公平、公开的形式使用财政性资金,以购买、租赁、委托或雇佣
等方式获取货物、工程和服务。

二、财政制度创新的机理与绩效评价

(一)财政体制与政策运行的第一阶段

第一阶段改革在总体上都具有通过财政体制的调整与退让,打破“大
一统”的传统计划经济体制、释放旧体制活力、酝酿新机制形成的特征。这
种特征可分为三个方面:一是经济增长和分配结构的变化。改革首先在农
村启动,主要的财政政策是增加投入、提高农产品收购价格,以承包制调整

分配结构,增加农民收入;企业改革方面,主要是财政对国有企业的放权让利和对非国有企业的税收优惠政策。在这些改革过程中,国民收入分配结构发生了深刻变化,1979 年国民储蓄部门结构中,家庭部门、政府部门、企业部门的比重分别为 23.6∶42.8∶33.7,到 1991 年变动为 70.5∶4.1∶25.9,家庭部门的迅速上升意味着"大一统"的分配格局被打破。二是经济运行和资本积累模式的变化。在改革价格机制、建立商品交换关系方面,财政采取了供给、需求双向补贴的方式来抵消通货膨胀,实现平稳过渡。1978 年财政用于支持价格改革的补贴支出为 11.14 亿元人民币,1992 年增加到 321.61 亿元。在资本积累模式方面,国民收入分配结构的调整带来了家庭部门收入比重的上升和社会资金的增加,社会资金的增长促进了相应的储蓄—投资动员机制的形成,金融逐步替代财政成为社会资本积累的主要模式。三是财政自身地位与状况的变化。在放权让利过程中,国家财政收入占国内生产总值的比重从 1978 年的 31.2% 连续下滑,到 1994 年降到 11.2%。中央财政收入占全国财政收入的比重由 1979 年的 46.8% 下降到 1992 年的 38.6%。财政在不断减收增支的压力下,只能通过大量增加银行借款来维持运转,1979 年财政向银行借款 90.2 亿元人民币,占当年财政支出的 7.1%,1992 年借款额达到 1241.1 亿元,占当年财政支出的 28.3%。在这一过程中,财政渐进的制度激励效果是明显的:一方面,体制退让打破了"大一统"的高度集权格局,放权让利的实质是扩大了地方配置资源的权力,形成了各地在其隶属关系内开展创新的积极性;另一方面,国民收入分配格局的根本变化促进了多元化市场主体的形成和市场化价格机制的形成。

在已有的改革回顾中,关于这一阶段财政的地位一直没有得到足够的重视,财政的日益积弱和数度面临收支危机而不得不做出的被动调整常常受到指责。事实上,从经济转轨全局而言,财政一直居于启动和支撑改革的枢纽地位,财政体制的连续退让、补贴的增长、借款的增长都有服从改革进程的制度创新的内在合理性。对于这一阶段财政制度创新的经济绩效,笔者曾用突破纳克斯"贫困的恶性循环"原理来解释其全局意义。按照纳克斯的分析,发展中国家经济发展缓慢、长期难以摆脱困境的原因在于"低收入"水平的制约,这既是供给方面低储蓄、资本短缺、生产率低下之因,也是需求方面低购买力、投资引诱不足之因,供给与需求受此制约而陷入恶性循环。纳克斯提出的办法一是外部资本注入,二是内部强迫储蓄①。但当时中国面临改革与发展的双重任务,根本不具备相应的条件,实际的经济启动采取了“财政收入超分配—提高家庭企业部门收入水平”的结构性调整。财政退让策略启动和支撑这一阶段改革的逻辑顺序为“财政让利在分配领域的突破带来了国民收入分配格局的调整→个人、企业的利益得到认可和增长,脱离计划控制的货币剩余增多,由此孕育了利益主体多元化格局的出现,并自动创造了资金的供给与需求→储蓄动机与投资动机导致金融地位凸显,金融的成长又反过来推动储蓄—投资的转化”。由分配领域发动的这一系列改革,还伴随着计划控制的必然削弱,市场化的价格机制和商品交换的基础关系得以建立。这些因素综合起来反作用于生产过程,带来生产方式的变革,经济运行的商品化、货币化程度不断提高,货币资本化所带来的资本运动不断扩张,以市场配置资源、以资本再生产推动的社会再生产过程得以逐步确立。

(二)财政体制与政策运行的第二阶段

1994 年的财税体制改革是第一次按照市场经济原则进行的分配关系的调整,在财政改革史上具有转折点的意义。整个经济制度质的演进意味着市场与政府的关系已经进入一个新的阶段,过去单纯放权让利的改革思路已不再适应下一阶段的要求,政府公共支出责任的增强需要一个全新的财政体制框架来承载②。就经济运行而言,市场与政府关系调整的核心是配置资源权限的划分,即重新界定政府的事权,并提供相应的财力保证,这是整个经济体制变迁作用于财政体制的更为深刻的内涵。1994 年财税体制改革无疑适应了这一变迁,其内在合理性也在于此。这样的判断可以从 1994 年改革前后的财政、经济状况来印证。改革前的困境主要表现在两个方面:一是财政推动经济改革与发展的正效率递减、负效率上升,作为过渡性策略的体制设计

---

① 纳克斯.不发达国家的资本形成.商务印书馆.1986。

② 中共十四届三中全会通过的《关于建立社会主义市场经济体制若干问题的决定》中明确规定了近期财税体制改革的三项重点,即将“现行地方财政包干制改为合理划分中央与地方事权基础上的分税制,建立中央税收和地方税收体系”列为三项重点的第一项,并具体规定了逐步提高财政收入在国民生产总值中的比重、合理确定中央财政收入和地方财政收入的比例、实行中央财政对地方的返还和转移支付的制度等内容。

已经不能适应演进中的经济运行要求。突出的一点是按行政隶属关系实行的利益分权模式越来越助长地区经济封锁和市场割裂，不利于经济结构调整；而各地按行政隶属范围设置的保护性措施，形成了"块块"之间的封锁，不利于全国统一市场的建设。与此同时，以财政退让政策提高企业自我积累、自我发展能力的政策初衷与实际效果的差距也越来越大。随着情况的变化，企业效益的进一步提高已不再是单纯减税让利可以解决的。二是在渐进转轨的过程中，多种规则并行的矛盾导致财政体制的分割局面，并直接导致财政收入的分割与下降。

改革后的效果也表现在两个方面：一是财政收入的迅速增长，财政局面的迅速改善，表明财政运行得到了适宜的体制保障。1994—2010 年全国财政收入增加了约 15 倍，中央财政收入占全国财政收入的比重提高到 52% 左右，实际运行中一直在 50%—56% 之间。改革前后比较，1987—1992 年包干体制下，全国财政收入平均每年增加 226 亿元，体制改革后，1994—1997 年全国财政收入平均每年增加 1073 亿元，1995 年以后平均每年增加 1800—1900 亿元。二是新体制总体上适应和支撑了 1998 年以来的积极财政政策在体制、财力等方面的要求，保证了积极财政政策的运行。

（三）财政体制与政策运行的第三阶段

1998 年的财政制度创新与 1994 年的财税体制有着内在联系。1998 年以后的政策效果是以 1994 年体制为基础的，体现了体制实践的意义及体制的效率。对 1998 年财政制度创新的评价不能仅仅局限于政策实施的具体内容，而必须置于大背景下深化两点认识：一是 1994 年财税体制改革与整个经济转轨的内在联系，即制度必然性，正是经济转轨的背景决定了 1994 年财政制度创新的转折点意义；二是 1998 年以来积极财政政策与 1994 年财政体制的内在联系。1994 年的体制基础为市场化的调控政策提供了平台，财力的迅速增长承载了 6600 亿元国债的潜在风险，专项性的转移支付扩大了公职人员工资、社会保障、中西部发展等方面的支出，从而保证了 1998 年以来财政政策的有效性[1]。因此，1998 年以来的财政运行可以看做是第一次按照市场

---

[1]　从 1998 年开始国家财政连续 5 年增发国债 6600 亿元，国债投资对当年经济增长的贡献率分别为 19.2%、28.2%、21.3%、24.7%、25%。1998—2002 年国债投资占当年新增固定资产投资的比重分别为 28.9%、75.9%、54.3%、34.9%、23.9%。

经济原则进行的宏观调控实践。

　　1998 年财政制度创新的原理和全局意义可以概括为：①我国的经济体制改革首先以财政放权让利，收入分配向个人和家庭部门倾斜，打破了低收入制约下的恶性循环，推动了经济增长，并使经济运行逐步走出了短缺状态。②当经济体制改革进入到市场机制开始主导国民经济运行但其体系远未完善、短缺经济现象基本消失、供求结构非均衡上升为主要矛盾的特殊阶段以后，由于多"二元结构"约束和"储蓄过量漏损"①交互作用，产生了家庭部门消费需求不足、滞留银行存款偏多及企业部门投资意愿不足的严重不对称问题。③政府针对连续使用货币政策工具作用不明显的情况，通过财政投融资的政策创新与银行信用对接，将家庭部门滞留在银行账户上的储蓄沉淀吸纳转化为政府公共投资，拉动经济，从而避免了经济失速，以及因信用紧缩可能发生的一系列连带支付问题②。④这一财政运作机制创新的政策目标可以由图 9.1 来描述。显然，积极财政的政策目标是通过政府投资推动启动市场机制的传导和自运行能力，即经济增长→消费旺盛→投资活跃→经济增长的循环。

　　而 2008 年开始实施的积极财政政策与 1998 年具有类似的特征，都着眼于抵御金融危机的负面影响、增强经济发展活力；从操作方式来看，以公共投资扩张为特征的新一轮财政政策也无疑是 1998 年的重演。可以认为，2008年以来我国实施的积极的财政政策正是对 1998 年所进行的财政制度创新后的一次更为具体的实践。

---

　　①　多"二元结构"是指在中国目前阶段，不仅存在着传统意义上的"二元结构"问题，同时还广泛存在着城与城之间、乡与乡之间、产业与产业之间等由转轨引起的"二元结构"问题。储蓄的过量漏损问题是指由于居民对社会契约由计划向市场转换的支出预期强烈，普遍采取抑制消费的行为，导致储蓄大量沉淀无法向投资转化的漏损现象。

　　②　统计资料表明，中国金融机构在 1995—2001 年间，"存差"持续扩大，分别为：1995 年 0.3万亿元、1996 年 0.7 万亿元、1997 年 0.7 万亿元、1998 年 0.9 万亿元、2000 年 2.4 万亿元、2001 年3 万亿元。

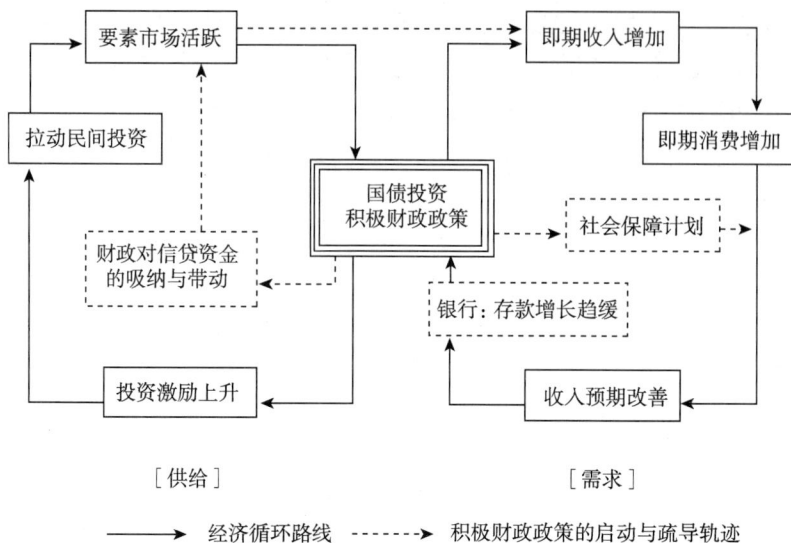

图 9.1   积极财政政策对经济循环进行疏导的作用机理分析

（四）经济转轨背景下的财政制度创新

关于经济转轨背景下的财政制度创新与效果可以简单地描述为一个链式过程：1978 年财政以体制退让启动和支撑改革→经济体制与财政体制的不同演进带来相互之间关系的变动，财政推动的转轨绩效曲线变动、财政自身运转绩效曲线变动成为考察财政制度创新的重要指标→随着两个曲线的负效率持续大于正效率，财政体制已大大落后于经济体制进程和自身的财力要求，面临创新压力→1994 年财税体制改革源于市场经济体制对财政的要求，是按照微观市场机制调整宏观调控体制的改革，由于这种适应性，财政自身的状况迅速改善→1998 年经济运行的周期性变化提出了政府宏观调控的要求，积极财政政策是针对市场经济进行的第一次调控手段的创新，其效果体现了宏观体制与政策对市场环境的适应性。

总体上看，财政的制度创新逻辑始终包含两项内容：一是作为政府推动经济转轨、调控经济运行的重要手段，要不断根据体制演进和经济运行的变化进行创新；二是本身作为经济转轨的一部分，适时进行改革，保持与整个体制的同步性和一定的运转效率。这两项内容交织在一起，形成财政制度创新的基本线索，同时二者的关系也构成制度创新的深层原因。

三、战略机遇期的财政制度创新选择

转轨前期的财政体制创新,从其框架体系上看,显然是不规范和完整的,但是,这种体制承载着繁重的任务在修修补补中较为稳定地运行了 15 年,推动了市场化价格机制的形成。1994 年财税体制改革是财政发展史上的一次重要创新,呈现出符合社会主义市场经济体制要求的基本轮廓,较好地承载了此后财政政策的实施,具有转折点的意义。但由于体制本身仍带有明显的过渡性特征,面对未来完成转轨的成本支付、推动产权改革等任务显然又难以胜任,因此在运行十几年后也已面临再次创新的迫切性。从现在到战略机遇期结束还有近 10 年的时间,在整个转轨过程中是一个比较长的时期,也是最终完成转轨、实现经济持续增长的重要时期。对其间可能出现的变动进行预测是很困难的,根据我们归纳的财政制度创新逻辑来分析,所有的变动仍将落实于两项基本任务,即财政如何推进改革与改革自身,并且要在统筹中保证两项任务的完成。围绕这两项任务,财政运行面临的矛盾和潜在矛盾可以概括为两个方面。

第一,如何在实现经济自主增长的同时顺利淡出。1998 年和 2008 年,政府在应对经济周期性变化中希望通过公共投资的拉动维持一定的经济增长速度,使投资转化的收入效应能够刺激边际消费倾向的提高,消费的启动和扩大再刺激民间投资,从而使经济恢复内在的增长秩序。这是通行的政府通过外部调控以恢复市场机制自主运行的原理。但是我们在实际执行中却一直面临着消费难以启动、内需难以扩大的障碍,政府投资无法改善市场机制的传导,而是形成了政府投资→经济增长→政府投资→经济增长的直接外部推动式的经济运行特征。这其中的原因,直观地看政府投资带来的收入效应没有明显改变消费预期和消费倾向,而是更多地转化为储蓄的增加,从而使经济运行中的储蓄—投资机制进一步失衡。在没有自主投资动力的情况下,政府必须通过发行国债吸纳更多的储蓄以消化这种失衡,于是前一次扩大投资的效果转化为储蓄,成为下一次扩大投资的压力。这种情况表明市场机制传导的消费环节出现了严重阻滞。正是这种阻滞使积极财政政策陷入一轮接一轮的直接拉动的循环中,外推式拉动逐渐成了经济增长的常量,财政政策的退出变得不可预期。

在积极财政政策难以退出的同时,支撑政策运行的财政体制的承载能力则越来越显得不足。一方面1994年财政体制不完善的问题逐步加剧。1994年改革重在建立适应社会主义市场经济要求的新体制框架,在思路上采取了双轨并行、存量不动、增量调整、逐步到位的渐进策略,一开始体制的过渡性特征就很明显。随后的财政运行中,在体制总体适应的格局下,这些过渡特征所潜伏的矛盾也逐渐暴露出来,突出表现在基层财政的困难和区域之间财力的不平衡上,体制内部不同行政级次财政之间财权与事权的不对称已经影响到整个体制的运行与内部传导。另一方面,在承载积极财政政策实施过程中,一些旨在扩大内需、维护社会稳定的政策因财政体制的不完善而在自上而下的执行中遇到困难。基层财政事权偏重、收入筹措能力不足、区域差距较大等体制性问题迫使中央财政通过各种专项转移支付来确保政策的兑现,而且其中有关增加工资等支出是刚性的、连续性的。按照1994年制定的渐进策略,近年来转移支付中旧体制的因素所占比重明显下降,但值得注意的是各种专项性转移支付比重的迅速上升几乎占了全部的增量。这部分转移支付中固然有一些是用于平衡区域间公共服务水平的,但更多的还是服从于政策的应急性安排,这种趋势对体制的影响是不容忽视的。

第二,需求不足等问题的过早出现和积极财政政策效果的有限已经表明,反周期的应对措施只能治标,根本的原因在于传统体制对消费的制约阻碍了市场机制的传导,其中旧的社会契约的桎梏是关键。在传统计划经济体制下,为了实现工业化目标,政府与公众之间相应形成了一系列社会契约。这些契约一方面要求公众必须忍受工业化和经济增长带来的消费利益的牺牲,以使积累保持在较高水平;另一方面则通过统一标准将较低价格的福利和社会保障安排于企业成本或单位中。改革开始后,随着价格改革、企业经营机制改革的渐次推进,福利性公共产品提供的价格逐步提高,成本逐渐外部化,这一部分福利性公共契约的解除就成了越来越大的一个包袱。正是这些旧的社会契约的限制,使刺激消费的政策大打折扣,日益突出的就业和社会保障问题,既影响着经济增长和社会稳定,又吃掉了大量的财政支出。

这些契约总体上可划分为三类:第一类是政府与农民之间的契约,农村税费改革实质上就是要解除旧的契约,建立新的契约,由政府承担新的事权支出。这笔庞大的、连续性的专项转移支付中央财政是否能够承受,以后又如何从体制上规范？但理顺这些体制关系对调整日益明显的"二元结构"和多"二元结构"问题、加快小城镇建设、保障农村公共事业发展、解决农村劳动力的转移和农业发展潜力问题都将是战略性的。第二类是政府与国有企业职工之间的契约，主要是国有企业离退休人员的养老金和相关费用，及国有企业失业下岗人员的基本生活保障金和相关费用。另外还有国有经济调整过程中劳动合同解除的补偿问题、银行不良资产的处置问题、国有资产支配权的赎买问题等，虽然这类契约到目前为止已经基本解除，但所遗留下来的问题仍不容忽视。第三类是政府与公职人员之间的契约，政府行政管理体制改革的核心是提高政府配置资源的效率，直接涉及政府机构和人员的精简，即降低行政运行成本。

由于这些旧的契约已经形成对市场机制传导的阻滞和进一步改革的阻力，在某种程度上可以说财政负担支出、承载政策的能力决定着转轨的速度和市场机制运行的效率[1]。旧的契约解除快一些会加大财政的压力，但有利于经济自主增长能力的恢复和市场机制的完善，慢一些可以缓解财政的压力，但必将影响到经济运行的全局。这就决定了财政体制运行在中长期面临的任务将是战略性的[2]。

按照以上的分析，财政推进转轨的任务主要是体制代偿[3]，即通过财政职能的发挥调动经济资源、统筹经济资源，代偿转轨成本，使旧体制的最后作用逐步退出，新体制的作用能够顺畅发挥。体制代偿决定了财政虽然是政府的最终负债人，但历史债务的清偿并不主要通过财政经常性收支来解决，而应通过强化财政的统筹能力将国有资产处置收益、社会保障基金收益等统一起来，进行合理安排。财政改革自身的任务主要是公共财政制度的建立，这意味着1994年的财政体制还需要进一步完善，事权关系需要进一步界定，公共财政制度框架的职能、体制与管理等不同层次的内容需要进一步磨合，以形成一个完整的体系。总体来看，财政面临的任务意味着未来财政的发展既不是完全市场化的，也不能过多陷于过渡性做法，而是需要兼顾两个方面。一

---

[1] 斯蒂格利茨.中国第二步改革战略.人民日报.1998年11月13日。
[2] 陈淮.新产权关系与转轨成本.21世纪经济报道.2002年6月17日。
[3] 代偿是医学用语，指当某个器官发生病变时，由原器官的健全部分或其他器官来代替补偿它的功能。参见汉语大词典.上海辞书出版社.1986。

方面,根据完善社会主义市场经济体制的要求,财政要为政府配置资源提供相应的财力支持,即建立公共财政体制的基本框架,使政府提供公共产品与服务、调节经济运行等职能得到保障;另一方面,在"布新"的同时,在维持社会稳定和经济稳定的前提下继续"除旧",财政要在支付转轨成本、改革攻坚方面承担很多过渡性的职责。这些职责有的需要财政直接通过收支来组织,有的需要财政来协调和统筹。在实际的操作上,这就既要求公共财政的体制安排具有前瞻性,同时又必须将过渡性应对措施融入体制设计中。

第二节　财政体制对转轨的承载与推进

一、财政体制改革的主观逻辑

(一)财政改革的层次性

作为分配形式和经济手段,财政制度是一国经济体制的重要组成部分,与政府职能、资源配置方式密不可分。从财政自身来看,其体现着满足市场经济运行和政府运转的双重要求,充当着市场与政府之间的调和与平衡,是实现市场与政府之间沟通的桥梁。从发挥作用的特点来看,计划经济体制下的财政呈现出"全能型"特点;成熟市场经济体制下的财政则表现为公共财政。而在转轨中国,由于政府与市场的关系处于不断变动之中,其财政既非全能型财政,也不同于一般意义上的公共财政,经济的特殊转轨过程使财政具有动态性、目的性的特点。在转轨背景下,政府承担着主导转轨进程的职能,这种政府职能的定位决定了财政的职能、范围的变动,并对财政提出相应的改革要求。一方面,体制转轨进程需以财政制度改革作为推动力;另一方面,财政也需要不断改革自身与体制转轨相适应。

结合体制转轨这个背景,我们分三个层次来考察转轨进程中的财政改革。第一层是趋势性的财政架构转换,由与计划经济体制相适应的统收统支架构向与市场经济体制相适应的收支架构——税制及公共支出体制转换,它所对应的是计划经济过渡至市场经济的整个转轨进程,即这种财政架构的转换是为适应体制转轨的一种必然的、且不应以利益主体的意志为转移的趋势;第二层是财政在既定架构下的体制层面变动,即通常所指的财政体制改革,它是在转轨进程中的某个阶段,由一些外生或内生因素引致的中央与地方、企业等主体之间利益关系在体制上的变革,如改革开放初期中央与地方之间的包干体制改革、1994年分税制改革等;第三层是财政在政策层面的调整,是政府利用多样化的财政工具,根据实际经济运行中出现的情况进行相机抉择而制定的政策,如调整税率、实施财政政策等。

财政架构转换是建立市场经济体制的必然要求,表现为财政对转轨进程的适应。这种单向的趋势要求财政"统收"向以商品生产、流通为基础的税制转变,以及政府"统支"向有效的公共支出体制迈进。一方面,完善的财税制度是政府执政能力的重要保障;另一方面,有效的公共支出体制可以提高市场资源配置效率,是市场优势得以充分发挥的配套机制。一旦财政架构转换进度落后于改革步伐,就会出现财政与政府职能的错位,进而成为经济转轨的阻碍。

与财政架构转换的单向趋势不同,财政体制改革和政策性调整都与特定阶段的政府目标和经济运行情况密切相关,是政府进行宏观调控的主要工具。其中,财政体制改革可以直接扭转中央、地方、企业等主体之间的利益分配格局,其作用效果往往是长期的,具有较强影响力;政策层面的财政工具则是更灵活的政府调控方式,如果说改革中的财政体制是政府目标的载体与实现手段,那么变动中的政策本身就是政府为实现特定目标而采取的行为。其中,财政体制具有相对稳定的特征,缺乏灵活性,而政策工具可以弥补体制这一不足,成为体制的配套;另外,当转轨经济体运行出现微小偏差,政府也可以直接采用政策手段对其进行纠正。

(二)财政体制改革的内生逻辑

财政是最具代表性的分配转轨成本与转轨收益的制度安排。根据对财政改革层次性的分析,作为实现政府目标的重要调控手段,财政体制改革可直接改变相关主体的转轨成本分担及转轨收益分配局势,直接或间接影响转轨成本与收益分配。此时,政府运用财政工具,通过掌控转轨收益分配,对转轨成本进行分担、递延,甚至转嫁,调节转轨进程中各利益主体之间的关系,形成对地方政府、居民和企业的激励关系,以达到其保证经济增长和维持财政能力的双重目标。

在这部分中,基于"市场—财政—政府"三位一体的研究框架,我们在分析政府目标和行为逻辑的基础上,引入转轨成本与转轨收益作为转轨背景下财政决策的传导中介,试图在中国特殊的制度环境下描述中央财政决策分别影响地方政府及市场主体,而地方政府根据激励程度与方向形成相应的区域发展理念,最终各级政府的行为通过市场效果又反作用于中央政府目标的财政体制动态过程。值得注意的是,政府的财政行为并不是转轨成本分担和转轨收益分配的唯一决定者,但从行为的理念来看,政府配置转轨成本与转轨收益的主观意愿与财政改革,尤其是财政体制改革的目的性是十分吻合的,虽然本小节仅仅是从财政传导中介的角度来看待转轨过程中成本与收益的配置,但事实上,财政改革与转轨成本与收益的配置更是同一层次的范畴,都是政府主观意愿的实现形式,只是,财政改革更倾向于手段。

对转轨成本与转轨收益的分析中,财政改革可通过直接和间接影响起作用,财政体制改革是直接配置转轨成本与收益的行为,具有更强的主动性,其中,对转轨收益配置的直接影响集中于财政的分配关系范畴,尤其是中央与地方之间、政府与市场之间的分配关系;而转轨成本承担的行为则集中于支出责任划分方面,不仅包括政府缺位情形下,转轨成本在各经济主体中的自发分配,还包括政府事权与责任的配置。

以转轨成本与转轨收益为中介,中央政府通过财政工具达成宏观经济与财政能力目标主要经由两条路径。一是通过转轨成本分担、递延等,形成政府间负担转轨成本的格局,由于转轨成本的分担很难起到激励的效果,所以与转轨成本相适应的激励往往通过行政等手段起作用。中央政府对转轨成本的下放,对支出的重新界定,可以显著地影响其财政能力目标的实现,例如,新旧体制摩擦时期的价格改革,需要支付相应的转轨成本以顺利完成双轨过渡,最初,中央政府支付了大量价格补贴,后来,由于财政能力弱化,中央就将这部分补贴下放,最终价格的上升将转轨成本在事实上转嫁给了经济中的消费者。除此以外,各级地方政府间也存在着转轨成本分担的机制,同属于计划经济遗留下来的社会保障成本,如养老、教育支出等,在分税制改革后,出现了各级地方政府将事权层层下放的情况,在保证本级政府财政能力的同时,使基层地方政府承担了更多的转轨成本。二是从转轨收益的角度,转轨收益分配不仅能在各级政府间形成相应的激励关系,还间接改变市场主体的行为和预期,尤其是剩余控制权的归属,可极大调动相关经济主体的主动性。

综上所述,财政将转轨成本与收益在中央、地方、居民、企业等主体之间进行分配、转移,通过调整利益分配格局,造成转轨经济体中供求关系的变化,最终产生宏观作用效果;除此以外,政府还可采用直接投资等不需经中间环节传导的方式直接作用于宏观经济总量,或是通过财政体制改革分配直接提升政府的财政能力,但它们都会在下一阶段产生对资源配置格局的反作用。事实上,财政、宏观经济、利益格局之间不仅存在单向影响,还具有互动关系,政府行为经由财政工具直接或间接地影响宏观经济或利益结构,而这种宏观经济与利益结构变动又会反作用于政府目标,引发新一轮政府行为。

对财政改革内生框架的讨论将首先在相对静态的情况下进行,这包括几方面含义。首先,暂不考虑财政的自我完善需要,即财政工具数量和种类自身是静态的,从而更易从整体上分析政府目标下的财政体制改革;其次,忽略转轨成本与转轨收益在转轨不同阶段的动态性;再次,暂不考虑"政府—财政—市场"框架之外的外部影响,如国际环境的动态性因素等。

将微观主体的行为模式以及经济变量传导模式结合起来,可以形成特定制度安排下财政本身的决策机制,如下图(图9.2)。

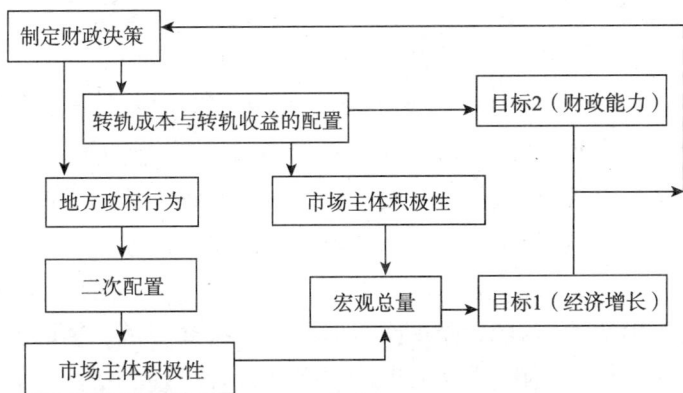

图9.2　基于政府主观目标的财政决策机制

在实际决策中,起初中央政府确定财政体制,分配中央与地方的财权、事权关系,制定各利益主体的转轨收益分配与成本分担规则,形成地方政府、市场供求双方的初始分配格局。此种财政体制与政策安排反映到地方政府积极性上,地方在辖区内做出回应,将转轨成本与收益在各部门间再次配置,此后市场主体经由自发调整并最终呈现出特定的发展态势,最终以地方政府辖区内的市场力量形式表现出来,汇总为宏观总量并反映中央政府经济增长目标的实现程度。同时,财政收入在政府与市场、中央与地方间的分配,也决定了财政能力目标是否达成。下一阶段,根据宏观经济增长以及财政状况,中央政府再根据其偏好制定下一步财政决策。

(三)财政体制改革影响因素的动态性

到目前为止,我们描绘的是相对静态的财政决策路径,其主体是中央政府。在微观主体行为动机的分析中,认为中央政府以经济增长和保持一定财政能力为导向,在这种改革、发展的逻辑下,中央政府的目标和偏好在转轨期也可以看作是静态的,但其它的主体则显著不同,在制度变迁的动态条件下,财政进行资源配置、收入分配的客体也处于变动之中。所以我们还将结合"经济体制市场化进程—财政职能公共化进程—政府职能转型进程"框架展开动态分析。

首先,将财政架构层面纳入理论分析。税制与公共支出体制的完善、政府目标下财政体制与政策的改革、市场机制的建立健全三者在时间上是重叠的,这种重叠必然使得现实比理论更加复杂。此时,财政工具的数量和作用范围不再是一成不变的。在转轨初期,中央政府所能运用的财政工具种类十分有限,模式也较为僵硬,由于市场力量薄弱,中央有时不得不把体制改革作为政策手段使用。具有收入分配、市场调节等多重功能的税制尚未建立时,政府很难从经济上调控行业发展,或在政策上实行收入分配的改革。所以转轨初期,政府往往不能通过财政手段实现调控,同时,计划经济遗留下来的行政命令方式并未完全退出,行政手段往往比财政方式更有效。事实上,财政工具数量和作用范围的局限,成为转轨初期财政体制改革频繁的一个重要原因。随着市场力量发展壮大,政府所能运用的财政工具数量越来越多。不尽完善的监管体制也赋予政策更大的运作空间。因此,政策性财政工具的作用力逐渐增强,作用范围明显拓宽,调控方式愈加多样化。总之,综合考虑财政架构公共化的进程以及影响财政工具数量和范围的动态环境,可以发现,转轨进程中,政策性财政工具的作用能力不断增强,但在建设公共财政的约束下,财政工具的作用范围经历了一个先扩大,而后又逐渐缩小的过程。

其次,转轨成本和转轨收益本身的动态性不容忽视,这也是财政决策框架中最核心的环节。转轨成本的范围与市场化程度、政府职能转型进程都具有紧密联系。在市场机制建立完善以前,转轨成本主要表现为旧体制遗留的部分,这部分成本在计划经济体制下由政府一并承担,但转轨开始以后,无论政府是否承担起转轨成本配置的责任,这部分旧体制遗留的成本都会在经济体中寻找到消化方式并逐渐趋于消失。它的动态性体现在,政府对转轨成本的妥善配置,往往可以缩小转轨成本的范围,并降低其负面影响。尤其是对于新旧体制摩擦期间产生的制度转换成本,政府可以通过策略选择将其范围缩小到最低。随着旧体制遗留下来的转轨成本的消失,新体制运行的社会成本会逐渐占据主导地位,总结起来,转轨成本会经历一个范围、数量同时变动的过程。转轨收益的动态性则表现出不同的性质,新旧体制转换期间,存在着大量未配置的资源,在市场经济体制从无到有的过程又是计划经济体制的短缺过渡到市场经济体下商品过剩的过程,此时商品生产、交换的收益往往大于经济体制稳定情况下所产生的收益。在这种情形下,转轨收益在整个转轨中呈现出先增长较快,而后趋于平稳的动态过程。

再次,国际环境也呈现出动态特征,为财政框架的分析增加了复杂性。80 年代至今,国际经济经历了几次大幅变动,1998 年东南亚经济危机,成为中国发展的外部制约,到 2008 年,以美国次贷危机为开端的国际经济危机又对国内出口形势产生了较大负面影响。除了国际经济环境处于变动以外,中国与国际的经济交流合作范围也不断变动。改革开放以来,外商直接投资、进出口贸易一度成为宏观经济的增长点。自中国加入 WTO,国际市场对国内经济的影响更为深远,中国在劳动密集型产品生产上形成了比较优势,并间接决定了国内的市场结构。2000 年以后,来自海外的巨额需求缓解了国内的需求约束,使中国经济保持较长时期的高速增长,但由于国际的政治、经济环境十分复杂,因此我们后文对财政框架的理论分析将忽略这类外部环境的变化,而到财政改革实践的经验与总结部分再考虑不同阶段的外部环境。

从微观主体的角度,中央政府的特征体现在政府的职能转型上,与财政架构转换的特征类似。表现为中央政府的职能向着公共化方向转变,其配置领域逐渐转移至市场经济体制下的市场失灵范畴。相比之下,地方政府的动态特征更为明显。当中央的绩效考核方式发生改变,地方政府的偏好也会相应调整,例如,当招商引资作为绩效考核的重要组成部分时,各省市展开了对招商引资的强烈竞争,而当此种考核方式改变,对官员行为的相应激励也就随之消失。这种基于考核方式的激励变动,会直接导致地方政府目标和偏好的变化。但这种变化是在官员利益的基础上所呈现出来的,在政府利益一层,地方政府对地区经济利益的偏好则呈现较稳定的状态。

在横向地方政府之间,其资源控制力以及与中央的谈判力也呈现出内生的轨迹。作为市场经济要素的直接管辖者,地方政府的谈判能力往往与地区间发展实力差距对比以及地区经济状况有关。谈判力强的地方政府可以从中央获得更优惠的地区政策以及更多的转移支付。这种地方政府谈判能力的差距及其所引发的"马太效应",成为地区间发展不平衡的重要原因。

(四)与转轨新时期相适应的财政体制改革

从时序上描绘财政改革的动态路径,需对转轨过程的阶段性有一个明确的把握。这里,我们同样采用前面章节研究中划分转轨阶段性的办法。相应的,财政体制改革的主观逻辑性同样可以从不同的时期中找到其实践依据。在中国式转轨进程中,有两个由渐变积累到发生部分质变的关键转折点:一个是代表着告别旧体制的转折点,另一个是代表着建立新体制的任务接近完成的另一个转折点。由于新体制建立完善的任务尚未完成,所以仅考虑前一个转折点的情况。在"(计划)→(计划>市场)→(市场>计划)→(市场)"的转轨总过程中,从供需关系看,供给不足的矛盾逐渐得到解决,需求力量开始成为主导经济运行效率的决定方;从政府部门与企业部门、家庭部门的利益博弈关系看,回归旧体制的政策倾向已经受到遏制。这意味着,该转折点是以如下两个条件为标志的:其一是短缺现象的普遍消失;其二是市场化取向不可逆转。

根据本书前面章节对转折点特征的阐述,中国式转轨可划分为两个大的阶段:转轨前期以及转轨中后期。转轨进程中最优的利益分配格局,应当是能够利用转轨收益弥补承担转轨成本的主体,形成帕累托改进的收益分配机制。在转轨阶段性的划分下,转轨成本与转轨收益在各个阶段呈现出不同的特征。根据转轨成本与收益各自的特征,在转轨前期,转轨收益增长较快,使其对转轨成本的弥补可实现帕累托改进的改革状态,但到转轨中后期,转轨收益趋于稳定,而前期递延的转轨成本与当期转轨成本加总,所以会出现微观主体收益下降的趋势。在探索性改革背景下,财政体制难以在初始时点实现转轨成本与收益的均衡分配,失衡成为转轨背景下财政体制的常态。在既定财政体制下,就会出现持续受损及持续受益的主体,导致利益格局的非均衡化趋势,而收益本身又存在着"上去容易下来难"的棘轮效应,致使利益格局更加难以自发扭转。固定的财政体制不可能完全维持整个转轨进程中各主体分配关系的均衡,需要决策制定者区分不同阶段的转轨成本与转轨收益的性质,并充分考虑财政体制的前瞻性。但实际上,作为财政决策制定者的中央政府也是利益格局的组成部分,是带有主观目标和偏好的利益主体,所以中央政府的目标压力所致的财政实际决策路径与最优的财政制度安排之间必然会出现偏差。

财政改革背后所蕴涵的决策逻辑,也是受经济体制转轨、经济形势等宏观态势所影响的政府决策意愿,因此,按财政改革主导因素所划分的财政阶段性与转轨的各阶段具有很强的互动性。

在改革前,中国的财政制度是高度集中的。中央政府和各地方政府之间的关系是"统收统支"。各级地方政府都没有自己单独的预算,中央政府集中了全部的财政收入并制定一个包括全部下级政府的统一预算。这种财政安排也将国有企业包括进来,国有企业须向国家上缴所有的利润或剩余,而国家则通过财政拨款来满足国有企业的各项支出。将该时期的利益格局与发展趋势作为初始状态,则在转轨起始点,市场力量十分薄弱。中央政府面临着经济总量与财政能力双低的局面,且弱财政能力是由经济总量过低引起的。转轨进程启动后,中央财政以"放权让利"促成市场力量的形成和发展,通过赋予地方政府剩余控制权和企业收益权,在调动地方和企业积极性的同时使地方政府与市场主体获得转轨收益,打破了原体制下"统收"的局面。同时,新旧体制转换所需支付的大量转轨成本,如流通环节重建、计划经济遗留下的福利包袱等等,在"统支"体制下,主要都由中央政府承担。它们共同形成了初始的成本收益分配格局,即转轨成本由中央政府承担,而转轨收益主要由拥有剩余控制权的地方政府与企业获得,另外,经济形势的好转也以收入递增的形式使居民获得了相应的转轨收益。

第一,上述转轨成本与转轨收益的配置极为有利于调动地方和市场的积极性,对应于转轨前期经济向增长方向的渐变。从财政决策主体来看,这一阶段财政改革受中央政府经济增长目标与财政能力目标的双重制约。即所谓的政府退出以获得增长的阶段,资源配置方式仍是以计划为主,市场机制在计划的边界逐渐引入进来。该阶段,政府的主要目标是下放传统计划经济体制下被集中控制的权力和利益,随着权力配置资源模式的被突破,相应的利益分配和索取的权利也被分解到更多的主体身上,此时,分配的新格局可以极大调动地方政府和市场主体的积极性,在企业生产热情高涨以及地方政府强烈的经济增长偏好下,市场力量必然迅速增强并创造出大量转轨收益。但是,在相对固定的初始财政体制下,只有少量转轨收益分配给中央政府,转轨成本却随着改革的深入日渐增加,对转轨成本的承担将直接导致中央财政能力的连续下降。

此时中央政府面临着转轨初期既要维持财政能力,还要保证经济增长的二难选择。即使出现很大的财政压力,为保证地方及市场的积极性,中央也不具有彻底扭转分配格局的动机。在二难选择面前,中央政府的财政决策将会表现出摇摆不定的特征。如果收益分配倾向于地方政府和市场供求主体,活跃的市场就会使经济增长率保持在较高的水平。在达成经济增长目标的同时,逐渐增加的财政压力会开始挑战中央政府财政能力的底线;反之,如果收益分配倾向于中央政府,虽然财政能力可以暂时得到保证,但地方和市场的积极性以及利益损失又会影响到经济增长水平,甚至出现倒退回转轨起始点的趋势。

第二,当经济增长压力逐渐消失时,解决财政压力就成为中央政府财政决策的核心目标,此时就会过渡到财政压力主导下的财政体制改革阶段。起初,中央会运用财政工具进行短期调整以增强财政能力,但各领域改革的深入使中央承担的转轨成本迅速增加,直到政策工具无法扭转财政压力增加的趋势,且经济增长目标接近实现时,在中央政府层面就会出现改革财政体制的压力。在不受经济增长目标约束的阶段,中央政府将着力推进财政体制改革,并扭转中央财政能力不足的分配格局。

虽然中央并不希望损害地方政府和市场主体的积极性,但是财政压力并非在短期内形成,而是上一阶段积累所至。所以通过财政体制改革一次性扭转原有的分配格局并提升财政能力必定会对地方政府和市场主体的积极性产生消极影响。在双重目标此消彼长的约束下,经济增长率目标将被迫让位于提高财政能力的目标。最终在中央政府主导下建立起以释放财政压力为主,以调动地方政府和市场主体积极性为辅的财政体制,即向地方政府和市场主体施加更多转轨成本,而将转轨收益分配倾向于中央政府。

与财政能力约束下的财政改革阶段相应,转轨也逐渐过渡到转折时期,即对经济体中所出现的矛盾的集中解决,此时,财政则会体现为一种调整阶段,对市场经济发展中的失误进行修正、纠偏,以使经济转轨顺利进入转轨中后期。

第三,转轨中后期体现为已发展至市场经济为主导的阶段,从经济环境来看,市场经济运行的特征开始显现,与之相对应的是经济增长压力主导下的财政改革。经过上一阶段财政体制改革,中央财政能力增强伴随着地方政府的财政危机和市场主体利益受损。但对地方政府而言,强烈的支出动机使其尽量避免通过中央所期望的"减支"来改善其财政状况。在新的分配格局下,除了以中央财政转移支付来填补收支缺口外,地方就只能运用其地方事务管理权和政策解释权获取财政收入。地方政府将利用其信息优势,凭借职权攫取企业应得的收益,并利用政策解释权将地方应负担的转轨成本转嫁至市场。但值得注意的是,为充分调动地方政府的积极性,避免中央再次陷入财政危机,中央政府并不会完全限制地方政府的此类行为,反而会在一定限度内采取容忍的态度。

政府改革的主要目标开始转向集中下放传统计划经济体制下的各种责任,为市场机制的运行扫清障碍。比如包括职工下岗、养老、医疗在内的社会保障的责任,比如职工住房、子女教育的责任。这些责任不放下去,国有企业的问题就无法解决,银行的不良资产还会增加,一些竞争性商品与服务就仍然要靠公共部门以较低的效率来提供,计划应该进一步退出的领域不能彻底退出,市场作为资源配置基础方式的功能就不能进一步完善。这种下放对经济增长和体制转轨而言,意味着政府、企业、家庭三者之间一次新的利益关系调整。在该阶段,几乎无谈判能力的市场主体需要承受来自中央和地方的双重成本转嫁,作为供给方的企业成本上升,利润率下滑,生产积极性下降;作为需求方的居民可支配收入下降,生活成本上升,只能通过减少消费来承担高额的转轨成本。市场主体积极性的下降将最终反映到宏观经济总量上,造成经济增长的目标低于中央政府的预期,从而对中央主导的财政体制形成新一轮改革压力。在改革压力下,中央政府做出反应,开始通过政策性财政工具,主动承担部分转轨成本、调节收入分配以改善市场主体收益。但政策性财政工具通常不是长久性的,一旦政策效果消失,经济增长率下滑,中央不得不再次采取同样的措施加以调节。

由于财政体制改革这一层次是以利益格局为中介作用于经济增长这一政府目标的,它对经济增长目标的实现效果只能在长期显现出来。与财政体制改革可直接改善政府财政状况所不同的是,改革本身并不能迅速提高经济增长率。而且也没有一套明确的政策或体制可以直接保证长期经济增长,所以,并不存在迫使中央政府以财政能力为代价进行彻底扭转分配格局的新一轮体制改革动机。在这种情况下,即使经济增长率无法达标,在短期内政府也无能为力,财政改革仍会以保持一定财政能力为前提,从幅度上调整中央、地方与市场主体的分配关系。即在体制改革后,仍会处于中央政府获得大部分转轨收益,地方政府收支不匹配,而市场主体利益持续受损的趋势中。自此,按照前文我们对政府目标和行为的设定,如果没有外部条件影响,转轨经济体将进入一个"经济增长率下降—财政微调分配关系—经济增长率仍然下降"的循环过程。

前二个阶段的这种制度安排及其变动是新旧体制摩擦时期的特殊现象。而到了第三阶段,进入市场经济为主导的转轨中后期,当整个经济社会契约安排趋于稳定时,既定的收入分配逻辑会带领宏观经济走入一个下行通道,由于各种风险不断增强,民众的不安全感和支出预期在加剧,普遍会根据体制变动的预期对消费需求做出不同程度的压抑,从需求上对经济增长形成制约,此时,即使分配格局失衡,政府也没有动机进行彻底扭转,反而会向更加失衡的趋势发展。主导这种利益分配格局的财政体制与政策,成为中国失衡态势的重要原因。但决定财政体制与政策安排的政府目标及行为逻辑,却是宏观经济最终将步入下降通道的根本原因。

二、中国的财政体制改革实践——税制结构变动

迄今为止中国税制结构的变动,既经历了改造旧中国税制、建立与社会主义计划经济相适应的税制的过程,又经历了改革开放以来通过多次税制改革、调整之后初步形成与转轨时期相适应的税制结构,跨越计划经济与转轨经济两个阶段。在计划经济体制下,经济资源的配置服从于国家计划,市场

的作用受到排斥和禁止,国家作为生产资料的所有者,凭借所有权取得企业利润。同时,大部分行业的生产经营活动主要由政府通过行政命令来安排,因此税收的计划调节范围十分广泛,几乎覆盖了资源配置、收入分配和促进经济增长与稳定的所有领域。非中性且征管便利的商品税正好迎合了这一要求,因而在计划经济下中国的流转税一直采用价内税的形式,国家利用流转税的"楔子"功能,调节企业利润,调整企业的经济行为,实现国家对国民经济的计划管理。中国经济转轨时期的税制结构调整是伴随着体制变革与市场化改革而进行的。以 1994 年的税制改革为分水岭,税制结构的变动明显划分为两个阶段。

（一）第一阶段

由单一税制向复合税制转变,并初步形成了多层次的税制结构。从改革开始一直到社会主义市场经济体制基本框架建立起来之前,是中国从计划向市场转轨一个比较长的量变积累期,时间跨度大致从 1978 年到 1992 年。这期间从转轨而言是要在打破旧体制约束的同时引入新体制的活力,并使新旧体制配置资源的能力和范围发生此消彼长的变化,使新的体制逐渐酝酿、形成;就发展而言要实现经济持续、快速增长,到 20 世纪末基本达到小康,完成经济发展的前两步。体制变革的结果非常显著:改变了公有制经济一统天下的格局,初步形成了以公有制经济为主体,国有、集体、个体、中外合资、外商独资等多种经济成份共同发展的新局面;经济发展水平迅速提高,经济结构逐步由初级向高级化转变;社会分配关系出现了巨大变化,个人收入水平明显提高。这使得税源格局发生了巨大变化。为适应这一变化,中国对原有税制进行了一系列改革,其中包括:建立涉外税制;建立和健全所得税制——第二步利改税使国营企业所得税成为中国所得税体系中的一个骨干税种,并对各种经济性质和不同类型的生产经营单位都建立了所得税征收制度;1984年对商品税制进行改革,将原工商税一分为四,分别颁布了产品税、增值税、营业税和盐税等四个条例;健全关税法规,调整关税税率,征收进口调节税;此外,还增设了一些新的税种,如资源税、奖金税、城镇土地使用税、城市维护建设税、个人收入调节税等等。到 90 年代初,在中国由多种税、多环节课征组成的收入和调节功能兼备的复合税制结构中,共有 30 多个税种,基本形成了一套以流转税为主体、所得税次之、其他税种相互配合的税制结构。1991

年流转税收入占税收收入总额的比重为 62.8% ,所得税收入占税收收入总额的 23.0% ,农业税、牧业税收入所占的比重为 2.4% 。但是,这一阶段税制结构的调整仍然具有较明显的过渡性特征,税种设置虽然实现了多重化,税收的收入、调节等功能得到一定程度的发挥,但税种数量较多、较繁,税种结构还不尽合理。比如所得税按经济成份设置不同的税种和税率,导致各经济成分之间税负不公,违背了公平原则;商品税不规范,产品税和增值税实行并行的征收制度,配合不尽合理,导致税率档次过多,税制复杂化。

(二)第二阶段

建立符合社会主义市场经济要求的税制体系。1992 年中国确立以社会主义市场经济体制为改革的最终目标,并建立起社会主义市场经济体制的基本框架,实际上进入了市场经济体制的完善时期。在此以后的过程中,由于市场机制已经在资源配置中发挥基础性作用,市场的效率和失灵同时暴露出来,中国经济发展的特殊性也明显地显现出来,人们对市场、对政府有了更为深入的认识。而此时中国的税收体系框架已难以适应发展社会主义市场经济的要求,因而必须进行全面而深入的变革。1994 年的税制改革,是新中国成立以来规模最大、范围最广、内容最深刻、力度最强的结构性改革。这次税改的指导思想是:统一税法、公平税负、简化税制、合理分权、理顺分配关系,保障财政收入,建立符合社会主义市场经济要求的税制体系。其内容包括:建立以增值税为主体、消费税和营业税为补充的新的流转税制格局;统一内资企业所得税,规范国家与企业的利润分配关系;改革个人所得税,增强该税在调节个人收入分配方面的作用;开征土地增值税,全面调整了资源税,完善了其他税种;与分税制财政体制改革相适应,实行将税种统一划分为中央税、地方税和中央地方共享税基础上的分税制,建立中央税收体系和地方税收体系。与此同时,分设国税和地税两套税务机构,实行国税、地税分别征管。分税制和税务机构的分设,较好地调动了中央和地方的积极性,改革的成效十分显著。改革后的中国税制,税种设置由原来的 32 个减为 23 个,朝着统一、简明、公平、合理和适应市场经济的目标迈出了一大步,初步实现了从计划经济体制下的传统税制向市场经济体制和开放型经济下的新税制的平稳过渡。至此,一个与社会主义市场经济体制相适应的税制框架基本建立。此外,1994 年的税制改革还在很多问题上实现了重大突破:(1)体现了市场机制对资源配置起基础作用的要求,减少了国家对经济活动不必要的干预,强化了税收作为经济杠杆所具有的宏观调控职能;(2)根据国家社会管理者和国有资产管理者的双重身份,规范了国家与企业的分配形式与分配关系;(3)在增值税和企业所得税上,第一次初步实现了公平税负;(4)完善了个人所得税制度;(5)开放型税制进一步形成①。

1994年的税制改革至今已有近20年的时间,尽管这期间中国的税制又经历了多次的修修补补和边际调整,但税制结构的基本格局并没有发生大的改变。然而,随着中国的社会经济环境不断发生的重大变化②,现行税制同其赖以依存的经济社会环境之间也逐渐出现了诸多的摩擦,现行税制中的一些弊端也开始逐渐显露出来,如:流转税比重过大、所得税比重偏低,产业间税收负担不公平,中央税体系与地方税体系不完善,征管环境状况差,主体税种管理上问题多,相关立法亟待完善等等。毫无疑问,为了适应这种新的经济形势,对中国现行税制结构进行适当调整乃是必然趋势,也是未来一段时期内中国税制改革的重中之重。

总体看来,转轨时期我国税制结构的演变与经济转型的过程和方式是基本吻合的,呈现的都是渐进和双轨的特征。同样,中国经济的进一步转型也要求税制相应转变。也就是说,未来经济转型的进度和规模将直接决定税制未来演变的进程和效果。市场经济体制是经济转型的最终目标,因此,进一步转型的要求,实际上是随着市场经济体制的逐步建立而对税制提出的更高要求。市场经济体制越完善,越要求税制必须适应市场经济发展的内在要求,一方面要求工业化市场机制在资源配置中的基础地位,另一方面,在市场失灵时,税制要提高其自身的调控职能。市场经济的统一性要求税制逐渐统一。在过去的转型过程中,中国税制呈现双轨的特征,原有的税制,不仅内外有别,而且不同经济性质的税负也有差异,妨碍全国统一市场的形成。竞争是市场机制的核心,是市场机制是否健全和正常运行的标志和前提,而税制又是保证市场主体进行公平竞争的最重要的外部条件,公平税负,合理负担

---

① 中国社会科学院财政与贸易经济研究所. 中国:启动新一轮税制改革. 前言. 中国财政经济出版社. 2004。

② 根据社科院财贸所的研究,中国经济社会环境所发生的变化可归结为七个方面:经济全球化进程明显加快、互联网的运用更加普及、市场化进程的深化、公共财政体制越来越完善、居民收入差距拉大、宏观经济运行态势表现出新的特征,以及税收实施征收率大大提高。

是市场经济体制对未来税制的内在要求。

三、中国的财政体制改革实践——政府间财政关系

当代各国政府间的财政支出关系,始终沿着两个相反方向寻求调整:一是逐步扩大中央政府的支出规模,强化中央政府对于宏观经济的调控;二是不断扩大中央以下地方政府的公共支出范围,地方政府提供的教育、交通、社会服务和公共安全对居民的生活产生越来越重要的影响。无论改革的效果如何,一个普遍的趋势是越来越多的国家开始重新评价各级政府在提供公共产品中的作用,以及与私人部门和社会之间的关系。

建国以来中国经历了三次大规模的财政分权,第一次是1958—1961年的权力下放,第二次是1970—1976年"文化大革命"时期的权力下放,第三次是改革开放以来以"放权让利"为核心的财政分权。前两次财政分权都是在传统计划经济体制下进行的,第三次分权则意味着市场机制的引入。在我国经济走向市场化的过程中,政府间财政关系的制度安排对于经济的发展起到至关重要的推动作用。改革启动后相当长的一个时期里,财政基本秉承了以"放权"——下放财政的财权与事权,和"让利"——由市场来配置资源为主线的改革,直到1994年分税制改革实行和1998年开始的公共财政改革,才突破了以退让方式支撑经济转轨的格局,在社会主义市场经济体制基本框架下探求财政职能与体制的创新。当然,时至今日财政体制在某些方面的过渡性特征也是明显的,一些问题仍需进一步解决,其中财政职能的界定和各级财政关系的界定是重要的方面。1980年2月,国务院发布《关于实行"划分收支,分级包干"财政管理体制的暂行规定》,在中央财政和地方财政之间,实行"分灶吃饭"的办法。这一制度的实施以提高财政运行效率为目的,重视和强调地方政府的财政主体地位。从实施结果来看,对于放松管制、增强经济活力的作用是明显的,但同时也给财政关系本身带来了巨大的压力:一方面,权力的过度分散带来了地区间的利益分割和集体决策的不协调。收支基数、上缴或补贴比例(数额)经过中央与地方一对一谈判达成,中央与地方财政关系通过各种形式大包干固化下来,收入增长的大部分留给了地方,强化了地区封锁、地方保护倾向。另一方面,中央政府宏观调控能力严重下降。中央财政收入增长缓慢,通过支出进行调控的能力不足,影响了在平衡地区差距、实

施产业导向、抑制通货膨胀等方面的效果。另外,政府在支出范围内提供服务常常会因为规模经济未被充分实现而导致更高的边际成本①。到分税制改革前的 1993 年,全国财政收入占 GDP 的比重下降到 12.6%,中央财政收入占总收入的比重仅为 31.6%。这一数字已与同期(1993 年)其他转轨国家中财政收入占总收入的比重相当,而此时这些转轨国家的经济正处于宏观全面失控和最为严重的衰退之中。在这种情况下,着眼于集中财力、提高“两个比重”、振兴国家财政的思路逐渐形成共识。1993 年 12 月国务院发布《关于实行分税制财政管理体制的决定》,决定从 1994 年 1 月 1 日起在全国各省、自治区、直辖市以及计划单列市进行财税体制改革。这次改革是第一次按照市场经济体制的要求,对中央与地方财政关系从制度上进行的规范,相关内容包括:(1)按照中央和地方的事权划分各级财政的支出范围;(2)根据财权事权相统一的原则,划分中央和地方收入;(3)按统一比例确定中央财政对地方税收返还数额;(4)妥善处理原体制中央补助、地方上解事项。

总的来看,1994 年分税制改革是完善公共财政改革,调整政府间财政关系的重要改革步骤,对中国全面建立与市场经济相适应的现代财政管理体制意义重大。1994 年财政体制改革的重点在于更科学地划分中央与地方主要是与省级的财权、事权关系,提高财政收入占 GDP、中央财政收入的比重,提升中央财政的宏观调控能力。但从我国财政体制近些年的实际运行状况可以看出,我们的政府间财政关系还带有一定的过渡性质,真正做到明确各级财政支出责任、统一各级政府的财权与事权、完善中央财政的转移支付等内容,还需要相当长的一个过程:

(一)“两个比重”的提高并不意味着政府间财政关系的调整已经完成

1994 年的财税体制改革虽然实现了财政收入的快速增长和“两个比重”的迅速提高,彻底扭转了财政尤其是中央财政长期被动、乏力的局面,但与其他国家相比,通过支出体现的调控能力仍然存在较大的差距。因此“两个比重”的提高并不意味着各级政府配置资源的需求已经得到满足,这一问题可从三个方面来比较:

1.财政总支出占 GDP 的比例偏低。发达国家财政支出的规模平均达到

---

① Oates, W. E. *The Economics of Fiscal Federalism and Local Finance*. Cheltenham, UK, and Northampton, MA, USA: Eduard Elgar Publishing Limited. 1998.

了 GDP 的 40% 左右,原欧盟国家更高达 50%。中东欧等转轨国家 2000 年分别平均达到了 42% 和 33%。我国财政总支出的规模在改革开放后一直呈下滑趋势,分税制改革后这一趋势得到扭转,但直到 2010 年这一比例也仅为 22.4%。

2. 中央财政支出占总支出的比重偏低。与世界其他国家相比,我国中央财政支出占 GDP 和总支出的比重明显偏低。中央财政支出大多超过地方财政支出,发达国家中央财政支出占总支出的比重平均达到了 60% 以上,个别国家的中央财政支出占总支出的 80% 以上;1999 年一些转轨国家,如匈牙利等六国中央财政支出占总支出的比重平均也达到了 60%。我国中央政府占总支出的比重却呈现出逐年下降的态势,在 1996 年达到了谷底 27.1:72.9。虽然到 2010 年左右,这一比例已经有所提升,但与其他国家相比,中央政府在总支出的比例还相对较低。目前,在经济体制转轨尚未完成的过程中,这一较低的比例还可以通过尚存的计划经济体制下的国家宏观调控能力进行弥补,但中东欧转轨国家的实践已证明,如果持续保持这种低水平的国家总财力和中央政府相对财力,就会在国家财政能力和实际需求之间出现比较大的缺口,由此可能会引发一系列政治经济问题。

3. 预算外资金大量存在。由于我国实行的并不是完全意义上的联邦主义财政管理体制,地方政府在现行公共产品供给规模扩大的要求下,并无权开征新税,不少地方为平衡财政收支,促进地方经济建设,便把某些财政职能转移到其他政府部门,力求避免财政体制对地方财力的制约。也就是说,在改革开放的前十多年中,我国财政也存在着内部人控制现象①。这些被外移的财政职能和政府部门的行政权威相结合,缺乏必要的财政监督,结果必然导致地方预算外资金规模急剧膨胀,预算内资金大量流失。1982 年我国预算外收入与支出为分别为 802.74 亿元和 734.53 亿元,到 2009 年这一数字分别达到了 6414.65 亿元和 6228.29 亿元,分别增长了 7.99 和 8.48 倍。

———————

① 布兰查德和希雷弗指出:俄罗斯在进行财政改革时,基本上失去了对地方政府的控制力,出现了大量的内部人控制的现象。这里指地方内部人控制的非货币现象在地方政府和所属企业合谋与非效率企业的重组失败成为相互支持的均衡状态。给定中央政府的规制约束,地方政府总是试图通过非正式途径规避。为了尽可能使地方税收最大化,避免税收上缴联邦政府,地方政府同意以实物方式支付税收,不走银行帐户。这种做法交易成本的上升是明显的,但可以使地方政府以税收低为借口降低联邦政府的法定预算,从而实现财政预算从中央到地方的转移。同样,这些问题在中国的改革开放初期表现明显。

除了各级政府财政支出能力仍然不足以外,另一个可能被掩盖的问题是:"两个比重"的提高并不意味着政府间财政关系的自动规范。比重提高重在解决财权、财力问题,在一定程度上矫正了政府与市场之间资源配置的错位与失衡,增强了各级政府汲取资源的能力。但此举并不意味着作为政府间财政关系的另一面——政府职能、事权划分与支出关系的自动明确与规范。也就是说,各级政府的支出并不因此就退出传统职能、具有了公共支出的性质,各级政府的事权范围并不因此而清晰,行使事权所需的支出并不因此而具有规范的对应关系。从支出角度来审视,政府间财政关系的制度建设还需要通过公共财政的改革来实现。

(二)分税制改革对中央与省级体制的规范并不意味着省以下财政体制也自动规范

1994 年的分税制改革主要着眼于规范中央与省级财政之间的收入与支出关系,对省级以下财政体制的改革并未作明确规定。这种以解决财力为主要目标的渐进式做法虽然有利于减小改革的阻力,但体制的不完善也在随后的运行中加剧了政府间的冲突。其中基本的矛盾有两个:

一是财政收支矛盾随体制运行而越来越集中于基层县和乡,一些正常性支出无法得到保证,财政政策的目标与传导效果在基层遇到障碍。实际执行中,部分省在一定程度上效仿了中央对省的体制,在支出格局基本不变的情况下,层层向上集中了部分财力以供调剂,从而产生了省、地、县财力相对事权的纵向上移,体制矛盾则纵向下移,逐步集中于县、乡层次。2000 年县级财政净结余 −73.89 亿元,乡镇财政净结余 −2.5 亿元,农业、教育、科学、社会保障、粮食风险基金等与各种增长挂钩的法定支出压力大,除了影响到事业发展外,最直接的矛盾表现在工资方面。2000 年全国地方财力中工资支出的比重为 38.18%,而全国县级财力中工资的比重达 61%;2001 年全国有 534 个县、1811 个乡镇发生工资拖欠,分别占县、乡镇总数的 18.7% 和 27.1%,占全国工资拖欠总额的 99%。有的省对下体制则沿用以前的包干制,但总体上都呈现财力向上一级集中的趋势,省级的资金集中尤其明显。这样的财力集中由于缺乏划分税种的规范性,同时财权的上收并无相应的事权调整相配套,提供义务教育、本区域基础设施、环境保护等基本事权还有所下移,使县、乡两级支出基数和支出刚性增大,从而产生了省以下体制的矛盾和省以下各级政府的财权、事权关系不对称问题。

二是基层财政矛盾已呈现向中央财政集中的趋势,逐渐形成支出的倒逼机制,中央与地方的财权、事权关系可能重新陷入不清晰状态。在省以下体制无力自行调控的情况下,中央财政不得不在工资性支出、农村税费改革等方面实施专项转移支付,加剧了中央财政收入与实际可用财力之间的矛盾。1994 年的财税体制改革在策略上采取了双轨并行、存量不动、增量调整、逐步到位的思路,如以 1993 年为基数承认了既有分配格局的合理性,对地方虚增基数等问题引发的矛盾采取通过未来收入增长消化的办法。分税制改革后中央财政收入比重虽然迅速提高,但短期内实际可支配财力和调控能力却十分有限。在转移支付能力不足的情况下,各地由于经济发展基础和潜力的巨大不平衡,分税制后的财力差距有可能迅速拉大,出现两极化趋势,省际间财力调剂和省内县际间财力调剂的压力很大。

需要我们更加重视的是这些应急性支出安排导致的体制上的不规范。与 1995 年转移支付制度刚实施时相比,中央对地方的转移支付结构中,各种应急性的专项转移支付所占的比重,已取代税收返还等旧体制存量部分,居第一位。但这些专项转移支付在财权、事权关系的判定上是复杂而不规范的,它的迅速增加可能使财力增量部分的支出安排脱离分税原则和财权、事权的匹配关系,重新陷入界定不清的状态,从而实质性地改变着 1994 年体制的基本格局。

我国目前仍在实行的中央、省、市、县、乡五级行政体制和与之配套的财政体制,是与传统计划体制下的信息传递和资源配置方式相适应的。从经济学的角度来看财政分权是基于对信息与监督机制的考虑。随着市场化程度的加深,尤其是市场作为资源配置的基础方式普遍发挥作用后,价格成为交易和信息的主要载体。此时,与市场对应存在的政府行政体制和政府间关系如果不作相应的调整和匹配,一方面可能造成政府职能转换的障碍,导致政府行为对市场的侵蚀,如地区主义限制了资源以市场为基础的流动与配置。另一方面,即使在合理的政府职能界定下,过长的链条也加大了委托—代理成本,信息难以实现快速、准确的传递。1994 年的财税体制改革虽然实现了"两个比重"的迅速提高,但没有触动五级财政管理体制。过多的财政级次形成了政府间过多的博弈层次,分割了政府间财政能力,使各级政府之间的竞争与权力、责任安排难以达到稳定的均衡状态,并进一步加大了纳税人对政府的监督难度。

我们也应注意到,随着政府间财政级次的被关注,政府行政级次的调整正在引起广泛的讨论。其中有代表的建议是实行"强权扩县"的方案,即第一步通过"放权",赋予县相当于地级市的经济和社会管理审批权限;第二步是"脱钩",即在条件成熟的地方由省直管县,实现县市和所在地级市"脱钩";第三步是"分省",即划小省的管辖范围。方式之一是在经济发达和地位重要的中心城市实现中央直辖,用增设直辖市的办法划小省的范围。因为政府间财政关系的构建基础正是以在公共行政层面上进行权力的重新分配为前提,只有这种扁平化的行政结构才能真正简化政府间的财政关系,节省行政成本,并将行政决策权还给地方。

第三节　财政体制实现能力评价与优化

一、财政体制对职能的承载

（一）财政职能的分析框架

财政职能问题是财政理论与财政实务中的一个重要问题,决定着财政在国民经济中的地位和作用。财政体制是财政职能的载体,决定了财政职能在实践中可以实现的程度。处于转轨背景下的财政由于受体制市场化进程和政府转型进程的制约,财政职能的内涵和财政体制的性质也都处于一个动态的过程中,二者之间的匹配程度具有相当的不确定性,呈现出一种特殊的关系。财政职能对财政体制的决定作用,财政体制对财政职能的承载能力,都是需要特别关注的问题。考察财政体制对财政职能的实现能力是一项基础性工作,它将决定财政体制改革与发展的方向与具体内容。

1.市场体制下的相对静态分析

我们将财政职能的研究分为两个层次:财政职能的界定与财政职能的实现。在自然演进的市场经济体制条件下,财政职能的界定是置于"市场—财政—政府"框架中的。从经济史的一般演进历程可以看到,公共财政是伴随着市场经济的发展而不断发展的,但其行为主体必须是国家(政府),国家(政府)以社会管理者的身份来满足社会需求。在市场体制中,财政是国家(或政府)为市场提供公共服务的分配活动或经济行为,是与市场经济相适应的一种财政模式或类型,是市场经济存在与发展的内在要求。因此公共财政职能的界定必须置于"市场—财政—政府"三位一体的框架中。在这种框架中,财政职能具有质的稳定特征。在由自由竞争向垄断的发展过程中,虽然市场功能和政府职能也会发生变化,但由于市场与政府在社会资源配置中的基础性地位并未发生改变,财政职能也没有发生质的变化,主要是量的方面的调节。伴随市场竞争程度的变化、政府干预作用的加强等,财政活动的范围总体呈现不断扩大的趋势,其职能也在过去简单、笼统的配置职能基础上出现扩充和细分,最终界定为现代市场经济条件下的三大职能,即配置、分配和调控。财政职能虽然随着市场运行状况和政府职能的需要也会出现某一方面扩充或不同的侧重,但总体上是稳定的,这一点从成熟市场经济国家的发展过程即可看出。

　　财政职能的实现是通过整个财政制度的配合来完成的,这个财政制度主要由"财政职能—财政体制—财政管理"三位一体的关系构成,财政职能需要由财政体制来承载,由财政管理来实施,即财政体制和财政管理分别是财政职能实现的载体和保障。财政体制除了政治、历史因素的影响外,与财政职能的演变及要求有着直接的内在联系,并由其决定。财政职能总是确立、划分相关的财权事权关系的基本依据和出发点,是影响和制约财政体制的决定性因素。财政管理是涉及具体操作的层次,是财政职能实施的手段。财政制度三层次的次序性、协调性和同步性决定着整个财政制度的效率,也决定着财政职能实现的程度及经济、政治效果。研究财政职能与财政体制的关系,核心就是考察它们之间的协调关系与适应性。因此,在市场经济体制条件下,关于财政职能与财政体制关系的研究是由财政职能界定和财政职能实现两个层次构成的。财政职能的界定由"市场—财政—政府"三位一体的关系所决定,是研究的前提;财政职能的实现由"财政职能—财政体制—财政管理"三位一体的关系所决定,是研究的归宿。只有在这样一个框架下,才有可能把财政体制作为载体,来考察其对财政职能的实现能力。同时,由于这个框架是在市场经济体制条件下归纳出来的,因此财政职能基本不存在质的改变性,而只会随市场与政府关系的量的边界变化而发生职能范围方面量的变化,财政体制也总体是在分税制的财政联邦体制模式内,根据职能变动而进行调整,因此这种分析框架是相对静态的。

2.转轨背景下的动态分析

在转轨背景下考察财政职能与财政体制关系,其复杂性在于经济体制与政府体制的动态性。转轨背景下财政职能与财政体制关系的考察更具实践意义。就经济体制的转换来看,由于市场与政府在社会资源配置中的基础地位将发生质的改变,经济体制与政府体制的动态特征更为突出,市场功能的主导作用和政府经济职能的转换,使财政职能必须不断适应经济运行这种基础性变革。同时,由于经济体制转轨本身也成为需要时时面对的一项重要任务,为了减少市场与政府职能替换所产生的摩擦,保证转轨的渐进推进,财政还要承担对转轨过程进行干预的特殊职能要求。改革实践已经证明,对这些关系的驾驭既直接影响到市场与政府的关系,也直接影响到财政改革的进程。

第一,要在一种自觉演进、人为设计的制度变迁过程中把握财政职能界定的宏观关系。经济转轨是自觉的制度变迁过程,市场体制的建立将经历一个从无到有、逐步完善的"量的渐变(打破旧体制)—质的跃升(确立新体制)—量的完善(完善新体制)"过程,政府也将经历从计划型、全能型政府向公共型、服务型政府转变的"量的渐变(削弱旧职能)—质的跃升(确立新职能)—量的完善(强化新职能)"过程。在转轨条件下,将市场和政府这两条贯穿整个制度变迁过程的变动主线复合考虑时,财政职能的界定也必然演变为一个过程。原来规范分析中的"市场—财政—政府"相对静态分析框架,必然演化为"经济体制市场化进程—财政职能公共化进程—政府职能转型进程"的动态分析框架,财政职能的界定从市场经济条件下三者的相对静态关系,演变为对市场化进程与转型进程的动态适应性与相对性。

第二,要从质和量两个方面对财政职能变动进行考察,并将这种考察与财政体制变迁联系起来,体现出过程的完整性。作为以市场机制和服务型政府为目标的改革,将财政定位于公共服务,并具体体现在配置、分配、调控三个方面大致是可以概括的,但在逐步实现目标的过程中,既要注意到这三个职能也是逐步具备和完善的,需要与动态的背景结合起来考察,更要注意到财政作为手段和工具的另外一种特殊职能,即保证和推动市场化进程、政府转型进程的职能。我们可以将这种特殊职能笼统地称为过渡性职能(可视做一个临时性的外部变量),与目标模式相比,有的职能是合理的,有的职能是不合理的。因此对这种职能的评价主要是看它是否与经济体制市场化进程、政府职能转型进程相适应,随着两个过程的演进,有的职能会逐步消失,有的则逐渐被规范地纳入配置、分配、调控三大职能中。

第三,对转轨背景下财政职能变化的具体考察,可以根据演进的质量互变关系划分为三个部分考察。即传统职能部分(应该退出尚未退出的职能)、新增职能部分(根据市场化和政府转型的进展已经具备的职能)和尚需调整部分(需要根据市场化和政府转型进展,进一步退出或新增的职能)。

第四,"财政职能—财政体制—财政管理"的关系变得更加难以驾驭。财政职能界定的动态性决定了三者关系的复杂性,三者之间的次序、协调和同步会经常性地处于冲突中。对这些问题的认识本已不易,能够做到有意识地设计和调整更是难上加难。

第五,处理财政职能与财政体制关系的困难主要在于:一是财政体制具有相对稳定的特征,不可能频繁变动,这在动态的环境下是十分困难的,如何将体制的过渡性、前瞻性、平稳性结合起来,在设计中预留调整空间是关键;二是体制变动涉及的利益关系比较深、比较广、比较大,调整一次需要协调的方面多、成本大,而处理不好再调整的成本更大,波及面也更广;三是如何形成财政体制对财政职能的主动支持。由于转轨的最终去向是比较清晰的,这意味着中国财政职能的最优标准能够通过许多发达国家的改革历程进行预测。但在转轨的具体过程中,由于需要根据转轨的阶段性、转轨环境的特殊性等及时对财政职能进行调整,财政体制的前瞻性安排也具有相当的复杂性。

(二)当前制约我国财政职能实现的主要体制性矛盾

改革开放以来,我国的体制市场化速度和政府转型速度都处在比较快的过程中。政府在短短几十年里从计划体制下集政权组织者、生产资料所有者、生产经营的指挥者和组织者于一体的状态转向作为管理者,从直接参与微观领域资源配置中摆脱出来,成为市场配置资源的维护者。市场也在这一过程中,通过各个领域改革的推进,从无到有,从资源配置的补充成为资源配置的基础形式。进入 21 世纪以后,由于体制市场化和政府转型都已发生了不同程度的部分质变,许多新的问题开始显现。目前我国正处于经济社会转型时期,利益主体和社会结构正发生重大改变,社会矛盾和社会问题日益突出,收入差距比较大、城乡差距比较严重,就业、公共医疗、义务教育、社会保障等公共需求和公共服务等方面问题比较突出。在这一背景下,市场经济的运行需要驾驭,市场的失灵需要弥补;政府的服务意识需要加强,政府对公共事业的发展需要给予更多关注。体制市场化和政府转型进程质的变化,对财政职能创新提出了新的强烈要求,尤其在公共服务、公平性和政策调控方面。1994 年我们实行的分税制财政体制改革,1998 年提出的建设公共财政的目标,1998 年、2008 年两次实施的积极财政政策等,都体现了财政根据经济体制、行政体制以及经济运行状态变化而进行的判断和回应。财政职能在这一阶段发生了明显的调整和扩充,并且这一趋势还在不断继续。

事实上,学术界对于财政职能适应公共服务要求而必然发生转变是形成共识的,分歧主要在财政传统职能退出的速度、新职能完善的速度方面。这种财政既要"退出"又要"进入"的状态,也被归结为财政职能"弱化"和"强化"问题。这种状况也正反映了转轨时期财政所面临的复杂局面。

宏观背景下财政职能的大幅调整和扩充,也对财政制度内部"财政职能—财政体制—财政管理"的关系结构产生了冲击和要求。分税制改革以来,我们对财政管理的关注程度是比较高的,尤其是 1998 年提出公共财政改革目标后,我国相继实施的收支两条线改革、部门预算改革、国库集中支付制度改革、政府采购制度改革以及实施"金财"工程等,都把着眼点放在建立一套与市场经济相适应的、与政府管理相适应的财政管理制度,以提高财政管理的有效性,使财政职能、财政体制的目标能够更好地实现。因此,需要对财政体制实现能力进行评价,解决日渐暴露的财政体制问题,找出提升财政体制对财政职能的实现能力的优化方案。

1. 体制总体的承载力不足

1994 年的分税制是在财政收支矛盾激化、中央财政宏观调控能力不足的背景下的调整,对体制变化的深刻性认识不足,在体制设计上主要着眼于收入的提高。体制运行时间一长,内部的摩擦、耗损必然增加。同时由于我国处于转轨的战略攻坚期,经济、政府体制的修补改革任务更加繁杂,进一步加重了财政体制的外部压力,使体制总体承载力不足的矛盾日益尖锐起来。

第一,在"比重"方面,主要是全国财政支出占 GDP 的比重仍然很低,虽然当前财政支出的总额非常大,中央财政支出占全国财政支出的比重也比较高,但灵活性很小,调控余地不大。财政在支撑 GDP 稳定增长以及这种增长所需要的经济社会协调方面,仍然吃力,特别是随着市场化进程的加速,很多公共产品和服务明确要由政府来提供,并且要由过去计划体制下的低水平、局部性保障转变为高标准、全面性保障,按照各种增长指标挂钩测算,财政就显得捉襟见肘。

第二,体制转换过程中一些契约性的改革导致解除旧契约的成本负担和转嫁迅速增长,政府或有债务、隐性债务增加。随着价格改革、企业经营机制改革的渐次推进,福利性公共产品提供的价格逐步提高,成本逐渐外部化,这一部分福利性公共契约的解除成了越来越大的一个包袱。相对于改革前期的价格补贴等支出而言,国家公务员和企事业单位职工的公共医疗费、公共养老金、公共住宅和公共失业保险方面的负担、城乡居民家庭子女受教育的公共补助等方面的成本支付在金额和影响上都要大得多。这些问题在近几年受到政府的重点关注,诸多领域都有应对措施出台。但与仍然存在的问题相比,解决的力度是有限的。

第三,经济发展过程中的不平衡加剧,收入分配的公平性、资源利用的科学性等问题变得十分突出,既需要财政对既存的不合理、不科学进行弥补、矫正,同时也需要财政对今后的公平性、科学性等在体制上进行相应的安排。广泛存在于城乡之间以及城市内部、农村内部的分配不平等问题,普遍存在于生产经营过程中的产出效益不高、资源消耗过大的问题,是直接影响到2020 年全面小康社会实现的两个最大问题,也是构建和谐社会的最大障碍。解决这些问题的重要手段是加强政府的驾驭能力,其中财政体制的保障能力又是重中之重。

第四,体制配套性不够,影响了效果的最大化。尤其在财政调控政策的实施过程中,由于市场机制的不完善、财政职能的不完善,政策在启动、传导过程中存在不畅,政策效能损失较大。我国财政体制改革虽然总体上是成功的,但也有不完善之处,突出表现在省以下财政体制不规范,财权、事权关系不明确。这些都会导致财政政策传递过程中的效能损失。

2.体制内部的协调性不足

从我国财政的横向失衡看,发展差距、资源交换中的不平等导致地区间财力差距较大,由于缺乏补偿、反哺机制,中央财政的平衡难度加大。这种情况随着对公共财政的强调、对均等化的强调，呈现不断增加的趋势。从1995—2010 年我国各省、自治区、直辖市财政收入统计分布情况可以看出（见表9.1），我国财政收入完成预算最高地区一直为广东，2001 年是最低地区西藏的 190 倍左右，近年来该比值有所下降（2010 年为 123.26 倍），但仍在 100 倍以上。而从反映总体差异的变异系数①则可以看出，虽然近些年该系数开始呈现下降的趋势，但我国各省财政收入的变异系数仍然高达 80 以上，表明我国各省、自治区、直辖市财政收入依然存在严重的横向失衡问题。

表9.1　1995—2010 年各省、自治区、直辖市财政收入统计分布情况②

项目	样本数	最大值	最小值	最大值/最小值	算术平均数	标准差	变异系数
1995	30	3823449	21500	177.8348	995192.6	773173.5	77.6908
1996	30	4794470	24388	196.5914	1248972	976751.3	78.2044
1997	31	5439453	29537	184.1573	1375225	1103911	80.2713
1998	31	6407547	36393	176.0654	1607725	1299561	80.8323
1999	31	7661882	45731	167.5424	1804795	1527456	84.6332
2000	31	9105560	53848	169.0975	2066470	1838832	88.9842
2001	31	11605126	61108	189.9117	2517194	2376993	94.4303
2002	31	12016126	73082	164.4198	2746775	2555240	93.0269
2003	31	13155151	81499	161.4149	3177414	2949218	92.8182
2004	31	14185056	100188	141.5844	3772055	3329102	88.257
2005	31	18072044	120312	150.2098	4801361	4321415	90.0039
2006	31	21794608	145607	149.681	5904381	5180887	87.7465
2007	31	27858007	201412	138.3135	7604070	6735098	88.5723
2008	31	33103235	248823	133.0393	9241868	7913545	85.6271
2009	31	36498110	300894	121.2989	10516963	8816901	83.8351
2010	31	45170445	366473	123.2572	13100982	10731396	81.9129

资料来源:《中国统计年鉴》。

① 变异系数是反映标志值变异程度的相对指标，其不受原变量值大小的影响，能够用来对比不同时空的不同水平数列的标志变异程度。变异系数越大，说明各地区水平的相对差异程度越大。
② 本表中:(1)1995 年和 1996 年的样本中没有重庆市。(2)1995—2010 年样本中最大值对应的都是广东省。最小值对应的都是西藏。(3)变异系数指标准差系数，计算公式为标准差与算术平均数的比率。

从渐进过程来看,我国发展次序上的区域性效应明显。改革之初,中央采取了优先发展东部沿海的战略,使整个东部经济整体上大幅提高,同时,东、中西部的财政失衡情况也开始出现。改革开放以后,东部、中部和西部的财政资源差距在不断拉大,东部地区财政收入占全国财政收入的比重由 1992 年的 55.99% 上升到 2010 年的 63.5%,提高了近 7 个百分点,但同时西部地区财政收入占全国财政收入的比重由 1992 年的 17.82% 下降到 2010 年的 14.85%(见表 9.2)。

表9.2　东、中、西部地区财政收入结构①

年份	东部地区比重	中部地区比重	西部地区比重
1992	55.99	26.18	17.82
1993	56.51	24.69	18.81
1994	58.87	25.38	15.75
1995	59.53	25.48	1499
1996	59.28	25.44	15.28
1997	59.79	25.09	15.12
1998	60.43	24.54	15.02
1999	61.75	23.79	14.46
2000	63.91	22.27	13.82
2001	66.44	20.46	13.11
2002	66.29	20.42	13.28
2003	66.6	20.13	13.27
2004	65.81	20.94	13.24
2005	66.60	20.60	12.79
2006	65.59	21.45	12.97
2007	65.99	20.55	13.47
2008	64.94	21.14	13.93
2009	64.41	21.53	14.06
2010	63.49	21.67	14.85

---

①　表注:东部为沿海 12 省区市,包括:北京、天津、河北、辽宁、上海、江苏、浙江、福建、山东、广东、广西、海南。中部为东西部之间省区,包括:山西、内蒙古、吉林、黑龙江、安徽、江西、河南、湖北、湖南。西部为西北和西南 9 省区市,包括:四川、贵州、云南、西藏、陕西、甘肃、青海、宁夏、新疆、重庆(1997 年成立)。

从我国财政纵向失衡角度看,分税制客观形成的财权逐级上移,事权有所下移的结果,导致政府间财政关系中财权与事权的不匹配,转移支出成为中央安排财力的主要内容,也成为中西部地区、基层财政运转的主要来源。1994年分税制改革后,中央财政收入占全国财政收入的比重基本稳定并有所提高,看起来是令人满意的,但实际调控能力和灵活性却并非如此。在中央财力得到提高的同时,基层财政却仍然是公共产品的主要提供者,义务教育、本区域基础设施、环境保护等基本事权甚至还有所下移,从而使基层财政陷入困境。这种财权与事权的矛盾可以从基层财政的财政风险反映出来。目前修正财政纵向失衡的主要手段是转移支付制度,中央财政将大量的增收通过转移支付用到了各种“硬缺口”方面,虽然在名义上增收很大,但整体平衡能力不但没有提高,反而有所下降。

针对体制出现的承载力不足、协调性不足问题,这些年我们采取了很多措施进行补救,以求降低体制运行的矛盾、释放内部的压力。这些做法在地方主要是强化了省级财政的调控能力,以期在一个较大的范围内灵活调动财力;在中央主要表现为转移支付的大量增加,尤其是各种针对某一突出问题或为了保证某一政策实施的专项转移支付,这些专项由于要连续安排,往往很快就变成财力性转移,在事实上成为地方经常性财力中的一块而固化下来。这种情况表明体制内的财权、事权关系矛盾已日益深刻,中央财政财权很大,但调控的余地和灵活性并不大,其中相当一部分是指定用途、必须给地方的。每年新增的收入中大部分都是死的、不能动的。在某种意义上,我们可以说财政是通过各种应急性安排来保证体制的运转,体制对财政职能变动的反应也只能是应急性的、平衡性的,无法做出长远、系统的考虑。

二、财政体制实现能力的评价与判断

(一)对目前形势和未来趋势的判断

我们将公共财政支出范围划分为四个领域,一是国家安全和政权建设。二是公共事业发展领域,包括教育、卫生、科技、农业、文化、扶贫等公共事业发展领域。三是再分配性转移支出领域。四是公共投资支出领域①。我国财政公共化的趋势,突出表现为非公共性支出随着我国财政由经济建设型向公共服务型的转变。在公共支出领域内部,公共投资支出领域的比重从1978年开始一直保持下降的趋势,虽然1998年和2008年由于积极财政政策的强制拉动,该项支出出现了反弹,但通常水平一直控制在20%左右。国防支出和行政管理支出逐年增大,1978年两项支出比重不足20%,但到2003年已经达到了30%以上,并且保持继续增长的趋势;公共事业发展领域从1978年开始保持着持续增长,但近年来其比重出现稳定的趋势(基本保持在1/4的水平);再分配性转移支出领域虽然比重有所提高,但整体水平较低。

在未来的财政经济关系中,财政职能的进一步调整和扩充,对公共服务要求的持续增长,已经成为各界的共识,也已经在完善市场经济体制的战略规划中提出。未来公共财政建设过程中,公共支出结构上的优化将是核心和关键,根据市场化的进展和缺陷,根据政府职能的新增与退出,适当控制国家安全和政权建设性支出,压缩公共投资支出,优先安排公共事业发展支出,高度重视再分配性转移支出是基本的方向。这种方向也决定了未来财政体制改革的取向,只有通过体制优化才能消化已经存在和新增的矛盾,将财政职能的要求稳定和固化下来。

三、财政体制实现能力优化的关键点

(一)提高"两个比重"的问题

首先,实现财政收入占GDP比重的持续、稳定增长,使财政环境进一步宽松,是提高财政体制整体承载力的关键所在。但近年来,我国财政收入的增长速度已远高于GDP的增长速度。在未来,财政收入比重的继续提高涉及资源配置的取向问题,增加财政收入的措施并不少,但增加税负或新开税种等在实施中的经济效果却不容忽视。因此,"两个比重"的提高还需要一个较长的过程。在"市场—财政—政府"的框架下,以科学的发展观来加强经济建

---

① 国家安全和政权建设支出包括行政事业费和国防支出;公共事业发展领域包括工、交、商业部门事业费和文教、科学、卫生事业费;再分配性转移支出领域包括抚恤和社会福利救济费;公共投资支出领域包括基本建设支出;非公共性支出包括增拨企业流动资金、挖潜改造资金和科技三项费用、地质勘探费、支援农村生产支出和各项农业事业费和政策性补贴支出。这种分类可能会存在误差,如当前的基本建设支出既包括公共投资也包括非公共投资,但应该不会影响到对趋势的判断。

设,做大经济"蛋糕",通过财源的质量来提高财力的规模与质量才是根本之计。这就要求我们运用财税政策、经济杠杆等手段来调控经济,培育和发展市场主体,同时加强政府的公共管理和服务的职能,为企业的自我发展、自我创新创造更加公平、开放、宽松的财税环境。

其次,重点是如何在中央财政收入占全国财政收入比重稳定或有一定上升的同时,提高中央财政在财力安排上的灵活性。中央财政的调控能力是实现公共服务均等化、公平化的重要保证。科学划分中央与地方政府之间的事权,以确定各级财政的支出范围,是完善分税制财政管理体制和政府间转移支付制度的基础。中央与地方之间的事权划分应遵循以下原则:一是市场基础原则,即要以界定市场经济条件下政府的职能为基础,改变目前政府存在的"越位"和"缺位"现象,并相应扩大财政供应的范围;二是范围原则,即按政府管辖的范围来确定事权的归属,属于全国(全社会)范围共同事物的事权,由中央政府承担,属于地方(局部)范围的事务由地方政府承担;三是效率原则,即由地方政府处理行政效率更高的事务归地方,而由中央政府处理行政效率更高的归中央。

(二)财政级次问题

逐步缩减财政级次既是近年讨论的一个热点,也是实践中的一种结果。分税制后中央与省级财政的关系得到理顺,但并没有为基层政府建立起独立的地方税体系,地方各级政府基本没有构成自己财力基础的特色税种,而是共享相同的既有税源。大部分省市在一定程度上效仿了中央对省的体制,在支出格局基本不变的情况下,向上集中了部分财力以供调剂,从而产生了省以下体制的矛盾和省以下各级政府的财政、事权关系不对称的问题,市级、乡级财政自然弱化。随着基层财政困难的加大,区域平衡难度的加大,各地又会进一步强化省级财政平衡能力以缓解矛盾。从长期看,中央、省、县(市)的基本财政级次框架是一个趋势。但是在这一过程中有两点需要考虑:一是省级财政应该具备多大的财权和调控自主权,承担多大的事权,这些财权、事权如何与未来的相关改革,如地方发债权、税收开征权、公共事业发展责任等对接。二是现在由中央财政承担的细化到县的一些财力安排是否需要调整,即中央与省级财政关系是否要有所变动。

(三)财权与事权相匹配

从财政的角度考虑,在增大投入的同时,如何从事业发展的角度完整设计、细化事权关系,形成各级财政间的合理分担,并在此基础上对财权进行相应的匹配,是发展好各项事业的根本保证。这种财权与事权的安排亟待解决的根本问题在于以下两个层次。首先是确定政府行为的基础,从而衍生出财政职能和相应的财权与事权的整体安排,即根据效率的要求,政府与市场都只做自己应该做并且有能力做好的事情,从而形成对各级财政的整体安排,形成财政分级的基础。如教育类的公共事业应根据其公共性和重要性的不同区分为义务教育、高等教育、职业教育等,然后将有限的财力首先确定在公共性和重要性最明显的义务教育领域,从而形成对财政的整体安排。其次是从事业发展的角度对各级财政的事权和财权进行划分,即根据效率的要求,凡是下级政府能够有效处理的事务就交给下一级政府,并安排相应的财力;一些事业的发展主要在基层,如农村义务教育,需要由基层承担具体的管理、实施责任,但财力需要由各级财政根据公平原则和监督的有效性进行分担。

（四）转移支付制度的进一步规范

转移支付制度的建设需要重点考虑两个方面:一是根据财政职能的转变,科学界定新财政职能的支付内容和范围。第一步就是如何界定各级财政对新增职能的支付内容和范围。从现实情况看,事权划分的关键是合理确定政府的经济管理权限。中央政府的经济管理权限主要是宏观调控和协调全国经济社会的发展;地方政府主要是完成中央宏观调控下达的任务和协调本地区经济社会的发展。按照各级政府承担的事权合理划分各自的支出,将属于中央政府事权范围但由地方财政承担的支出,上划给中央财政;将属于地方政府事权范围但由中央财政安排的支出下划给地方政府。二是转移支付制度本身的进一步科学化、制度化。我国采取的是单一的纵向转移模式,其前提是中央收入居主导地位,具有足以实现均衡目标的财力。未来要立足于纵向转移的完善,完善转移支付的因素与指标,增加转移支付制度的科学性与透明度,并逐步过渡到纵向转移和横向转移相结合的混合支付体制。

四、促进财政职能更好实现的体制性建设思路

（一）体制改革优化方案的目标与原则

财政体制改革的目标应与战略机遇期的宏观背景相适应,即以 2020 年完成经济体制改革、建设全面小康社会、和谐社会为目标,界定与经济体制、政府体制、经济社会发展水平相适应的财政职能,确定与财政职能相适应的财政体制改革目标。总体上,在市场体制、服务型政府、人民生活全面小康、社会和谐的背景下,财政职能接近市场体制下公认的标准,按照"市场—财政—政府"三位一体的关系界定在配置、分配、调控三个方面,但在具体内容上应有不同的阐述和侧重,过渡性职能已经淡化。相应的,在"财政职能—财政体制—财政管理"的框架中,由于财政职能趋于稳定和标准化,财政体制作为对财政职能的适应和支持,应是建立在财权、事权关系更加合理的基础上、能够更有效保证各项公共事业发展的分税制,体制的过渡性安排基本淡化。

在达到目标的过程中,"经济体制市场化进程—财政公共化过程—政府职能转型进程"的协调,仍然是保证财政职能逐步创新的基本原则;"财政职能—财政体制—财政管理"的协调,仍然是保证财政体制更加有效的基本原则。

(二)体制改革优化方案的近期思路

近期的体制改革主要是从财政支出体制的改革入手,探索调整和解决财权、事权不匹配问题。考虑到我国公共需求与公共服务方面的矛盾比较突出,可以考虑选择几个重点的公共事业进行试点。如2004年构建并初步形成的包括对农村中小学贫困学生实行"两免一补"在内的国家资助财政投入体系,不仅关系"三农"问题的解决,也是基层财政最大的一块事权,如果能够解决好,对教育发展和探索县乡财政改革都有明显作用。这类事业关系国计民生、影响面大,是构建和谐社会、小康社会、缓解社会矛盾的重要内容。同时,这些事业对各级财政的牵动性强、对体制改革的试验效果明显。在试点中,一是要坚持将增加投入与调整体制结合起来,在投入的边际上能以摩擦较小的方式进行体制改革的尝试,并随着试点的进行,逐渐将这种边际上的改革引入到存量上,从而实现整个体制的调整。二是在体制安排中贯彻公共性、广泛性和绩效原则,使财政职能在体制中得到更好体现。这三个原则是财政体制改革原则贯彻的根本保障,只有在体制安排中得到体现后才可能影响到财政体制本身。三是在体制设计上有意识地解决体制中存在的问题,提高对于财政体制改革方向的认识,提高改革推广时的效果。

(三)体制改革优化方案的远期战略

由于公共事业发展是地方尤其是基层财政的主要事权,随着这些方面改革的实施,也就为更全面系统的支出体制改革、财权事权关系的匹配创造了条件。如果说1994年分税制改革主要着眼于财政在财权上的振兴,解决了财政的收入能力问题,保证了政府对经济运行的驾驭能力,那么今后将要进行的改革,从性质上将主要着眼于财政在事权上的合理,解决财政的支出效率问题,提高政府对经济运行的驾驭效果。因此,总体上我们的分税制改革可简单看作是分两个步骤设计和完成的。如果说1992年至2020年是社会主义市场经济体制从建立基本框架到逐步完善的阶段,那么从1994年开始则是与其相适应的分税制财政体制从建立框架到逐步完善的过程,当然未来的过程可能并不需要那么长的时间,但又不能不受到整个改革和发展进程的制约。

紧抓发展主题,促进经济持续较快发展是财政体制改革的根本,是社会主义公共财政的首要任务。充分发挥财政职能作用,进一步解放和发展生产力,做大国民经济这块"蛋糕",实现财政、经济良性循环,并有力支持和促进其他各项社会事业的发展。财政体制要在长期内实现优化必须以此为根本,才可能长期驾驭好在改革中出现的具体问题,才可能从全局角度观察和规划财政体制的发展方向,从而制定可行有效的远期战略。

科学界定公共财政支出范围,加快财政公共化的趋势是长期必须解决的基础性障碍。公共财政要打破计划经济条件下财政大包大揽的支出格局,凡市场能够作用的,主要是竞争性、经营性领域的投资,财政不代替;而对行政管理、国家安全、公安司法、监察、公益型事业、大型基础设施、科技教育、公共卫生、环境保护、社会保障、对经济进行宏观调控所必要的支出等社会公共支出,则要在财政能力允许的情况下,通过综合平衡,给予重点保障。优化各级政府的财权与事权是提高财政职能的体制实现能力的关键。各级政府财权的划分是以各级政权的职能划分为基础,但各级政府职责是一个极其复杂的问题。从理论上讲,以各级政府所提供的公共产品和服务在社会政治经济生活中的地位作用及受益覆盖面为依据,但在实际中还受到政治体制结构、经济关系(经济发展水平、经济体制、经济结构等)、历史文化(民族构成、宗教文化等)及地理疆域等多种因素的影响。实际中由于没有统一的标准,具体操作难度较大,大部分的公共产品是由中央政府和地方政府共同承担的。

第四节　财政政策对转轨的影响与作用

一、对转轨经济体财政政策特殊性的理解

（一）西方财政政策的内涵

西方现代财政政策（又称凯恩斯政策），主要用于解决有效需求不足导致的短期非均衡问题。根据市场经济的一般原理,在简化的假设下,任何实际产出的生产总会创造出同样数量的可支配收入,当收入没有全部用于消费而是一部分用于储蓄时,我们就说在收入—支出的恒等式中出现了"储蓄漏损";与此对应的是产出也并不全都是用于消费,还包括企业部门购买的资本品,它正好是收入—支出流中的一种"投资注入",因此储蓄—投资机制决定着国内生产总值能否达到均衡,经济能否保持稳定地自主增长。在"[总收入]→[总消费＋（总储蓄→总投资）]→[总产出]→[总收入]……"的产出循环中,总消费＋（总储蓄→总投资）是一个关键环节,市场机制的需求约束特征在此表现为两个方面:一是消费倾向过低、当期消费需求不足导致总收入中用于储蓄的部分增长过快;二是预期最终需求不足导致投资意愿过弱,大量储蓄从经济运行系统中"漏损"后不能实现正常的"注入",转化为投资需求。这两种情况的分别出现或同时出现都会导致经济增长失速、市场不稳定和萎缩。针对这种情况,凯恩斯政策主张通过政府支出的扩大吸纳"漏损"的储蓄,补充民间投资需求的不足,将总需求拉回到正常水平。这里政策的效果集中在投资乘数上,而乘数的关键是新增投资所直接引起的收入能以多大比例增加消费。消费是一切问题的核心。

由于边际消费倾向的存在,市场本身无力自行调节,必须由政府进行干预。同时由于消费倾向的相对稳定,消费需求也相对稳定。因此应对危机最有效的办法是政府通过财政政策增加投资需求,使总需求与总供给的均衡达到充分就业的均衡,市场机制得以重新恢复。财政政策实施效果的核心在于消费倾向,其政策传导过程表现为财政政策手段→收入分配变化→社会总需求改变→财政政策目标实现,即经过图9.3所示的链式结构来实现自主增长动力的恢复。这种对策具有两个基本特征:（1）它是市场经济高度发达的产物,市场机制本身的成熟程度和运行效率既是问题产生的原因,也是财政政

策工具性效应发挥的前提;(2)其政策目标是消除市场机制运行的周期性障碍,启动经济自主增长机制恢复,即存在"财政政策调节→充分就业均衡实现→市场机制恢复"的内在机理。

图9.3　市场经济体制下政府投资扩张政策的传导机制

(二)转轨经济体财政政策链式传导的特殊性

若忽略政策的体制背景,可以明显地看出,财政政策链式结构的有效传导事实上需要满足以下几个基本前提:其一,在首个传导环节,新增的政府公共投资要有效地转化为产出的增加;其二,总产出增加需相应地体现为可支配收入的增长,并且,收入增长还应通过边际消费倾向起到带动消费的作用,这样才能保证乘数作用的有效发挥;其三,由于政府投资所存在的利率效应有可能会对民间投资造成挤出,因此较低的挤出效应也是扩张性财政政策有效的必要条件。基于此,在转轨的背景下考虑财政政策经由微观反应机制进而作用在总需求上的链条,会发现,其传导环节所需的条件无一不受制于转轨经济体中的体制性约束。

具体来说,转轨的背景下,财政政策的传导在首个环节即表现出了与西方不同的情形,一部分公共投资实际上在未转化为产出时就已经损耗掉了。在国民核算体系中,由于投资本身就属于总产出的组成部分,公共投资扩张与总产出增加之间本应是一个并不存在中间环节的联动过程,但不够完善的政策实施机制却造成,即使在该环节,仍难以避免中间损耗的出现。这主要是因为,扩张性财政政策最终需由地方政府、企业等主体来具体实施,而这些主体执行政策的规范性却受到转轨阶段性的制约。

随后,在产出通过乘数作用而产生倍数效果这个环节。在西方经济理论中,乘数效应能否有效发挥主要取决于有多少政策扩张所致的总收入能够再次转化为消费,也就是边际消费倾向的值。对市场经济国家来说,居民的边际消费倾向通常取决于利率、财产等因素。相比之下,对转轨经济体内居民消费意愿的判断则较为复杂。由于新旧体制转换的过程实质也是一个社会成本与收益重新配置的过程,实际影响消费的因素同样受制于转轨过程中的资源配置。基于转轨期的利益分配状况,可以发现,改革的非均衡性实际上使得劳动要素报酬长期以来被过分压低,同时,市场经济所带来的大部分收益更倾向于国有部门或是资本、土地等要素的所有者,使得居民收入增速一直低于经济发展的速度;而对于转轨过程顺利推进所必须支付的社会成本而言,其中却有很大一部分以社会保障缺失、物价上涨等形式间接转移给家庭部门,迫使居民以增加储蓄、缩减即期消费来应对。基于这种资源配置的双重制约,一是居民收入很难随着总产出的增加而上升,反而会造成国有部门以及并不依赖劳动报酬的高收入群体的财富迅速增长,由于高收入者的边际消费倾向本身就较低,其收入上升较难起到促进消费的作用;二是它显著地强化了居民的储蓄意愿,而过强的储蓄意愿又使得作为关键传导变量的边际消费倾向难以提高。这样,长期以来我国所存在的需求不足都可以被归结为体制性现象,所以说,立足于扩大总需求的政府投资扩张,即使能够直接带动总产出的增加,也很难相应带来消费的链式增长,反而经过转轨约束下的传导链条加大了收入分配的失衡。这也说明,在西方市场经济体中起到重要作用的乘数效应无法在我国发挥同样的作用。

另外,对于政府投资是否会对民间投资产生挤出的问题,在理论上,挤出效应是指政府通过实行扩张性政策引起利率上升,导致民间投资减少,抵消财政支出的扩张效果。在这一反应机制中,值得注意的是,我国利率并未市场化,可以说并不存在"政府投资扩张—利率上升—民间投资被挤出"这一链条。但这却不能说明我国政府投资无法通过其他渠道挤出民间投资。在融资市场上,在利率无法市场化调节的前提下,非国有经济尤其是中小企业普遍缺乏正常的融资渠道,而当政府投资扩张使得对信贷的需求增加时,民企融资难度则会进一步加剧,虽然它并不通过利率作为挤出机制,却是通过融资成本变相加大等其他方式表现出来。这种以行政命令方式对民间资本的"挤出",实质上比西方普遍存在的"利率挤出"对民间投资的资金需求形成了更强的制约。

从上述三个传导环节的实际运行可以看出,当前扩张性财政政策的传导机制在转轨的特殊背景下产生了变化,并使得财政政策不再依赖于一些市场中的基础性要素,反而与市场机制的不完善性密切相关。

二、我国财政政策发挥作用的体制性约束

当前,转轨是中国经济运行的重要约束条件。在传统计划体制下,经济运行被定义为资源约束型的,短缺是经济运行的基本特征,并被不断地再生产出来[①]。1978 年中国进行经济体制改革以后,原有资源配置格局被打破,一方面使旧体制下供给的低效率受到遏制,另一方面使民间资本增大,储蓄的增加和企业自主权的扩大促成市场化的储蓄—投资转化机制逐渐形成。直到 20 世纪 90 年代中期,社会供求从总量上已基本实现平衡,短缺现象基本消失,经济运行越来越受到有效需求的约束。

经济运行状态的变化意味着经济制度和经济体制已经发生了深刻变革。但是这次重大转折并不意味着转轨已经完成,以后经济运行中出现的一切问题都可以完全按市场的一般规则进行分析和应对。在此期间,制约经济运行的矛盾既有市场机制下的一般矛盾,也有转轨过程中的特殊矛盾,其中后者对经济运行的制约更具深刻性。在市场化总体程度已得到实质性提升,而市场化结构性不均衡问题突出的背景下,经济运行必然要经历一个供给总量基本平衡甚至供给长期过剩,而供求结构性失衡矛盾尖锐的时期,并且,这一时期的经济运行既有别于传统体制下和体制变革前期的全面短缺状态,又有别于成熟市场经济条件下的需求约束状态。

处在目前转轨条件下的市场经济体制具有两个方面的内涵:一方面经济运行的基本特征是市场的,市场机制的主导作用与市场失灵会同时存在于经济运行中,与之适应的政府与市场关系的基本框架也将逐步形成,政府将逐步学会按需求约束的特征来调控经济。另一方面,由于经济转轨并未完成,市场机制的效率必将受制于传统体制下各种遗留问题的解决程度。市场化的总体进展可能同时伴随着一些局部矛盾的激化。这些矛盾的外部表象是市场运行的受阻和不畅,而矛盾产生的原因则是传统体制因素的制约。某些局部矛盾激化的程度可能比市场机制的周期性失灵更加严重。这就从根本上决定了 1998 年以来积极财政政策虽然更趋于市场经济下的通行做法,但

[①]　科尔奈. 短缺经济学. 经济科学出版社. 1986. 第 5、12 页。

其应对的问题既不同于成熟市场经济中一般的周期性矛盾，也不是计划体制下的紧缩—扩张问题。

（一）消费的体制性压抑形成财政政策作用的重要制约

按照凯恩斯政策原理，应对有效需求不足、启动经济自主增长的关键是投资乘数，即边际消费倾向。边际消费倾向的变动取决于居民收支预期和收入差距的状况①。以下我们就来具体考察这两个关键条件如何受到体制性约束。

1.传统体制下的"社会契约"无法通过市场化过程出清

在传统计划经济体制下，为了实现快速工业化和经济增长的目标，政府与公众之间相应形成了一系列的社会契约。这些契约一方面要求公众必须忍受工业化和经济增长带来的消费利益的牺牲②，以使积累保持在较高水平；另一方面则通过统一标准将较低价格的福利和社会保障安排于企业或单位中。改革开始后，随着价格的市场化、企业产权制度改革的推进，福利性公共品的供给价格必然逐步提高、成本逐渐外部化，顺利解除这一部分福利性公共契约是计划到市场转轨最终完成的前提。

从转轨的实践路径来看，"休克疗法"将转轨成本随同产权私有化过程一并抛向社会，试图将原来计划体制下政府与公众之间形成的"社会契约"通过市场化一次性解除。其巨大代价是改革一开始就会出现剧烈的经济社会动荡，由此所造成的对生产的破坏和债务危机较长时期难以消除。渐进改革虽然避免了"休克疗法"造成的严重问题，但当期必须支付的价格改革补贴和延期支付的与产权改革等相关的成本，却继续由政府承担着。已有的实践表明，旧的"社会契约"事实上无法通过市场化过程出清，即使选择激进改革的国家，只要政府是负责任的，在解除"社会契约"的某些问题上也仍然不得不采取较为渐进的方式来过渡③，政府必然是解决这些历史债务的最终负债人。因此20世纪90年代中期中国开始的第二阶段改革，其挑战性被认为在某种

---

① 袁志刚等.城镇居民消费行为变异与我国经济增长.经济研究.1999（11）。

② 坎贝尔·麦克康耐尔等.经济学：原理、问题和政策（下）.中译本第14版.北京大学出版社/科文［香港］出版有限公司.2000第1040页。

③ 例如俄罗斯所表现出来的居民拖欠住宅—公用事业费用的问题。据专家估计，俄罗斯50%—90%的不同地区交纳费用的平均水平为75%—80%。在莫斯科有15%的家庭欠交公用事业费。参见 Л.И.阿巴尔金.俄罗斯发展前景预测/2015年最佳方案.社会科学文献出版社.2001.第213—214页。

程度上不亚于20年前,转轨的速度将决定未来支出负担的规模①。转轨成本的消化将形成对这一阶段经济运行和市场机制的基本制约,而这一过程中的成本支付方式无非两条:(1)一部分转化为家庭部门的个人支出;(2)一部分转化为财政必须承担的公共服务项目支出。比如原来体制下全民范围都享受到的教育之类的补贴,不论结构如何调整,一部分支出仍然要由财政来负担,一部分则转移给家庭迫使居民以增加储蓄、缩减即期消费来应对。前者成为财政经常性支出中不断增长的一个大项,后者与其他预期支出一起改变着居民的长期预期和消费倾向,总体上都将使市场机制的传导在消费环节发生障碍。

(二)发展战略与转轨次序导致的多"二元结构"无法在短期内自动消除

中国三十多年改革与发展的成就来自于让一部分人先富起来的战略——渐进改革所带来的结构性变动。即在非均衡条件下(如要素市场分割等)通过结构调整使资源转移和进行再配置,实现效率的提高和对经济增长的刺激②。但是也正是由于这样的路径选择,在效率增进的同时,非平衡的发展战略导致了比改革初始状态大得多、也比一般市场经济国家大得多的两极分化。仅用传统"二元结构"还不足以解释问题的复杂性和特殊性,也不足以解释差距何以会拉得如此大。

准确地讲,中国贫富差距之所以形成长期拉大的趋势,是转轨与发展双重作用下的多"二元结构"的结果。一方面,传统的城乡"二元结构"在计划控制资源能力逐渐削减、市场配置资源能力逐渐增强的转轨过程中发生了多元变异,除了城乡差距拉大以外,还出现了城与城、乡与乡之间的差距拉大问题。另一方面,政府主导、渐进改革路径下的非均衡发展,不断衍生出与经济转轨进程相联系的新的"二元结构"。在三十余年的体制改革进程中,从市场广泛化和深化来看,表现为产品市场化→生产资料市场化→金融市场化的市场逐步启动和放开的过程,而在这三大部分市场化的内部,也存在一定的次序,例如产品市场化,就有日用消费品市场化→耐用消费品市场化等分过程。

---

① 仅就我国的养老金隐性债务而言,世界银行的一项测算认为,在1998年已占到GDP的94%。参见王燕等.中国养老金隐性债务、转轨成本、改革方式及其影响——可计算一般均衡分析.经济研究.2001(5)。

② 钱纳里.工业化与经济增长的比较研究.上海三联书店.1995 第41—48 页。

体制变动导致的利益转移形成了非正常的收入分化。这种"体制性收益"和"体制性损失",反映了体制变动过程中各人因所处地域、产业、岗位、人际关系等不同,改革的步骤与方式不同,避免社会震荡的保障机制和缓冲机制不同,在改革的各个阶段里发生的收入分配差异与既有财富转移。处在不同改革次序上的家庭、部门之间,有的轻易就获得了转移性收益,有的没有获得这种收益的机会,甚至失去了既有的收益,也就负担了体制转嫁的损失。类似的变动过程中,显然还伴随着大量由于法律不完善、监督缺位、运作不规范、体制性资源滥用所导致的"衍生性"收益畸高者与损失畸高者[1]。这种因既有财富占有格局变动导致的收入分化,加上以效率优先、鼓励一部分人先富起来所拉开的收入差距,必然导致社会阶层的分化和"畸高收入阶层"与"畸低收入阶层"的逆向分离。多"二元结构"在经济转轨的不同阶段衍生、博弈、固化,使收入差距呈现一种全面扩大的态势[2],导致居民边际消费倾向降低,加剧了有效需求不足的程度。

(三)由上述两个原因导致的体制性约束

20世纪90年代中期以来,随着市场机制的逐步确立,以及传统体制因素对需求的明显制约,投资、消费膨胀的内在动力已明显不足。"九五"期间,全社会固定资产投资增速为11.2%,城乡居民储蓄存款的增速为17.3%,储蓄增速比投资增速高5.1个百分点。国内储蓄未能充分转化为实际投资,表明经济增长中存在严重的投资压抑[3]。2002年上述两项指标分别为16.1%和17.8%,投资与储蓄差距缩小源于国有投资的迅速增长,但居民可支配收入仅增长10%,表明储蓄增量不仅来自于居民增收,还有相当一部分来自居民的"超储蓄"。

这种储蓄过量漏损的原因在于居民边际消费倾向不足,而制约消费的正是前面提出的转轨过程中的两个特殊的体制性因素。解除旧的"社会契约"所引发的储蓄漏损主要是总量上的,表现为储蓄构成中预防性动机增强导致的边际储蓄倾向上升。在近年的历次居民存款动机调查中,教育支出、养老支出所占比重最大。多"二元结构"所导致的储蓄过量漏损主要是结构性的,

①　陈宗胜等. 非法非正常收入对居民收入差别的影响及其经济学解释. 经济研究. 2001(4)。
②　国家计委综合司课题组. 90年代我国宏观收入分配的实证研究. 经济研究. 1999(11)。
③　武剑. 储蓄、投资和经济增长——中国资金供求的动态分析. 经济研究. 1999(11)。

表现为不同收入群体潜在消费能力差异导致的有效需求总水平不足。2000年与1995年相比,从最低到最高收入分五个档次的家庭收入名义增长率分别为22.3%、31%、37.6%、44.9%、51.1%、56.4%和61.9%。其中,中低收入户收入占总收入的比重一直呈下降趋势;而10%最低收入家庭与10%最高收入家庭收入差距由3.7倍扩大到5倍。这样的收入结构和储蓄结构使大多数人并不具备扩大消费的能力。

当消费的总体性制约和结构性制约交织在一起时,收入增长的结果必然是储蓄倾向的强化,是消费—储蓄结构的不合理和储蓄—投资转化的不畅。消费环节成为整个市场机制传导链条上的"瓶颈",使积极财政无法实现预期的扩张和传导。近年来以扩大投资需求拉动内需虽然有一定效果,但投资贡献率也由1997年的36.7%攀升至2010年的48.6%以上,已经影响到国民收入分配的宏观比例和经济的长期稳定。消费环节的这种脆弱性反映了市场机制的不健全,其实质是转轨过程中传统体制因素和过渡性因素在制约着市场效率的发挥。由此判断反推的结论是:由于改革尚在过程中,市场机制的不完善决定了积极财政政策效果的有限性和困境,财政政策只能作为弥补GDP增长缺口的次优选择[①]。

当总体性制约和结构性制约交织在一起时,预期支出压力的增大和实际收入水平的不平衡使消费环节在整个市场机制的传导链条上显得十分脆弱,收入增长的结果必然是储蓄倾向的强化,是消费—储蓄结构的不合理和储蓄—投资转化的不畅。这种脆弱不是一般性的反周期政策可以解决的,其实质反映了市场体制的不健全,经济体制转轨过程中的传统体制因素和过渡性因素在制约着市场机制效率的发挥。由此推出的结论是:改革尚在过程中、市场机制并不完善决定了积极财政政策效果的有限性和困境,防止经济失速、防范财政风险的治本之策只能是进一步推进改革。

三、财政政策的体制性后果

在近几年的实际应对中,我们按照一般的反周期策略一直试图以大面积、大幅度增加收入来提高居民消费能力、改变消费预期,改善收入中的消

---

① 易纲、林明. 理解中国的经济增长. 中国社会科学. 2003(2)。

费—储蓄结构;以连续、大量的政府投资来维持较高的投资水平、吸引民间投资,打通储蓄—投资障碍,最终使需求活跃起来。但经济运行却一直无法摆脱消费难以启动、内需难以扩大的制约,政府投资带来的收入效应没有明显改变消费预期和消费倾向,而是更多地转化为储蓄的增加和物价的上涨,从而使经济运行中的储蓄—投资机制进一步失衡,在没有自主投资动力的情况下,政府必须通过发行国债吸纳更多的储蓄以消化这种失衡。此时,政府投资不但无法疏导市场机制的传导,反而形成了政府投资→经济增长→政府投资→经济增长的直接外部推动式的经济运行特征。

（一）工具性效果不足

财政政策的工具性效果是相对于政府直接投资的产出效果而言。工具性效果不足,是指在转轨经济条件下,试图通过符合凯恩斯政策原理的财政政策调控并启动消费、实现经济自主增长是很难的。1998 年以来我国经济运行中的突出矛盾虽然也表现为总需求尤其是消费需求的不足,但其体制背景不是发达的市场机制,而是转轨条件下的市场机制,这种差异决定了有效需求不足的性质和财政政策的效果。

当前经济运行中出现的有效需求不足等问题,并不是主要由市场机制的内生矛盾所引起,而是外部因素制约市场机制效率发挥的结果。至此,关于经济运行中的有效需求不足等问题,我们就可以根据体制前提的不同提出两种解释:一种是成熟市场机制下一般的周期性原因造成的,是市场机制的短期非均衡问题,即市场机制导致的经济运行失衡。这种情况下可以通过财政政策弥补市场机制缺陷,消除经济运行中的障碍,从而恢复均衡和经济自主增长。另一种是转轨过程中的体制性原因导致的,是市场机制不成熟、不完善问题。这些问题总体上表现为初步建立市场经济体制基本框架后市场机制的运行不畅,是体制性制约使现有的消费倾向、消费水平不能适应市场机制框架的要求[1]。财政政策可以在一定阶段起到维持经济增长和稳定的作用,但无力消除这些体制性原因对经济自主增长机制的制约。仅就"财政政策→经济运行"的关系来看,不同体制条件下的效果也是不一样的,凯恩斯政

---

[1] 我国消费率长期偏低,20 世纪 90 年代以来,世界平均消费率在 80% 左右,而我国 1990—2001 年期间平均消费率不足 60%。参见刘国光、王洛林、李京文. 中国经济形势分析与预测(2003 年春季报告). 社会科学文献出版社. 2003 第 24 页。

策主要体现为一种传导功能,作用于市场机制内部,是一种工具性使用。我国目前的积极财政则更多地体现为对经济增长的直接贡献,具有一般经济主体的行为特征和产出效果。与凯恩斯政策的隐含前提相比,我们的体制环境不仅不同,而且处于变动中①,具有相当的不稳定性。在转轨经济条件下,指望通过财政政策启动消费和市场机制是很难见效的。

我国分别在 1998 年和 2008 年开始实施的积极财政政策,均是希望通过政府投资的扩大使总供求均衡维持在接近充分就业均衡的水平,利用投资转化的收入效应改变居民消费预期、提高边际消费倾向、刺激民间投资意愿增强,最终使市场机制恢复自主运行能力,经济增长恢复内在的秩序。这也是发达市场经济国家的通行做法。实际执行的情况是,积极财政政策对防止经济失速的效果是明显的,1998—2002 年 GDP 年均增长率达到 7.6%;而在 2008 年的积极财政政策实施后,经济增长率一直保持在 8% 以上,保证了整个国民经济的平稳运行。但是作为一项反周期调节的政策,积极财政政策始终未能在刺激有效需求、恢复经济自主增长方面产生明显的效果,投资需求越来越依赖政府,对居民消费拉动弱,而政府消费率却节节上升,财政政策已经成为投资、消费、外贸之外的"第四驾马车"。显然,在这样的经济循环中,财政已经不是市场经济运行系统之外的政策因素,而是内生为这种经济运行的一个必要条件,财政的负荷在递增,风险在加大。

(二)财政政策对投资体制性冲动的强化

1998 年以来我国两次实施的积极财政政策均以政府投资的扩张为基本特征,通过政府直接投资弥补最终消费、净出口和资本形成下降留下的需求缺口。并且由于体制性约束导致的消费压抑,积极财政政策作用于市场机制传导的工具性效果并不明显。这样的体制背景决定了政府投资对这一阶段的经济运行具有举足轻重的作用。同时,同样由于体制性约束导致的对民间投资的拉动效果不足,政府投资的行政性拉动成为一种必不可少的替代措施。这种特征的拉动可明显划分为两个阶段。第一阶段从 1998 年到 2002 年上半年,主要是以中央政府为主导的直接投资拉动,连续发行国债和增加预算内投资是主要的方式。为了提高乘数效果和拉动作用,这些资金在使用上

---

① 中国社会科学院经济研究所宏观课题组. 寻求更有效的财政政策. 经济研究. 2000(3)。

采取了配套和"捆绑"的政策,国债资金与银行新增贷款、地方资金的配套比例大致为1:1:1[①]。另外还通过补充和增加建设项目资本金,以扩大对银行贷款的需求;调整税收政策以加大出口导向的力度[②]。在此期间,全社会固定资产投资总额中国家预算内资金所占比重大幅提高,从1996年的2.7%迅速上升到2002年的7.3%;国债资金占全社会固定资产投资的比重也始终保持在较高水平,2000年达到4.6%。尽管如此,由于整个经济运行的通缩程度较为严重,民间投资增长缓慢,国债资金的拉动作用既不可或缺,又显得十分吃力,经济运行很不稳定。1998—2002年国债资金占当年新增固定资产投资的比重分别为28.9%、75.9%、54.3%、34.9%、23.9%,其比重和波动幅度都反映了这种特征。

第二阶段从2002年下半年开始,主要是以地方政府为主导的普遍的投资扩张,信贷膨胀和外资猛增是主要的方式。与前一阶段不同的是,由于高收入群体消费升级的基本完成,以汽车、住宅等高档消费品为特征的需求大幅增长,从2002年下半年开始自发性的投资需求得到持续回升。在此背景和前一阶段政府投资行政性拉动的惯性作用下,中央政府投资增幅持续下降,并已出现负增长,地方政府投资增幅则迅速上升。

出现政府主导型投资由第一阶段向第二阶段转化的原因,首先是传统体制下的投资冲动在特定条件下受到了刺激。1996年实行"软着陆"以后,经济过热迅速降了下来,但盲目扩张的投资机制并未从体制上消除。积极财政政策的连续实施和现行的流转税为主体的税收体制再次强化了政府投资行为,强化了地方对增长速度的追求。地方政府运用行政手段分指标、下任务,基础设施建设和城市建设中的超前行为,工商注册、土地批租、税收政策等方面的竞相优惠和违规审批等冲动开始扩张。在投融资体制改革尚未到位,投资的微观约束机制和宏观管理体系不健全的情况下,这

---

① 项怀诚.中国:积极的财政政策.经济科学出版社.2001第21页。

② 1998年分批提高了纺织原料及制成品、纺织机械、煤炭、水泥、钢材、船舶和部分机电、轻工产品的出口退税率,加大了"免、抵、退"税收管理办法的执行力度,对一般贸易出口收汇实行贴息,中央外贸发展基金有偿使用项目专项资金也正式使用。调整进口设备税收政策,降低关税税率,对国家鼓励发展的外商投资项目和国内投资项目,实行在规定范围内免征关税和进口环节增值税。1999年两次提高出口退税率,出口商品的退税率档次由原来的17%、13%、11%、9%、5%五档简并为17%、15%、13%、5%四档,综合退税率达到15.51%。从7月2日起对从事能源、交通、港口建设项目的外商投资企业按15%征收企业所得税。参见项怀诚《中国:积极的财政政策》第19、25页。

种地方发展的冲动转化为简单的投资冲动并直接导致投资过热。目前出现过热的项目大都与各地发展"支柱产业"、"经营城市"、"形象工程"、"政绩工程"的冲动有关。

政府主导下的投资增长必然导致非市场约束的过度投资和重复建设,这与市场经济体制下的危机有着本质区别。同时,与传统计划体制下投资饥渴和预算软约束不同的是,这次发生在转轨背景下的政府投资冲动,是在市场经济体制基本框架已经确立,政府管理经济职能和投融资体制改革又远未完善的情况下进行的,因此投资冲动启动后就不再直接以政府、以预算内资金增长来体现,而主要表现为民营、外资等企业投资和银行信贷资金的扩张,但这些投资行为和项目都与政府的发展目标和意图紧紧相连。

由于这样一种转化,我们看到,虽然国债资金和国家预算内资金对投资和经济运行的影响力已经下降,甚至在使用方向的不断调整中逐渐变得微不足道,但政府主导型的投资冲动却在地方普遍形成了。这种冲动是体制性的,事实上与积极财政政策是否退出已没有太大关系。进一步讲,积极财政政策是否退出并不能从根本上改变现阶段的经济运行状况。

四、对积极财政政策效果的评价

评价中国财政政策有效性的最好方式,是分析被调控对象的特殊性,看看实际经济运行的特征及出现的问题,是否符合凯恩斯政策原理的一般性描述。随着20世纪90年代中期市场经济体制基本框架的建立,仍然处在转轨途中的中国经济在实践和认识上都存在着如何判别经济运行的体制性约束与周期性约束问题。始于1998年和2008年的政府投资扩张对经济增长的直接贡献是明显的,但是寄希望于积极财政政策能够按照凯恩斯政策原理启动消费和经济自主增长,则缺乏理论前提。中国的积极财政实践表明,虽然经济中的矛盾是以市场机制运行不畅表现出来的,但制约市场效率的原因是传统体制性约束导致的市场机制不完善。我们只有从导致市场不完善的特殊体制性因素去分析,才能对财政政策实际可能起到的作用有一个理性的判断。

（一）政策效果的汇总与比较

根据对政策分析,转轨背景下我国政府进行的财政干预不仅包括正向的,如带动经济增长、优化经济结构等,也存在一些负面效应,如对结构失衡的加大和对投资的挤出等。综合起来,我们在对我国财政干预产生的政策影响进行汇总的同时,还将它们同西方财政政策的一般性进行了对比(见表9.3)。

表9.3　财政政策效应汇总与比较

政策影响	实现方式	宏观效果	与西方政策效应的异同
增长效果	财政对产出的直接带动	在短期内,直接贡献于产出,拉动经济增长	与西方具有相同的作用机理,但效果有所降低
	乘数作用	以倍数效果促进经济增长	与西方具有相同的作用机理,但因受边际消费倾向制约,效果极低
挤出效应	以稳定的货币供应量为前提加大政府投资	民间投资被挤出	在我国,并非通过利率效应产生挤出,而是以非市场化的方式实现
	与宽松的货币政策相配套加大政府投资	价格水平上升,通胀风险加大	与西方具有相同的作用机理
对基础的保障	进行基础设施建设、加大公共产品供给	破除经济发展的基础因素制约,在长期,为经济发展提供硬件保障	我国特有的政策效应
结构影响	正向:进行结构性减税、改革收入分配等	调整结构,扩大内需,破除体制约束	我国特有的政策效应
	负向:财政过度干预对经济结构的扭曲	扭曲资源配置,加剧结构性失衡	我国特有的政策效应

从表9.3中可以看出,对西方财政政策普遍存在的增长效果与挤出效应而言,虽然具有相似的作用机理,但其实际的效果却在中国经济转轨的特殊背景下产生了一些变化。进一步地,我们还认为,自1998年以来我国两次实施的积极财政政策,其产生的不同效果也是由诸多政策效应的大小与方向所共同决定的。

(二)首轮财政干预效果解析

总的来说,1998年以来的财政政策效果实际上超出了预期。从宏观表现来看,自1998年积极的财政政策开始启动,仅三年左右的时间,经济增速就已恢复到了东南亚金融危机前的水平,到2002年,中国经济已出现强势增长的迹象。虽然仔细观察经济增长的结构就能发现,民间投资和居民消费情况都未能随政策实施而改善,经济发展态势扭转也不是一般意义上乘数作用的结果,但本轮财政干预仍在以下几类效应的作用下取得了良好的成效:第一,政策的直接产出效果虽然掩盖了其传导受阻的事实,却起到了防止经济失速的效果。由于财政政策无法通过居民消费和民间投资环节进行顺利传导并发挥乘数效应,所以,它的直接产出作用就成为经济增长效应的重要组成部分。尤其是在政策实施初期,以直接拉动为主的增长效应在维持经济增速中发挥了关键的作用。第二,政策对基础设施和保障与对结构的调整共同构成了促进经济增长的中长期驱动力。其中,诸如加大退税支持外贸出口、调整收入分配等政策措施,均起到了优化结构的效果;同时,在1998年前后我国的基础设施已经对经济发展形成极大的制约的背景下,财政政策的保障效应也得以充分发挥。

然而,此轮财政干预对经济结构产生的负面效应也不容忽视。虽然本质上说,结构性失衡并不是政策本身的产物,但财政政策对资源配置的干预和扭曲却成为各个层面结构性失衡更加扩大化和复杂化的原因。在财政政策无力启动经济自主增长的前提下,积极财政政策实施只会让政府支出以非规范收入或储蓄的形式沉淀下来,这样,为了维持经济增长的速度,政府对经济的拉动只能以持续投入的方式进行,在这个过程中,其对资源配置的干预程度也逐渐增强。

在该阶段,由于财政干预的正、负双重效应同时发挥作用,因此,最终的经济效果还需取决于这些效应的大小和方向。具体来说,因财政对于经济结构的影响只能在长期逐渐显现,也就造成在短期内实际上只有增长效应与挤出效应的存在。显然,在政策实施初期,以直接拉动为主的正向推动力是占据主导地位的。而随着财政政策的持续,当财政干预对结构的影响以及保障效应都开始显现时,宏观经济绩效则更多地依赖于政策的后续安排。

总之,通过对产出的直接拉动,这一轮财政干预适时地起到了防止经济增速在短期内下滑的作用,使受到东南亚金融危机冲击的经济体并未出现失速的状况。同时,在中长期,其保障效应与结构效应也对经济增长产生了保障与促进作用,此时,虽然由资源配置扭曲所产生的负面影响长期存在,但在政策实施阶段,所有的政策效应汇总起来最终仍形成了促进经济发展的正面力量,为深化国有企业改革、贸易政策转变等具有长期效果的配套改革措施提供了生效的基础和良好的环境。

(三)新一轮财政干预效果解析

通过前文对首轮财政干预的分析,可以做出如下判断,即1998年开始实施的积极财政政策的增长效应并不是宏观态势扭转的根本原因,而是以保障效应与其它改革措施相配合共同构筑了此后经济发展良好态势的基础,也就是说,在增长效应不足的前提下,首轮财政干预仍旧保障和促进了宏观经济的好转。而在2008年以来的新一轮积极财政政策实施以后,虽然本轮政策干预具有更强的操作力度,但从近几年的宏观表现上,却会发现其效果与上一次存在着差距。为破解这一难题,我们随后从比较的视角,结合上一轮政策出现良好效果的几个重要原因对此现象进行解析。

第一,在首轮财政干预期间,积极的财政政策并没有使消费成为经济增长的主要动力。但在2000年以后,出口对GDP的贡献率大幅提升,外需的扩大弥补了消费需求的不足,使财政所引发的结构性失衡随后被高速的经济增长所掩盖。而当前的情况是,面临着正逐渐消失的人口红利以及更加严峻的国际形势,想要通过出口来恢复经济高速增长已不大可能。并且,由于当前我国已经步入新的发展阶段,可以预见的是,中国经济未来将经历一个由超常规增长转向常规增长的过程,在这种情形下,已经失去了再次以高速经济增长掩盖经济体内部结构性矛盾的基础。

第二,在基础设施建设方面,与新一轮积极财政政策相比,首轮政策对公共投资重点投向领域进行的安排更加规范、合理。虽然同样存在着挤出效应大、投资效率低等问题,但在基础设施已经成为经济发展制约因素的背景下,财政干预的保障效应可以得到充分的发挥。然而,同十年前相比,当前我国对基础设施更新的需求并不迫切,可以说,随着近些年经济建设的进程,财政干预的保障效应已经逐渐消失,此时加大对基础设施的投资,只会造成大规模的重复建设和投资资金的浪费。尤其是,当前政府投资与民间投资的结构性矛盾已经比较突出,进一步加大政府投资,强化财政对市场的干预只能再次加剧已有的失衡。

第三,积极财政政策的直接产出效果虽然仍较为明显,但却不具备可持续性。从长期看,直接拉动经济的财政措施几乎不会对经济发展产生任何正向影响。同时,这种立竿见影的方式不仅负面效应大,还对政府的财政能力和融资方式都提出了极高的要求。如果说财政赤字得不到弥补,就会出现政府债务问题,而弥补财政赤字中可能出现的货币增发又会成为引发通货膨胀的直接原因。

第四,进行结构性减税是新一轮积极财政政策的重要实施手段,理论上,我们认为,在转轨的背景下,减税的措施能够产生长期促进经济发展的正向结构效应。然而,从数据上看,在新一轮积极财政政策实施以后,实际税收不仅未降低,反而出现大幅上升,甚至远高于同期 GDP 的增幅,其中,2009 年我国税收同比增长 9.1% ,而 2010 年,税收同比增长率高达 20.8%[①],显然,我国实际的减税程度还不足以起到刺激企业投资、提高居民可支配收入的作用。

事实上,由于新一轮财政干预的投资扩张力度较强,配套措施又有所不足,最终结果必然是使其对资源配置的扭曲较上一次更加严重。虽然具体到政策安排上,其也存在着能够产生长期结构效应的方式,如与十年前较零散的促进民生改善的措施相比,当前保障民生的政策体系更加全面,配套措施也较多样化;另外,新一轮政策还包含一系列税制改革措施,如推进增值税改革等,均有利于经济结构的调整和优化,但从整体上看,这些具有改革意义的政策措施力度还不足以形成扭转发展态势的力量。

因此,关于财政政策作用的主要结论如下:(1)当前经济运行中的失衡、失业等问题,其实质是经济转轨过程中的体制性现象,而不是市场经济运行中一般的周期性现象。由于不存在理论分析中的给定前提,传统宏观分析中的短期性政策无法解决这些问题。那种寄希望于通过财政政策,尤其是通过扩大国债投资,启动经济自主增长的观点是不正确的;(2)现阶段财政政策的主要作用是在一定程度上弥补了需求不足产生的增长缺口。如果这种需求不足可以被认定为主要是体制性原因导致的,那么财政政策实质上是在一定程度上弥补了近期制度性变革不足(制度贡献不足)产生的增长缺口。财政政策在总体上使经济增长保持相对稳定的状态,为进一步推进各项改革、消除体制性制约维持了一个相对宽松的环境和平稳的心态。从这一点看,财政

---

① 吕冰洋、郭庆旺. 中国税收高速增长的源泉:税收能力和税收努力框架下的解释. 中国社会科学. 2011(2)。

政策功不可没。那种因为积极财政政策不能启动经济自主增长恢复,而否定财政政策作用的观点也是不正确的;(3)现阶段有效需求不足产生于体制性原因对市场机制的制约,其中主要是旧的"社会契约"和多"二元结构"问题,这两个原因从总量和结构方面导致储蓄发生持续的、体制性过量漏损,导致市场机制的不完善和低效率。解决这一问题的惟一途径是深化改革,消除制约市场机制运行的体制性约束;(4)由于需求不足的原因不是短期非均衡矛盾,在一定时期内政府支出的扩大将演变为经济增长贡献中一个必要的、有意义的常量,具有了内生性。恢复经济自主增长能力,必须借助外部力量的推动,即深化各个方面的体制改革。没有改革引导、配合的财政政策既会强化旧体制复归、结构矛盾,也会加深财政运行的体制矛盾和债务压力。因此,积极财政政策是否退出并不取决于财政政策的工具性效果,而是取决于改革推动市场机制完善的程度。

第四篇

转轨背景下的增长与转型难题求解

第十章

转轨背景下的增长与转型难题的衍生

体制转轨与发展转型是经济转轨过程中的双重任务,经济转轨的最终目的是实现经济社会发展,即改变贫穷落后的面貌、全面提高人们的物质文化生活水平。在经济转轨的特定时期,体制转轨是推动社会发展的有力手段,并成为一定时期内的主要任务和目的。体制转轨是由计划经济体制向市场经济体制的转变,是资源配置方式和经济运行系统的根本性改变。发展转型是经济体从不发达状态向发达状态的发展阶段转换。在转轨经济体中,除俄罗斯外,几乎都属于贫困的发展中国家。从计划经济向市场经济转轨的过程中,如何在既定生产力发展水平和业已形成的发达国家主导世界政治经济的大背景下,改变贫穷落后的面貌、推动经济社会全面发展和人民生活水平的提高,是各转轨国家所面临的迫切、棘手的重大问题。作为一个庞大的社会系统性工程,发展阶段转型与体制转轨一样具有非常浓厚的强制性、外加性的色彩,并非必然遵循一定的自然演变过程。发展阶段转型所涉及的内容不仅包括作为外在约束条件之一的体制,还包括社会结构、文化传统、技术能力等许多方面。

第一节　转轨路径与发展的“非平衡”性

一、转轨背景下的增长与转型

通常社会发展包括经济持续稳定的增长、经济结构的改善、生活水平的提高、自然环境和社会环境的改善等众多方面,但这一切都必须建立在经济增长基础之上,没有经济增长也就不可能有社会发展。因此对处于贫困落后状态的各转轨经济体来说,其首要和根本的任务就是通过各种切实有效的政策手段促进经济增长,并利用经济增长所带来的收益来解决转轨过程中的其他问题。

转轨的动因是希望通过适宜的制度安排,寻求改变增长现状的机会,即制度变迁→技术进步→经济增长→成长转型的过程。转轨时期的一切安排最终是要解决增长(发展)问题。如果没有增长(发展)出现,转轨就必然要陷入绝境。作为一种制度变迁,转轨是自觉选择的结果。由此产生的转轨过程中对全新的制度安排实现增长的要求和转轨国家现有成长阶段的基础性制约,使得体制转轨与成长转型两种矛盾,必然成为转轨时期贯穿始终的约束内因。市场体制的选择必须与特定的成长阶段相吻合,只有选择了适宜的制度安排,才可能通过经济增长推动成长阶段的转型,并不断形成对制度的反向激励和要求。

二、中国经济发展的"非平衡性"

经济转轨过程中的非平衡性是特指由于体制转轨和发展转型的错位和不一致性所导致的非均衡(非平衡)系统状态。转轨经济自身的这种无处不在、无时不在的非平衡系统特征,几乎在其经济运行的各个层面都有所反映。转轨时期的经济增长,可以理解为转轨过程中实际国内生产总值的增长和实际人均国内生产总值的增长。一国变革时期的经济运行绩效,总体地反映了经济转轨的进展程度,其更深刻的内容是特殊经济形态的非均衡因素是否被恰当地认识和利用。

负增长的阴影在大多数国家变革进程中已经弥漫太久。"到处都是工业企业的枯萎树叶;农民们不能为其产品找到市场;成千上万家庭的多年储蓄化为乌有。更为严重的是,大批失业者面临着严酷的生存问题,数量同样多的人辛勤劳动却几乎没有收入。"①借助美国总统当年评估大萧条时期经济社

---

① 这里引述的是美国总统富兰克林·罗斯福就职演说中试图对大萧条造成的巨大破坏作评估时所说的一段话。参见戴尔·古德. 康普顿百科全书(技术与经济卷). 中国商务印书馆、美国康普顿知识出版社. 2001. 第21页。

会状况时讲到的这番话,显然可以提高我们的想象力,供给普遍短缺的经济转轨国家又遭遇负增长带来的各种严重后果,那等于是雪上加霜。转轨的初衷是迫于提高经济增长能力的需要,但一直到 1999 年即转轨近 10 年之后的东欧 27 个国家和独联体国家共同体(CIS)的国内生产总值还不到 1989 年——这一年通常被用作比较的基础年——转轨开始前水平的 3/4①。发生于美国并以美国为中心而波及到整个工业世界的 1929—1940 年大萧条延续了 11 年,转轨国家陷入负增长陷阱的时间比大萧条经历的时间似乎更长。

　　中国政府偏离计划体制向市场体制的尝试,是从 1978 年中共十一届三中全会做出重大决定开始的,在后社会主义转轨范围内起步最早,至 2003 年中共十六届三中全会做出完善社会主义市场经济体制若干问题决定,已经走过 25 年历程。预设的转轨完成时间大致还需要 20 年左右。以此作为样本衡量所谓后社会主义转轨进程所需要的时间,大体上可以设定 50 年为下限。这样看似乎能给经济学家一些乐观想象,不好的现状未必是不可逆转的。鼓励这样去想象的另一些迹象似乎也已经开始显露。2003 年俄罗斯经济增长速度将达到 6.5%,甚至有可能接近 7%,成为世界经济的一大亮点;乌兹别克斯坦 2003 年国内生产总值增长 4%,总的形势好于上年;为争取加入欧盟冲刺的波兰、匈牙利、捷克、斯洛伐克中欧四国,2003 年虽然受欧盟地区经济低迷影响速度有所放慢,但依然保持了较为明显的增幅,其经济增长率分别为 3%、2.8%、2.5%、3.9%,均高于欧盟中的重要国家;保加利亚 2003 年 GDP 增长率可望突破 5%。国际货币基金组织发布的《世界经济展望》报告中,将不包括白俄罗斯和乌克兰的前社会主义国家划为"中东欧"转轨国家,"俄罗斯"单独列为一个转轨国家,其余的前苏联加盟共和国加上蒙古划为"外高加索地区及中亚"转轨国家。中国不被列入其中,其隐含的意思是认为不改变社会主义基本制度便不可能成为"市场国家"。对中国样本的漠视最近几年才随中国坚定地推进市场化的事实和增长绩效的不俗表现而发生改变。罗兰明确把现在有希望进入欧盟的中欧国家看作华盛顿共识的成功;把俄罗斯的经验基本上看作华盛顿共识缺点的证明;而把没有遵循华盛顿共识任何建议,反而对华盛顿共识提出了挑战的中国的成功,看作对演进—制度观点的

① 格泽戈尔兹·科勒德克.从休克到治疗.上海远东出版社.2000.第 5 页。

肯定。未取得预想成效的转轨经济不能不认为是"出人意料之处",而"最大的正面意外可能要算中国经济改革的成功"①。

在罗兰之前,明显地对"华盛顿共识"不表认同,一直看好中国变革经验,也是较早按照西方经济学主流规范给予中国样本归纳的重要人物,是2001年度诺贝尔经济学奖获得者、美国著名经济学家约瑟夫·斯蒂格利茨。他最早从一般性上,简要地阐述了中国样本与其他样本的差异。大多数国家强调产权,中国强调竞争。大多数国家不重视经济组织机构即"组织与社会资本",中国采取逐步发展的过渡在改革中转变了经济组织机构。这显然与研究经济增长有关。

斯蒂格利茨曾以两种方式衡量中国经济增长的绩效和意义。一种是把所有发展中国家国民收入作为一个整体,中国20年经济增长占增加值的一半;另一种方法是把中国的每一个省作为一个考察单位,过去20年里世界经济增长的前20名地区,都在中国版图内②。据世界银行估计,英国在工业化初期人均收入翻一番的时间花了58年(1780—1838年);美国花了47年时间(1839—1883年);日本花了近34年时间(1885—1919年);巴西用了18年时间(1961—1979年);韩国用了11年时间(1966—1977年);中国只用了10年的时间(1977—1987年),大大超过英、美、日等国当年人均收入增长速度,也成为目前世界上经济增长最快的国家之一③。"十几亿人口的中国全面建设小康社会,是人类发展历史上最重大的事件。目前世界高收入国家人口不足9亿,他们大约花了200—250年的时间才达到现在的水平;上中等收入国家人口不足6亿,他们大约花了100—150年的时间才达到现在的水平。两者加起来约14.7亿人。而到2050年,中国只花100年的时间,就将使15—16亿

---

①　热若尔·罗兰将起因于缺乏对转型过程的了解而导致出乎意料的结果称为"转型的出人意料之处",例如经济学家没有预料到价格自由化大多数情况下并没有产生正面的供给反映,反而意想不到地引致产出大量下降;没有预料到大规模私有化不仅没有完成前国有企业通常使"内部人"受益向外部人(外国投资者和新的私人企业家)受益所取得的产权激励效应,反而导致对资产的大肆侵吞和掠夺;没有预料到在一些国家有组织犯罪比市场出现更快,而稳定化政策意图在不同国家一再受挫,企业的软预算约束即使在企业补贴被削减时,仍然在不同形式下苟延残喘(银行不良贷款、拖欠税金、以物易物链),等等。热若尔·若兰.转型与经济学.北京大学出版社.2002.第6页,第18页,第311—312页。

②　约瑟夫·斯蒂格利茨.中外经济体制转轨比较.经济学动态.2001(5)。

③　参见世界银行《世界银行发展报告》(1991),收录于《世界银行发展报告》(1981—1999)全文检索光盘,中国财政经济出版社,2000年。

人口进入现代中等发达社会。这不仅将开创人类发展史上的奇迹,而且也是中国对人类发展的历史性贡献"①。

最近称中国为"新兴工业化国家"的美国芝加哥大学教授罗伯特·福格尔提出问题的特殊方式,似乎可以成为人们思考变革时期是否存在着超常增长原理的理由。中国和其它新兴工业化国家可以借鉴西方发达国家的某些发展经验,但不能简单照搬其发展模式,其主要原因在于经济发展的非均衡性。在中国,经济发展各部门并不仅仅存在一种发展水准,而是几种水准并存;中国经济的某些方面可能非常先进,而有的则处于初期阶段。在很多方面中国都比美国更好地协调了经济增长各部门的关系。中国人口城市化比例从 19% 迅速增长到 30%,是 1980—1995 年即 15 年内在一个良性发展环境中实现的;尽管在住房和其它基础设施方面还存在很多问题,但人均寿命有了极大改善。相应的过程在美国发生在 1860—1890 年即 30 年内,耗时长了1 倍,并且在此期间生活标准有一定下降,不仅出现过健康状况恶化、死亡率增长的情况,甚至在很多贫民窟中,婴幼儿死亡率接近 50% 。从实际人均收入看,中国现在已经处于 1897 年前后的美国水准,而从小学教育和中学教育水平看,中国已分别达到美国 20 世纪 50 年代中期和 20 世纪 70 年代水平②。

第二节　中国式分权与政府职能异化

改革开放以来,中国经济出现了持续增长,但中国政府服务性支出不足的问题却一直都没有得到解决,使得民生问题日益突出。将其放入中国经济转轨的宏观背景下进行考虑,我们就会发现,在现有体制激励下,各级政府具有大力发展经济和少提供公共服务的内在激励。改革之初以促进和维持经济快速增长为目的的体制安排,如今已构成中国民生改善的体制性障碍。要从根本上促进民生快速发展,必须改变现有经济增长模式及支撑其运行的体制基础,破除民生改善的体制性障碍,将民生改善内生于推动经济增长的体

---

①　胡鞍钢.中国经济发展会给世界带来巨大机会.经济日报.2003 年 1 月 30 日。

②　福格尔是 2003 年在厦门举行的"城市化:中国新世纪发展的挑战与对策"为主题的国际研讨会期间,用他的理论架构解读中国某些经济热点问题,分析中国、亚洲与世界经济联系与互动关系时,阐述这一观点的。材料来源于新华网。

制框架,使得增长与民生实现相互递推式的良性发展模式。

一、中国式分权、政府职能异化与服务性支出

中国经济为何能够持续 30 年的飞速发展始终是理论界研究的热点问题,目前基本可以形成共识的是,除了市场导向的经济体制改革之外①,中国经济的持续高增长还得益于两个方面的体制安排,一是对地方政府的有效激励,二是以经济增长为核心的政府职能异化②。其中地方政府的激励,一方面来源于以赋予地方政府更多经济自主权为核心的财政分权改革,另一方面来自于以官员任免为主要方式的中央政府对地方政府的有力控制和以经济绩效为考核标准的经济增长激励,二者结合形成了中国特色的分权模式,而这一特殊分权模式对中国经济增长的贡献也得到了相关研究的证实(Qian and Weingast,1997;Qian and Roland,1998;Jin, Qian and Weingast,2005;Li and Zhou,2005 等)。而以经济增长为核心的政府职能异化,则来源于中国政府所执行的"以经济建设为中心"的发展战略模式,政府经济建设职能被突出强化,表现为政府资源更多地集中于经济发展领域,这种由政府职能异化导致的大量政府主导的经济建设支出和相关政策扶持成了经济增长的重要推动力量。而这种推动中国经济持续增长的中国式分权模式和过度偏向经济建设的政府职能异化,已成为了抑制民生改善的体制性障碍,从根本上阻碍了民生的改善。

就中国式分权而言,它是一种经济分权与行政集权相结合的特殊分权模式。其特点是中央通过掌控地方政府官员的升迁以及任免权,对地方政府的行为有很强的控制力;同时地方政府拥有较强的经济自主能力,可以根据其自身的利益考虑进行经济资源的配置和安排。因此,中央政府的政策导向能够较好地得到地方政府的贯彻实施。中国式分权的这一特点常常被用来解释为中国与俄罗斯、印度等国财政分权对经济增长不同影响的主要原因。Blanchard and Shleifer(2001)研究表明,与中国相比,俄罗斯的中央政府缺乏

---

① 此处的市场导向的经济改革包括保护产权、促进竞争、鼓励对非传统经济部门的投资、审慎的宏观调控制度,以及不断完善的市场监管等。

② 政府职能异化是指政府在一定时期内将促进经济发展作为自身存在的主要职能,而弱化了其固有的公共服务职能。

对地方政府的有效控制,不能有效地对地方政府行为进行奖惩,从而导致了俄罗斯财政分权体制下地方政府经济掠夺行为的出现。Zhuravskaya(2000)对比中俄财政分权与政府间关系的研究发现,俄罗斯财政分权体制下,地方政府的平均财政激励十分微弱,地方政府缺乏改善经济的激励,而中国的情况却恰好与之相反。Bardhan(2006)对比中印的研究也认为,印度地方政府相较于中国地方政府而言所获得的财政激励和真实权威要弱的多,与中国地方政府致力于发展经济的努力相比,印度的地方政府显得并不十分关注经济发展问题。由于中国式分权要求地方政府在获得财政分权好处并大量掌握经济权利的同时,必须服从中央政府的权威和保持目标的一致(张军等,2007),在中央政府大力倡导发展经济的背景下,这套机制能够高效率地促进经济增长也就很容易理解了。

　　自改革开放以来,中国发展的重心就是加快经济增长并迅速增强国家实力,与之相伴随的中央对地方政府的垂直控制,即政绩的考核标准长期偏向于地方经济的发展。根据 Li and Zhou(2005)、周黎安等(2005)运用中国改革开放以来的省级水平的数据研究,表明地方官员晋升与地方经济绩效的显著关联,他们发现省级官员的升迁概率与省区 GDP 的增长率呈显著的正相关关系,一定程度验证了中央政府通过政绩考核和晋升激励而鼓励地方政府发展经济的事实。在这种情况下,地方政府既掌握了较大程度的经济权利,同时又受到了来自中央政府的以经济增长为核心的政绩考核和晋升激励,必然会利用手中的经济权利大力发展经济,展开以经济增长为核心的竞争。现实的情况是,各地方政府一方面进行大规模的基本建设投资、改善投资环境,同时辅之以不同程度的政策优惠,尽可能地吸引外来投资,另一方面也大力扶持隶属本辖区的国有企业,增加国有经济的固定资产投资,通过两方面努力积极发展本地经济[①]。因此中国的财政分权无疑大大促进了中国的经济增长,多项实证研究也验证了这一结论(张晏、龚六堂,2005;Jin, Qian and Weingast,2005 等)。也正因如此,才有学者认为(张军,2007;王永钦等,2007),中国改革开放初期的经济高速持续增长,至关重要的一点不是"做对价格"(getting prices right)而是"做对激励"(getting incentives right),尤其是做对了

---

　　① 　与此同时也不可避免地出现与邻为壑的地方保护主义,以及地区间投资的重复建设问题。见周黎安(2004)。

对地方政府的激励。

　　然而中国的财政分权在给中国带来持续高速增长的同时,也伴随产生了诸多副作用。财政分权的代价问题也随着被提出(周黎安,2004;王永钦等,2007等),他们认为中国政治集权下的财政分权在给地方政府提供了发展经济的动力的同时,也造成了城乡和地区间收入差距的持续扩大、地区之间的市场分割和公共事业的公平缺失等问题。可以想象,地方政府在面对较高的发展经济的激励时,必然会将更多的精力和资源投入能够促进地区经济发展的公共投资领域,并与其他地区展开经济竞争;但由于政府资源有限,用于拉动资本增长的公共支出必然会挤占政府的服务性支出,进而造成社会发展的相对滞后。关于这一推理目前也得到了实证的支持,傅勇、张晏(2007)利用1994—2004年的中国省级面板数据研究表明,中国的财政分权以及基于政绩考核下的政府竞争,造就了地方政府公共支出结构“重基本建设、轻人力资本投资和公共服务”的明显扭曲,并且分权与政府竞争具有明显的正交互作用。这在一定程度上验证了以经济增长为目标的晋升激励与财政分权共同造成了地方政府的“重投资、轻服务”的支出结构。

　　中国式分权促进经济增长而抑制民生改善的作用机理,可以简单地概括为经济增长的强激励与地方政府较强的经济自主权相结合。面对这种双重激励,中国的地方政府被驱动的方向更多的是经济增长而不是收入的再分配(张军等,2007)。一方面经济增长在相当程度上关乎地方政府官员的仕途,另一方面地方政府又在财政分权框架下掌控了相当的经济权利,因此地方政府必然会将政府资源向可以带动地区经济发展的领域倾斜,而政府投资相较于提供公共服务无疑更能在短期内拉动经济的增长①,因此“重投资、轻服务”的支出结构必然会成为地方政府的首要选择,从而造成地方公共支出结构的扭曲。

　　但事情并非到此为止,我们认为以经济建设为核心的政府职能异化在保持经济增长的目标驱动下,也进一步在体制层面加剧和固化了地方公共支出结构的扭曲。其原因在于由财政分权所导致的中国的公共服务的缺失和水平不足,除了引起民生问题日益突出之外,还会催生出居民消费的体制性约

---

　　① 尽管服务性支出在长期来看,也会拉动经济增长,但外溢性强,且地方政府官员的任期一般为5年,时间较短,因此在短期内能够快速拉动经济增长的政府投资必然会成为首选。

束(吕炜,2006),并威胁经济的持续增长。其内在机理是,公共服务的不足使得原本应由政府按照市场经济条件下的公共财政模式予以承担的成本,相当部分被暂时转嫁到了普通居民手中,从而加大了居民在教育、医疗、住房等方面的成本。而按照生命周期消费理论假说[①],消费者的现期消费不仅与现期收入有关,而且与消费者以后各期收入和支出的期望值相关。因此这种成本的转嫁很有可能将迫使居民以增加储蓄、缩减即期消费来应对,从而与其他预期支出一起改变着居民的长期预期和消费倾向,总体上都将使市场机制的传导在消费环节发生障碍。而中国消费的难以启动和内需的难以扩大,无疑对经济的持续增长构成了严重威胁。

在政府职能异化的前提下,在解决民生问题与解除经济增长放缓威胁的抉择面前,政府部门关注的焦点选择了后者。因此为维持一定的经济增长,解决内需不足的问题,简单地选择了由更多的政府投资来弥补,从而实现维持宏观经济发展的目标。而在这样一种行为逻辑之下,就致力于发展地方经济的地方政府而言,无疑会倾向于加大政府投资,抵消消费不足对经济增长的负面影响,同时积极改善基础设施以吸引外商和民间资本,来拉动经济增长。这样由于消费体制性约束的存在,造成中国经济形成了政府投资→经济增长→政府投资→经济增长的直接外部推动式的经济运行特征。而居民消费需求与民生的改善则被抛弃在了经济增长模式之外,这也正是导致中国1998年以来利用积极财政政策拉动内需效果不足的内在原因。

而这种直接外部推动式的经济增长模式,所导致的后续问题是政府投资规模随之扩大,造成政府投资比例始终维持在较高的水平。在政府有限的财政资源下,这又势必会进一步压缩服务性支出上升的空间,加剧消费的体制性约束,从而将政府支出锁定在了"高投资、低服务"的结构上,使得"消费的体制性约束"转化为了提升民生服务性支出的"体制性障碍",并形成了公共服务提供不足→体制性消费不足→政府投资固化→公共服务提供不足的恶性循环,从而加剧和固化了政府公共支出的偏差行为。

至此我们可以发现以中国式分权及政府职能异化为特征的现有体制安排,一方面维持着中国的高速经济增长,另一方面却同时抑制着政府部门发

---

①　生命周期消费理论最早由 Modigliani、Brumberg 和 Ando 于 1954 年提出。

展民生的偏好,使"重投资、轻服务"的支出结构安排成为了政府在现有体制下的"自发行为"。并且由于体制性消费约束的存在,这种"重投资、轻服务"的支出结构偏差还出现了恶性循环的趋势(见图10.1)。因此高比例的政府投资与低水平的公共服务同时内生于现有的经济增长模式当中,而由于经济增长没能带来民生的改善与公共服务水平的提高,居民消费需求在这一增长模式当中也注定难以有效放大。经济增长、政府服务性支出、政府投资行为以及居民消费行为同时内生于由现有体制安排决定的经济增长模式之中,因此从整个经济系统出发,是我们认知中国公共服务问题的必然选择。与此同时,中国的财政分权虽然不内生于经济增长模式之中,但也在其中起到了强化和推动作用。首先,财政分权使得地方政府享有了较高的经济权利,因而在经济增长的高激励下,必然会对政府投资产生正向激励,进而实现经济的快速增长;同时在有限的政府财力限制下,财政分权也必然会抑制服务性支出,进而强化公共服务提供不足的恶性循环。

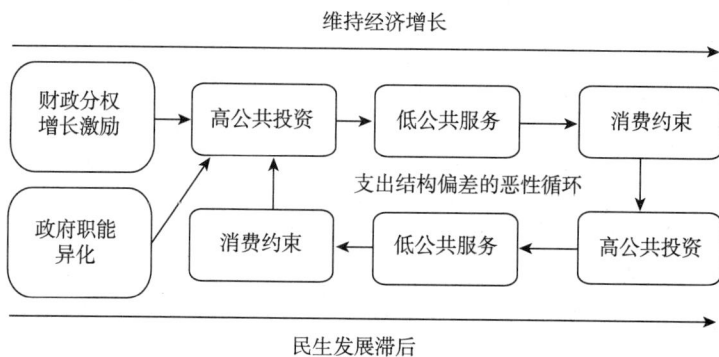

图 10.1　中国民生改善的体制性障碍

二、中国公共服务性支出存在体制性障碍的实证检验

通过前面的分析,基于中国公共服务性支出存在体制性障碍的推论,我们可以提出以下一些理论假设:

(1)经济增长会对公共服务支出产生负向影响。

(2)公共服务支出会对居民消费产生正向影响。

(3)居民消费会对政府投资行为产生负向影响。

(4)政府投资和居民消费会对经济增长产生正向影响。

(5)财政分权会促进经济增长。

(6)财政分权会抑制公共服务支出。

(7)财政分权会促进政府投资。

(一)构建联立方程模型

为了验证前面提出的理论假设,证明财政分权以及政府职能异化对公共服务提供的负面影响,本节我们将建立联立方程模型(SEM)并运用中国数据对其进行实证检验。之所以选择联立方程模型是因为其能够更好地刻画经济体系内各个变量之间的相互关系,能够更加合理、准确地把握中国公共服务性支出不足的体制根源,全面考虑政府的服务性支出决策过程及依据。因此我们根据前面的理论假设,构建一个包含服务性支出、经济增长、政府投资和居民消费增长四个方程的联立方程组,来全面刻画这一经济现象。建立联立方程模型如下:

$$
\begin{cases}
pe_{it} = \alpha_i + \beta_1 grw_{it} + \beta_2 fd_{it} + \gamma X + \delta D + \varepsilon_{it} & (1)\\
grw_{it} = \alpha_i + \beta_1 fd_{it} + \beta_2 cr_{ir} + \beta_3 gir_{it} + \gamma X + \delta D + \varepsilon_{it} & (2)\\
cr_{it} = \alpha_i + \beta_1 pe_{it} + \beta_2 pe_{it-1} + \beta_3 pe_{it-2} + \gamma X + \delta D + \varepsilon_{it} & (3)\\
gir_{it} = \alpha_{it} + \beta_1 cr_{it} + \beta_2 fd_{it} + \beta_3 grw_{it} + \gamma X + \delta D + \varepsilon_{it} & (4)
\end{cases}
$$

上述方程组中,下标 t 和 i 分别代表第 t 年第 i 个省份,X 和 D 分别代表各个结构方程的控制变量和虚拟变量。其中公共服务支出比重(pe)、经济增长率(grw)、居民消费增长率(cr)以及政府投资增长率(gir)四个变量为内生,财政分权(fd)及其余指标为外生变量。

方程(1)是政府服务性支出比重方程,是我们要重点考察的结构关系,公共服务支出比重用省级预算内财政支出中教育事业费、卫生经费、抚恤和社会福利救济费以及社会保障补助支出总和占地方财政总支出的比重来描述。在此我们没有使用预算外指标支出数据,尽管其可能更为精确。其原因一是我们可能无法获得详细准确的各地区预算外支出数据;二是中国各地区预算外支出中,多用于非服务性项目的支出(如政府消费等),对于改善民生服务的作用较小,因此使用预算内指标更能说明我们服务性支出不足的论述主题。

本方程中关键的解释变量包括经济增长率和财政分权指标。其中引入经济增长率作为政府服务性支出的解释变量,我们主要是要考察中国"经济增长—民生发展"之间的相互替代关系,因此我们预计 grw 的系数为负。我们选取了预算内本级财政支出作为财政分权的度量指标,相对于预算内本级收入指标而言,支出指标更能体现地方政府可自由支配的财力,符合本章研究的初衷;为了综合考虑各地区人口规模因素影响,我们还分别从总量指标和人均指标来分别考察财政分权对服务性支出的影响。在控制变量 X 中,我们分别引入了人均 GDP 及其平方项,这是考虑到瓦格纳定律的存在,公共服务性支出比重随着经济发展水平的提高可能出现非线性的特征,即政府的公共服务支出比重可能随着经济发展水平的逐步提高而提高,但增速会逐渐放缓。在虚拟变量中,我们分别考虑了 2002 年的所得税分享改革($dum2002$)、西部大开发($dumexp$)、振兴东北老工业基地($dumdb$),以及 2006 年开始实施的一系列改善民生措施($dum2006$)等政策因素。

方程(2)是经济增长方程,我们将重点考察财政分权、消费增长率以及政府投资增长率对经济增长的影响。长期以来财政分权始终都被作为影响经济增长的重要变量,并且其影响程度存在着一定的争议,在此我们将给出我们的判断。消费和投资都是影响经济增长的关键因素,因此居民的消费增长率和政府投资增长率是经济增长的重要解释变量。其中消费增长率用各地区居民最终消费增长率来刻画;政府投资增长率用全社会固定资产投资中各地区按登记注册类型中的国有投资增长率表示,其中包括政府投资与国有企业投资,我们认为国有企业投资行为要受到政府调控的直接影响,在地方上国有企业投资甚至可以理解成直接的政府行为。此外,我们还分别控制了私人投资增长率(pi)、各地区税负水平(pt),以及经济增长的滞后项(grw_{t-1})。私人投资也是拉动经济增长的重要组成部分,本章私人投资增长率用全社会固定资产投资中各地区按登记注册类型中的非国有投资的增长率来表示。经济理论认为税收会带来"税收楔子"效应,会造成产出的效率损失,抑制经济增长,而各地区税负水平用各地区预算内财政收入占本地区 GDP 的比重表示。同时我们也通过控制 $dumexp$ 和 $dumdb$,考虑西部大开发以及振兴东北等政策因素对经济增长的影响。

方程(3)是居民消费增长方程,通过这个方程我们重点考察政府的服务性支出对居民消费增长的影响,由于考虑到政府的公共服务提供会降低居民未来在医疗、教育、养老等领域的消费预期,因此其会对居民消费在当期及未来数个时期都会产生正面影响,为了反映这一经济现象,我们分别引入了政府服务性支出比重的当期、滞后一期(pe_{t-1})和滞后二期(pe_{t-2})作为居民消费增长率的解释变量,我们可以据此检验中国消费体制性障碍的存在,并检验生命周期消费理论在中国的适用性。此外在控制变量中,我们控制了城镇和农村居民的人均收入增长率(inc_u,inc_r),分别由城镇居民人均收入(用各地区城镇居民可支配收入)和农村家庭人均纯收入增长率表示。

方程(4)是政府投资增长方程,旨在描述政府进行政府投资的决策行为。由于我们认为内需消费的不足,导致政府为了确保一定的经济增长,必然会加大政府投资力度。因此我们引入居民消费增长率来作为政府投资决策的解释变量,并将经济增长作为重要控制变量。同时正如前面讨论的,财政分权加大了地方政府对政府资源的分配权力,因此在经济增长强激励条件下,财政分权的程度也必然会影响政府的投资行为。由于1998年以来实施的积极财政政策其本意就是通过政府投资来缓解内需不足带来的经济增长压力,因此我们引入了虚拟变量($dum98$)作为控制变量。此外,我们还控制了私人投资以便考察中国政府投资与私人投资的挤出效应抑或挤进效应[①]。

鉴于中国的国有企业改革以及与其相配套的民生保障机制领域的改革始于20世纪90年代中期,本章选取1996—2006年中国省级面板数据作为研究样本,数据均取自各年度《中国统计年鉴》及《财政统计年鉴》。此外由于1997年重庆市成立直辖市从四川省分离,为了保证数据的一致性,我们将重庆和四川1997年以后的样本按人口规模加权进行合并。遵照Zhang和Zou(1998),以及张晏、龚六堂(2005),我们的样本中剔除了西藏和海南两个地区,这样截面共有28个地区样本。

(二)内生性检验

建立联立方程模型的前提是,模型中变量具有内生性,因此我们首先对所建模型中设定的内生变量进行内生性检验。使用Hausman内生性检验得到如下结果:

---

① 挤进效应最早是由加拿大经济学家迈克尔·帕金在其所著的《经济学》一书中提出来的。帕金先生提出的挤进效应的概念为现代财政理论提供了一个观察问题的新视角。根据帕金的阐述,所谓挤进效应是指政府采用扩张性时,能够诱导民间消费和投资的增加,从而带动产出总量或就业总量增加的效应。

表10.1 变量内生性检验

结构方程	变量	t	p
方程1	grw	3.587743	0.0004
方程2	jcr	−2.050070	0.0415
	gir	−3.258922	0.0013
方程3	pe	−1.377338	0.1697
方程4	jcr	4.443729	0.0000
	grw	−0.996116	0.3202

可以看出,grw 在方程(1)、jcr 和 gir 在方程(2)及 jcr 在方程(4)中,均在较高显著性水平上通过了内生性检验,表明其具有强烈的内生性。而 pe 在方程(3)中仅在统计边缘上具有一定内生性。而我们没有在方程(4)中找到 grw 内生的证据。综合来看,由于众多变量具有内生性,整个模型系统具有较强的联立性,因此构造联立方程模型进行实证分析比单方程模型估计更为精确。

(三)实证结果

本章采用固定效应的两阶段最小二乘法(TSLS)对上述模型进行估计,并对各项回归进行了加权处理。具体结果由表10.2~表10.5 给出:

1. 公共服务支出方程

从表10.2 的估计结果看,各地区公共服务支出水平与其经济增长具有显著负向影响关系,表明中国近年来的以经济建设为中心的发展战略显著降低了地方政府对于公共服务领域的支出偏好。这在一定程度上验证了我们之前提出的"经济增长—民生改善"的相互替代的假说,发展经济的冲动极大地抑制了政府的民生性支出。具体讲,地方经济增长每提升1个百分点,则地方政府支出结构中公共服务性支出会相应减少2个百分点。近年来中国经济高速增长,某些地区的经济增速更是持续以两位数的速度飞速增长,而这一结果提醒我们,在享受增长带来的显著收益的同时,我们更应当关注其背后对民生性支出的压抑所带来的社会成本。财政分权方面,无论是总体分权指标还是人均分权指标都对服务性支出产生了显著的抑制作用,表明20世纪90年代中期以来,中国的财政分权显著降低了地方政府在民生领域的支出偏好。虽然估计的影响系数并不巨大,但它却反映了这样一个事实,那就是为什么地方政府在获得更多财权的同时,其第一选择不是用于更好地改善民生,而是用于发展经济或大搞形象工程? 这足以引起我们对这一现象的反思。上述证据表明财政分权以及以增长为核心的政府异化,具有对公共服务性支出的抑制作用,说明服务性支出体制性障碍的客观存在。

表 10.2　服务性支出方程估计结果

解释变量	pe	
	（1）	（2）
grw	-1.88＊＊＊ (0.20)	-1.91＊＊＊ (0.20)
pgdp	59.96＊＊＊ (9.22)	66.52＊＊＊ (9.30)
pgdp^2	-2.61＊＊＊ (0.49)	-3.00＊＊＊ (0.49)
fd_a	-2.78＊＊＊ (0.72)	
fd_p		-5.06＊＊＊ (2.22)
dum02	2.42＊＊＊ (0.57)	2.62＊＊＊ (0.58)
dumexp	0.80 (0.63)	0.71 (0.62)
dumdb	4.38＊＊＊ (1.22)	4.74＊＊＊ (1.21)
dum06	7.00＊＊＊ (0.69)	7.13＊＊＊ (0.72)
调整后的 R^2	0.768	0.759
F	36.04	34.04

注:＊＊＊、＊＊、＊分别代表1%、5%、10%下的显著水平,括号中为标准误(se),列1、列2分别为总体分权和人均分权指标下的估计结果。

估计结果中人均GDP的一次项系数为正,而二次项系数为负,这在一定程度上验证了瓦格纳定律的存在。从具体系数看,人均GDP对服务性支出影响的拐点出现 $\ln(pgdp)$ 为12处,而中国各地区经济发展阶段显然处于其左侧,表明中国经济发展水平的提升有助于提高公共服务性支出的比重。从表10.2 中我们还可以看出,中国 2002 年实施的所得税分享改革显著提升了各地区公共服务水平达 2.5 个百分点。而这一政策的具体措施是将地方所得税的 50% 上收中央,并主要用于面向不发达地区的转移支付。这结果表明,2002 年实施的所得税分享政策有助于减缓因财政分权及经济增长冲动造成的公共服务支出不足的现象。2006 年开始,中国开始实施了一系列的民生改善措施,包括针对农村地区免除义务教育阶段学杂费的政策,实施以政府支出为主导的新型农村医疗合作保险制度等。从回归结果看,这一系列政策显著提升了地方政府公共服务支出比重达 7 个百分点。表明政府主导的民生改善政策对于提升政府公共服务提供水平具有显著作用。针对西部大开发和振兴东北老工业基地的检验表明,我们并没有找到西部大开发提升西部地区公共服务水平的证据。而振兴东北老工业基地的政策却显著推进了东北地区的公共服务水平提升。一种可能的解释是,西部地区经济发展水平更为落后,在政策的扶持条件下发展经济的冲动更为强烈,且人才流失较为严重,政府对于教育等项目的支出相对谨慎。上述问题,东北地区则相对不是那么突出,因而国家发展政策的扶持能够提升政府的公共服务水平。

2. 经济增长方程

从经济增长方程的估计结果看,中国的经验数据验证了两个方面的重要假说。首先是我们找到了财政分权在中国有助于促进地区经济增长的证据,无论是总体分权指标还是人均分权指标都是如此,表明中国的分权进程显著地调动了地方政府发展经济的积极性,这一点我们得出了与众多研究相一致的结论。其次是消费与投资的增长能够显著提升地区经济增长。其中居民消费和政府投资对经济增长的影响是在 1% 水平下显著,而私人投资仅处于统计显著的边缘。而从具体估计系数看,居民消费对经济增长的边际促进作用要强于政府和私人投资对经济增长的边际促进作用。这从一个侧面反映了中国近年来投资增长过快,而消费需求不能有效放大的事实。表明相对于投资而言,今后一段时期促进内需增长,是维持经济高速持续发展的关键因素。

表 10.3　经济增长方程估计结果

解释变量	grw	
	(1)	(2)
fd_a	1.09 * * * (0.31)	
fd_p		2.93 * * * (0.83)
$grwt-1$	0.07 * * (0.03)	0.063 * (0.034)
cr	0.17 * * * (0.05)	0.15 * * * (0.048)
gir	0.02 * * * (0.002)	0.02 * * * (0.002)
pt	-0.55 * * * (0.10)	-0.47 * * * (0.09)
pi	0.006 (0.004)	0.007 * (0.004)
$dumexp$	0.83 * * * (0.27)	0.72 * * * (0.26)
$dumdb$	0.01 (0.47)	-0.37 (0.461)
调整后的 R^2	0.761	0.772
F	29.50	31.22

注：* * *、* *、*分别代表 1%、5%、10% 下的显著水平,括号中为标准误(se),列 1、列 2 分别为总体分权和人均分权指标下的估计结果。

pt 的系数为负且在 1% 水平下显著,表明各省的宏观税负水平对经济增长有显著抑制作用,但影响程度并不明显,在现有经济总量下,税负占 GDP 比重提升 1 个百分点,会使经济增长放缓 0.5 个百分点。这表明中国税负已相对较高,适当减税有助于经济的发展。dumexp 的系数显著为正,表明西部大开发政策显著促进了西部地区的经济增长;而从 dumdb 的系数看,我们没有发现振兴东北老工业基地政策对东北三省经济的显著提升作用。

3.居民消费方程

在本模块当中,我们重点关注的是政府的公共服务性支出水平对居民消

表 10.4   居民消费增长方程估计结果

解释变量	cr		
	(1)	(2)	(3)
pe	0.18 * * (0.07)	0.20 * * * (0.07)	0.07 (0.05)
pe t − 1	− 0.08 (0.11)	− 0.10 (0.11)	0.04 (0.09)
pe t − 2	0.27 * * * (0.06)	0.28 * * * (0.06)	0.24 * * * (0.06)
inc_r	− 0.05 * * (0.02)	− 0.05 * * (0.02)	− 0.04 * * (0.02)
inc_u	0.27 * * * (0.06)	0.27 * * * (0.06)	0.27 * * * (0.06)
调整后的 R^2	0.388	0.386	0.451
F	6.52	6.59	6.35

注:列1、列2为 TSLS 估计,列3为 OLS 固定效应加权估计,其 Hausman 检验在1%显著性水平下拒绝了随机效应。

费增长的影响。从实证结果看公共服务支出 pe 在当期和滞后二期对居民消费增长具有显著的促进作用。而滞后一期虽然为负,却不显著。由于 pe 的内生性检验仅处于统计显著的边缘,因此我们也同时给出了 OLS 的估计结果。结果与 TSLS 估计相近,也是滞后二期显著正,但系数略小;而当期和滞后一期不显著。从系数看,pe 当期和滞后二期的系数要远大于 pe 滞后一期,并且在 TSLS 和 OLS 估计下 pe 当期、滞后一期和滞后二期的联合显著性检验来看,三项联合都对居民消费增长的影响在1%的水平显著为正,表明公共服务支出的规模和水平对居民的消费行为具有显著正向影响。这在相当程度上验证了我们先前提出的"消费的体制性障碍"假说的存在,表明中国的公共服务提供不足会严重抑制居民消费需求的增长,而加大公共服务性支出会有效放大居民消费需求的增长,这一点与我们直观的判断相一致,也与生命周期消费理论相吻合。本模块中我们还采用了城市和农村人均可支配收入增长率作为控制变量,从估计结果来看,城市居民收入增长对于刺激其消费具有显著正向影响;而农村居民收入增长对于其消费增长却有负向影响,这一点多少有些意外。但一种可能的解释是,虽然我们控制了整体公共服务提供

总量 PE,但中国的公共服务提供极不均衡,农村居民的社会保障和公共服务
水平要远低于城市居民,其对于预期消费的不确定性更强,加之其收入水平
本身处于相对低位,因此导致其收入的增长难以有效推进整体国民消费的增
长。从中我们也可以得到这样一个有用的信息,就是就中国目前情况而言,
拉动居民消费的有效途径是提供更加全面和公平的公共服务。

4.政府投资增长方程

本模块主要考察政府的投资决策行为,检验居民消费对政府投资行为的
影响是我们关注的重点。从实证结果看,居民消费增长与政府投资增长呈现
出反向的相互替代关系,即在一定的经济增长条件下,居民消费需求不能有
效放大,政府会有增加投资规模的倾向。这一政府投资决策模式,显然受到
了政府强烈的追求经济增长意愿的影响。从具体结果看,这种反向替代关系
非常大,居民消费需求增长每降低1个百分点,政府投资增长将增加近8个百
分点。显然,在政府支出总规模一定的情况下,过多的政府投资必将影响公
共服务支出水平。在本模块中我们同样关心的是财政分权对政府投资决策
行为的影响,从结果上看,对于政府投资的影响总体分权指标和人均分权指
标均不显著。但当我们不控制经济增长的条件下,总体分权指标的影响显
著,而人均分权指标不显著,但都是正向影响。这是因为财政分权影响政府
投资行为的根本原因在于拉动经济增长,在控制经济增长条件下,财政分权
推进政府投资将失去动力,因此其影响将难以确定。这在一定程度上说明中
国的财政分权进程对拉动政府投资具有一定的正向作用。私人投资增长 pi
对政府投资增长的影响呈现出小幅度的显著正相关,表明我们没有从中国
数据中找到政府投资对私人投资存在挤出效应的相关证据,相反中国的政
府扩张性公共投资对私人投资具有一定的带动作用①。控制变量人均 GDP
的系数为显著正向,表明在中国经济发达的地区政府投资增长更为迅速,
地区间差距存在着被逐步拉大的危险。虚拟变量 dum98 的系数比较意外,
其与政府投资呈现出显著的负相关,表明 1998 年到 2005 年间实施的积极
财政政策并没有促进政府投资增速的加快,反而抑制了政府的投资增长。
这其中一个可能的解释是,一方面我们选取的样本区间问题,由于 1998 年

---

① 一种可能的解释是,中国政府的投资多是针对基础设施,而良好的基础设施无疑会吸引并带动私
人投资,这也正是地方政府吸引外来资本的主要手段。

以前以及近几年中国的政府投资增速也一直呈现出快速增长的态势,1998年的积极财政政策期间并没有显著的政府投资行为的改变;另一方面积极财政政策下的重大基础设施投资也多来自于中央财政,而地方财政负担较少。

表 10.5   政府投资增长方程估计结果

解释变量	gir			
	(1)	(2)	(3)	(4)
cr	-8.34 * * * (1.66)	-8.21 * * * (1.66)	-7.71 * * * (1.68)	-7.91 * * * (1.73)
fd_a	11.37 (12.21)		22.39 * * (11.19)	
fd_p		-6.06 (32.64)		26.40 (29.54)
$pgdp$	172.04 * * * (15.3)	169.86 * * * (16.04)	188.47 * * * (12.93)	193.98 * * * (12.89)
grw	6.60 * * (3.30)	8.06 * * (3.61)		
pi	0.33 * * (0.15)	0.30 * * (0.16)	0.40 * * * (0.14)	0.40 * * (0.15)
$dum98$	-14.14 * * (6.07)	-13.54 * * (6.3)	-18.03 * * * (5.29)	-18.99 * * * (5.36)
调整后 R^2	0.816	0.816	0.787	0.778
F	58.2	57.7	56.45	54.92

注:* * *、* *、* 分别代表1%、5%、10%下的显著水平,括号中为标准误(se),列1、列2分别为总体分权和人均分权指标下的估计结果。列3、列4剔除了经济增长。

在上述实证结果中,我们分别找到了假设(1)~(6)在统计上显著成立的证据,而假设(7)在统计上成立的证据并不十分充分。这些结果表明,一是在中国以经济增长为地方官员主要考核标准的条件下,财政分权会抑制公共服务提供而鼓励政府投资;二是经济增长的冲动会引致政府服务性支出偏好不足,而服务性支出不足会带来居民消费的体制性约束,而消费受到约束又会刺激致力于发展经济的政府加大政府的投资,进而缩减服务性支出。因此我们初步验证了中国财政分权模式及以增长为核心的政府职能异化对公共服务提供的负面影响。中国的以经济增长为核心的发展战略,加之以增长为标准的官员考核晋升机制,导致了中国公共服务支出结构上的"重投资、轻服务"现象的出现。而这种"经济增长—民生改善"的替代关系由中国式财政分权、政府职能异化以及消费的体制性约束等体制因素加以传导并强化,并陷入了公共服务提供不足→体制性消费不足→政府投资固化→公共服务提供不足的恶性循环,并最终形成了高增长、高投资、低服务、低消费的经济发展模式,并影响到了经济的持续发展和民生的改善。

三、财政分权对基本公共服务供给的体制性影响分析

由于上述体制性原因导致的公共服务体制不健全,严重抑制了中国的居民消费增长,并最终形成了民生改善游离于经济增长系统之外的发展模式,造成民众难以从经济增长中获得更多的福利改善。我们的研究表明增加公共服务提供能够有效促进居民的消费增长,进而增加内需、减少经济增长对出口和政府投资的依赖,实现经济增长向内需型的转变,这对于刚刚走出经济危机阴影,亟需实现增长转型的当下显得尤为重要。这也表明我们能够而且有必要将民生改善与经济增长融入一种全新的发展模式之中,使之相互促进,实现中国经济的持续健康发展。基于此,建立健全公共服务体制,改善民生状态,降低居民预期消费的不确定性,释放国内庞大的消费需求,无疑是今后一段时期政策关注的重点。要想更好地运用财政手段供给基本公共服务,就需要考察制约其发挥作用的因素,看看是使用了本就无效的工具,还是有什么原因导致了本该有效的工具却没有达到应有的目标,本部分将从外部环境、内在激励机制和内部制度设计三个方面阐述财政分权对基本公共服务供给的体制性影响,见图 10.2。

（一）外部环境

Kim(2008)指出分权是中性的,其或正或负的效果被政治现实所加强。暂且抛去对分权究竟是有利于还是不利于公共服务提供的绝对性论断不谈,就分权的效果是被其他因素所影响的观点而言是得到许多学者一致同意的。财政分权虽然是某些经济活动的体制背景,但其本身的有效运行也需要一定的环境。

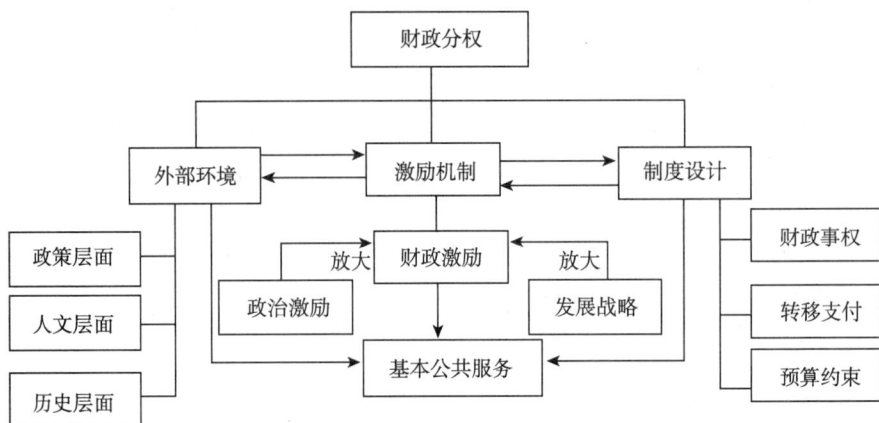

图 10.2　财政分权对基本公共服务供给的体制性约束

从政策层面来看,充分的人口流动性与行政区划是分权发挥效果的重要环境,可以这么说,行政区划作为分权的产物,在有利于同级政府间竞争的同时也滋生了地方保护主义(包括贸易和公共服务),如果单纯从税收角度而言,各个政府出于自利的考虑,都愿意多要富人而少要穷人,那么,就容易出现富人区和穷人区的划分,两个区域所享受的公共服务必然差距越来越大。从人文层面来看,人们是否会为了某种公共服务而离开已经熟悉的工作和生活环境,而搬到一个并不熟知的地域,需要在获得某种公共服务的收益和迁移到他乡的成本之间进行权衡。从历史层面来看,即便由公民投票选举地方政府官员的政治进程可以提高财政分权的效率,能够保证公共服务的有效供给,但是各个国家的历史沿革下的政治体制并不同,单单为了改善公共服务的供给,就去改变整个国家的政治体制,仅从成本收益角度分析是不适宜的,从而也就不具有操作性。

对于中国来说,在政策层面,城乡户籍制度刚刚放开,距离真正意义上的"实现公民身份的平等和农民工的就业机会公平"的户籍制度还有一段不短的路程。另外,如果人口流动性真正开放,一个地区的基本公共服务供给水平足够高,必然有大量人口的迁入,地方政府考虑到财政收支问题可能会采取相关政策来限制不能分担公共服务成本的流动人口迁入,那么,基本公共服务供给水平越高的地区可能集聚的富人越多,这会进一步扩大区域间的基本公共服务差距。在人文层面,中国各个地区的生活习惯和方式有很大不同,人们可能并不会轻易地从一个地方迁移到另一个地方,同时在基本公共服务的实际偏好问题上,中国当前尚未建立一个比较科学的利益表达或者呼吁机制,群众能否充分享受话语权或者投票决策权和知情权是政府真切获知当地居民的偏好的关键因素。在政治层面,中国的地方政府官员并不是通过地方选民选举进行聘任的,那么当地方政府认为失去当地居民的支持并不那么重要的时候,可能会激励地方政府不是按照当地居民的偏好来配置地方财政资源。虽然随着中国民主政治的进一步的发展,势必能够减缓和消除外部环境的不利之处,但真正改变外部环境的制约需要漫长的等待,因此,当公共供给与公共需求之间的矛盾凸显的时候,把改革的重点放在激励机制和内部制度设计上似乎是更好的选择。

(二)分权内生的激励机制

由于政府官员的"经济人"特征,以及偏好显示的困难,使得对于他们设计有效供给公共服务的激励机制存在困难,政府官员对于财政支出的决策安排可能是为了通过发展经济进一步增加当地财政的可支配资金,也可能是为了得到上级政府的赏识,也存在单纯为了居民福利而进行消费性的公共服务供给的目的,但是三者之间并不是并列的关系,在不同环境下可能存在一定的包含关系。财政分权最直接的激励是分享收入,一方面使得地方拥有较大的财政自主权,这种财政激励使得地方政府有通过投资基础设施等经济性公共品来推动地方经济增长的热情和冲动,另一方面增加了地方政府之间为本地发展而进行的支出竞争,资源是有限的,尤其是对于发展中国家和转轨国家而言,流动性的资金和人力资本都成为各个地方政府争夺的对象,而决定官员政治生涯的政治体制强化了支出竞争的内容和方向。如果地方政府官员的连任或者晋升是通过当地居民投票选举产生的,那么当地政府官员可能会以满足当地居民的公共需要为最终目标,如果地方政府的连任或者晋升是由中央政府来考核的,那么当地财政支出则以符合中央政府的偏好为导向,当中央政府更偏好经济增长绩效时,地方政府则更偏好于更能在任期内获得显著的经济增长绩效的财政支出。

中国以分税制为主体的财政分权体制本质上是一种财政收入激励,通过税制设计来激发地方政府在促进本地经济增长的努力程度,但是这并不是地方政府唯一要做的事情,如果官员的晋升或者连任并不是单纯以经济绩效为考核目标,那么,财政分权内生的激励机制将不是单任务的,而是在经济增长与其他目标(例如居民福利)中进行权衡,财政支出结构将会得到一定矫正。但是,中国的"官本位"意识的长期存在使得财政分权内生的财政激励从两个方面被过度放大,影响了地方政府在基本公共服务供给上的责任感。

一是"先效率后公平"战略放大了地方政府促进经济增长和提高经济效率的激励作用,经济增长中获得的收益被投入到经济效率高的领域,继续扩大地方政府从经济增长中的获利。从整个改革开放历程来看,中国当前出现的基本公共服务缺失状况是经济转轨过程中必然出现的经济现象,是"先效率后公平"改革发展战略的必然后果。二是"以 GDP 为主的政绩考核"的官员晋升制度放大了地方政府从增加财政收入中获得好处,即通过经济增长,不仅可以增加地方政府的自有财政收入,还可以"加官进爵",在一定程度上把促进经济增长放大为地方政府的唯一重要职能,它诱导了落后地区的官员和发达地区的官员的不同行为:就落后地区而言,其官员对于经济增长的敏感度远远超于发达地区,当官员对于任期的政绩非常看重时,他不会将原本就不足的财力投入到教育、社会保障、卫生等长期目标,而会更多偏好在短期内特别是在任期内得到显著改变的"GDP 增长率";就发达地区而言,政府与市场的作用相对界定清楚,官员在财力相对充足的条件下愿意把更多的支出投入到公共服务领域,以获得综合政绩的提高。落后地区与发达地区官员在公共服务提供的这种不同偏好必然影响公共服务水平和质量的差距。

(三)财政制度设计

许多学者认为财政分权之所以不能有效和充分地提供地方公共服务,是因为中央对地方财政控制力的减弱,政府间财政关系协调的失败和中央政府无法准确获知地方财政的信息,导致了政府资金的过度支出、转移支付盲目化等行为。一个不可否认的事实是,无论多么精美和完备的财政分权机制,财权事权不对称仍然是很多国家进行财政分权实践中存在的普遍现象,大包大揽的计划经济做法注定是无效率的,这在转轨国家尤其明显,中央政府大量下放事权成为提高资源配置效率的主要手段之一。如果财权事权不对称,并且中央政府有财力,那么通过转移支付来弥补财权和承担责任所需财力之间的缺口就成为必要的行为,但是由于地方财政预算的透明度、信息公开化的欠缺,转移支付能否克服"粘蝇纸"效应以及"软预算约束"等问题则成为中央政府决策转移支付的类型(一般性、专项)和方式(是否配套)的难题。如果财权事权不对称的制度缺陷可以通过转移支付来予以弥补,那就意味着财政分权在供给基本公共服务上的效果与一个"好"的转移支付制度设计高度相关,这个"好"应该定义在中央政府实施的转移支付能够节约地方政府的支出并增加他们自有资源的投入,即硬化地方政府的预算约束(提高资源在提供基本公共服务上的配置效率)和激发他们投资基本公共服务的热情。在中国式财政分权下,财政制度设计对公共服务供给的制约表现在三个方面。

首先,财政分权匹配方面。当中央政府下达某些支出决策时,如果没有给予相应的配套资金或者财权,地方政府是不愿意拿地方的预算外收入来支出的,从这个角度来说,是财权与事权不一致。当一部分富裕地区在经济增长发展良好的环境下有余力并且愿意承担起这部分责任,而落后地区没有余力承担时,基本公共服务的区域差距也就越来越大。同样的,当某个地区有一定的财力时首先考虑的是为城市居民提供基本公共服务而非农村居民,那么基本公共服务的城乡差距也就形成了。另一方面由于外溢性,地方政府供给基本公共服务的社会收益和社会成本并不相等,例如在某地区内享受义务教育的居民可能会由于升学迁移到其他地区或者外出到其他地区打工,那么,该地区为义务教育所支付的成本就没有得到相应的收益,其供给的积极性自然不高,从这个角度来说,是事权划分的不合理。

其次,转移支付制度在基本公共服务问题的解决上被赋予众望,虽然中国现有的转移支付制度有很多缺陷,但是可以通过完善来解决,更重要的是完善之外的内容,一是在财政分权中,中央政府与地方政府具有明显的委托人与代理人关系[1],由于信息不对称,中央政府的目标函数只能在有限约束中实现最大化,最终中央政府更愿意把转移支付的水平确定在维持财政基本运转的水平上,或者叫"吃饭财政",这样一来,地方政府仍然没有余出的财力来

---

[1]　关于谁是"委托人"谁是"代理人"有一定的争议,例如 Levaggi (2002) 在其模型设置中忽略了选举过程,把中央政府设定为委托人,地方政府设定为代理人,提出了"双预算约束"规制,认为为了限制地方政府的支出结构,中央政府一般情况下不会向地方政府一次性提供转移支付,而是通过一种"双预算约束",即不仅就总预算额度还包括资金具体的分配去向予以监管,来保证转移支付资金的功能性支出。而 Tommasi (2003) 把选民作为"委托人",政府官员是"代理人",认为委托人不是一个人,而是整体选民,中央政府为每个地区的整体选民安排一个代理人,问题就变成中央政府设计激励代理人为当地选民服务的契约,那么在公共服务外溢性越大的时候,集权的程度也应越强。这就除了符合异质性偏好外,从另一个角度提出了分权的必要性,即"问责制"能够更好地控制地方政府对公共服务的供给。

供给公共服务;二是建立完善的转移支付制度之后,当地区间财政能力均等之后是否就一定能实现基本公共服务水平呢? 如此看来,转移支付制度至少对两方面的内容力不从心,一方面是在转移支付之前能否签订一个尽可能显露地方政府的真实信息的契约,另一方面要在转移支付之后能否保证转移支付资金能够有效地被使用到基本公共服务供给上,这一内容将与预算约束的"软"、"硬"相关。

最后,预算约束方面。如果地方政府的预算制度规范、公开、透明,那么,中央政府就可以通过审查地方政府的预算收支来督促地方政府的基本公共服务的供给水平,但遗憾的是,预算收支情况在中央政府和地方政府之间的信息不对称是无法完全改变的,地方政府预算软约束的一个显著表现是县乡财政困难,考虑到乡村债务对社会主义新农村建设的阻碍,中央政府会试图通过国家财政来化解该问题,这实际传递给地方政府一个信号,地方政府的债务最终会由中央政府来买单,这必然会增加地方政府的无效率支出,某些政府对"政绩财政"的偏好可能远远大于"民生财政"的偏好,在这种支出偏好下,基本公共服务的供给效率必然大大降低。

毫无疑问,财政分权体制具有系统性,一个有效的分权体制应该能够保证财政制度的效果性,保证各级政府能够为当地居民提供高水平的公共物品和公共服务(Wildason,2004),由此而言的改善中国基本公共服务供给状况的政策含义有以下两点:

一是适度调节财政激励的作用。一方面应从财政激励本身着手,Weingast(2009)认为财政激励对地方经济繁荣有重要意义,同时给出了财政激励的办法,即不同的税收制度能够对政府官员采取的政策产生不同的财政激励,这意味着在税制设计上纳入对基本公共服务水平的财政奖励内容。另一方面,在中国当前经济发展阶段,基本公共服务供给及其均等化问题的解决被提上了重要日程,经济增长的收益应该被分享,需要把政府官员的"经济增长"单任务变成"效率"与"公平"并重的双任务,中央政府的发展战略已然转向,应着重考虑在政府官员的晋升机制中加大考核基本公共服务供给水平的比重,逐步与经济增长的考核比例持平,由此来抑制被放大的财政激励。

二是系统化改革财政制度。首先应针对不同地区、不同层级政府进行财政分权程度调整,根据具体情况(富裕或者贫穷地区、省以下各级政府)进行进一步分权或者进一步集权,力争达到财权与事权相匹配,例如中国当前正在进行中的"省直管县"财政体制改革就是对分权程度的一种调整。其次,对于财权与事权之间的缺口,通过上级政府对下级政府的转移支付来弥补,政府之间转移支付制度的设计要既考虑纵向和横向的财政平衡,也要考虑能够促进基本公共服务供给的边际激励,激发地方政府的自由资金投入,同时,为了防止"软预算约束",应加强财政纪律和问责制来予以保障财政资金的使用方向和效率。

实际上,中国的经济增长近些年来在现实的层面上陷入一种悖论之中:即使经济有一个较为快速的增长,社会中大部分人并不能从中受益;但如果没有一个较为快速的经济增长,社会中的大部分人会从经济停滞中受害。这种悖论的出现表明原有的改革逻辑发生了改变。以往认为经济增长福利将会自动在社会各部门扩散,从而逐步实现贫困减缓和不平等的改善(Dollar and Kraay,2002)的理论假说并未在实践中得到完美印证。对经济增长的"专注"面临着前所未有的挑战(World Bank,2000)。为了在努力实现经济增长的同时顾及增长的分配效应,决策者需要认真研究和区别对待各种与不同的贫困减除战略和效果相联系的增长模式,由此益贫式增长(pro-poor growth,PPG)应运而生。

益贫式增长主要涉及的是公平增长和资源分配问题,但包括价格机制、竞争机制、供求机制在内的市场机制追求的是效率目标,无法达到社会资源配置的最优,对一些以社会效益为目的的活动无能为力,这必然会造成两极分化和贫富差距。此外,贫困累积到一定程度后会破坏正常的市场运行,降低经济发展效率,甚至引发社会动荡,致使效率也无从实现。由此可见,无论从公平的角度,还是从效率的角度,减贫的内在动力应客观存在。对于益贫式增长目标,市场主导是无法达到的,甚至会产生负面影响。既然存在着市场失灵,按照福利经济学和公共财政的基本观点,国家应当是市场失灵的矫正者,社会体制和政府对保证和提高弱势群体的福利起着非常重要的作用。具体来说,政府在短期内可以通过直接的方式,给贫困者以物质上的救济,满足其基本生存和生活需要;在长期可以通过间接的方式,为贫困者提供基本的教育、医疗、就业、养老等保障以及相应的政策倾斜。这一方面满足贫困者的基本发展需要,提高其在市场经济中创造效率和参与竞争的能力;另一方

面增强政府减贫的持续性,实现贫困者真正脱贫。但是,我们还应该看到,因
政府资源有限,政府独立解决贫困问题是有难度的。因此,为了实现益贫式
增长,首先应发挥政府主导作用,其次要引导市场主体和社会成员积极参与,
实现政府、市场和社会的协调配合。具体可从以下几方面入手:

第一,从社会保险和社会救助政策考察:目前,被视为农民传统保障的耕
地仍然是农民的主要生活保障,但是随着近年来农地的减少,土地对一部分
农民的社会保障作用已经逐渐减弱甚至丧失,在农村社会保险覆盖率不足
10%的情况下,这一群体可能陷入贫困危机。珠江三角洲、长江三角洲及一
些城市郊区开展的社区保障是一项有益的尝试,这些地区的集体经济组织经
过多年的积累和发展实力壮大,为农民提供了一定的社区保障,如为农民发
放退休金、医疗保障,为困难户提供救济金,甚至还为村民子弟提供学费等。
在一些小城镇,也实行最低生活保障,推行以土地换保障等,降低了获得土地
外保障的成本。但这一非正式的制度对失地农民的保障是非常脆弱的,城市
社会保障制度与农村社会保障制度存在的严重失衡也并非常态。我们认为,
为避免农民因失地而致贫,在短期,可以借鉴发达国家经验,设立失地农民保
障基金,为失地农民提供最低生活保障、养老保障、医疗保障、教育和培训的
机会、法律援助等,以帮助他们降低面临的风险;从长期看,当社会经济发展
到一定程度以后,为了城乡的协调发展,应该逐渐建立城乡一体化的基本社
会保障。这种社会保障,有利于人员的城乡流动和劳动力要素的优化配置。

第二,从教育人力资源政策考察:农村教育人力资源投入对益贫式增长
有显著影响,教育资源匮乏是导致能力贫困的主要原因,目前城乡劳动力文
化素质的巨大差别主要来源于城乡基础教育条件的巨大差距上。因此,加大
政府对农村义务教育投入力度是实现益贫式增长的重要手段。2005 年,国家
关于《深化农村义务教育经费保障机制改革的通知》已提出逐步将农村义务
教育全面纳入公共财政保障范围。同时,我们也注意到目前由于中国农村当
前的社会保障支出规模及其结构在社会人力资本的积累上还处于低水平义
务教育阶段,教育和培训的覆盖面还比较低,无法发挥其应有的积极作用,这
也应成为政府公共福利努力的方向。

第三,从促进劳动力转移的政策考察:通过制定消除劳动力转移障碍的
政策,可以降低政府实现益贫式增长的成本。中国的农村劳动力转移是一个

从农村农业劳动力市场出发,逐步向原本的计划经济体制下的城市现代部门扩展形成统一劳动市场的过程。目前虽然已经在农业部门、农村非农部门、城市新发展部门之间实现了统一的劳动市场,但是城乡劳动市场的完全统一并没有实现。在这种新形势下,深化户籍制度改革、完善农村劳动力转移培训体系、加强劳动力市场体系建设等措施对于提高劳动力的流动性及其效率具有重要意义。

第四,从腐败治理考察:政府清廉有助于益贫式增长。治理腐败问题是中国社会未来改革的重要内容,单就本章讨论范畴而言,为了达到治理腐败的目标,一方面要加强农村民主政治改革进程,提高基层干部推动当地社会经济发展的积极性,促进农民增收;另一方面,要建立权力制衡机制和预防腐败机制,特别要健全政府救济款和扶贫款使用的监督机制,防止资金漏损。

近两年中国政府关于第二阶段(转轨中后期)战略的基本思想与评价标准的系统形成,主要体现于各年度党和政府的工作报告中。提出要把改革的力度、发展的速度和社会可承受的程度统一起来,把不断改善人民生活作为处理改革发展稳定关系的重要结合点;提出要走出一条科技含量高、经济效益好、资源消耗低、环境污染少、人力资源优势得到充分发挥的新型工业化路子;提出健全国家宏观调控,完善政府社会管理和公共服务职能,为全面建设小康社会提供强有力的体制保障;提出坚持以人为本,树立全面、协调、可持续的发展观,按照"五个统筹"的要求推进改革与发展;提出推动社会主义物质文明、政治文明、精神文明协调发展,实现国家富强、民族振兴、社会和谐、人民幸福。1998—2004 年是一个特殊的转折时期。这之前的着眼点在于打破一个旧体制、建立新体制,并在这一过程中以经济的快速增长解决温饱问题。那么转轨中后期(第二阶段)则是要在完善新体制的过程中构建和谐社会,要把经济发展、社会发展和人的发展统一起来,把经济社会与人口、资源、环境统一起来,把物质文明、政治文明和精神文明统一起来,让各个方面在相互适应中获得持续协调发展。

第十一章

"非平衡"增长中公平与效率矛盾待解

　　与中国经济的快速增长相比,近年来中国的社会发展一直处于中等偏下水平。在改革开放进入深化阶段之时,各方的观点和数据不约而同地提示我们,在注重发挥市场配置资源效率的同时,缩小收入差距、实现社会公平已成为未来发展中不容忽视的重大问题。经济持续高速增长与社会协调发展相对滞后的矛盾,已经成为当前中国发展战略制定中的突出问题。能否解决好公平与效率之间的矛盾,不仅体现着一国政府对社会发展观与价值观的认识与理解,还直接关系到由此引出的社会发展方向和政策导向问题。本章围绕"非平衡"增长中的公平与效率矛盾展开分析,希望通过这种分析能够得出一些规律性和方法性的观点,以进一步指导中国的实践。

第一节　基本公共服务提供均等化问题

　　在市场经济条件下,如何处理好公平与效率的关系,一直是各国经济学家和经济政策制定者最棘手、最头疼的问题之一。正如美国著名经济学家、前总统经济顾问阿瑟·奥肯所指出的:"公平与效率之间的冲突是我们最大的社会选择,它使我们在社会政策的众多方面遇到麻烦。我们无法既得到市场效率的蛋糕又公平地分享它。"[①]政府作为一种能够消除由于市场运行而产

[①]　阿瑟·奥肯.平等与效率——重大的抉择.华夏出版社.1999年第2版.第2页。

生的不平等的平均主义力量,在实际的经济与社会发展中发挥着日益广泛的作用。但是在减少不平等的同时,必须付出某些代价,其中最主要的就是对市场经济有效运行的影响。提供均等化的基本公共服务体现了起点的公平,贫困减少、收入差距缩小体现了结果的公平。二者已成为转轨新阶段面临的新课题。

从《十一五规划纲要》到党的十七大报告均提出要加速推进我国基本公共服务均等化的要求。这表明实现基本公共服务均等化已经成为当前促进经济社会持续健康发展的核心工作之一。从本质上看,我国基本公共服务非均等化以及导致的经济社会问题,是公共财政职能缺位在经济社会发展中的一种表现。这种职能缺位的内在体制原因集中体现在,一方面传统的计划经济体制下承担公共服务提供职能的民众与政府企业间的保障契约被逐步打破,而另一方面新型市场经济体制下的由公共财政制度保障的新公共服务供给机制没能及时有效地建立,从而造成了社会公共服务提供机制的过渡性真空,进而造成了众多社会问题的出现。而在我国实行的财政分权体制下,这种过渡性公共服务提供机制缺失所造成的结果,一是公共服务提供总量的不足,二是公共服务提供的不均等。其中总量不足的问题,随着我国经济的发展、国力的增强,以及各级政府的高度重视正逐步得到缓解,但公共服务提供不均等的问题却在我国二元经济的影响下依然十分严峻。

基本公共服务均等化问题在当前得到如此高的重视,也有着其深刻的经济社会以及制度背景。我们认为有两个方面的原因,要求我们当前必须重视基本公共服务均等化问题,加快进行相关理论和对策研究。一是基本公共服务提供不均衡所导致的经济社会问题和矛盾日益加剧。随着改革开放进程的推进,中国在经济社会领域取得巨大成就的同时,也出现了许多迫切需要解决的隐患,突出体现在居民收入差距不断扩大,城乡、地区间二元结构和公共服务提供水平不断拉大的问题上,这些问题的存在不仅有损于社会公平、公正,其所产生的社会矛盾和资源配置失效也对经济社会的持续健康发展构成潜在的威胁。二是政府财力的持续快速增长,以及公共财政体制的不断完善,为实现基本公共服务均等化提供了物质基础和必要条件。近年来我国经济持续多年的高速增长,财政收入也逐年大幅增长,使得我们初步具备了实现基本公共服务均等化的物质条件。公共财政制度的逐步确立和完善,也促使基本公共服务均等化问题走向前台,成为大家关注的焦点。近年来政府职能有了很大转变,公共支出改革进一步深化,更注重于向民生领域的投入,这为公共服务均等化提供了基础。包括部门预算、政府采购、国库集中支付以及公共支出绩效考评等在内的财政管理活动改革的逐步完善也为公共服务均等化的实施与效果评价提供了制度保证和技术支持。

一、基本公共服务均等化内涵的理解

基本公共服务均等化,一般认为是指全体人民在基本的公共服务领域应该享有同样的权利。这一思想来源于 James Buchanan(1950)提出的财政平衡的思想,他认为所谓财政均等是指具有相似状况的个人能够获得相等的财政剩余,要实现居民财政公平,应向财力富裕地区的居民征收一定数额的税收补助给财力贫困地区居民,以实现"财政剩余"的平等。这样,居民财政剩余平等实现的同时,地区间财力公平也得到了一定程度的实现。

在国内,大部分学者认为均等化不是完全的平均,而是一个相对的概念,但在具体界定上有不同看法。贾康(2007)认为公共服务均等化是分层次、分阶段的动态过程,当前我国公共服务均等化程度还很低,应首先将工作重点定位于实现区域公共服务均等化,同时加快城乡公共服务均等化、兼及居民公共服务均等化。而马国贤(2007)则将基本公共服务均等化在各国的做法总结为人均财力的均等化、公共服务均等化和基本公共服务最低公平等三种模式,并认为基本公共服务最低公平是最适合我国的模式。

我们认为提供基本公共服务是为了公民个体的公共服务需求,但每个人由于自身特征(年龄、收入、健康等)的不同,其所产生的基本公共服务需求也将不同。从这个意义上讲,所有公民均衡划一的公共服务供给是不合理的,也不是基本公共服务均等化的根本目的。因此我们认为基本公共服务均等化的涵义是指具有相同公共需求的公民,可以享受到大致相同的公共服务。其中包含几个要点:一是基本公共服务均等化并不是所有人都享受均衡划一的服务水平,因为个体特征的不同,其公共需求的类别和数量也不同;二是具有相同特征的个体,应当享受到大致相同的服务;三是各地区的基本公共服务提供总量,不仅要依据各地区的实际人口数量,也要反映各地人口结构(老龄化、贫困率等)特征情况。明确这一点对于指导我们研究可行的均等化方案,具有很强的现实指导意义。

二、均等化方案的研究思路与框架

基本公共服务是政府为满足公众最基本的公共需求而依据自身能力提供的产品和服务,因此政府能力和公共需求是引致公共服务供需行为的基本因素,两者内在的变化会对政府最终的公共服务提供行为产生根本性的影响。公共服务提供不均等问题的出现,正是公共服务供给和需求在结构上的失调所导致的结果。因此对于实现基本公共服务均等化,我们的基本思路是在合理设定均等化标准的基础上,客观测定各地区基本公共服务的实际公共需求与政府服务能力,通过对比其差额来科学设计财政体制安排和转移支付方案,最终实现基本公共服务均等化。在这一研究框架中涉及的三个关键因素——均等化标准、实际公共需求与政府服务能力,需要我们认真加以研究和分析。

(一)均等化标准的确定

明确基本公共服务均等化标准,是推进基本公共服务均等化的基础。这种标准是指我们应当在一个什么样的服务水平上,实现全国范围内的基本公共服务均等化,也就是一个单位公民应当享受的标准公共服务数量。在此我们可以将其定义为一个新的概念"标准人需求",是指一个标准化的公民(去除个体特征,反映整体公民特点)实际应当享受的基本公共服务数量。作为一个单位出现的"标准人需求"与实际个人公共服务需求有着本质的区别,"标准人需求"是从国家整体和全体公民特质的层面出发划定的用于计算实际公共需求总量的计量单位,它可能高于某个公民个体(如身体健康的在职人员)的公共需求,也可能低于某些公民个体(如老年人、适龄入学儿童、贫困者)的实际公共需求。"标准人需求"的设定,要受到多方面因素的影响和制约,因此它必然存在随经济社会发展变化而动态调整的过程。具体而言,"标准人需求"的具体确定可以依据三个角度来分析。

首先国际比较的角度,就是要结合我国现有经济发展水平和政府财政能力,对照国际其他国家的公共服务支出情况,来划定我国的公共服务"标准人需求"。这种比较的基础是假定各国的公共服务提供水平与各国的经济发展水平和政府财力有着内在的一致性规律。这一方法可以更好地使我们在公共服务领域与世界接轨,体现政府的公共服务责任,但不足之处在于忽视了中国特有的国情。

其次国内中值的角度,是从国内现状出发,结合我国现有经济条件提出适中的均等化标准。具体方法有两种,一是可以选取我国经济发展水平和公共服务提供水平较为适中的省份,将其所提供的服务水平作为均等化的依据;二是对各地区的公共服务支出水平与各地区的经济发展水平、财政能力等因素进行回归,求出拟合曲线,然后代入我国各地区经济发展和财政能力的中值,测算出适中的均等化服务水平。国内中值方法相对国际比较法而言,更能体现我国实际情况,因此在实践中也更具操作性。

此外还有一种政府能力的分析视角,这要求依据政府的实际财政收支状况和综合考虑各项政府职能的基础上,考虑政府的实际公共服务提供能力,系统考虑我国现有国情下的基本公共服务均等化标准问题。这实际上是一种在前两种方法的基础上,综合考虑调节因素。因为政府的税收需要负担众多的政府职能,其中能够用于基本公共服务支出的部分,要受制于传统的公共支出结构和政府职能侧重等因素。因此从可行性的角度来看,政府的整体服务能力是制定均等化标准的一个重要参考依据。

(二)实际公共需求的测算方法研究

科学、准确地把握公共需求的变动趋势,是我们按需、合理提供公共服务需求的基础。公众对于公共服务的需求是基于整个经济社会系统的结构运动而变化,任何与某一项公共服务相关联的经济社会结构发生变化,都会影响公共服务需求。在我国,城市化进程对于公共服务需求的影响是比较全方面和极其显著的,随着城市化进程的推进,社会救济、养老、公共卫生、基础教育、公共文化等各项公共服务需求都将增加。这一方面是因为价格因素造成的城乡服务成本的差别;另一方面,是由于中国现行的城乡分割管理体制,造成城市地区的公共服务提供数量和质量都远远高于农村地区,因此在中国的现行体制框架下,随着城市化进程的推进,全社会对于公共服务的总需求将呈现明显上升态势。失业和贫困也是导致公共服务需求增加的主要因素,其对应的是社会扶助及救济项目的增长,随着我国市场化进程的推进以及贫困标准的不断提高,一定规模的失业和贫困人口是不可避免的,而随着两者的变化,公共服务需求也将随之变化。人口老龄化是中国未来一段时期面临的一项重要社会问题,随着老龄人口比例的增长,势必增加养老保障服务的支出负担;同时人口老龄化的加剧,也会直接影响医疗卫生费用的增长,进而大幅提升公共服务需求。随着我国义务教育阶段"两免一补"政策的全面实施,适龄入学儿童规模的变化,将会直接影响社会对基础教育服务的需求,进而影响公共服务需求。

由于经济社会系统因素的变化对基本公共服务需求有着显著的影响,所以对各地区实际公共需求的测量应当将这些因素考虑在内,而不能单纯地依据人口数量来判断。我们认为在确定出"标准人需求(A)"的基础上,各地区的实际公共服务需求总量就是各地区内的标准人数乘以单位人需求。而实际公共需求的测算,依据考虑因素的不同可以分为三个层次:

1. 依据实际户籍人口数测算地区公共需求。

由于我国实行了较为严格的户籍制度,各地区的人口统计多以户籍人口为基础,因此基于各地区户籍测算公共需求是最为方便、可行的。其公式为:

$$D_1 = P \times A$$

其中总公共需求量为实际户籍人口数 P 乘以标准人需求,这是最为简单、粗略的测算方法。在这种方法下,各地区的公共需求多少只取决于其户籍人口的多少,这显然在我国人口流动极为频繁的情况下而有悖于现实。

2. 在 D_1 的基础上引入人口流动因素,调整户籍人口与实际被服务人口的偏差。

随着改革开放的深入,人口流动在我国成为一个显著的社会现象,其对各地实际公共服务需求有着较大的影响。从个体而言,许多公民户籍在 A 地,但实际工作和生活以及缴税却在 B 地,因此其所产生的公共需求实际是需要 B 地政府来进行提供;从地方政府而言,人口净流出的省份,其实际公共需求数量要少于其依据户籍人口测算出的公共需求量,而人口净流入的省份,由于大量外来人员的存在,其实际的公共需求要高于依据户籍人口测算出的公共需求量。

通过引入人口流动系数我们可以有效降低人口流动对各地公共服务需求带来的偏差,因此 D_2 更能反映我国各地区的实际公共服务需求状况。其测算公式为:

$$D_2 = P \times T \times A$$

其中系数 T 为各地区的人口流入/流出系数,表示各地区的实际净人口流动状况,若为人口净流入地区系数 T 为正,若为人口净流出地区系数 T 为负。而 P×T 代表了各地区的实际常住人口数。

3.在 D_2 的基础上引入人口构成因素,调整公共服务总需求。

每个人由于自身特征(年龄、收入、健康等)的不同,其所产生的基本公共服务需求也将不同。因此在具体测算各地区的实际公共需求时,我们应当考虑各地区的人口构成状况。例如一个省份如果老龄化程度较高,或者贫困人口较多,则这一省份的实际公共需求会相应增加,反之亦然。因此必须引入各地区的人口构成因素对各地区的实际服务人口进行调整。其具体的测算公式为:

$$D_3 = P \times r(a_1, a_2, a_3 \cdots a_n) \times T \times A$$

其中 $r(a_1, a_2, a_3 \cdots a_n)$ 代表人口构成因素调整系数,a_1、a_2、a_3…a_n 分别代表人口构成中对公共需求产生影响的变量,如老龄化、入学适龄儿童比例、城市化率等因素。由于 D_3 反映了各地区人口构成因素的不同,根据实际被服务人口的状况,调节了各地区实际公共需求数量,因此比 D_2 更为精确地反映了不同地区的人口结构状况。

通过上述分析,我们可以提出一个各地区"标准人口数"的概念,其表达式为 $P^* = P \times r(a_1, a_2, a_3 \cdots a_n) \times T$。有了这一概念,我们便可以结合公共服务"标准人需求(A)",较为精确地测算出我国各地区实际公共需求总量,并据此作为中央政府进行均等化调节的依据。

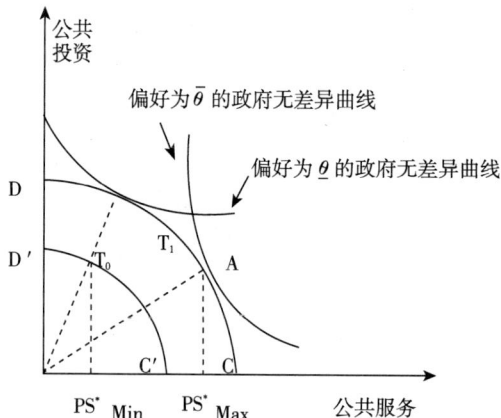

图 11.1　基于转移支付和政府偏好的公共支出选择

（三）地方政府服务能力考察

我们认为影响地方政府公共服务提供能力的因素主要有四个方面，一是经济发展水平，二是政府的财政收入能力，三是来自中央政府的转移支付，三者决定了地方政府能够提供公共服务的能力；四是政府对于公共服务支出的相对偏好，这种偏好表示了政府在多大程度上愿意将财政收入投入公共服务领域。

经济的发展和政府财政收入的增长无疑会提升政府公共服务供给能力，而中央转移支付和地方政府支出偏好对供给能力的影响，我们可以通过构建一个在既定经济发展水平和政府税收条件下，基于转移支付和政府偏好的公共支出选择模型来加以解释。假设政府只提供两种产品，一种是公共服务PS，一种是公共投资PI，且政府保持预算平衡。构造公共服务的供给函数为：

$$PS = f(Y, F, T, \theta)$$

其中 Y 为经济发展水平，F 为政府收入占经济总量的比例，θ 为政府对提供公共服务与公共投资之间的相对偏好，θ 越大表示政府越偏好于公共投资性支出，并假设政府的 θ 偏好界于 $[\underline{\theta}, \overline{\theta}]$ 之间，在图 11.1 中表现为政府无差异曲线随着 θ 的增加变得越来越陡峭；T 为中央政府的转移支付规模，假设 T 界于 $[T_0, T_1]$，T 值越大表明中央政府对本地区的转移支付越高[①]，政府财力也越高，在图 11.1 中 T_0 和 T_1 分别体现为不同转移支付规模下的公共服务提供可能曲线 C'D' 和 CD 曲线。那么在既定经济水平和财政能力条件下，政府公共服务提供能力将在 $[PS_S^*(T_0, \theta), PS_S^*(T_1, \overline{\theta})]$ 之间，即图 11.1 中的 PS_{Min}^* 到 PS_{Max}^* 之间。据此我们可以构建相应的回归方程，定量分析各因素对政府公共服务提供能力的影响系数，进而客观判定各地方政府的实际公共服务提供能力。

在确定均等化标准（标准人需求）以及客观测算各地区公共需求和政府提供能力的基础上，我们便可以准确地制定旨在实现基本公共服务均等化的政策方案。首先通过标准人需求和各地区的标准人口相乘得出各地区的实际公共需求，然后再比较各地区实际需求与政府服务能力之间的差额，从而

①　中央对地方政府的转移支付分为一般性和专项转移支付，此处仅讨论了一般性转移支付，若是进行提供公共服务的专项支付，则全部增加为最终的公共服务提供数量。

为均等化方案提供科学、客观的数据支持。

　　至此我们可以提出均等化方案的核心思想，就是调节地方政府的公共服务供给能力，以适应各地区的实际公共需求，这是一种需求导向的均等化模式。但需要强调的是，中短期而言，我们更多地依靠中央政府转移支付的方式调节地方政府的公共服务提供能力；而长期来看，我们更应该考虑通过改善落后地区的经济发展和自身财政状况，来改善其公共服务提供能力，同时辅之以中央转移支付的方式，来实现各地区的基本公共服务均等化。至此我们可以给出一个较为清晰的基本公共服务均等化研究思路与框架（见图11.2）。

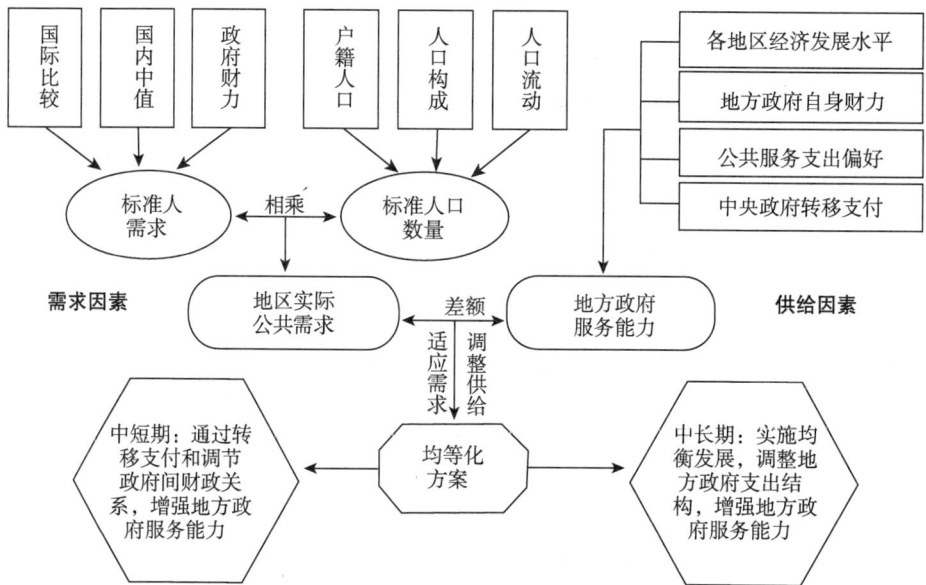

图11.2　基本公共服务均等化的研究思路与框架

三、公共服务提供模式及我国的选择

　　一般而言，政府对于提供基本公共服务有两种模式可以依据，一是依据自身的服务能力，量力提供公共服务，我们称之为供给导向型提供模式；二是依据公众需求的大小，来调节其自身的财政收入、支出结构及转移支付，从而为每个公民提供均等的公共服务，我们称之为需求导向型提供模式。两种模式的形成和选择取决于三方面因素，一是经济社会发展所处的阶段，它决定

了政府总的公共服务能力;二是经济二元结构的程度,地区发展越不平衡,实行需求导向型提供模式的难度越大;三是公共财政及转移支付体制是否完善,这决定了跨区域统筹调配国内公共服务资源的能力。因此我们可以得出结论:随着经济的逐步发展、经济二元结构的减弱,以及民生财政体制的建立与完善,更趋向于选择需求导向型的公共服务提供模式;反之亦然。

由于供给导向型和需求导向型两种不同的公共服务提供模式,其基本提供理念和出发点不同,所以选择不同的提供模式,在不同的经济发展阶段以及不同的社会形态下,会有不同的效果。需求导向型的提供模式可以整体调节全国公共服务资源,在经济转轨时期有效缩小不均等的程度,并且也可以在福利社会阶段有效杜绝公共服务提供过剩的问题。因此有效实施需求导向型的公共服务提供模式是从根本上解决公共服务提供不均的现实路径。然而执行需求导向型的公共服务提供模式,需要中央政府具有对全国财力和公共服务资源进行调配和整合的能力,这要求相应建立起一套有效的财政平衡机制,包括税收分享、财政转移支付和公共服务资源跨地区调配机制等等,进而缓解公共服务总量不足和分配不均的困境。

在已有分析的基础上,我们得知政府公共服务支出的多少,受到政府服务能力和公共需求的影响,进而根据两者对政府提供公共服务影响程度的不同分为供给导向型和需求导向型两种提供模式。那么中国当前的公共服务提供模式属于其中哪种模式,这种模式是不是导致我国公共服务领域出现众多问题的根源呢? 我们将用中国 31 个省级区域在 2002—2006 年五年的面板数据,对这一问题进行实证检验。

我们以人均基本公共服务支出(psp)表示某一省份的公共服务供给数量,基本公共服务支出中所包含的项目包括公共教育支出、公共卫生支出、抚恤和社会福利救济支出、社会保障补助支出,以及公共文化体育事业支出等。它们一方面由经济发展水平、政府财力水平,以及政府对公共服务的支出偏好等供给因素决定;同时也受到人口结构、城市化比率、失业率等需求因素的影响。此外,我们也可以把某单项公共服务支出作为被解释变量进行考察。分别构建考察人均总公共支出(psp)、人均公共教育支出($edup$)和人均公共卫生支出($healp$)的固定效应面板数据模型为:

$$lnpsp_t = c + \beta_1 lngdpp_t + \beta_2 fina_t + \beta_3 pse_t + \beta_4 age_t + \beta_5 city_t + \beta_6 unemp_t +$$

$$\beta_7 child_t + a + u_t \tag{1}$$

$$lnedup_t = c + \beta_1 lngdpp_t + \beta_2 fina_t + \beta_3 pse_t + \beta_4 city_t + \beta_5 child_t + a + u_t \tag{2}$$

$$lnhealp_t = c + \beta_1 lngdpp_t + \beta_2 fina_t + \beta_3 pse_t + \beta_4 aget_t + \beta_5 city_t + a + u_t \tag{3}$$

其中解释变量 gdpp 为人均 GDP,代表经济发展水平;fina 为政府财政支出,包含了地方政府税收以及中央政府的转移支付;pse 为政府用于公共服务的支出占财政支出的比重,这三个变量反映了政府供给能力对公共服务提供的影响。age 为老龄化比重,city 为城市化比率,unemp 为失业率,child 为儿童抚养比,a 为非观测固定影响因素,其中包括各省份的地理位置、自然条件、历史条件、风俗传统等因素。本章所采用的中国 31 个省级区域在 2002—2006 年五年的面板数据,均来自相关年份《中国统计年鉴》和《中国人口统计年鉴》。回归结果如下:

表 11.1　政府能力与公共需求对公共服务提供量的影响:2002—2006 年 31 省区面板数据

	人均公共服务支出 (1)	人均公共教育生支出 (2)	人均公共卫生支出 (3)
经济发展水平 lngdpp	1.972556 (7.409212)＊＊＊	0.865474 (28.76332)＊＊＊	0.943463 (22.52082)＊＊＊
财政能力 fina	3.995682 (2.378009)＊＊	1.623715 (6.048640)＊＊＊	1.829410 (4.749524)＊＊＊
财政支出偏好 pse	4.496432 (2.370527)＊＊	1.462767 (5.614298)＊＊＊	1.883536 (4.725614)＊＊＊
老龄化比重 age	0.047805 (1.272398)		0.039187 (6.075680)＊＊＊
城市化比率 city	0.132120 (17.41955)＊＊＊	0.005650 (7.522438)＊＊＊	0.004281 (3.335569)＊＊
失业率 unemp	-6.391683 (-0.482690)		
儿童抚养比 child	0.055068 (3.447278)＊＊＊	0.002486 (1.066633)	
Adjusted R2	0.98	0.99	0.99
D.W.	1.934180	1.620270	2.042878

括号中数据为 t 统计值,＊＊＊、＊＊分别表示在 1%、5%的水平上显著。

从回归结果,作为影响政府公共服务提供能力的经济发展水平、财政能力和财政支出偏好三个变量,在三次回归中都在较高水平上通过了显著性检验。这表明无论是对于总的公共服务提供,还是公共教育或卫生的单项公共服务提供,政府供给能力都对最终的提供数量有着直接而显著的影响。并且三个解释变量的回归系数也都较大,其中财政支出偏好对于人均总公共服务支出的影响系数更是达到了 4.5%,说明政府提供能力对于公共服务供给的影响程度非常高。

在影响公众需求的各因素中,城市化率是唯一在各次回归中均显著的变量,尽管系数较小,但也表明我国各地区间城市化进程的不同是导致公共服务提供水平不同的原因之一,这印证了我国城乡二元结构导致的公共服务差别的存在。说明在现行的城乡管理和公共服务体制下,城市化进程的加快,是引致公共服务需求增长的重要因素。这虽然表明了我国公共服务支出对于公共需求的变化做出了相应的反应,但这种反应却是传统的城乡差别管理体制造成的结果,并且这种体制仍在限制着我国公共服务均等化的进程。此外,人口老龄化比重对于人均公共卫生支出的影响是显著的,儿童抚养比对人均总公共服务支出的影响是显著的,但与城市化率一样,影响程度都较小,表明这些影响公共需求的因素对最终的公共服务提供水平影响非常弱。

综合来看,影响政府供给能力的各因素对于公共服务支出水平的影响不仅统计上显著,而且影响程度也都远远大于影响公共需求的各因素。表明了政府供给能力在我国公共服务提供水平的决定中是居于主导地位,而公共需求对它的影响却微乎其微。因此可以判定,我国各省级政府的公共服务提供模式基本上属于供给导向型,即各省对于本辖区内居民提供的公共服务数量,更多的是依据自身能力来提供,而非公众对于公共服务的需求。

四、中国公共服务提供不均等的制度及历史根源解析

在我国区域发展不平衡的现实国情条件下,以政府自身能力为提供公共服务主要依据的供给导向型提供模式,是我国公共服务提供不均等的直接原因。但我们所真正关心的问题并不是这一模式本身,而是导致这一模式形成并固化的潜在制度及政策原因。因为这才是真正导致我国公共服务领域出现问题的根源所在,只有对这一深层次原因的深入分析,才是解决我国公共服务提供不均的根本路径。我们认为造成当前我国公共服务提供体制问题

的原因,可以从以下几个方面加以考虑。

(1)经济转轨仍在进程当中,我国整体经济实力和结构仍未能达到满足全部公众需求的要求。尽管我国经济取得了长足的发展,国家财力逐年增长,可用于服务民生发展的财政资金也越来越多,但实际上相对于我国庞大的人口和公共需求而言,现在的国家财富积累仍然十分单薄。目前国家财富和可支配财力的大幅增长的背后,是在许多潜在的被忽视和未满足的公共需求。因此我国仍然处于公共服务供给能力落后于公共需求的僧多粥少阶段,这在相当程度上增加了政府提供公平、足量公共服务的难度,制约了需求导向型公共服务提供模式的形成。另一方面,转轨初期推进经济发展的非均衡发展战略选择,造成了地区间严重的发展不平衡,也加大了政府在全国范围内实现需求导向型提供模式的难度。地区发展不平衡的直接结果就是地方政府自身提供公共服务的能力会出现巨大差异,而在此基础上中央政府必须通过全国范围内较大规模的转移支付来平抑这种能力的差异,以实现公共服务的均衡供给,这势必损害某些地方经济主体的利益,从而增加中央政府的工作难度,也对财政的体制效率提出了更高的要求。

(2)财政体制改革不彻底、中央政府转移支付能力薄弱,以及现行行政管理体制是导致基本公共服务不能按需供给的制度根源。要在一个经济发展不平衡的经济体中实现公共服务的均衡供给,其必要的条件就是中央政府拥有较强的在全国范围内进行各种资源调配的能力。但我国于 1994 年进行的旨在加强中央政府财力的分税制改革很不彻底,对此已有很多学者对此进行了深入的研究,主要问题表现在虽然加强了中央财政的税收比例,但作为当时一种妥协机制的税收返还机制,使得中央政府对各省的转移支付当中相当一部分没能按照平抑地方财力差异的原则进行,从而严重影响了中央政府进行全国范围财力调配转移的能力。这是导致地方政府公共财政提供能力差异巨大的主要制度根源。另一方面,现行条块化的行政管理制度,也限制了可用于公共服务的人力和物力资源在各地区间的自由流动,同时也没有激励其由发达地区向欠发达地区流动的激励机制,从而造成了公共资源在全国范围内的分布不平衡。

(3)"以经济发展为中心"的发展战略和政府投资驱动式的经济发展模式,固化了政府公共支出结构,限制中央政府转移支付能力,造成了各级政府公共服务提供偏好不足。各级政府为了发展经济这个中心任务,相应地将更多的精力投入到了经济建设领域,从而忽视了自身的公共服务职能。尤其是改革开放以来的放权让利政策以及1994年的分税制改革,在给与地方更多自主权灵活发展经济的同时,也加剧了地方政府支出偏好的偏差程度,政府进行公共投资的意愿大大加强,并在一定程度上出现了体制性的"投资饥渴"现象。1998年至2004年实施的积极财政政策造成了我国政府投资驱动式的经济发展模式,由于公共服务的缺失和水平不足而导致体制性消费约束,无法摆脱消费难以启动、内需难以扩大的制约。最终导致了政府投资→经济增长→政府投资→经济增长的直接外部推动式的经济运行特征。因此,在政府财政支出结构上出现了公共服务提供不足→体制性消费不足→政府投资固化→公共服务提供不足的恶性循环,致使政府支出偏好也被相对锁定在高投资、低服务的结构上,造成了公共服务供给不足的局面,而无力实施需求导向型的公共服务提供模式。

(4)公共财政体制不健全,导致公共收支目的脱节,限制了公共财政的体制效率。自改革开放以来,在教育、医疗和社会保障的投入比重逐年下降的同时,中国政府自身的行政管理费用却在飞速增长。文教、科学、卫生,以及抚恤和社会福利救济等公共服务性支出仅由1978年的131.57亿,增长为2005年的6820.57亿,增长了50倍;而维持政府自身运作的行政管理费,却由1978年的49.09亿,猛增至了4835.43亿,增长了近100倍。政府用于自身运转费用的增长幅度是用于公共服务支出增长幅度的一倍,反映了政府行政管理效率和公共财政体制效率的持续下降。这一现象的根本原因可以归结为中国没有一套与社会主义市场经济相配套的财政体制,造成政府财政收支关系的脱节,公共服务需求与公共服务供给乃至公共税收之间缺乏内在的关联机制。这也就导致了政府支出的随意性和缺乏约束,而新时期民生财政体制下的政府,应是为了提供公共服务而征税,而不是为了实现政府的利益最大化。

(5)缺乏公民社会的历史传统,以及急于发展经济的社会心态是供给导向型公共服务提供模式形成的思想根源。我国自古就有自上而下、重整体轻个人的思维逻辑,从而使得我国社会缺乏从每个公民自身需求进行考虑的思考方式。在这种社会思维模式下,结合中国所处的发展阶段,使得政府税收及支出的第一目的更多地在于发展国家整体综合实力,而非满足个体公民的公共需要,因此我国税收并不以满足公众需求为主要目的,同时也就缺失了保障公共服务公平、足量提供的公共筹资与转移支付体系。此外由于我国在传统计划经济体制下,受大锅饭、绝对公平体制的影响导致了长期的绝对贫困,因此在改革开放初期,发展经济、打破平均也就成为了社会的主流意识,而在这一过程中对于公共服务的公平供给也相应地受到了忽视。因此转轨初期面临发展经济的主要社会任务时,各级政府执政的主要目标都是以经济建设为中心,而相对忽略了公共需求的增长对政府责任的要求。同时与之相应形成的政府官员考核体系,也都以发展经济为首要考核指标,而是否公平、足量地提供了公民所需的公共服务,则并不直接影响官员的政绩,因此出现了各级政府对于追求足量、公平的公共服务意愿不强的情况,从而加剧了公共服务的不均等问题。

第二节　农村贫困问题

在经济转轨时期,贫困与收入差距扩大是典型的现象,作为一个典型的"转轨—转型"经济[①]国家,中国减贫政策取得了举世瞩目的成就。根据1990—2002年的全球最新贫困数据,按照每天消费1美元的标准,中国的贫困人口减少了1.95亿人,占全球贫困人口减少总数的比例超过90%[②]。中国减贫政策的巨大成就,无疑对其他转轨经济国家和发展中国家具有重要的借鉴意义,引起了转轨经济学家和发展经济学家的关注。在中国全面建设小康社会的大背景下,建设社会主义新农村规划的提出以及《中国农村扶贫开发纲要(2001—2010)》的实施,标志着扶贫战略与国家整体经济社会发展战略总体方向上的协调一致和扶贫战略走向的调整。可以说,现阶段中国的扶贫攻坚正面临一个历史性的发展机遇。

在大量研究贫困问题的文献中,一部分试图验证发展经济学或者福利经济学的理论假说,掀起了经济增长与减缓贫困之间相互关系研究的热潮。其

---

① 简而言之,"转轨—转型"经济是指社会经济发展中的一个特定阶段,其运行既受到体制转轨的制约,也受到发展转型的制约。详见吕炜.转轨经济研究思路的评述、反思与创新.财经问题研究.2004(2)。

② 世界银行《贫困评估》报告初步结论.www.chinagate.com.cn,2007年02月27日。

中的一种观点认为,随着整体经济的增长,贫困人口的收入也逐步增长,从而减少了绝对贫困人口(Bhalla,2001,Dollar 和 Kraay,2002,Kraay,2003)。另一种观点认为,经济增长虽然是影响贫困的一个非常重要的因素,然而增长并不总是减少贫困,也不能解释贫困发生率下降的全部,除经济增长之外,收入分配同时也起到非常重要的作用(Kakwani 和 Pernia,2000,Balisacan,2003、2004)。正如 Ferreira 和 Barros(1998)、Ravallion(2001)、Besley 和 Burgess(2003)以及 Bourguignon(2004)等指出的,经济增长、收入分配和贫困之间存在着非常复杂的关系,经济增长的性质而不仅仅是速度影响贫困减少的成效。还有一些研究(Ferreira 和 Barros,1998;World Bank,2000;Ravallion,2001;Balisacan,2003、2004)表明,减贫成效很大程度上取决于一个国家初始的不平等水平,以及伴随着经济增长的不平等状况的变化。另一部分学者则尝试为消除不平等和贫困问题提供政策处方,Shenggen Fan,Linxiu Zhang and Xiaobo Zhang(2002)借助增长理论和经验方法的新进展,从经验上通过探讨区域间经济增长趋异的原因和条件来解释中国农村地区间收入差距和农村贫困问题,这也是少有的将农村公共投资与贫困问题结合起来的研究。

然而,上述的研究还远未能解释中国贫困问题的复杂性:一是随着"转轨—转型"经济的深入,中国农村贫困的性质不断发生变化,贫困性质本身就是一个复杂的"复合体"。如何能够把握这个不断变化的"复合体"并成功地进行贫困问题的学术研究和政府减贫的制度设计是一个巨大的挑战。二是贫困衡量尺度的不断修正向农村减贫提出了更高的要求。目前,无论中国政府还是世界银行设定的贫困尺度的含义都还仅是集中在范围较窄的收入贫困,这种狭义的贫困标准忽视了贫困和福利中非常重要的非收入特征,即温饱问题仅仅是贫困人口摆脱贫困的一个重要组成部分,农村居民会在公共消费等其它领域寻求更高层次的满足:不仅仅包括收入水平,还应包括公共消费状况,如教育、卫生条件以及社会地位、福利和参与发展过程的能力。这种转型期中国贫困问题的复杂性是中国当前和未来减贫的"硬核",也正是本章研究的出发点。与上述复杂性相对应的是,我们发现,随着减贫进程的推进,在人均拥有的扶贫资金不断增长的情况下,在农村经济的增长过程中,一些人的脱贫却越来越困难了(亚洲开发银行《中国贫困状况》),这预示着在经过近三十年改革发展带来的深刻变化后,中国以开发式减贫为特征的减贫制度可能已经出现边际效益递减的现象。面对新的制度与发展背景,如何进一步优化扶贫资金使用方向和结构、提高农村减贫效率是一个亟待解决的重要课题。本章是一项将公共投资、社会性支出与贫困问题结合起来进行的尝试性研究,旨在客观评析中国农村既有减贫战略的基础上,探索可行的制度创新安排。

一、中国农村贫困的演变与减贫制度性设计的内在机理

从贫困的性质看,世界各国曾发生过三种类型的贫困(萨缪尔森,1988):由于饥荒和生产能力不足而引起的老式贫困(ancient poverty),西方资本主义社会以前的贫困属于这种类型;体制上的原因造成购买力不足而引起的不必要的富裕中贫困,这是许多发达国家普遍存在的贫困;GDP 很高但由于不恰当、不公平的分配而造成的贫困,发展中国家城市普遍存在的贫困属于这种类型。但是,中国农村的贫困问题并不能简单归入其中。中国经济社会转轨的特殊性使得中国农村贫困问题成为一个复杂问题的复合体,是由多种因素在特定时空条件下的互动造成的。中国农村贫困既遵循世界贫困演进的一般规律,同时又随着转轨进程和减贫战略的推进显示出一定的特殊性,集中体现为贫困性质的演变。因此,以贫困性质的演变为线索考察中国农村减贫制度性设计的内在机理无疑是明晰且深刻的。

改革开放前,中国贫困呈现出普遍性和整体性,贫困的性质是"稀缺中贫困",亦即科尔内在《短缺经济学》中提及的发展中国家特别是高度集中计划管理的发展中国家的贫困,经济不发达是贫困的主要原因。这一阶段由于没有正式的减贫战略,社会福利和救济资金主要用于临时性地补贴贫困户,这种"输血式"的减贫方式无法从根本上提高贫困地区的自我发展能力。十一届三中全会以后,虽然仍未出台正式的减贫战略,但以家庭联产承包责任制为主要内容的一系列农村改革,解放了农村生产力,促进了农村经济的高速发展,中国农村的人均产出和人均收入都取得了显著增长,贫困程度明显降低。按照官方贫困线标准,1978—1985 年间,农村绝对贫困人口从 2.3 亿下降到 1.15 亿,下降了 50%,是我国贫困人口下降最快的时期。该阶段农村减贫的实践证明了体制创新与经济增长对减缓"稀缺中贫困"具有极其显著的作用。

随着改革开放的不断深入,中国城乡整体"稀缺中贫困"的均衡逐渐被打破,区域性贫困日渐成为农村贫困的焦点。1986 年,中国政府出台了第一个正式的减贫战略,针对当时贫困性质的变化,确立了以提高贫困人口集中区域的自我发展能力和推动区域经济发展来实现减贫的开发式减贫战略。这种减贫制度设计在实践中显示出巨大的生命力,并在此后中国的减贫战略中一直处于主导地位,延续至今。图 11.3 分析了大规模开发式减贫制度设计的内在机理,其中实线部分代表各项具体的主导性、连续性减贫政策,虚线部分代表各项具体的辅助性、非连续性减贫政策。一方面,中央政府向贫困地区大量注入援助资金,用于资助这些地区的生产性基础设施建设和种养业、采矿业等与贫困人口关联度较高的产业发展;与此同时,中央政府资助的大规模以工代赈计划,也主要是为了缓解区域性贫困而设计的,其首要目标是改善贫困地区的基础设施社会服务状况,为当地的经济增长创造条件,为贫困人口增加短期就业机会。大规模开发式减贫制度设计的一个突出特征是,生产性支出被放在优先的位置,社会性支出处于附属地位,制度设计的核心目标是力图通过地区的经济发展和基础设施改善,从总体上解决贫困问题。

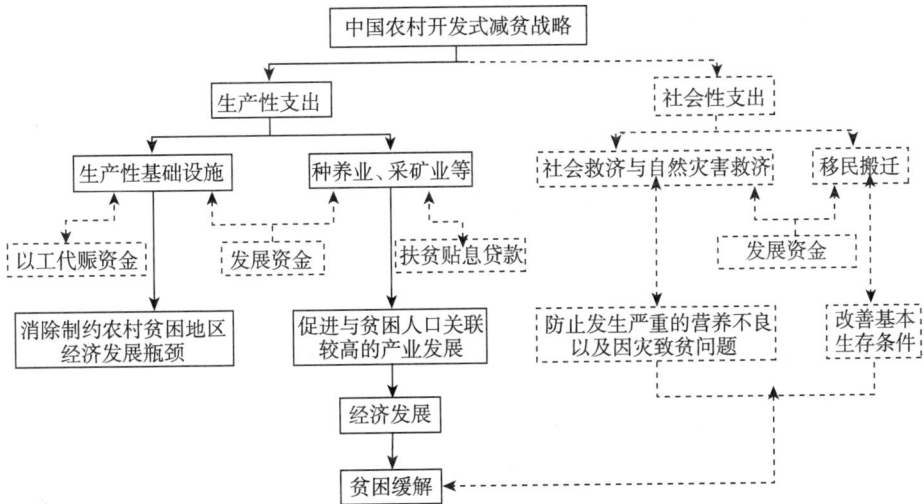

图 11.3 中国农村开发式减贫制度设计的作用机理分析

二、开发式减贫政策的绩效评价

大规模开发式减贫在政策实施的前期取得了较为突出的减贫效果。由于开发式减贫的制度设计非常符合当时农村集中连片的区域性贫困性质,因此在解决数以亿计的农村贫困地区人口的温饱问题上发挥了极为重要的作用,明显改善了贫困地区的生产生活条件,使得贫困地区经济发展速度明显加快。1978—2004 年,农村贫困人口由 2.5 亿减少到 2610 万,减少了89.6%,平均每年减少贫困人口 861 万人。如果按照国际贫困线,即每人每天生活费不足 1 美元估算,中国的农村贫困人口已经由 1990 年的 2.8 亿下降到1997 年的 1.24 亿,减少了 55.7%,平均每年减少贫困人口数为 2229 万人(世界银行,2000)。开发式减贫制度在解决区域性贫困中的巨大作用也在很多学者的研究中得到了肯定:Ravallion 等人以农村调查数据重新估计了中国西南四省的贫困发生率及其变化。他们还专门建成了一个 1985—1990 年的交叉数据库(Chen 和 Ravallion,1996)。对这个交叉数据库的分析显示,贫困存在很大的地域陷阱,以公共投资为核心内容的开发式减贫制度在落后地区具有极其显著的效率和公平含义(Jalan 和 Ravallion,2000)。Shenggen Fan,Linxiu Zhang and Xiaobo Zhang(2002)对中国农村公共投资对减贫的效果作了比较深入的分析,结果显示,农业科研、农村教育和灌溉、道路、电力、通讯等基础设施建设均对减贫起到了推动作用。

然而,随着制度变革的深化和发展水平的提高,减贫政策的效果在一个纵向的过程中也呈现出一种动态变化的特征。考察农村贫困人口的变化趋势可以发现,2001—2004 年间农村绝对贫困规模整体上虽呈下降趋势,但每年减少的农村贫困人口数量在不断递减,与上世纪相比,减贫速度在明显放慢。为了切实评估开发式减贫政策的绩效,我们构建了农村贫困人口数量对中央政府扶贫资金[①]变化的函数:

$$PP = a_0 + a_1 APF + a_2 APF_2 \tag{1}$$

其中,PP 表示农村贫困人口数量,APF 表示中央政府扶贫资金量。对方程(1)求导数,得到下式:

[①] 中央政府扶贫资金主要包括中央财政扶贫资金和扶贫贴息贷款。其中,财政扶贫资金包括发展资金、以工代赈资金、新增财政扶贫资金和"三西"地区农业建设资金。

$$\frac{d_{pp}}{d_{AFP}} = a_1 + 2a_2 APF \qquad (2)$$

(2)式中,左边表示中央政府扶贫资金的减贫效率,用单位政府扶贫资金减贫人数衡量;右边表示扶贫资金的边际效应,即中央政府每增加 1 单位扶贫资金,单位政府扶贫资金减贫人数的变化为 $|a_1 + 2a_2 APF|$。

我们选择 1980—2004 年间中央政府扶贫资金投入情况对贫困人口变化趋势的相关数据,对方程(1)进行回归分析。结果如下:

$$PP = 1.524 - (1.04E-6)APF + (2.16E-13)APF^2 \qquad (3)$$
$$(19.90) \qquad (-6.56) \qquad (4.18)$$

调整 $R^2 = 0.845$

亦即 $\frac{d_{pp}}{d_{AFP}} = -(1.04E-6) + (4.32E-13)APF \qquad (4)$

由于 $a_1 < 0, a_2 > 0$,且 $\frac{d_{pp}}{d_{AFP}} < 0$,因此,随着政府扶贫资金投入不断加大,以 $[a_1 + 2a_2 APF]$ 表示的斜率不断变小。由此可知,在开发式减贫制度若干因素的作用下,减贫的投资效益开始趋近于某一临界点,单位政府扶贫资金的边际减贫效应在不断递减。

这种情况表明,面对时空环境的变化,我们有必要进一步探究现行减贫政策边际效应递减的原因,以求不断完善开发式减贫制度或进行农村减贫制度的创新。

三、开发式减贫的制度性缺陷

开发式减贫战略进程中边际减贫效应递减的原因是非常复杂的,本章试图以内因、外因两分法使这一问题的分析变得清晰起来。所谓内因,是指开发式减贫制度设计本身的缺陷,主要是指制度本身的偏误、缺失和漏洞;外因是指贫困性质的演变这一线索。从外因来看,经过上世纪九十年代的扶贫攻坚以后,农村贫困人口更加集中于资源贫乏、交通不便、自然环境恶劣的地区,这样的环境不再具有开发式减贫制度设计所需要的环境支持和节约政策执行成本的优势。

针对贫困性质新的变化,开发式减贫制度设计无法很好地应对,这是由该制度本身存在的制度性缺陷导致的:一种可能的缺陷是开发式减贫制度设计中政府运作体系庞大且缺乏效率,这是制度设计中一个非常重要的偏误,但非本章研究重点;二是制度设计中存在的缺失和漏洞。

如前所述,在大规模开发式减贫制度设计下,生产性支出即公共投资政策被视为首要的制度安排,社会性支出则处于附属地位。这种过度强调公共投资而忽视、弱化社会性支出的安排,是开发式减贫制度设计面对新形势所暴露出的重大缺陷,也是扶贫资金边际减贫效应递减的最主要原因。得出这一判断的逻辑推导如下:

首先必须明确,减贫的政策目标有别于经济发展目标,即并非定位于经济增长的效率而是为了促进公平,减贫政策必须始终不渝地致力于为贫困人口提供公平的发展机会。在农村普遍贫困或大面积连片贫困的状态下,减贫战略与经济增长战略具有内在的统一性,经济增长会促进贫困的减缓。但是当这种内在统一性需要的条件不复存在时,在加快经济发展的强大动力下,贫困地区的地方政府自然会将“开发式扶贫”的效率导向原则同地区经济增长战略的选择联系起来,面对财政赤字的严峻压力,贫困地区的地方政府往往倾向于选择以县办工业、乡镇企业为主要支持对象的区域经济增长战略,结果是“开发式扶贫”成为了“促进区域经济增长的反贫困战略”,进而又演化为“贫困地区的工业投资战略”。这种重增长、轻分配的制度设计理念表现为公共服务政策严重缺失和贫富差距的扩大,使得扶贫资金无法瞄准贫困人口,减贫成本不断加大,扶贫资金边际减贫效应递减,这些也是贫困性质的变化通过制度的缺失和漏洞而起作用的集中体现。

按照上面的分析,如果制度性缺陷持续存在,逻辑上“制度性陷阱”的出现也就是不可避免的,即“农村扶贫资源的大量投入→地区性基础设施的供给或扶贫资源的漏损→GDP 高速增长背景下分配的严重失衡→扶贫投入的效率低下→放大农村贫困人口的脆弱性,强化其对扶贫制度的依赖→新一轮农村扶贫资源的加大投入”。基于此,我们认为减贫制度亟需进行机制创新,其正确的思路延伸应当是顺应贫困性质演变规律,重视农村贫困地区公共产品和服务供给的体制创新,切实考量农村公共投资和社会性支出对减贫的效率,开拓低成本、高效率的减贫路径,以确保贫困人口直接受益和普遍受益。

四、农村减贫制度创新思路

21 世纪以来,随着大面积连片的区域性贫困特征逐渐消失,中国农村贫

困在状态结构与致因方面变得异常复杂,贫困的性质转变为以下三种情况的复合体:

(1)地域性贫困,主要是由于资源短缺或缺乏可资利用的资源、自然环境恶劣、生态环境脆弱而导致的贫困,如西南喀斯特山区、黄土高原以及其它一些不具备人类基本生存条件地区的贫困。

(2)个体性贫困,又可称素质性贫困,是指相同制度环境中,某些群体、家庭或个人,由于身心素质较差、文化程度较低、劳动力弱、生产资料不足、生产能力不高等原因造成竞争有限的生活资源的能力较低,从而处于贫困状态。主要是由于丧失劳动能力(如老、弱、病、残)或缺乏一定的专业技能所引起的贫困。

(3)体制性贫困,即传统计划经济体制下所形成的二元经济制度和二元社会结构制度下形成的以农民为主体的贫困。这种贫困早已有之,随着减贫进程的推进,渐渐转化为农村贫困重要的致因。

贫困既是现代经济未充分发展的结果,又是实现现代经济增长的条件。中国的二元经济结构除了具有发展中国家的共同特征外,还存在自身的特殊性。比如为了追求工业化,中国政府曾在建国初期利用计划经济手段和国家政策,长期在财政转移体制上实行以农补工政策;在价格政策上,人为制造工农业产品价格剪刀差;通过严格、强制的户籍制度,阻断农民进入城市、改变身份的途径等;此外社会福利政策实施对象的单一性,亦使得二元经济结构的利益差异进一步明显化。

为适应贫困性质的这些新变化,既有减贫制度必须加以调整或创新,本章考虑可以从三个角度进行探索。

首先,从公共投资视角出发,需要突破通过基础设施建设促进农村经济增长、缓解贫困的思维定式,将扶贫资金投向减贫效益较高的领域,防止减贫的制度设计成为"贫困地区的工业投资战略"。

其次,从再分配视角出发,需要根据再分配对象的不同,实行边际再分配和生产性资产再分配战略。前者的倡导者是霍利·钱纳里领导的世界银行发展研究中心,他们强调再分配的主要对象是经济增长的增量部分,也就是一般边际意义上的再分配。通过这种再分配,使经济增量中的一部分从富人手中转移到贫困者手中,从而消除过分悬殊的贫富差距和实现反贫困的战略目标。后者的核心可以用"增长前的再分配"来概括,它强调的是对可用于经济增长的资产存量进行再分配,即先分配后增长。这一战略的前提是保证贫困者获得基本的公共服务。由于目前中国开支庞大的公共服务基本上被社会中上层所据有,因此,要扭转这种状况,要确保教育开支、卫生保健、社会保障等计划惠及贫困者,就需要对公共消费进行重新配置,并更改政府的许多投资计划。

最后,从消除二元经济结构的相关政策视角出发,逐步放开导致体制性贫困的制度性约束,为农村居民、特别是贫困人口提供公平的发展机会。

五、农村减贫制度创新的基本分析框架

从历史维度看,减贫的战略是一个历史的、动态的和多维层次的演进过程。我们的分析表明,以基础设施和教育为代表的公共投资和以医疗卫生、社会保障、移民搬迁等为标志的社会性服务是未来消除贫困不可或缺的重要政策,因为它们可以增强贫困人口的能力,使贫困人口有更多的机会发展自己、为自己争取权利,从而保护自己。《世界发展报告2000》也指出,未来世界的减贫战略重点是提供机会、赋权和增加保障,亦即为贫困人口提供更多的工作、信贷、道路、电力、学校、饮用水以及卫生服务等机会,重点是消除经济动荡、自然灾害、疾病、残疾和暴力对贫困人群造成的影响。目前中国经济正同时处于市场过渡与社会转型的双推进过程之中,政府应当同时也有能力设计并实施一个规范、系统的"一揽子"减贫制度架构,以便在整体经济发展政策相互协调与相互配合中全面推进中国的减贫事业。

我们沿着农村减贫制度创新的思路,从政府扶贫资金投向角度建立了一个基本的分析框架(参见图11.4)。这一框架的突出贡献在于:按照生产性支出和非生产性支出的划分标准,将与减贫有关的各项支出分列到公共投资和社会性支出两个大项中,形成一个总体上更为系统、内部联系更为清晰的模型,从而大大弥补了原有框架中偏重公共投资的分析局限,和不能随着制度演进而灵活变动的不足,强化了不同性质政策在应对不同性质贫困中的相机组合和复杂调适功能。基于研究问题的需要,本章在前人理论研究的基础上,对公共投资和社会性支出进行了重新界定。我们认为公共投资是指政府为了实现预期的宏观经济效益和社会效益,促进社会经济协调、稳定、可持续

发展,将一部分公共支出转化为公共资本的经济行为。为了简化分析,我们将公共投资划分为农村基础设施投资和教育投资两大类别,其中农村基础设施投资包括道路、灌溉和水利、通讯、电力等基本建设投资。社会性支出是本章根据中国农村减贫制度创新的大趋势,结合世界减贫实践所作的新的界定,具体划分为卫生与医疗保障、社会保障、移民搬迁等。

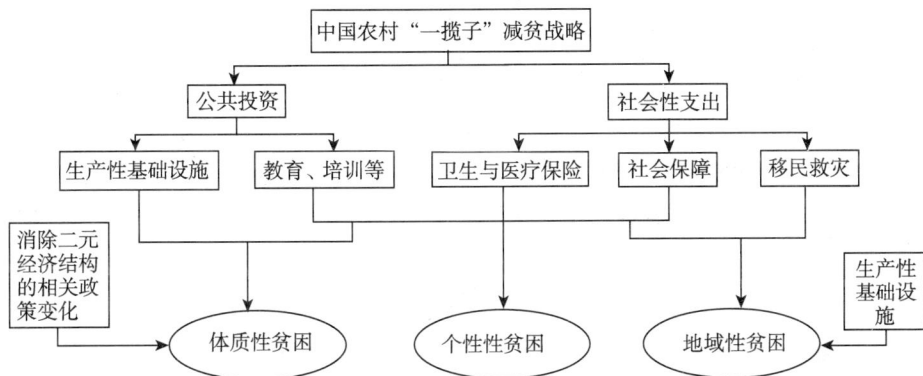

图 11.4 中国农村减贫制度创新的基本分析框架

在图 11.4 中,我们演示了各项支出对于不同性质贫困的作用机理。从公共投资角度看,生产性基础设施投资仍然通过解决农村地区基础设施发展瓶颈来促进农业发展,从而改善体制性贫困和地域性贫困状况,但由于其很难瞄准贫困个体,因而对于个体性贫困影响甚微;教育与培训是提高贫困人口素质,提高其反贫困能力的重要手段,所有贫困人口都将从中受益。从社会性支出角度看,卫生与医疗保险、社会保障政策不仅能够惠及全体贫困人口,而且具有防止非贫困的社会成员沦为贫困阶层及帮助贫困的社会成员摆脱生活困境的双重功能。在中国现阶段的农村贫困人口中,很多是因灾、因病而从并不贫困的阶层陷入贫困阶层的,因此尽快建立和完善社会保障体系是必要和紧迫的。移民搬迁是解决生活在自然条件极其恶劣地区的人们历史性的绝对贫困问题,进而使之快速实现温饱生活的根本性措施。农村扶贫的实践证明,移民搬迁,已成为 2000 年以来我国许多贫困地区最为重视的反贫困措施,目前也是西部为数甚众的贫困者公认的最有效的反贫困途径。《中国农村扶贫开发纲要(2001—2010 年)》更加关注移民搬迁工作并对相关原则加以细化。可以预见,恶劣地区的移民搬迁工作在未来仍将在我国反贫困进程中发挥出巨大作用。

　　需要说明的是,我们建立这一基本分析框架并未涵盖所有的减贫政策,而只是对目前主要的减贫政策加以分析,当然,正如前面所说,减贫战略是一个历史的、动态的和多维层次的演进过程,框架中的具体政策在减贫中的地位和作用也是不断变化的,对于政策辨证和发展的观点是必要也是必需的。

第三节　公平增长与公共支出的政策安排

　　在中国走向市场经济过程中,效率与公平的内容已经发生了很大的变化。目前社会上广泛关注的公平问题,主要是竞争的公平问题,是市场主体的公平问题,而不是效率与公平的矛盾问题。当前垄断部门收益过高,主要不是自身效率的提高,而是成本向社会转稼;垄断本身也不是市场竞争的结果,而是特殊"游戏规则"排斥竞争的产物。官员腐败也不能完全归咎于个人道德品质因素,而是权力直接介入市场,并且能够左右竞争结果所致;权力运行中的"潜规则"实际上可以凌驾于一般市场规则之上,使市场竞争"变形",并最终损害了市场效率。国有企业困境主要也不是市场竞争所致,而是国有企业领导人转移企业资源和收益的结果;至于改制中无视职工基本权利,不公平的内幕交易,更是使大量原国有企业职工陷入贫困的重要原因。因此,当前的公平问题主要源于竞争起点的不公平和"游戏规则"不公平的问题,而不单纯是结果不公平问题。市场效率是以起点公平和竞争规则公平为前提的,竞争结果的差异也是效率的必然体现。

　　从 2006 年的实际情况来看,中国国内生产总值增长 10.7%,但投资增长 24%,出口增长 27%。这说明,经济增长主要是依靠投资和出口来拉动的。老百姓的收入增长以及由此决定的社会购买力和消费力的增长远低于国内生产总值的增长,相当疲弱。近十几年来,我国全社会工资总额占GDP 的比例不断下降,多数就业者的工资没有与经济增长同步。这是一种不合理、不健全的宏观经济结构。如果投资收缩、出口受到限制,经济增长的速度必定降下来。经济增长可以持久依靠的,应该主要是老百姓的购买力和消费力。这就是说,经济增长主要得靠国内居民和社会的消费来拉动。但是,我国现在的基尼系数已经达到 0.47,属于世界上贫富差距最大的国家之一,大多数居民的消费能力比较低。如果再用传统的发展观来指导中国的社会经济发展,就有可能脱离中国的实际,阻碍和危害社会经济的健康发展。

中国社会发展现在面临的这些问题和矛盾,世界上不少发达国家在发展过程中也曾经遇到过。20 世纪 70 年代以后,这些国家越来越认识到,社会发展不仅仅是一种经济现象,而且是经济、政治、科技、社会生活和人的素质各方面综合、协调的发展过程。这种新的社会发展观,强调社会发展要以人为中心,强调经济发展要与社会发展相协调,强调经济社会发展要与生态环境保护相统一。同这种新的社会发展观相适应,不少发达国家开始实行一种新的社会综合评价指标体系。联合国开发计划署 1990 年的《人文发展报告》,也提出了衡量社会发展的新标准。这种新标准,用预期寿命、成人识字率、人均国民生产总值三项指标综合计算成生活质量指数,以此来衡量世界各国的社会发展水平。

在成熟的市场经济中,市场效率是与公平竞争的概念相联系的,而公平竞争是通过法律确定的"游戏规则"来实现的。由于公平竞争本身就意味着优胜劣汰,竞争的结果不同或差距并不被认为是不公平,而且也不存在在经济过程中效率与公平对立的理念。也就是说,人们并不抽象地把公平看成与效率相对立的问题,也不会把公平理解为结果的平均,公平的理念主要是竞争的公平,其基本含义是市场主体根据一定的游戏规则享有同样自由选择的权利。社会再分配对竞争结果的校正,在经济意义上主要不是出于公平的考虑,而是维护市场效率的考虑。

市场效率是以起点公平和竞争规则公平为前提的,竞争结果的差异也是效率的必然体现。社会对竞争结果的校正不是要消灭差异,而是一方面从市场供求关系平衡的角度维护市场竞争或效率的外部条件,另一方面也是体现社会进步的人文关怀。政府的二次分配的调节和社会保证制度的完善,就是属于这种校正。而起点公平和竞争规则的公平显然不能单纯依靠对结果的校正来实现,核心是贯彻市场主体权利平等的问题,最终也是公民权利平等的问题。尤为重要的是,公平竞争本身也具有校正结果差异的作用,因为公平竞争不会造就固定的优胜者和失败者,原来的优胜者不努力导致失败和原来的失败者通过努力重新获胜,是公平竞争中的常态。

　　综上所述,经济转轨引发了社会利益关系的剧烈变动,因而出现了新的不公平问题,主要是居民收入差距持续扩大,贫富出现了严重分化。在转轨前的时代,二元社会里两个"世界"的人们隔着制度相望,地理距离与社会距离的叠加缓和了生活中紧张的压迫感。而在今天,当大量的农村居民利用渐渐软化的户籍制度的缝隙涌入城市的时候,昔日互相隔绝的两个世界被压缩到了同一个空间之中。这里所说的同一个空间,可能是一个笼统意义上的城市、区域,也可能是一个非常具体的住宅楼等其他公共场所。当吸引力巨大的城市将残存的僵硬体制吞噬进来的时候,也就在它自己的内部复制了一种二元的结构。这样,一个共同的城市生活着两种完全不同的人群。这种社会不公已经成为社会经济生活中的不稳定因素,对转轨构成了威胁。

　　众所周知,市场力量和市场机制必然自发地导致收入差距的扩大和各个阶层的分化,只有政府有意愿或有意识地主动在全社会公平分配收入和财富,才能抑制和缩小差距,纠正社会不平等和社会不公正。从这个意义上看,政府的职能不是直接介入市场经济活动本身,而是创造良好、公平的市场环境,不是优惠一部分人或地区,歧视其他人和地区,而是维持和保证公平竞争的统一市场。在过去一段时期里,政府"以经济建设为中心"的指导方针和"使一部分人先富起来"的政策都或多或少地加速了这种分化,而没能抑制这种分化的形成和扩大。无论是对经济体制的选择,还是对发展策略的选择,我们都自觉不自觉地默认甚至鼓励了阶级分化。据此,科勒德克认为:"在转轨时期,不平等的增加是肯定的,而政策应该致力于使这种不平等有利于转轨的目标。"①关于政策制定如何解决不平等问题,他提出了以下五个结论:(1)在致力于解决转轨国家的不公平问题时,应尽可能使衰退的范围和持续的时间得到控制。这是因为在经济收缩时期,再分配机制将会将一部分收入从较穷的社会成员转移到较富的社会成员,这是宏观经济角度呈现的景象。从微观的角度来说,收入分配变化的方式反映了人口中不同的团体对于国内生产总值贡献的变化。穷人变得更穷,因为他们对于不断萎缩的国民收入的贡献下降得比其他团体要快。(2)只有发展才会减少失业并减少不公平。

---

　　① 格泽戈尔兹·W·科勒德克. 从休克到治疗:后社会主义转轨的政治经济. 上海远东出版社. 2000. 第254页。

(3)采用有利于一个部门而牺牲另一个部门的歧视性政策是不明智的,即使这样做会加速私有化的进程。(4)商业部门的工作应基本由市场力量来调节,而公务员的收入则应保持在社会可以接受的水平上(高于工业部门的平均工资)以促进人力资本的发展。(5)在较低的不公平和低增长率还是较高的不公平和较快的增长率之间,政策应选择较高的增长率,并接受相对较高的收入不公平。最后每个人的情况都会变好。

科勒德克的上述五个结论是在对转轨国家实践进行深刻分析的基础上得出的,可以视作解决转轨时期不平等问题的对策。笔者认为,从理论上讲,制度和政策安排对社会变迁的作用相当显著,在有的阶段甚至左右着社会变迁,到现在其作用还是相当大的;社会变迁的常态性不时地受到体制和政策的干预而发生变化。一个政策的出台就有可能影响一个阶层的地位。对关键行业的计划垄断、城乡二元体制、体制内外分割等计划体制仍在影响着社会的合理、公正。因此,在未来相当长的一段时间,仍然应该采用新的政策、构建新的体制来促进体制转轨,因此,制定合理的、有效的社会政策,对于促进体制转轨时期社会变迁的有序、合理进行,仍然具有重要的意义。

调节收入差距扩大、消除"二元性"的问题,最重要的是必须按照效率公平的要求,从规范政府行为入手,构建起公平合理的制度体系。

(1)建立健全初次分配的公平制度。造成我国当前收入差距扩大的一个重要原因是国民收入的初次分配不公,而这种不公是由各经济主体竞争的机会不均等引起的。解决这一问题,必须坚持把效率公平作为最重要的政策目标之一。现代经济学已经证明,机会均等有利于提高效率,促进生产力的发展和经济的增长,机会不均只会破坏效率。从效率公平的角度讲,打造初次分配的公平基础不仅重要,而且迫切。因此,要把选择和竞争主体的权利公平、机会公平作为初次分配公平制度的基本内容。政府只有将初次分配中的不公问题解决好了,秩序规范了,再分配的各种手段才能奏效。

(2)建立健全公平有效的再分配调节机制。这种再分配制度是对初次分配制度的补充,主要是通过制定财政、税收、就业、工资、教育、社会保障等制度和政策对市场竞争及其结果进行公平(利益)调节,同时为无力竞争者和竞争失败者提供基本的生存条件和创造新的发展机会。

　　社会公平是一种稀缺的公共产品，无法通过市场实现，需要由政府来提供；同时，社会公平也是一种政策目标，政府通过一系列的政策来体现其对公平的理解。无论是公共产品的提供，还是作为政策目标，都离不来政府的各项政策，如产业政策、地区政策、财政政策等。这些政策的实施都需要政府资金的支持，因此各项政策的目标与取向又必然要在政府公共支出安排上体现出来。一方面，体现着社会公平的各项人类社会发展指标的实现都需要政府提供资金，如教育、健康，另一方面，用于社会公平的公共支出反映着政府的政策选择。政府一旦决定供应哪些产品和服务、生产多少、产品质量如何，公共支出就代表着执行这些政策的成本。公共支出对于公平的意义主要来源于其使用的方式。尽管公共支出并不能解决所有的问题，但在某些方面起着作用。Tawney(1952)认为，公共支出的责任并不仅仅在于社会服务，他将国家理解为"将所有资源集中加以使用的容器(Pool)"。这一"容器"可以为需要它的人们所使用，而无论他们的社会环境是怎样的。公共支出对于社会公平的影响是多方面，财政通过税收调节收入分配其目的是为实现结果的公平；公共支出为每个人提供平等的受教育机会和医疗保健是为了实现起点上的公平，同时也是为实现最终的结果公平创造必要的条件；确定透明和公式化的转移支付制度则体现了规则上的公平。这些政策、支出项目和支出规则的安排都与社会公平的实现密切相关。

　　公共支出影响社会公平的最为重要的内容包括：①对于低于最低收入水平的社会成员进行收入补贴，这一政策在1960年代之后被发达国家广泛应用；②在教育和医疗保健方面的支出，即在NHS(国家健康体系)和教育体系中具有越来越大的影响力；③针对地区性差距而进行的转移支付；④支援农村生产支出和各项农业事业费用等。根据世界银行的最新报告：如果合理安排优先顺序，中国就可以实现公平的经济增长。更充分地提供重要的公共服务以及政府对经济的间接参与是重要手段。报告提出的实现中国公平增长所应着重加以关注并尽快实施的政策，大都需要政府公共支出的支持(参见表11.2)：

表 11.2 促进公平的经济增长与财政政策的关系

地区	主要推动力	政策焦点	政策意义	时期	政策类型	资金支持
落后地区	生产性就业	人力资本	保障资金以及提高落后地区中小学教育和基本医疗的质量	S－M	财政政策	地方性财政支出
			扩大高等教育和终身学习领域的私人办学	M	财政政策	中央、地方财政支出;私人投资
			通过助学金和学生贷款制度提高受教育的公平程度	M	财政政策	中央财政支出
		技术	实施鼓励竞争的政策	S－M	产业政策	税收政策
			支持技术推广的体系	M	产业政策 财政政策	财政贴息;R&D 投入
			促进各产业和教育体系之间的联系	M	教育政策 产业政策 财政政策	税收优惠政策、财政支出
		城镇化	突出以市场为基础发展城市;建立健全城镇土地市场	S－M	社会发展	
			推动城镇基础设施和社会化服务的发展	M－L	城市建设	地方性财政支出
农村地区	农业劳动和土地回报率	农民收入	强化土地使用权的贯彻执行	S－M	农业	
			加强有关环保的法律法规的贯彻执行	S－M	环境政策 法律法规建设	
			改善农村市场基础设施	M－L		

注:S－M 表示短期到中期,M 表示中期,M－L 表示中长期。资料来源:本表部分内容参考了世界银行.中国:推动公平的经济增长.第 81 页。

(3)消除权力参与社会资源配置的过程。由于转轨国家的行政权力控制着大量的社会资源,并经常介入市场对资源的配置,这就必然会出现形形色色的所谓设租寻租现象和腐败现象,严重腐蚀社会公平。而权力参与分配往往是最难以被有效制约的。

以上我们从三个层次分析了政策的公平对于消除"二元结构"、促进可持续增长和由此带来的对转轨的作用。之所以如此重视二元性、政策公平是因为如果"二元结构"超过了一定程度,就会抑制经济活力扩张,妨碍经济增长和延缓经济恢复。严重的不平等会阻碍重要的制度和结构改革,使转轨陷入困境。

第十二章

经济转轨过程中的民生难题与保障

第一节　转轨进程中民生问题的出现

随着我国经济的持续增长,人民生活水平逐步提高,并从整体上实现了小康。但在经济飞速发展的背后,仍有许多关系民生的社会问题值得担忧。环境的持续恶化,医疗和社会保障体制在部分人群和地区的缺失,教育和住房成本的逐年增加,以及收入差距的逐步拉大等都直接影响着我国经济社会的健康均衡发展,也影响着社会公平的实现。这些福利性安排的弱化以及社会成本向民众的转移、累积,在相当程度上造成了我国以国富与民生失调为特征的发展失衡问题。近年来党和政府积极推进了相关领域的改革和调控,但除了在部分领域取得一定成效外,大多数的社会问题依然严峻。中国在经济持续增长背景下出现的这种以社会问题不断累积、凸显为特征的福利安排相对弱化、缺失的现象,我们称之为发展失衡。福利制度是所有发达国家在经历长期经济增长后普遍形成的一种制度安排,经济增长与社会的福利化从长期经验来看是存在着正向关联的。然而中国经济在持续30年的高速增长过程中,相对于经济的发展和物质水平的提高,社会发展及福利安排出现了日渐弱化的趋势。一方面随着政府财力的不断增长,其提供公共服务和产品的能力应不断增强,另一方面,市场经济条件下各种本应由政府承担的福利性制度安排却逐渐弱化,个人承担的社会成本不断增加,这一悖论值得我们讨论与反思。

一、民生失调、发展失衡与政府职能缺位

政府职能的缺位被认为是导致中国当前以国富和民生失调为特征的发展失衡的主要症结所在。关于政府职能边界的理论研究表明,政府应该提供那些市场失灵无法有效提供的、但对社会有益的、必需的产品和服务。在这种统一的认识下,包括基础教育、公共医疗、经济住房等公共产品与服务,以及与社会保障相关的社会福利的提供被普遍认为应置于政府职能范围之内,属于公共服务的范畴。当一个社会中这些产品出现供给不足时,人们自然会想到政府在其中应当承担的责任。社会公正理论也从本质上强调政府在社会发展中的相应责任,无论是罗尔斯(Rawls)强调的社会正义中初级产品的公平分配,还是阿马蒂亚·森(Amartya Sen)的保障每个人的可行动能力(capability),或是诺齐克(Nozick)的程序和权利公平,都要求政府承担起重要角色,政府的有效作为是保障社会公正实现的基础。经济转轨理论则认为政府是主导以新旧体制交替为特征的改革的主要推动力量。随着政府逐步解除与个人之间传统的社会保障契约关系,公民对教育、医疗和社会保障等公共服务的需求会迅速上升,也对新体制下的公共服务提供机制提出了更多更高的要求。面对这一历史问题,作为转轨进程推动者、驾驭者的政府责无旁贷。可以看出,上述理论都将发展失衡与政府责任二者之间的内在逻辑指向了同一个因素——公共服务①,使其成为了连接政府责任与发展失衡之间关系的逻辑载体。

在发展失衡与政府责任的内在关联中,公共服务作为一个重要的联系纽带和分析线索,还有着十分现实的原因。首先公共服务是体现社会发展程度较为直接、重要的领域,也是政府职能范围内的重要领域。其次公共服务领域的供需矛盾问题,是近年来政府主导的体制改革的遗留问题和成本在公共服务领域不断累积的结果,解决公共服务领域的现实问题,已经成为我国深化体制改革,推动社会和谐发展的重要举措。因此对发展失衡中政府责任问题这一命题的研究,公共服务是一个重要的分析视角,把握住"发展失衡—公

---

① 本章所探讨的公共服务是指政府用于改善民生、提升社会福利的公共产品和服务,主要是政府社会性支出项目下的功能性支出,包括公共教育、公共卫生、社会保障和救济等。

共服务—政府责任"这样一个三位一体的分析框架,也是本章研究的基本思路。

中国经济社会发展失衡的问题早已被学者所关注,"失衡"目前已经成为中国经济社会发展的一项主要特征,中国近年来的发展现状被形象地称为"一条失衡腾飞的巨龙"。对当前中国发展失衡问题的研究,主要集中于三个层面,一是侧重于经济系统内部的发展失衡,尤其是宏观领域的失衡问题研究,多集中于投资与消费的失衡、内外贸易失衡、东西部地区及城乡经济发展失衡等;二是侧重于社会系统内部的发展失衡,这一领域研究多集中于社会学者就中国社会阶层和结构失调问题的探讨;三是综合考察经济和社会两大系统之间的发展失衡问题,这一层面失衡的考察更多关注在中国经济飞速发展的背景下,社会和民生的改善与存在的问题,如城乡、工农差距的扩大,财富占有与分配差距的扩大,区域经济发展差距的扩大等,以及在此基础上产生的居民教育、医疗成本上升的问题。

对于经济和社会两大系统之间发展失衡问题的探讨,近年来随着我国公共服务领域(医疗、教育、社会保障等)的矛盾逐渐积累和显现,逐渐成为学者们关注的焦点。中国经济增长与宏观稳定课题组首次提出了"当前中国的发展出现了以国富与民生关系失衡为本质特征的增长失衡"的判断,并认为这种国富与民生关系的失衡,是当前各类失衡的本质体现,对中国当前的经济社会现状做了较为清晰客观的描述。有学者认为这种现状的出现是中国的国家发展战略使然,中国经济增长与宏观稳定课题组也认为发展中国家在发展过程中出现发展失衡带有某种必然性,政府应当对改善发展失衡承担更多的责任,在对中国社会性支出(教育、医疗卫生、社会保障支出)进行实证考察的基础上,他们提出应当调整支出结构,增加社会性支出,在提供公共产品与服务方面发挥基础性作用,使低收入人群也能获得均等化的服务。在这一总纲性的判断下,学者们也普遍要求政府在医疗、教育和社会保障等领域,承担起更多的社会责任,更为公平地提供民众所需的公共服务和产品。这种强调在社会发展中政府责任的思想契合了政府角色从斯密的守夜人到凯恩斯的全面干预,再到里根、撒切尔的私有化,以及当前新国家干预的发展趋势,是一种在中国经济体制转轨进程中政府与市场的边界与职能相互权衡的结果,无疑会对中国当前的经济社会均衡发展产生积极正面的影响。

但政府在社会发展中承担更多的责任意味着公共支出规模的扩大,而坦齐(Tanzi)等人的研究表明增加公共支出并不会自动提高公共福利,公共支出增加会产生两种效应。一是导致税收水平提高,从而导致个人可支配收入下降;二是那些从公共支出中受益的人,根据自身能力采取行动以防范各种风险的愿望将被削弱,此时公共行为是在一定程度上替代了私人活动。因此他们的建议是国家的职能和公共支出应该更加适中、更加专注。但就中国而言,政府应当在社会发展中承担多大的责任(公共支出规模应当多大),至今没有一个较为清晰的判断和研究。已有研究表明中国政府在发展失衡中存在失责,仅是一个定性的判断,中国政府应在多大程度上为当前的发展失衡负责,是我们深刻把握中国当前发展失衡与政府责任问题的一个关键点,因此如何设计和构造出可量化的政府责任指标也有待进一步深入研究。

此外政府在发展失衡中的责任问题虽然已被人们所认识和关注,但已有研究却鲜有涉及中国特殊的经济转轨体制对政府行为施加的约束和限制,以及政府失责的深层体制问题。政府一方面作为转轨进程的推动者,一方面作为被变革的对象,其行为环境和模式必然受到诸多体制因素的影响,这要求我们必须辩证地看到当前中国发展失衡中的政府责任问题。我们不能简单地要求政府在提供教育、医疗和社会保障方面承担起更多的责任,而应当立足中国特殊国情,探寻导致政府失责行为的体制原因,从而改变政府的行为环境和模式,在根本上解决我国的发展失衡问题。

二、发展失衡中政府责任问题的理论界定

发展失衡及其政府责任作为一种特殊的主观感受,已经广泛地存在于中国社会之中。无论学者还是普通民众都对发展失衡中的政府责任问题,有着各自的观点和看法。但这个看似不辨自明的现象,从学术研究的角度来讲却是一个需要严格界定的理论问题。何谓以国富和民生失调为特征的"发展失衡"? 其与政府责任的关系如何作理论界定? 这些都是对发展失衡及其解决路径等问题进行深入研究的前提和基础。

（一）发展失衡的理论界定

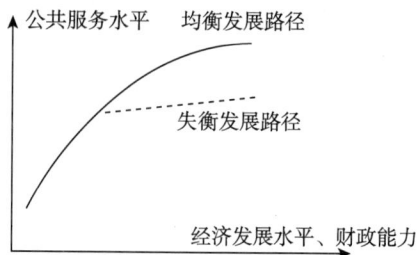

图 12.1　发展中的均衡与失衡

"失衡"一词来源于物理学领域,引入社会科学领域后常被用来形容本应该却又没能协调发展的一对变量的状态。本书提出的发展失衡是指在经济社会发展的过程中,出现了经济发展水平和社会发展水平之间的失衡,即相对于经济的快速持续增长而言,社会发展的相对缓慢和滞后。其具体表现在经济总量的持续增长和政府财政能力的不断提高未能有效地惠及普通百姓的日常生活,在经济飞速增长的同时,普通百姓所承担的教育、医疗和住房等成本却不断上升,基本的社会保障未能普及和覆盖。因此在研究"发展失衡"这一问题时,我们需要把握两个变量,一是经济发展水平和政府财政能力,二是公共服务水平。相应的本章所研究的发展失衡是指在经济持续增长、政府财政能力不断提升的同时,公共服务提供水平的提高却相对滞后,体现为公共服务领域的供求矛盾日趋激化。图 12.1 给出了我们对发展失衡问题相对直观的解释,其中实线为经济社会的均衡发展路径,表示经济增长与公共服务水平的提高保持了一个相对稳定的增长关系;虚线为经济社会的失衡发展路径,即在某一发展时期,经济得到飞速发展的同时,公共服务的发展却相对滞后。

对于发展失衡而言,虽然政府始终是提供公共服务的主体和被问责对象,但具体到政府行为的原因,还需进一步明晰两种不同的失衡问题。一种失衡是由于政府的主观失责造成的公共服务供给不足,体现为政府有能力却没有有效地提供公共服务,我们界定为政府责任型失衡,表现为政府主观因素对公共服务提供的影响。另一种是由于所处的客观发展阶段造成的公共服务供给不足,体现为政府已经尽力提供公共服务,但仍然不能满足社会的需要而出现的失衡问题,这其中不存在政府责任问题,而主要是受到发展阶段的约束,我们界定为发展阶段型失衡,表现为政府客观因素(包括客观因素对主观因素施加的约束)对公共服务提供的影响。两种不同原因的失衡问题,应有不同的解决途径和应对方法。探讨中国的发展失衡问题必须对这两种失衡问题加以分析,才能有针对性地提出政策选择的路径。

(二)政府责任的理论界定

政府责任的理论界定,需要预先在理论层面设定一个评判标准作为依据。对于发展失衡中是否存在政府责任的理论界定,本书是基于经济社会均衡发展的评判思想与经济规律而做出的,即政府的公共服务提供能力需与其本国的经济发展和财政能力相匹配。在公共服务供给不足的条件下,若政府实际公共服务提供量小于其公共服务提供的潜在能力,则被认为存在政府责任;反之亦然。

基于以上对发展失衡中政府责任的理解,有三个公共服务的变量是我们需要认定和区分的。一是公共服务的现实提供量 PS_S;二是社会对公共服务的现实需求量 PS_D;三是政府在既定经济发展水平和财政收入情况下,应该提供的合理公共服务量 PS_S^*,即政府的公共服务提供能力。其中第一、二个变量在理论界定上是十分清楚的,而对于"应该提供的合理公共服务量"这一概念,我们的解释是在世界经济发展史的一般规律下,在不考虑国家异质性的前提下,一个国家在一定的经济发展水平和财政能力的条件下,所应提供的公共服务量。

为了清楚地表明第三个变量的内涵,我们需要对其做出进一步的解释。我们认为影响政府公共服务提供水平的因素主要有四个方面,一是国家的经济发展水平,二是政府的财政收入能力,二者决定了政府能够提供公共服务的能力;三是政府对于公共服务支出的相对偏好,这种偏好表示了政府在多大程度上愿意将财政收入投入公共服务领域;四是政府公共服务提供的效率,其反映的是政府在一定财力和意愿下,提供公共服务的绩效和效率。四个变量中经济水平和财政能力是制约公共服务提供的客观条件,不存在政府的主观责任问题;而政府偏好和政府效率则是政府自身因素对公共服务提供的影响。"应该提供的合理公共服务量"概念,是指在不考虑政府自身和主观因素影响下,在一定的经济水平和财政能力的客观条件约束下,经济社会发展一般规律中政府应当提供的公共服务量。对于主客观影响因素的准确区分,对于判定公共服务提供中的政府责任问题至关重要。政府主观因素对公共服务的影响,也是我们寻找发展失衡中政府责任问题的判断依据。

为了从理论上更好地界定政府应该提供的合理公共服务量,我们可以构建一个在政府既定财政能力条件下,基于政府偏好和效率的公共支出选择模型。假设,(1)政府只提供两种产品,一种是公共服务 PS,一种是公共投资 PI,且政府保持预算平衡。(2)公共服务这一特殊产品只能由政府提供,而私人部门无法提供。(3)社会中对公共服务的需求是真实、有效、合理的。(4)政府的支出偏好和政府效率是在一定区间内变动的。构造公共服务的供给函数为:

$$PS = f(Y, F, \theta, Z)$$

表明公共服务的供给量由经济发展水平、政府财力水平、政府对公共服务的相对支出偏好,以及政府财政支出绩效能力决定。其中 Y 为经济发展水平,F 为政府收入占经济总量的比例,θ 为政府对提供公共服务与公共投资之间的相对偏好,θ 越大表示政府越偏好于公共投资性支出,并假设政府的 θ 偏好界于 $[\underline{\theta}, \bar{\theta}]$ 之间①,在图 2 中表现为政府无差异曲线随着 θ 的增加变得越来越陡峭;Z 为政府提供公共服务的效率,假设 Z 界于 $[\underline{Z}, \bar{Z}]$,Z 值越大表明政府执行能力和效率越高,对于财政资金使用的效率也越高,在图 12.2 中 $\underline{Z}$ 和 $\bar{Z}$ 分别体现为提供可能曲线 C′D′ 和 CD 曲线。

---

① 假设 $\theta \in [\underline{\theta}, \bar{\theta}]$,是因为政府一般不会偏好将其支出过度地集中于某一种支出,而是希望将支出分散于二者之间。原因是政府支出必须要保障基本的公共服务供给,保障政府应急性调控能力,保障政府的正常运作等等,政府支出偏好必定是在一定范围内分散于不同支出之间。因此 θ 表示政府在基本保障其他政府职能得以实现的情况下,对公共服务提供的最大偏好。

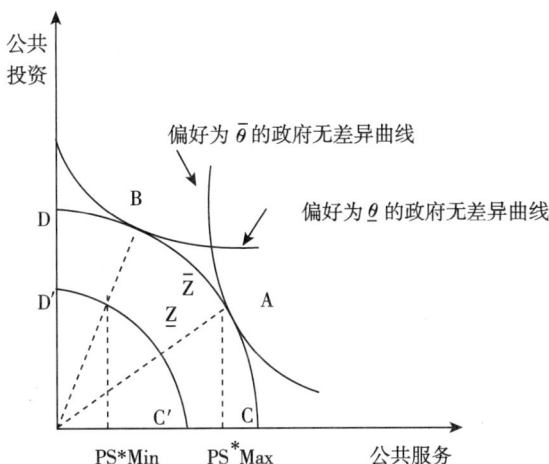

图 12.2　基于政府偏好和效率的公共支出选择模型

政府在一定主客观条件约束下,用其所有财政收入和政策资源最大效率提供的公共服务和公共投资的组合由图 12.2 中 CD 线表示,而 CD 线以内的支出组合则是非效率的。那么在既定经济水平和财力条件下,政府能够提供的公共服务数量将在 $[\mathrm{PS}_S^*(\underline{\theta},\underline{Z}),\mathrm{PS}_S^*(\bar{\theta},\bar{Z})]$ 之间,即图 12.2 中的 $\mathrm{PS}_{\mathrm{Min}}^*$ 到 $\mathrm{PS}_{\mathrm{Max}}^*$ 之间。

此刻,我们假定在世界经济发展史的一般规律下,在不考虑国家异质性的前提下,政府应当遵循的合理偏好为 $\theta^* \in [\underline{\theta},\bar{\theta}]$,应当具有的合理政府效率为 $Z^* \in [\underline{Z},\bar{Z}]$。那么政府应当投入的公共服务量就应该是 $\mathrm{PS}_S^*(\theta^*,Z^*) \in [\mathrm{PS}_S^*(\underline{\theta},\underline{Z}),\mathrm{PS}_S^*(\bar{\theta},\bar{Z})]$①。

明确了政府应该提供的公共服务量 $\mathrm{PS}_S^*(\theta^*,Z^*)$ 的内涵基础上,我们就可以比较简单地对发展失衡中的政府责任问题加以理论界定。当公共服务的提供状态为:

---

① 我们没有将政府可能提供的最大公共服务量 $\mathrm{PS}_S^*(\bar{\theta},\bar{Z})$ 作为判断政府责任的标准,是基于"并不是做的最好的政府才是没有责任的政府"的观点,也就是说政府的行为和偏好只要在一般的水平之上,即可排除政府责任。

$$PS_S = PS_S^* < PS_D ,$$

我们可以认定此时不存在政府责任型的发展失衡,而是发展阶段型失衡。因为虽然公共服务的提供呈现供不应求的局面,但此时政府已经提供了其应该提供的合理公共服务量。因此这种失衡是由于特定的发展阶段造成的失衡状态,是一种系统性的失衡,而不是政府责任问题造成的失衡。

而当公共服务的提供状态为:

$$\begin{cases} PS_S < PS_D \\ \text{且} \quad \text{时,} \\ PS_S < PS_S^* \end{cases}$$

我们可以认定此时存在着政府责任型发展失衡[①]。因为此时在现实中公共服务已经处于供不应求的状态下,政府有能力但却没有提供更多的公共服务,从而导致了失衡或者失衡的加剧,这其中存在政府责任问题。理论上,在 $PS_S < PS_D$ 的条件下,PS_S 与 PS_S^* 之间的差距越大,可以说明政府失责的程度越高。

以上针对发展失衡中政府责任的理论界定,在总结阶段型和政府责任型两类发展失衡过程中,暗含了均衡发展的评判思想和经济规律,其旨在表明致力于依据自身经济发展水平和财力条件提供公共服务的政府不应为经济社会发展失衡负责,尽管其可能未能避免发展失衡的存在。相反,在公共服务供需存在巨大缺口的特殊时期(发展阶段型失衡时期),客观的历史条件也不应成为政府逃避自身公共服务提供责任的理由。而对这一点的清醒认识,对于我们客观分析中国当前发展失衡问题尤为重要。

三、中国发展失衡中政府责任的实证检验

根据前面的界定,中国的发展失衡是否与政府责任有关,责任程度又有多大,是我们需要研究的问题。由于 PS_S^* 是假定政府具有合理偏好和合理效率假设条件下的公共服务提供量,是在仅考虑客观经济条件情况下政府应当承担的公共服务提供责任,所以我们可以在做出一定假设的前提下,运用各

[①]　需要指出的是政府责任型的发展失衡仅仅是由于政府主观因素引致的,而不是受客观的、不可抗力的原因(财力、灾害等)引致的,也可以说除政府主观因素以外的因素导致的发展失衡都应纳入发展阶段型发展失衡。

国的数据,研究在经济发展水平和财政能力等客观因素的影响下,政府提供公共服务的一般规律,从而勾勒出一条图 12.1 中所描述的经济水平、财政能力与公共服务提供之间的均衡发展路径作为参照系,然后再比较中国的现实数据与各国经验值之间的差距,从而分析中国政府主观因素对于公共服务提供所应承担的各种责任。

(一)数据与经验检验

以下数据来源于世界银行统计的 53 个国家和地区在 2003 年的横截面相关数据,其中包括 9 个低收入国家、14 个下中等收入国家、13 个上中等收入国家,以及 17 个高收入国家。在变量方面,我们以政府公共教育和公共医疗支出之和占 GDP 的比重(EDUHEA)表示政府的公共服务提供水平,以人均国民收入(GNIP)表示国家经济发展水平,以政府收入占 GDP 的比重(REV)表示政府财政能力。考虑到大多数国家经济发展水平的增长速度要明显快于公共服务提供水平的增长,经济水平与公共服务提供水平不可能呈线形关系,因此我们对变量人均国民收入(GNIP)作对数处理,设定回归模型为:

$$EDUHEA = \beta_0 + \beta_1 Ln(GNIP) + \beta_2 REV + \mu$$

模型中没有引入政府主观方面的偏好 θ 和政府效率 Z,是假定影响公共服务提供的主客观因素之间相互独立,即政府支出偏好和政府效率的主观因素与国家经济发展水平和财政能力的客观因素之间没有相互影响的相关关系,即此时我们假定各国的偏好 $\theta = \theta^*$ 和效率 $Z = Z^*$,而其对公共服务提供量的影响则体现在残差项 μ 中。为避免截面数据的异方差问题,我们运用加权最小二乘法(WLS)对 53 个国家的数据进行分析得出的结论是:

$$EDUHEA = -6.021 + 1.325\ Ln(GNIP) + 0.143\ REV$$
$$t：(-8.809)\quad(10.989)\quad\quad(8.922)$$
$$R^2 = 0.953\quad\quad F = 512.347\quad\quad D.W. = 1.677$$

从结果可以看出,模型的回归效果较好,各个变量都在较理想的水平上通过了显著性检验,且通过 D.W. 检验表明模型不存在自相关问题;拟合优度达到了 0.953,表明在公共服务适度提供偏好和政府效率的前提下,一个国家的经济发展水平和财政收入能力对于公共服务的提供水平有着较高的影响力;经济发展水平和财政能力的回归系数为正,表明随着国家经济实力和财政能力的不断提升,公共服务供给水平也会逐步提升。

(二)发展失衡中政府责任的实证分析

通过上述分析得出的回归方程,我们可以代入中国数据相应计算各年度中国政府在客观经济条件下,应当提供的公共服务水平,并与中国政府的现实公共服务提供量进行比较,考察中国政府在公共服务提供方面的责任实现程度。

表12.1　1978—2005年中国人均国民收入和财政收入水平情况

年份	1978	1980	1985	1989	1992	1995	1998
人均国民收入(美元)	47.34	57.57	106.76	88.56	287.37	617.26	831.83
财政收入占GDP的比重	31.06	25.52	22.24	15.68	12.94	10.27	11.70
年份	2000	2001	2002	2003	2004	2005	2006
人均国民收入(美元)	966.53	1058.44	1158.94	1307.52	1534.63	1758.58	2014.18
财政收入占GDP的比重	13.50	14.94	15.71	15.99	16.51	17.29	18.38

注:人均国民收入按人民币对美元汇率1:8换算。
资料来源:据国家统计局《中国统计年鉴(2006)》有关数据整理。

从表12.1可以看出,自改革开放以来,中国的人均国民收入呈现持续高速增长的趋势,表明中国的经济实力不断得到提升;财政收入占GDP的比重却呈现先下降后上升的趋势,其分水岭为1994年的分税制改革,随后政府的收入能力得到了逐步提高,表明政府提供公共产品和服务的能力得到了加强。将这些中国数据代入方程,可以得出中国政府在各年度经济发展水平和财政能力条件下,应该提供公共服务量的理论值。

表12.2　中国政府公共服务提供的理论值和现实值以及政府责任的实现程度

年份	理论值(%)	现实值(%)	差值(%)	政府责任实现程度	政府失责程度
1978	3.532	3.091	0.441	0.875	0.125
1980	2.999	3.438	−0.439	1.147	−0.147
1985	3.348	3.513	−0.165	1.049	−0.049
1989	3.163	3.256	−0.093	1.029	−0.029
1992	3.330	2.945	0.385	0.884	0.116
1995	3.961	2.413	1.548	0.609	0.391

1998	4.561	2.553	2.008	0.560	0.440
2000	5.017	2.759	2.258	0.550	0.450
2001	5.343	3.065	2.278	0.574	0.426
2002	5.574	3.307	2.267	0.593	0.407
2003	5.774	3.317	2.457	0.575	0.425
2004	6.060	3.217	2.843	0.531	0.469
2005	6.352	3.334	3.018	0.525	0.475
2006	6.688	3.506	3.182	0.524	0.476

注:公共服务提供的现实值来自于《国家统计年鉴(2006、2007)》中的文教、科学、卫生支出。

相应的计算结果由表 12.2 给出,其中政府责任实现程度为公共服务提供的现实值与理论值之比。可以发现由于政府主观层面的原因,造成了中国政府的公共服务提供量与理论上适度偏好下的提供量存在着较大的差距。1978 年这种差距为 0.441 个百分点,而到 2006 年这种差距被拉大到了 3.182 个百分点;政府责任实现的程度也由 1978 年的 87.5%,下降到了 2006 年的 52.4%,这意味着相应的政府失责的程度在不断提高。

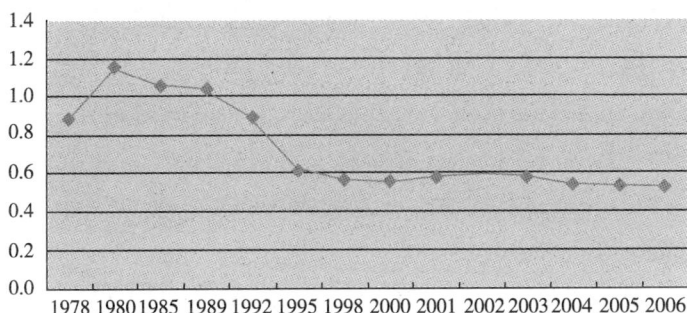

图 12.3　改革开放以来中国政府责任实现程度趋势图

从中国政府公共服务提供责任的实现程度趋势看,中国在 20 世纪 80 年代公共服务的现实提供量要高于理论上的应当提供量,政府责任实现程度在 100% 以上(见图 12.3),表明政府在当时的经济发展水平和财政收入能力情况下,提供了更多的公共服务,因此这一时期的公共服务提供方面不存在政府责任问题。其中的可能原因,一是政府为了搞活经济推行了放权让利的改革政策,财政能力出现持续大幅下降,从而降低了提供公共服务的能力,这种趋势直到 1994 年的分税制改革才得到扭转;二是原有计划经济体制下社会保障体系功能尚得以延续,提供了当时所需的公共服务。值得注意的是,这一时期政府公共服务提供责任的实现程度仍然出现了逐年下降的趋势,进入20 世纪 90 年代,政府开始出现了失责的现象,并且失责程度逐步扩大。因此对于这一时期以公共服务供给不足为特征的发展失衡,政府失责是我们可以从数据中直观发现的原因。

四、影响政府公共服务提供水平的深层因素分析

20 世纪 90 年代以来中国政府对于公共服务提供的现实数量,远远低于我们依据各国客观经济数据所测算出的经验值。这种不断扩大的差值表明政府的主观因素限制了公共服务的提供水平,政府责任在不断加大。由此得出的结论似乎应该是:当前中国出现的发展失衡主要是政府失责所累积下来的,只要政府承担更多的社会发展责任,问题就会迎刃而解。正是这种推论引致了近期人们在公共服务问题上对政府责任问题的诸多关注和批评。我们认为这种认识过于片面,至少忽视了中国问题的复杂性。就本章已经展开的研究而言,我们必须认清这样一个事实,前述的分析判断只是基于各国政府主观因素同质的一般性的研究,并未涉及各国的基本国情和特殊性研究。中国特殊的经济转轨背景决定了研究发展失衡中的政府责任问题,必须加入中国转轨过程及其客观体制条件等约束因素,判定哪些责任是真正应该归咎于政府的,哪些只是通过政府承担的方式表现出来。本节尝试对前面的一般性分析进行修正。

经济转轨是我国经济社会运行的重要约束条件,其不仅在经济发展领域影响国家的经济发展水平和发展速度,也在体制重构方面影响着体制的效率和政府的行为。从这一角度来看,影响公共服务提供的客观经济因素和主观政府因素都是经济转轨背景的函数。因此相对于经济转轨背景而言,前面我们对发展失衡类型的一般性界定,还只能算是一种浅层次的判断。如果将经济转轨作为一个大的特殊阶段和过程来考察,无论是经济发展水平和财政能力等客观因素,还是政府偏好和效率等主观因素都会受到转轨阶段的影响和制约。所以这一过程中产生的发展失衡必然是一个以转轨背景为约束变量的阶段型失衡和政府责任型失衡的混合形态。尽管其直观的表现形式是政

府主观方面的失责所致,但对社会发展和政府责任产生阶段性制约的经济转轨过程始终是一个根本性的决定因素。因此中国特殊的转轨背景可能强化、放大或转嫁了发展失衡中的政府责任。而对这些背后的过程和因素加以分析和考察,是我们准确判断政府责任程度的关键。

经济转轨的体制背景对于影响政府提供公共服务水平的四个因素都有着直接或间接的影响力。以发展经济为切入点的中国改革进程,对国家经济发展水平和财政能力的影响作用是巨大的。前面的分析表明,改革开放以来中国的经济发展水平和国家财力①都得到了奇迹般的提升,改革进程对于从客观方面提升政府提供公共服务的能力有着正面推动作用。但中国的转轨体制背景对于政府偏好和政府效率的影响,则是我们做出政府责任导致发展失衡的直观判断时,所忽略的一个逻辑关系。因此以中国特殊的转轨进程对政府偏好改善和效率提高方面的约束为切入点,是对发展失衡中政府责任大小进行修正的关键。

(一)转轨进程对政府偏好的影响

中国的转轨进程无论在公共服务的水平,还是公共服务与公共投资的相对结构上都对政府偏好产生了深远的影响,进而影响了政府对于公共服务的提供水平。

由经济转轨进程所决定的政府以经济发展为中心的战略目标,财政体制的不完善,以及公共服务提供机制的变革,都制约着政府对公共服务的供给水平的改善。改革开放之初,推动经济增长是政府自身职能的第一要务。所有的政策选择都"以经济建设为中心",其他方面则被置于相对次要的位置。在"非平衡"发展战略的推动下,政府职能和边界问题也逐步向经济领域倾斜,市场化的浪潮也逐步席卷公共服务领域,政府对公共服务的投入偏好明显不足。这一问题集中体现在20世纪90年代开始推行的教育产业化和医疗体制改革,在政府与市场的边界判断上,将公共服务更多地划定在了市场机制作用的领域,政府职能在公共服务提供方面出现了缺位。这也是导致政府公共服务提供责任实现程度逐渐累积的根本原因。

转轨体制下,政府的财政能力在高速增长的同时,其支出安排却受到了

---

① 对于国家财政能力的提升,尤其体现在1994年的分税制改革以后。

体制方面的很大制约,导致中央财政提升公共服务水平的能力相对有限。改革开放初期,中央政府为了鼓励地方发展经济,通过让利放权使得地方政府获得了很大的经济权利,但同时也造成了中央财力占财政收入比重的迅速下降,1993年中央财政收入占全国财政收入的比重仅为22%,中央政府无力提升全国性和区域间的公共服务水平。1994年的分税制改革加强了中央的财政权利,中央财政收入所占比重大幅增加,基本保持在50%以上①,但由于分税制改革的不完善和不彻底,名义上中央政府的财政大幅提升,但必须拿出相当部分的财力对地方进行返还,中央财政在增量中可自主支配的份额不多。

经济转轨进程决定了公共服务的提供机制也经历了一次较为彻底的变革,这种变革过程的渐进性、非规范性和探索性也对政府的公共服务提供偏好造成了影响。改革开放至今,中国经历了一个由计划经济体制下的社会安全保障体制,向市场经济条件下公共财政框架内的社会安全体制过渡的过程,目前这一变革进程仍未结束。改革开放初期,中国在原有计划经济体制下遗留的个人与政府或国有企业之间的保障契约关系形成了当时的社会安全网,很大程度上满足了公众对于公共服务的需求,因此尽管当时公共服务的供给并不充裕,但供需矛盾也不突出。相比之下,由于改革在偏好选择上更倾向于经济和效率层面,对传统的大锅饭性质的公共服务投入偏好不强,对市场条件下的公共服务缺乏认识和动力,从而相对忽视或不够重视公共服务的保障和投入,而更多地将政府资源投入经济建设领域。

旧的社会安全体制的存在,一定程度上对政府在改革初期的公共服务提供偏好造成了负面影响,掩盖了新时期公共财政框架下的公共服务提供不足的问题,使公共服务提供成为了一项被遗忘的改革成本。而政府的责任则在于没有前瞻性地构建和安排好新体制下的公共服务安全网络。随着体制改革的深入,一方面市场经济迅速壮大,一方面政府逐步去除了计划经济体制下与个人和企业的传统契约关系,原有提供公共服务保障职能的社会安全网逐步瓦解,矛盾开始迅速累积和激化。加之政府面对矛盾更多地寻求和选择公共服务的市场化提供方式,最终导致了公共服务供需矛盾的日益加剧。

---

① 数据来源于《中国统计年鉴(2007)》。

政府的财政支出结构是政府偏好的主要表现形式,尤其体现在公共服务与公共投资的比例关系方面。经济转轨的条件约束也在相当程度上使得支出结构被锁定和固化,造成政府无力更多地关注公共服务领域。与经济发展战略相适应的政府自身绩效评价标准长期以来侧重于直接的经济效益,忽视了社会效益和社会问题,也是造成各级政府对于公共服务提供偏好不足的主要原因。各级政府也相应地将更多的将精力投入到了经济建设领域,从而忽视了自身的公共服务职能。尤其是改革开放以来的放权让利政策以及1994年的分税制改革,在给予地方更多自主权灵活发展经济的同时,也加剧了地方政府支出偏好的偏差程度,政府进行公共投资的意愿大大加强,并在一定程度上出现了体制性的"投资饥渴"现象,造成了公共服务和公共投资比例的失调。这种财政支出结构失衡的现象是当时"以经济建设为中心"发展战略的一种政策配套。

1998年至2004年实施的积极财政政策,本意是按照凯恩斯政策原理试图以大面积、大幅度增加收入来提高居民消费能力、改变消费预期;以连续、大量的政府投资来维持较高的投资水平、吸引民间投资。但经济运行却由于公共服务的缺失和水平不足而导致体制性消费约束①,无法摆脱消费难以启动、内需难以扩大的制约,政府投资带来的收入效应没有明显改变消费预期和消费倾向,而是更多地转化为储蓄的增加,成为下一次扩大投资的压力,使经济运行中的储蓄—投资机制进一步失衡。最终结果导致政府投资无法疏导市场机制的传导障碍,而是形成了政府投资→经济增长→政府投资→经济增长的直接外部推动式的经济运行特征。因此,在政府财政支出结构上出现了公共服务提供不足→体制性消费不足→政府投资固化→公共服务提供不足的恶性循环,致使政府支出偏好也被相对锁定在高投资、低服务的结构上。

(二)转轨进程对政府效率的影响

在转轨体制背景下,政府的效率在诸多方面受到了体制性的制约。这种体制性的制约主要体现在转轨对政府行政管理效率和公共服务资金的管理效率,以及市场经济条件下对政策的驾驭能力三个方面的影响。

政府的行政管理效率反映了政府在自身财力条件下,由于其自身机构正

---

① 由于教育、医疗、养老等公共服务缺失或不足,导致居民预期性储蓄增加,减少消费。

常运转产生的行政费用占总支出的比重,比重越高则说明政府的行政管理效率越低下。自改革开放以来,在教育、医疗和社会保障的投入比重逐年下降的同时,中国政府自身的行政管理费用却在飞速增长。文教、科学、卫生,以及抚恤和社会福利救济等公共服务性支出仅由 1978 年的 131.57 亿,增长为 2005 年的 6820.57 亿,增长了 50 倍;而维持政府自身运作的行政管理费,却由 1978 年的 49.09 亿,猛增至了 4835.43 亿,增长了近 100 倍①。政府用于自身运转费用的增长幅度是用于公共服务支出增长幅度的一倍,反映了政府行政管理效率的持续下降。这一现象的根本原因可以归结为中国没有一套市场经济条件下的公共财政体制,造成政府财政收支关系的脱节,公共服务需求与公共服务供给乃至公共税收之间缺乏内在的关联机制。这也就导致了政府支出的随意性和缺乏约束。征税的目的是为了更好地提供公共服务,但是满足公共服务需求的原则没有得到明确。在这种制度条件下,行政费用的高速增长也就不难理解了。这也在一定程度上解释了,经济高速发展和政府财力不断加强的情况下,为什么政府对于提供公共服务等公共产品的总量和增量水平却不尽如人意。

转轨体制条件下,政府对于公共资金的管理效率的低下及财政资金管理体制的不完善,也是影响政府公共服务提供效率的一个主要方面。如中国政府在义务教育的经费承担上,过去要求县乡等基层政府承担,而基层政府的财政困难又限制了其对公共教育的投入,反过来又要求中央政府进行大规模的转移支付,造成了对基层义务教育保障缺乏稳定的保障,也降低了政府提供公共教育服务的效率。这套管理制度的缺失与不完善,主要从两个层面导致了公共服务提供的不足。一方面由于没有有效的公共服务提供保障机制,政府的公共服务投入缺乏约束和监督,造成了公共服务提供的主观性。另一方面政府也缺乏一套现实、可行的公共服务投入机制,造成政府提供公共服务的决策和执行随意性强,成本高。这些原因客观上限制了政府提供公共服务的能力。

中国多年来实行计划经济体制,政府缺乏按照市场机制要求提供公共服务的政策经验和政策意识,这也形成对政府效率提升的一个重要约束。市场

---

① 数据来源于《中国统计年鉴(2007)》。

经济条件下政策的驾驭能力不足是政府在一定时期内所要面对的一项难题。这意味着,政府提供公共服务需要花费更多的实践成本。中国在构建新型公共服务安全网过程中,就多次遇到了政策能力难以有效预见和处理公共服务领域问题的情况。这种政策手段不足主要体现在两个方面,一种是政策无意识问题,另一种是政策失效问题。政策无意识,主要是指政府没能有效地预知由于公共服务不足而导致的突发性的公共服务危机,如 SARS 危机的出现;政策手段失效,主要是指政府在预知了公共服务的领域问题后,却难以有效地运用政策手段来处理公共服务的供给问题,如前期医疗改革的失败,以及房地产市场调控的窘境等。

通过对发展失衡中政府责任的修正,我们可以发现政府的诸多行为都受到了客观体制背景的约束和限制,其中政府在许多方面缺乏针对体制的前瞻性构建,发展失衡中应由政府承担重要责任。当然,尽管我们从多方面论证了体制性制约是导致政府行为出现偏差或偏差扩大的内在原因,但目的并非为政府在公共服务提供领域所应承担的责任进行辩解,而是为了对导致发生政府责任的深层原因进行剖析,从根本上探讨解决发展失衡中政府责任问题的出路。

民生问题在当前普遍受到关注,一方面是随着经济社会的发展,人们对于公共服务的需求不断增加;另一方面是由于近年来政府在公共服务领域失责程度不断加剧。因此是供求双方的因素共同导致了民生问题的集中爆发。但在这一过程中,经济转轨的体制背景是一个重要的影响和约束条件。发展阶段型失衡和政府责任型失衡的混合型态是我们所面临的发展失衡的本质属性。因此,作为政府而言,要解决当前的失衡问题,基础性的路径仍然是要继续深化经济体制改革。一方面促进经济又好又快发展,努力做大公共财政的蛋糕,确定民生财政的改革方向,以提升政府的公共服务供给能力。这是解决失衡问题的基础和前提。另一方面要积极在体制层面解决政府、财政、公共服务等领域的诸多体制缺失问题,在现有财力下通过制度和政策层面的设计来改变政府的偏好和效率,以缓解由于政府行为原因造成的公共服务提供不足的问题。(1)在现有政府偏好的基础上,更加关注民生项目的投入和改进,从意识层面将公共服务的职责作为政府的重要职能,作为政府责无旁贷的责任;(2)利用财政增量部分提升公共服务的质量和水平,减轻体制性消

费约束刺激民间消费,从而降低对公共投资需求的压力,改善公共支出结构;
(3)构建民生财政框架下的财政收支体系,建立公共服务需求与公共服务供
给的信息联动和反馈机制,努力提升政府行政效率,探索提高财政资金的预
算和管理效率的模式和路径,在降低行政费用的基础上,加强财政资金的绩
效管理,实现政府机构的合理、高效运作;(4)在制度层面,构建一套规范的公
共服务提供保障机制,理顺政府间的财政体制关系,真正履行好温家宝总理
在 2007 年政府工作报告中指出的"用于直接改善农村生产生活条件的投入
高于上年,用于基础教育和公共卫生等社会事业的投入高于上年,用于西部
大开发的投入高于上年"的政府承诺①;(5)政府应当在熟悉市场经济规律的
基础上,提升自身对政策分析和设计的能力,充分利用政府自身的所有政策
资源来为政策目标服务,加强政府政策的执行力度,运用科学、客观的方法对
政策的效果进行评估,加强对政策绩效的管理工作。

第二节　政府如何改善民生

　　大多数民生问题的出现,我们直观的感受都与政府投入的太少,个人承
担的成本太高有关,事实上,如果将中国政府服务性支出不足的问题放置在
中国经济转轨的宏观背景下来审视,我们不难发现,各级政府对于公共服务
性支出的偏好不足,似乎成为一种既有体制的"自发行为",即在现有体制激
励下,政府具有少提供公共服务的内在激励。而与此同时在既有体制框架
下,与服务性支出不足的"自发行为"相对应的另一种"自发行为",是各级政
府具有发展经济的冲动。众所周知,创建于 20 世纪 70 年代末并主导中国经
济运行 30 年的体制安排,其根本的初衷与目的在于促进和维持一种高速的
经济增长,使中国尽快摆脱短缺和贫困的经济状态。因此各种改革制度设计
的出发点是如何激励经济部门和各级政府更好地发展经济,基于这一目的的
制度变革也构成了近三十年中国改革开放进程的基本内核。然而基于事实
的考察可以推论,如果我们相信中国 30 年的经济快速增长得益于中国的以
经济增长为核心的体制性安排,那么我们是否也有理由怀疑推动经济增长的

---

① 引自 2007 年度《政府工作报告》,2007 年 3 月 5 日第十届全国人民代表大会第四次会议。

体制安排在相当程度上构成了中国民生改善的体制性障碍,从而造成在中国出现了一种"经济增长—民生改善"①相互替代的特殊经济社会现象。而这种体制上的冲突集中表现在经济增长与民生改善的体制激励不相容,即经济增长长期游离于民生改善之外而自成体系。增长的目的没有集中于民生的改善,而民众也难以从现有增长模式中获得更多的福利改善。因此要从根本上促进民生快速发展,必须改变现有经济增长模式及支撑其运行的体制基础,破除民生改善的体制性障碍,将民生改善内生于推动经济增长的体制框架,使得增长与民生实现相互递推式的良性发展模式。

一、以公共需求为导向的公共服务提供模式

建立以公共需求为导向的公共服务提供模式,不仅是一种公共服务提供思路的转换,更需要在民生财政框架内建立一套与之相匹配的保障机制。由于我国的基本公共服务均等化问题是一个特殊转轨时期出现的一个阶段性问题,有着其深刻的历史和体制背景,因此要构建承载基本公共服务均等化方案的保障机制,必须着眼于改变各种战略和体制层面的桎梏,改善制约以需求为导的向公共服务提供模式形成的体制性障碍,系统地为实现基本公共服务均等化创造内外部条件。

首先从长期的角度看,要改变"以经济建设为中心"的指导战略,深入贯彻均衡发展和建设和谐社会的指导理念。积极推进落后地区的经济发展,提高其公共服务自给能力。将政府官员的公共服务绩效纳入到政府考核机制当中,改变各级政府的公共服务提供偏好。通过提高体制保障的程度,拉升国内消费需求,转变经济增长方式,减缓政府投资促进经济发展的压力,改善公共支出结构,提升各级政府的公共服务能力,从而使得经济发展与公共服务保障进入良性发展的轨道。

其次在制度方面,民生财政制度是对公共财政体制的继承与发展,建立公共税收满足公众公共需求的制度安排,通过制度设计和政策安排尽可能地满足公共需求,是民生财政制度的重要职能,而完善和强化这一职能是我们当前民生财政体制构建中的重要工作,这代表了一种政府的态度。因此应当

---

① 这里的民生改善是一种相对意义的改善,是指在维持经济高速增长的同时,抑制了民生改善的速度。这里的民生改善可以理解为政府改善民生的偏好。

建立民生财政框架下的财政收支体系,建立公共服务需求与公共服务供给的信息联动和反馈机制,在制度层面改变以往以收定支的财政思维模式,逐步建立起一套为满足公共需求而相应进行税收行为的民生财政思维逻辑,从而突出基本公共服务职能在新时期财政制度框架中的重要性,加大基本公共服务支出在财政支出中的比重,逐步增强各级政府的公共服务能力。

再次在财政体制建设方面,努力理顺各级政府间的财政关系,规范纵向转移支付制度,逐步创建合理的横向转移支付制度,这是推进基本公共服务均等化的关键环节和重要手段。逐步建立起规范的、有章可循的转移支付制度,减少转移支付的随意性,要改进现有过渡性转移支付制度的不足,依据科学的计算来分配中央转移支付资金,科学计算并制度化中央转移支付的规模和增长比例,逐步取消过渡性的税收返还式的转移支付模式。其核心在于合理调节中央与地方政府的财政关系,根据各地实际公共需求来相应调整其政府服务能力,依据中央和地方政府的具体事权划分,相应调节各级政府的财力,实现各级政府公共服务事权与财力的平衡。

最后在财政管理方面,要加强公共资金的管理,重点关注政府预算制度、公共支出绩效评价以及财政法律制度建设等方面对基本公共服务均等化改革方案的约束机制;设计一套科学合理的效益评价与考核指标体系,对转移支付资金的使用和效益情况进行评价和考核,同时对财政转移支付资金的分配、投放以及事后的经济效益进行跟踪反馈,确保资金使用效益的最大化,并提高资金分配的透明度,确保各级政府和人民群众的知情权,建立专项转移支付拨付分配公告制度,形成多层次的监督网络体系,尽力减少转移支付的盲目性和随意性,探索提高财政资金的预算和管理效率的模式和路径。此外还应建立公共服务资源的跨区域流动激励机制,鼓励发达地区的过剩公共服务资源向欠发达地区的横向流动。

二、不断强化益贫式增长路径

经济增长是改善民生的重要保障,而民生改善也是经济增长的最终目的,二者在手段和目标上必须相融。改革的突破口就在于政府必须合理调整自身职能定位,将改革与发展的目标定位于民生的改善,而经济增长只是实现这一根本目标的手段。手段必须服务于最终的目标,经济增长的模式也必须有利于民生的改善,把握这一点才能在改革方向和政策选择方面不偏离正确的方向。

三、进行激励机制改革

财政分权以及与之相关联的政治晋升激励,历来是中国经济得以快速持续增长的体制动力,但在以经济增长为主要考核指标的条件下,现有分权模式给予地方政府更多的经济增长激励,而对于民生改善的激励则明显不足。而从本质上看,中国的财政分权制度以及中央政府对地方政府较强的控制力本身,是一套很好的地方政府激励机制,这一点在中国经济长期发展的过程中已得到证明。而这一激励机制导致民生发展受到抑制的后果,其问题的本质不在于这套激励机制本身,而在于中央政府设定的考核晋升机制。

由于中央政府长期以来都以经济建设为中心,进而对地方政府的考核也主要以经济发展绩效为指标,因此在地方政府分权制度的有效激励下必然会出现重经济、轻民生的选择。因此我们下一阶段的改革必须纠正这种错误的激励机制导向,重新将激励机制的方向设定为对民生的关注,以民生发展综合绩效作为考核地方政府绩效的核心指标,这样在原有中央政府对地方的较强激励机制下,必然会改变地方政府的行为模式,实现其对民生领域的关注。

在现实中,近年来中央政府多次强调民生发展的重要性,但对于以经济发展绩效作为评判标准的地方政府绩效考核及官员晋升机制,仍未做出根本的改变。因此中央政府的民生政策主张经常在地方政府并没能被积极有效的加以贯彻,出现了政策与体制的冲突。所以必须在体制层面加以变革,只有彻底改变地方政府的激励机制导向,才能在未来的改革中避免政策挑战体制的尴尬局面。

四、完善保障体系与提升公共服务绩效

民生问题出现的根源不仅在于客观发展条件的制约,还有相当程度上中国的公共服务保障体系设置的问题。在中国,人为的制度鸿沟是导致城乡公共服务差异巨大的内在根源。现行中国的公共服务体制人为将国民分为了城市和农村两个阶层,并分别为其构建了差异较大的公共服务保障体系,因此中国在城乡间的公共服务均等化绩效很大程度受制于现行公共服务体系。

虽然中国现行的城乡分割的公共服务体系有其内在的历史根源与体制背景,短时期内实现城乡公共服务保障体系的融合并不现实,但毫无疑问所有国民都拥有享受同等公共服务的权利,因此这是在未来的改革与发展中不可能回避的一个问题。应当对其有一个前瞻性的思考与筹划,在未来的改革中逐步探索并加大对其改革的步伐。而实现这一目标的现实路径在于,从公共服务增量中加大对公共服务保障较弱的农村地区的倾斜,逐步缩小城乡之间的公共服务差距,并努力通过立法的形式设定具体的时间表和路线图来逐步实现城乡基本公共服务的均等化,从而最终实现对我国公共服务保障体系的重塑。

虽然对民生改善与公共服务绩效问题的考虑需要从整个经济社会发展的宏观层面来着眼,但不可否认的是提升公共服务绩效水平最为直接的方式,还是要从财税体制改革与建设入手。政府的一切民生改善政策主张都需要由财税体制来落实,因此完善财税体制建设,是提升我国公共服务绩效水平的有效手段。

具体针对民生问题而言,我国的财税体制还有以下几个方面需要进行变革与完善:一是税收征管效率需进一步提高,逐步提升财政规模在国民经济中的比重,以此来提升政府公共服务提供以及调节地区公共服务差异的能力;二是加强政府消费支出的审计监管工作,降低政府的行政支出规模,提升政府机构运作效率,为公共服务提供创造更为宽松的财政环境;三是建立并完善公共服务资金使用与监管机制,努力提高公共服务资金的运行效率,改善公共服务资源的投入产出效益;四是加快政府间财政体制建设,尽快完善1994年以来形成的过渡性财政体制架构,增强中央政府财政能力水平,加大对地区财力不平等问题的调节力度;五是逐步建立并完善公共服务的财政保障机制,逐步实现从立法的角度确立公共服务资金的来源、规模及渠道,从而为民生改善提供可靠的财政保障。

关注民生问题不仅应关注公共服务绩效的整体情况,更应关注于不同公共服务领域之间的协调发展。在制定未来民生发展的整体规划时,应当针对不同发展程度和绩效情况的民生领域制定具有轻重缓急之分的发展规划,对于公共服务绩效较为低下,社会矛盾较为突出的领域应当给予更多的政策支持与财力安排,集中政府资源着力尽快解决。

就目前中国的现实情况以及研究结果来看,以医疗和教育两大民生领域为例,中国的公共教育领域的发展要优于医疗卫生领域的发展,现实情况也是如此。医疗保障体系的不健全,引起的因病致贫、有病难治的问题在社会中引起了较大的社会矛盾;而相对而言,中国的公共服务教育领域已经在各级教育展开较为全面的保障机制,义务教育阶段的学杂费免除以及各层级的奖学、助学金和助学贷款的设置,基本能够保障所有具有求学意愿的学生能够顺利接受各层级的教育。因此在未来的发展过程中政府财力应当在保障教育领域平稳发展的基础上,更加倾向于医疗卫生体系的保障。强化低效领域的制度建设与政策扶持,其根本的意义在于最大限度地利用有限公共服务资源缓解社会矛盾和改善政府的公共服务绩效。这不仅有利于政府公共服务支出效率的提高,也有利于缓解社会矛盾,为深化改革创造宽松的空间。

第三节　政策实践与财政支出安排——以教育财政为例

教育服务均等化是政府基本公共服务均等化的重要方面。作为公共服务均等化关键组成部分的教育均等化,越来越受到国内政策制定者和学者们的关注。一般认为,教育均等指的是教育资源(教育经费、享受群体、师资力量、基础设施等)在全社会得到了合理公平配置。

随着经济的发展,在过去的30年里中国的教育水平有了很大提高,中国的识字率从1982年的69%提高到了2007年的91.6%,人均受教育年限从5.3年提高到了8.17年[①]。与此同时,对于教育发展与经济增长的关系,国内外诸多经济学家都进行了相关研究,Barro和Sala-I-Martin(1995)以及Benhabib和Spiegel(1994)都利用跨国数据进行实证分析,发现教育发展水平对经济增长有显著的正影响。Y. Wang和Y. Yao(2003)基于中国1978年到1999年的数据的增长核算测度:人力资本对经济增长的贡献是11个百分点。Heckman(2005)指出中国农村落后的教育水平有可能阻碍中国的城市化进程和经济发展。可见,教育发展对经济增长起着关键的推动作用,30年来中国

---

① 沙安文、沈春丽、邹恒甫.中国地区差异的经济分析.人民出版社.2006。

经济保持着较高的增长率与中国教育水平的提高息息相关。而教育发展水平的高低又直接受制于教育均等程度的高低,教育不均等将会制约一个国家或地区的教育发展水平,近几年来我国由于教育资源配置的不合理,长期以来堆积的城乡教育差距、区域教育差距和群体差距逐步拉大,导致教育的严重不公平,随之而来的是一系列问题的出现。义务教育财政性经费投入过少造成学校办学经费严重不足,城乡投入差距明显;高考弃考人数逐年增加,而弃考的学生中大多数来自农村,直接造成高校中来自农村大学生的比例逐年降低,这种不公平的教育体制最终会导致社会收入差距的进一步拉大,收入差距的拉大会加剧中国的"二元经济"结构,从而带来"二元教育"结构,导致恶性循环,而教育又是对社会流动性(Social Mobility)起决定作用的一个因素,长期"二元教育"结构的存在必然导致社会流动性较低,势必会对整个社会的经济增长产生负面影响。

　　教育非均等是造成我国教育体制出现这一系列问题的根本原因,影响教育不均等的因素是错综复杂的,但我们可以依据影响事物发展有内外两种因素的方法将这些因素进行分类,本节将其分为教育自身内部因素和宏观经济外部因素两类,然后再具体分析这些因素是如何造成我国教育的非均等化。在我国公共服务均等化目标提出的背景下,教育均等化作为其中目标之一,如何实现教育均等化将是一个迫切需要回答的问题。本节我们通过对我国教育不均等现状的考察,从教育自身和宏观经济两个角度来进行研究,试图找出影响教育均等化的相关因素及其如何发挥作用,从而为我国教育均等化的实现和教育体制的改革提供思路。

一、教育均等化程度指标的选取

　　衡量教育均等化程度的指标有人均 GDP、人均可支配财力、教育服务所涉及的各种经费等绝对指标和基尼(Gini)系数、阿特金森(Atkinson)指数、广义熵(General Entropy)指数或称为泰尔(Theil)指数等相对指标。目前对于衡量教育均等的指标国际上较多采用的是教育基尼系数。将洛伦茨曲线和基尼系数概念用于研究教育服务,可以测定不同地区或不同家庭所得的基本公共服务均等与否的程度。本节为了研究近些年来中国教育均等化演化趋势,我们将借鉴通行的基尼系数计算方法,首先对中国各省的教育基尼系数进行计算,并以此为被解释变量,实证研究教育不均等与其影响因素的关系。

基尼系数是由意大利经济学家基尼提出来的,他根据收入洛伦茨曲线找出了判断收入均等程度的指标。作为一种常用的统计分析方法,基尼系数是广义的分析工具,不但可以用于收入分配问题的研究,而且可以用于一切分配问题和均衡程度的分析。教育基尼系数与收入基尼系数意义一样。

当前,教育基尼系数作为衡量教育均等的指标,已经开始应用于跨国分析。Thomas et al. (2000)发现之前仅有四项研究在测度教育分布时使用了基尼系数。Ter Weele(1975)使用几个东非国家的教育经费数据估算教育基尼系数。Rosthal(1978)使用四种方法研究了美国 50 个州 1970 至 1975 年的教育经费分布变化,其中所用的方法之一就是基尼系数。Mass 和 Criel (1982)使用入学数据估计 16 个东非国家的教育基尼系数,研究结果显示,这些国家教育不均等水平有显著不同,入学基尼系数和平均入学率呈负相关关系。Sheret(1982 和 1988)用入学数据估算巴布亚新几内亚的教育基尼系数。以上四项研究均建立在入学和教育经费数据的基础上计算教育基尼系数。但Thomas et al. (2000)指出,使用入学数据的问题主要在于不能反映人力资本存量,使用教育经费数据也有问题,因为大量的投入也不一定能转变成更高质量的教育产出。

近些年来国内除了大量定性研究外,也有部分学者采用教育基尼系数的定量分析来研究中国的教育均等化问题。解垩(2004)运用多元线性回归分析法,用 2000 年各地区的人均受教育年限作为被解释变量,教育基尼系数、人均 GDP、城乡收入比、国家财政性教育经费占 GDP 比重、城市人口与农村人口比、生均学杂费作为解释变量建立了回归模型,对中国地区教育差距进行了分析。张长征、郇志坚、李怀祖(2006)以 1978—2004 年历年各学历程度的人口存量为基础,测算出这一时段的各年教育基尼系数,揭示我国教育公平程度的变化趋势。颜莉冰(2005)结合洛伦茨曲线(基尼系数),对我国高等教育的区域公平性进行了研究,提出在高校扩招的情况下,高等教育资源的区域不均等问题已不再突出。安晓敏、任永泽、田里(2007)用教育基尼系数作为测度指标,对我国义务教育经费配置公平性进行了研究,不仅比较了区域之间义务教育经济配置的差距,还比较了城乡之间的差距。姚继军(2009)对中国 1949—2006 年中国各年的教育基尼系数进行了估算,并对中国教育平等状况的演变进行了研究。孙百才(2009)基于教育基尼系数测度了中国改革开放 30 年来的教育平等,得出中国的教育平等程度得到了很大提高,教育基尼系数整体上呈现出逐年下降的趋势。杜鹏(2005)、聂江(2006)、翟博(2008)等人也分别利用教育基尼系数度量了不同时期中国教育的平等程度。

通过文献回顾和梳理可见,国内外学者利用教育基尼系数来研究教育均等程度,大多数只是测算了代表性年份的教育基尼系数,并且测算过程中所用指标不一,导致测算出来的结果不一,并且大多数文献仅仅局限于对测算出来的结果做了一个简单的定性分析,而造成这种变化的相关原因却很少有人进行研究。本节正是基于这一点,在测算教育基尼系数的同时,并以此为被解释变量来建立面板数据模型(Panal Data),结合我国目前确立的公共服务均等化中的教育均等化的改革背景,从教育自身内部和宏观经济外部两个维度的影响因素来选取相应指标进行回归分析,试图得到一些有意义的结论,为我国教育事业的改革和发展提供经验支持。

二、基于教育基尼系数的教育均等程度指标测算

(一)教育基尼系数的测算方法

Vinod Thomas(2000)等认为,准确地测量教育基尼系数,需基于教育成就这一存量指标。Psacharopoulos 和 Arriagada(1986)认为,最能测量教育发展成就的指标是平均受教育年限。本节将使用人口的平均受教育年限来计算教育基尼系数。

我们以受教育程度作为分组的依据,分 5 组。以受过各级教育的人数占总人数的比重为权重系数,计算居民的加权平均受教育年限。在本节中,我们采取的方法的数学表达式如下:

$$\mu = \sum_{i=1}^{n} P_i Y_i$$

μ 是平均受教育年限,P_i 代表一定受教育水平的人口比例,Y_i 是不同学历的受教育年限,n 是受教育水平的分组数。根据目前我国的教育制度,我们把受教育水平分为不识字或很少识字、小学、初中、高中、大学及以上 5 组。其中,扫盲班计入小学组,中专计入高中组,大专和研究生计入大学及以上组。各组受教育年限为:不识字或很少识字 0 年,小学 6 年,初中 9 年,高中 12 年,大学及以上 16 年。

教育基尼系数是在收入基尼系数的基础上发展而来的,收入基尼系数根据收入洛伦茨曲线找出了判断收入不平等程度的指标,在收入洛伦茨曲线的基础上,用学校教育年数的累计百分比代替收入累计百分比,作为纵坐标,得到受教育分布的洛伦茨曲线(见图 12.4),45°线代表学校教育完全均等,教育基尼系数等于教育洛伦茨曲线与均等线围成的面积与完全均等三角形的面积之比。

$$Edugini(教育基尼系数) = \frac{S_a}{S_a + S_b}$$

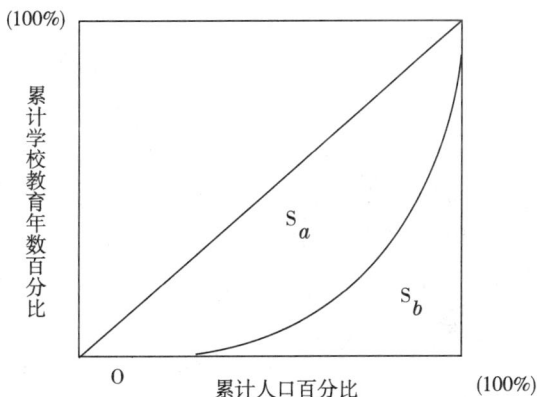

图 12.4　教育洛伦茨曲线

在这里,教育与其他资源的一个最大的不同是存在着一定比例的文盲和半文盲,他们的受教育年限是零,所以相应的学校教育年数累计百分比也为零。因此,教育分布的洛伦茨曲线不是从原点 O 开始,而是与横坐标相交。与收入基尼系数一样,教育基尼系数的取值范围为[0,1],取值越大,教育不平等程度越高,取值越小就越平等。

Akita(1999)在分析印度尼西亚的家庭教育费用分布不均等时,按家庭教育费用支出情况分组,用以下公式直接计算出的教育基尼系数:

$$Edugini = 1 - \sum_{i=0}^{m-1} (F_{i+1} - F_i)(H_{i+1} + H_i)$$

公式中,F_i 是家庭人口向上累计百分比;H_i 是教育费用向上累计百分比;$F_0 = H_0 = 0$;m 是组数。由于考虑到收入必然大于零,而最低教育程度有文盲的存在而却可能为零,因此本节在计算教育基尼系数的时候,采用改进后的

基尼系数测算公式(Thomas,Wang and Fan,2000),公式的数学表达式为

$$Edugini = \frac{1}{\mu} \sum_{i=1}^{n} \sum_{j=1}^{i-1} p_i |y_i - y_j| p_j$$

Thomas(2000)在计算时取 n = 7,而在此结合我国教育体制的实际情况,我们取 n = 5,进一步解析以上基尼系数公式,可得到具体的教育基尼系数公式的展开过程,如下所示:

$$
\begin{aligned}
Edugini = \frac{1}{\mu} \big[& P_2(Y_2 - Y_1)P_1 \\
& + P_3(Y_3 - Y_1)P_1 + P_3(Y_3 - Y_2)P_2 \\
& + P_4(Y_4 - Y_1)P_1 + P_4(Y_4 - Y_2)P_2 + P_4(Y_4 - Y_3)P_3 \\
& + P_5(Y_5 - Y_1)P_1 + P_5(Y_5 - Y_2)P_2 + P_5(Y_5 - Y_3)P_3 + P_5(Y_5 - Y_4)P_4 \big]
\end{aligned}
$$

式中,P_1 是不识字或识字很少的人口的比例;P_2 是拥有小学文化程度的人口比例;P_3 是拥有初中文化程度的人口比例;P_4 是拥有高中文化程度的人口比例;P_5 是拥有大学文化程度的人口比例。Y_1 是不识字或识字很少的人群的受教育年限;Y_2 是拥有小学文化程度的人群的受教育年限;Y_3 是拥有初中文化程度的受教育年限;Y_4 是拥有高中文化程度的受教育年限;Y_5 是拥有大学文化程度的受教育年限。按照中国通常的教育年限设置,不识字或识字很少:$Y_1 = 0$;小学文化:$Y_2 = 6$;初中文化:$Y_3 = 9$;高中文化:$Y_4 = 12$;大学文化:$Y_5 = 16$。

(二)测算结果

我们用 Vinod Thomas(2000)提出的直接计算教育基尼系数的方法计算出了 1998—2007 年中国 31 个省(直辖市、自治区)各年的教育基尼系数(Edugini),用教育基尼系数来表示教育发展的不均等程度,教育基尼系数越大表示教育资源分配越不均等,反之,则表示越均等。教育基尼系数数学公式中的"受教育程度的人口"数据来自于历年《中国人口统计年鉴》计算而得,其中,"不识字或识字很少的人口"用"15 岁及以上文盲人口"来表示。

表 12.3 和图 12.5 显示的是我国 1996—2007 年 12 年间教育基尼系数和平均受教育年限的变化趋势。从中可以分析得出,我国居民的平均受教育年限是逐年提高的,平均受教育年限由 1996 年的 6.794 年提高到了 2007 年的 8.186 年。伴随居民平均受教育年限的提高,教育不均等状况得到了很大的

改善,教育基尼系数呈现逐年下降的趋势,从 1996 年的 0.305 降低到 2007 年的 0.234。

表 12.3　全国 1996—2007 年各年教育基尼系数和平均受教育年限

年份	基尼系数 (Edugini)	平均受教育年限(μ)	年份	基尼系数 (Edugini)	平均受教育年限(μ)
1996	0.305	6.794	2002	0.260	7.734
1997	0.296	7.009	2003	0.256	7.911
1998	0.291	7.088	2004	0.251	8.010
1999	0.285	7.179	2005	0.256	7.831
2000	0.269	7.621	2006	0.247	8.040
2001	0.258	7.621	2007	0.234	8.186

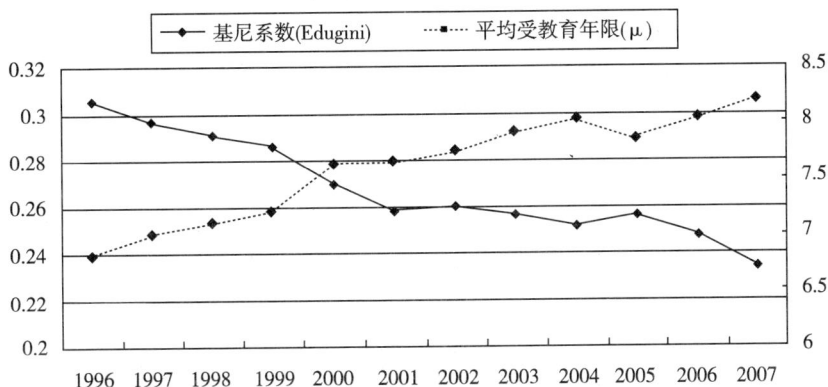

图 12.5　教育基尼系数和人均受教育年限

三、影响教育均等程度各因素的实证检验

以上提供的教育基尼系数的测算方法和结果,为我们深入研究中国教育均等的影响机制提供了必要的基础。正如本节在文献回顾中看到,对于教育均等化的影响因素及其作用效果的分析并不统一,不同因素就其对教育均等以及发展的影响来看作用是不同的,同一因素在不同情况下也会产生不同的

作用,因此必须综合考虑各种因素的影响。在研究教育均等化影响因素的时候,我们立足于中国教育的实际情况,从教育自身内部和宏观经济外部对教育的影响两个维度来选取变量进行研究。针对这两个方面展开分析,通过选取相关影响教育均等化的因素指标,从宏观角度度量验证这些影响因素对教育均等化的作用。

(一)教育自身内部因素

教育制度本身作为一种机制在不断演化变革,其自身所具有的缺陷会导致我国教育资源的非均等化,我国教育政策的不公平、政府教育经费的投入偏向于城市和发达地区,而我们广大的农村地区却是教育最薄弱的地区,我国大多数的文盲都集中在比较落后的农村地区,再加上农村教育观念的落后,我国教育体制的不完善势将成为制约我国教育不均等化进程的障碍。我们从教育自身的影响因素中教育投入和产出两个方面选取以下五个指标来作为变量分别分析他们对教育不均等的影响效果。

从教育投入方面,我们用预算内教育经费与预算内财政支出的比值(Edu_finace)、教育经费占上一年 GDP 的比重(Edu_gdp)和人均教育经费支出(Pedu_exp)三个指标来表示对教育投入的大小。我们通过对世界上几个代表性国家的经验数据研究发现,教育均等程度较高的经济发达国家财政教育投入比重较大,落后地区财政教育支出比重较小,因此本节认为教育财政支出直接影响一个地区的教育发展水平,进而影响一个地区的教育均等化程度。近几十年来,世界各国公共教育经费占 GDP 的比重逐年提高,按照瑞士《世界竞争力年鉴》2000 年计算,全部公共教育支出占 GDP 的比重,美国为 7.4%,法国为 6.0%,加拿大为 8.2%,德国为 4.6%,英国为 4.4%。早在 20 世纪 90 年代,国务院制定的《中国教育改革与发展纲要》中就明确提出,到 20 世纪末将教育经费在 GDP 中的比例提高到 4%,但根据公布的《2004 年全国教育经费执行情况统计公告》显示,国家财政性教育经费占国内生产总值的比例仅为 2.79%。

从教育产出方面,我们用文盲率(Edu_WM)和大专以上人口比重(Edu_DZ)来衡量教育的产出效果。上文已提到我国文盲人口的绝大多数都集中在经济和教育都相对落后的广大农村地区,而受过高等教育的绝大多数人又集中于经济教育都比较发达的城市地区,因此这种城乡"二元教育"结构将影响我国教育均等化目标的实现。

（二）宏观经济外部因素

在我国经济体制由计划经济向市场经济转变的大背景下，教育体制必将受我国宏观经济中各种外部因素的影响，改革开放以来我国经济的高速发展，城乡"二元经济"的形成，城乡收入差距的拉大，人均 GDP 的增加和地方政府的公共服务水平的提高这些外部因素，都将直接或间接影响和制约着我国教育体制的改革，本节我们从宏观经济外部因素选取三个代表性指标作为变量来分析他们对教育均等化的影响。

城乡收入比（Inc – ratio）是衡量我国"二元经济"、城乡经济发展差异的重要指标。鉴于我国目前教育不均等重要表现的城乡教育不均等现象的异常突出，本节选取城乡收入比来作为教育过程不均等的一个影响指标，认为城乡收入差距将会影响和制约我国教育均等化程度的高低。城乡收入比是1998—2008 年历年《中国统计年鉴》中城镇人均可支配收入与农村人均纯收入的比重。

人均 GDP 水平（Pgdp）是衡量一个地区经济发展水平的重要综合指标，是用各地区当年的 GDP 总量比上人口总数得来的。世界银行发布的《世界发展报告 2006》计算了 125 个国家（地区）的平均受教育年限和教育基尼系数，其中，平均受教育年限最高的加拿大为 14.27 年，最低的布隆迪为 1.00年；教育基尼系数最高的也是布隆迪，为 0.90，最低的斯洛文尼亚为 0.10。可以看出，受教育年限越高的国家，教育的不平等程度越低，在人均 GDP 介于1000～1600 美元的国家中，教育基尼系数的平均值为 0.35，我国的数字为0.37，接近于这一水平。美国的受教育年限为 13.83 年，基尼系数 0.13，英国的受教育年限为 12.16 年，基尼系数 0.11。比较发现，尽管目前我国的教育发展已经取得了很大的成就，但无论是从平均受教育年限还是教育基尼系数上看，都还有很长的路要走[①]。本节认为，经济越发达，人均 GDP 水平也会越高，相应平均受教育年限会越长，基尼系数会越小。人均 GDP（Pgdp）采用各地区的 GDP 总量与各地区人口总量的比值。

公共服务水平（Ppsl）的高低代表了一个地区民生发展的状况，它可以反

① 孙百才.测度中国改革开放 30 年来的教育平等——基于教育基尼系数的实证分析.教育研究.2009（1）。

映出一个地区政府对教育、卫生、社会保障等民生发展方面的支出偏好和重视程度。一般而言,教育作为公共服务的一个方面,公共服务水平较高的地区都能获得较好的教育水平。我们使用各地区人均公共服务支出[①]来表示各地区的公共服务水平状况。

(三)教育均等相关影响因素模型构建

为了更加科学地分析各个变量对教育均等程度的影响效果,基于对上面变量的分析,本节以教育基尼系数作为被解释变量,得到以下基本的面板数据回归模型:

$$\text{Edugini}_{it} = \alpha_0 + \alpha_1 \text{Edu\_gdp}_{it} + \alpha_2 \text{Edu\_finace}_{it} + \alpha_3 \text{Ln}(\text{Pedu\_exp}_{it}) + \alpha_4 \text{Edu\_WM}_{it} + \alpha_5 \text{Pedu\_DZ}_{it} + \alpha_6 \text{Ln}(\text{Pgdp}_{it}) + \alpha_7 \text{Inc\_ratio}_{it} + \alpha_8 \text{Ln}(\text{Ppsl}_{it}) + u_{it}$$

其中,$i = 1, 2, \cdots, 31$;$t = 1998, 1999, \cdots, 2007$[②]。

我们选取了中国 31 个省(直辖市、自治区)从 1998 年到 2007 年 10 年的 310 个样本数据进行面板数据(panel data)回归研究,在具体的选择中,尽量选取未经加工的原始数据。根据公式,使用各年的《中国人口统计年鉴》和《中国统计年鉴》,根据各年受教育程度人口分布状况来计算教育基尼系数。城乡收入比是中国各省历年统计年鉴中城镇人均可支配收入与农村人均纯收入的比值。教育经费占上一年 GDP 的比重是根据《中国统计年鉴》中历年全省财政用于教育的支出与上一年份 GDP 的比值。人均教育支出是根据各年统计年鉴中的教育事业费与各年总人口的比值。大专以上人口比重是根据《中国人口统计年鉴》各年抽样调查数据中的各地区分性别、受教育程度的人口整理计算而来。15 岁以上人口文盲率直接来自于各年的《中国统计年鉴》。

(四)数据描述和检验

从表 12.4 可知,我国教育基尼系数(Edugini)的平均值为 0.267895,标准差为 0.073285,说明省际差距较小;同样,教育经费占上一年 GDP(Edu_gdp)的比重和教育经费占预算内财政支出的比重(Edu_finace)的平均值分别为 0.027486、0.153639,标准差为 0.014002、0.024835,同样说明省际差距较小;而

---

① 人均公共服务支出用各省级预算内财政支出中教育事业费、卫生经费、抚恤和社会福利救济费以及社会保障补助支出总和和人口总数之比来表示。

② i 代表省份,i = 1 代表北京,i = 2 代表天津,…,i = 31 代表新疆。

城乡收入比(Inc_ratio)、人均 GDP(Pgdp)和公共服务支出水平(Pedu_exp)这三个指标的平均值分别为 2.979534、12353.52、534.7650,标准差为 0.734018、9908.349、461.2789,说明省际差距较大。而各省的 15 岁以上人口文盲率(Edu_WM)和大专以上人口比重(Edu_DZ)这两个指标的平均值分别为为 0.128397、0.055936,标准差为 0.089883、0.043670,说明省际差异较小。

表 12.4　变量描述性统计分析

变量	Edugini	Edu_gdp	Edu_finace	Pedu_exp	Edu_wm	Edu_dz	Inc_ratio	Pgdp	Ppsl
平均值	0.267895	0.027486	0.153639	5.380674	0.128397	0.055936	2.979534	12353.52	534.7650
中位数	0.248005	0.023202	0.154382	5.332448	0.102550	0.045007	2.819312	9386.387	402.1602
最大值	0.684153	0.115357	0.212470	7.384336	0.661800	0.301273	5.604775	65601.99	3478.912
最小值	0.185274	0.006858	0.085552	3.419683	0.033400	0.000905	1.622584	2301.476	71.41073
标准差	0.073285	0.014002	0.024835	0.679043	0.089883	0.043670	0.734018	9908.349	461.2789
偏度	2.399720	2.543998	−0.063509	0.295618	2.619381	2.724021	1.017595	2.352579	2.727678
峰度	10.97232	11.89754	2.595528	2.865020	12.34160	12.12749	3.924884	9.650635	14.14566
观测值	310	310	310	310	310	310	310	310	310
截面数	31	31	31	31	31	31	31	31	31

在所选取的变量中,我们分别对"人均 GDP"、"人均教育经费支出""人均公共服务支出"采用对数形式。本节使用 10 年序列 31 个省市的面板数据进行回归分析,由于使用的是面板数据,为保证分析结果及模型的科学性,在进行检验之前,我们首先针对各变量进行平稳性检验,检验方法不用于时间序列的单位根检验方法,我们主要依据 Levin,Liu&Chu 方法进行面板数据平稳性检验,检验结果见表 12.5。

表 12.5　数据的平稳性检验

变量	Levin, Liu&Chu		检验结论
	统计量	P 值	
Edugini	-11.4182	0.0000	平稳
Edu_gdp	3.46168	0.9997	不平稳
D. Edu_gdp	-4.63686	0.0000	平稳
Edu_finace	-1.23571	0.1083	不平稳
D. Edu_finace	-3.07009	0.0011	平稳
lnPedu_exp	10.9655	1.0000	不平稳
D. lnPedu_exp	-3.24682	0.0006	平稳
Edu_WM	-13.2192	0.0000	平稳
Edu_DZ	-4.83038	0.0000	平稳
LnPgdp	16.8189	1.0000	不平稳
D. LnPgdp	-7.20634	0.0000	平稳
Inc_ratio	-13.0286	0.0000	平稳
LnPpsl	9.24610	1.0000	不平稳
D. LnPpsl	-4.99571	0.0000	平稳

从表 12.5 中,我们可以发现经过 Levin, Liu&Chu 单位根检验(Unit Root Test),教育经费占 GDP 比重、教育经费占预算内财政支出比重、人均教育经费支出、人均 GDP 以及人均公共服务支出五个指标是非平稳的,而其一阶差分均是平稳的,因此我们在分析中对这五个指标将会采用其一阶差分形式。而其他变量都是平稳的,我们可以直接使用。

(五)模型估计

本节中,我们从教育自身内部和宏观经济外部对教育的影响两个维度来选取变量进行研究,通过模型构建和实证分析,对影响我国教育公平程度的相关因素进行了分析,针对上文中的面板数据,我们使用 Stata10.1 软件来处理计量模型并进行回归。具体分析中,我们建立了三个模型来对影响教育均等化的各因素进行考察,一是综合考虑本节所选取的教育自身和宏观经济所有变量进行考察,即包含我们所要考察的所有解释变量。二是剔除宏观经济对教育影响的外部因素,仅考虑本节提到的五个教育自身内部变量进行分析。三是剔除教育自身内部因素,仅考察人均 GDP、城乡收入比、公共服务水平三个影响教育水平的宏观经济因素的影响效果。实证结果见下表12.6。

表12.6　教育均等相关影响因素模型估计结果

变量	教育基尼系数（Edugini）		
	模型一（REM）	模型二（REM）	模型三（FEM）
常数项（c）	0.1530 * * *	0.1620 * * *	0.2762 * * *
	(44.62)	(89.15)	(74.27)
教育投入占 GDP 比重（Edu_gdp）	− 0.2987 * *	− 0.4844 * * *	
	(− 2.96)	(− 4.87)	
教育经费占预算内财政支出比重（Edu_finace）	0.0304862	0.0508 * *	
	(1.25)	(2.00)	
人均教育经费支出（Pedu_exp）	0.0118 * * *	0.0105 * * *	
	(2.91)	(3.50)	
15 岁以上文盲率（Edu_result）	0.8206 * * *	0.8122 * * *	
	(88.30)	(90.38)	
大专以上人口比重（Edu_DZ）	0.1638 * * *	0.1548 * * *	
	(6.55)	(5.91)	
人均 GDP（Pgdp）	0.0156 * * *		− 0.6358 * * *
	(3.13)		(− 2.75)
城乡收入比（Inc_ratio）	0.0022 * *		0.0233 * *
	(2.15)		(2.39)
公共服务水平（Pps）	− 0.0068 *		− 0.0288 * *
	(− 1.92)		(− 3.42)
个体效应标注差（sigma_u）	0.00792249	0.00743299	0.06848566
个体效应标注差（sigma_e）	0.00408618	0.00432018	0.02118678
Log likelihood	938.9514	934.762	348.1221
LR chi2(30)（Pr > chi2）	175.52(0.0000)	163.11(0.0000)	369.25(0.0000)
Hausman test（Pr > chi2）	6.27(0.6175)	5.59(0.3482)	10.17(0.0172)
Wald chi2（Pr > chi2）	9405.24(0.0000)	8851.52(0.0000)	
F(3,245)（Pr > F）			11.74(0.0000)
rho	0.7898777	0.7474883	0.91265517

注：固定效应模型（FEM）括号内为 t 检验统计量值，随机效应模型（REM）括号内为 z 检验统计量值；F 统计量检验的是固定效应模型 OLS 的零假设；* * * 表示在 0.01 水平上显著，* * 表示在 0.05 水平上显著，* 表示在 0.10 水平上显著。

具体程序如下：(1)我们采用似然比（LR）检验来检验是否存在异方差；

（2）我们采用 Wooldridge 检验来检验是否存在自相关；（3）我们对三个模型进行异方差和自相关检验，结果显示不存在异方差和自相关，在固定效应（FEM）和随机效应（REM）之间，我们使用 Hausman 方程设定检验来予以选择，检验结果显示模型一和模型二选择随机效应（REM）比固定效应（FEM）更有效，而模型三选择固定效应（FEM）比随机效应（REM）进行回归分析更有效。

（六）结果分析

从实证结果表 12.6 中我们可以看出三个模型的整体拟合效果都比较好，rho 值均在 0.75 左右及以上，表明模型所选的解释变量的方差能够解释总体总方差的大部分，因而本节所选取的变量能够很好地解释教育均等程度的变化。并且从对数似然值和似然比统计量看，模型的整体效果也很好，从中我们可以发现以下一些一致性结论：

从教育自身内部因素来看，我们所选取的指标，除了模型一中的教育经费占预算内财政支出比重（Edu_exp）在统计上不显著外，其他影响因素在统计上都是显著的。其中，教育经费占上一年 GDP 的比重（Edu_gdp）的系数为负，其影响方向相反，意味着 Edu_gdp 越大，Edugini 越小，教育均等化程度越高，这与我们的理论和实际相一致，目前我国教育经费占 GDP 的比重不足 4%，而其他发达国家一般都在 5% 以上。而其他几个指标的影响方向是正的，人均教育支出与教育基尼系数呈正相关关系，说明人均教育支出越大，教育基尼系数越高，这与我国目前在教育经费的供给上按"人头"供给的事实相符，15 岁以上人口的文盲率和大专以上人口比重的系数也均为正，这与我国目前的二元城乡教育体制有关，教育经费投入政府更偏向于发达的城市和地区，在供给上按"人头"供给，而我国弃学人数、文盲人口的绝大多数都来自不发达和广大的农村地区，教育经费的按"人头"供给必将进一步拉大我国的教育差距，并提高我国的教育不均等程度，以此下去将不利于我国教育事业的长期和均衡发展，城乡"二元经济"结构将成为制约我国教育发展的体制障碍。

从宏观经济外部对教育均等的影响因素看，模型一和模型三中，我们所考察的三个指标在统计上都是显著的。人均 GDP、城乡收入比与教育基尼系数影响方向是正向的，这与我们前面的分析相吻合。随着我国经济的发展，人均 GDP 的提高,城市化水平的提高,而带来的是城乡收入差距的进一步拉大,城乡差距给教育带来的是入学机会、教育条件和学习成就机会的不均等,进而会拉大城乡、区域和群体间的教育差距,阻碍实现教育均等化的进程。公共服务水平的影响方向是反向的,说明政府公共服务水平越高,教育基尼系数越小,教育越均等,这可以反映出一个地区政府提供公共服务的效率,公共服务水平越高的省市其教育均等化程度越高。

四、中国教育均等化发展和改革的政策建议

教育均等化是公共服务均等化的重要内容,根据美国经济学家舒尔茨的人力资本理论,教育可以通过增进人的知识和技能来提高人力资本,从而推动经济的发展,因此缩小教育的城乡差距、区域差距和群体差距,实现教育均衡发展是当前实现我国公共服务均等化建设的核心环节。本节利用 1998—2007 年 10 年中国 31 个省(直辖市、自治区)的面板数据,运用模型进行回归分析,从影响教育均等化程度的教育自身内部和宏观经济外部分别选取相应指标,进行分析并得出结论,且针对本节得出的结论,为我国教育均等化的发展和改革提出以下政策建议:

在教育资源和经费的投入分配方面,在我国经济实力得到实质性提高的今天,我们要加大对教育的稳定投入,并且提升政府的公共服务水平,提高教育经费的使用效率。要逐步改变我国大多数地方政府目前将更多的经费投向城市和发达地区的偏好,这势将会加剧我国教育不均等的趋势,应该将教育资源和经费向农村和偏远贫困地区倾斜,提升农村接受教育的负担能力,逐步减少农村文盲人口。并且在教育经费支出方面,要建立完全透明的经费支出制度,科学合理的教育支出绩效评价体系,保证教育资金的高效率使用。

改变城乡二元结构,逐步缩小城乡差距。城乡二元结构是导致城乡教育不均等问题的制度根源,这是由于我国长期存在的二元分治的社会结构导致的教育机会不平等、文化资本积累的差异、教育内容和价值的差异、教育政策的差异等一些因素共同作用的结果。因此,应该统筹城乡协调发展,根据城乡协调发展模式发展教育以促进传统社会向现代社会转化是我国教育发展需要解决的问题,改变城乡教育分割和城乡教育分治的做法以及重城市教育轻农村教育的倾向,按城乡教育交流与结合的原则,把城市教育与农村教育

纳入统一的教育发展大系统,建立新型的城乡教育协调关系。城乡教育的分割已给广大发展中国家的教育及发展中国家整个社会的发展带来了极为不利的影响,尤其是导致农村教育长期处于落后状态,教育脱离社会发展需要,加剧了我国的城乡分割和不发达状态。我们要通过城乡教育协调发展的方式,普遍提高城乡人口的现代化素质,尤其是提高农村人口的现代化素质,以促进城乡矛盾的逐步克服和二元结构的消除,逐步使教育体制由"二元教育"向"一元教育"转变。另外对于政府,应该转变政府职能,从政府职能定位、政府绩效评估、公共财政体制、政府决策水平、行政管理等方面加以创新,提高政府公共服务水平。

　　不得不提的是,回归分析的结果严重依赖于模型和数据指标的选取,本节结论需要更深刻的理论支持,更科学的结论还需更加复杂以及更加缜密的理论解释才能得到,这也是未来研究中需要重视的问题。

第五篇

中国经济转轨再认知与再思辨

第十三章

对中国转轨经济的再认知

第一节　经济转轨与我国建设和谐社会建设目标一致

一、转轨方向与建设和谐社会

所谓和谐社会,就是指构成社会的各个部分、各种要素处于一种相互协调的状态。按照这样的标准来衡量,所谓社会主义和谐社会,应当是各方面利益关系得到有效的协调,社会管理体制不断创新和健全,稳定有序的社会①。具体说,就是一种民主法治,公平正义,诚信友爱,充满活力,安定有序,人与自然和谐相处的社会。从理论上说,是社会各个阶层和睦相处,社会各级成员各尽所能,使人民的聪明才智得到全面发挥;是经济社会协调发展的社会,是人与人、人与自然协调的社会。简言之,和谐社会是一个稳定的系统,有效的系统。马克思曾设想了"自由人联合体"的未来和谐社会模式,在

---

① 和谐社会的建设目标:到2020年,构建社会主义和谐社会的目标和主要任务是:社会主义民主法制更加完善,依法治国基本方略得到全面落实,人民的权益得到切实尊重和保障;城乡、区域发展差距扩大的趋势逐步扭转,合理有序的收入分配格局基本形成,家庭财产普遍增加,人民过上更加富足的生活;社会就业比较充分,覆盖城乡居民的社会保障体系基本建立;基本公共服务体系更加完备,政府管理和服务水平有较大提高;全民族的思想道德素质、科学文化素质和健康素质明显提高,良好道德风尚、和谐人际关系进一步形成;全社会创造活力显著增强,创新型国家基本建成;社会管理体系更加完善,社会秩序良好;资源利用效率显著提高,生态环境明显好转;实现全面建设惠及十几亿人口的更高水平的小康社会的目标,努力形成全体人民各尽其能、各得其所而又和谐相处的局面。资料来源:《中共中央关于构建社会主义和谐社会若干重大问题的决定》

《共产党宣言》中明确指出："代替那存在着阶级对立的资产阶级旧社会,将是这样一个联合体,在那里,每个人的自由发展是一切人的自由发展的条件。"马克思关于"自由人联合体"和"人的全面自由发展"的表述,都是指未来高级的和谐社会的目标模式。党的十六届四中全会提出"构建社会主义和谐社会"就是要把马克思的科学论述逐步变成现实,它完全符合人类历史发展规律的要求,是我们党在新时期推进伟大事业的又一个重大理论创新。

经济体制作为和谐社会系统的一部分,按照系统标准来衡量,转轨经济的各个方面都要得到有效协调。发展的历史进程证明:传统的计划经济体制在发展经济、提高经济效率方面是不成功的,经济改革的方向只能是逐步地从这种体制向市场经济体制过渡。体制层面的传统计划经济必然转向市场经济,生产力发展阶段也相应地进行错位的弥合。哪个经济体进行这种弥合更好,哪个经济体的经济就会更成功。相比于前苏联的改革,中国经济体制改革之所以能取得更好的绩效,最根本的一点就在于摸索出了一条如何在市场经济基础上建立和发展社会主义的道路,也就是社会主义基本制度如何与市场经济相结合的问题,并在此基础上不断提出和改进社会主义市场经济模式的目标,即依据社会生产力和现代市场经济发展的内在要求,重构和完善社会主义初级阶段的基本经济形态——公有主体型产权形态、劳动主体型分配形态、国家主导型市场形态和自力主导型开放形态。从转轨经济目标的演变过程,我们也可以发现经济转轨的思路。

二、中国经济改革的目标的演变和形成

经济转轨前期即从1978年党的十一届三中全会到1998年前后实际经济运行出现明显变动特征的这段时间内,中国政府和人民把工作重心从以阶级斗争为纲的政治斗争上转移到经济建设中来,开始有计划、有步骤、分阶段地逐步推进各项改革。中国的改革目标是从传统计划体制向市场经济体制过渡,在这样一个市场化过程中,体制变革经历了三个阶段①:1978—1984年为第一阶段,主要特征是通过传统体制内部改良和在传统体制边界上培育市场化因素启动改革;1984—1992年为第二阶段,主要特征是非公有制经济迅速

---

① 参见作者所著《资本挑战体制——关于中国经济转轨原理的一种解析》,经济科学出版社2000年出版。

发展,市场规模化扩张,形成了以价格双轨为代表的体制双轨运行时期;1992年以后为第三阶段,主要特征为市场化体制取代传统体制,在经济运行中逐渐居于主导地位,市场经济体制建设进入完善时期。

表 13.1　转轨前期中国经济改革目标模式的演变和形成

1	1978 年中共十一届三中全会	在国家统一计划指导下向地方和企业下放经营管理自主权(行政分权式计划经济)
2	1982 年中共十二大	计划经济为主,市场调节为辅 以指令性计划为主体,辅以指导性计划
3	1984 年中共十二届三中全会	社会主义计划经济是有计划的商品经济 适当缩小指令性计划,适当扩大指导性计划
4	1989 年	计划经济与市场调节相结合
5	1992 年中共十四大	建立社会主义市场经济体制,市场在国家宏观调控下对资源起到基础作用,实行改革开放
6	1993 年中共十四届三中全会	社会主义市场经济体制的基本框架,涉及所有制结构、国有企业制度、市场体系、政府调控体系、分配制度及社会保障制度和对外开放等环节
7	1997 年中共十五大	建立比较完善的社会主义市场经济体制,公有制为主体,多种所有制经济共同发展是社会主义初级阶段的一项基本经济制度

在党的十五大报告中,江泽民在总结十一届三中全会前我们在建设社会主义中出现失误的根本原因时指出,根本原因之一,就在于提出的一些任务和政策超越了社会主义初级阶段。同时,他又指出,实现工业化和经济的社会化、市场化、现代化,这是社会主义不可逾越的历史阶段。因此可以说,我们在转轨前期乃至整个转轨过程中所进行的改革是对"新民主主义"阶段的"补课"过程,而转轨前期则是对"新民主主义—社会主义计划经济"转轨过程的一种修复,即从传统计划体制向市场经济体制过渡,建立市场经济的基本框架的过程。基于这样的判断,在转轨前期以打破计划体制、建立市场体制,结束短缺经济、解决温饱问题为目标的发展过程之后,中国的改革面临着进一步完善市场经济体制的任务,发展面临着完成第三步战略的任务。按照什么样的思想和标准来设计转轨后期的时间表、制定相关的政策、检验每一步的进展,是一个重大的战略规划问题。既需要以对第一阶段的经验教训的总结为前提,也需要有一个对新思路进行局部、短期试验的过程。从自己的

国情和实践进展出发,面对问题、解决问题,应该说这正是"北京共识"、中国模式、中国经验的精神实质。对于经济领域而言,具体来讲,按照不同的角度来看,转轨方向和主要内容又有所不同。

从形成多元的自主的经济主体的角度来看,有以下几方面的任务:一是所有制结构的多元化。市场化改革必然要求所有制结构发生相应的变化,产权结构发生裂变,从单一的公有制向多元化的混合所有制转变。要改变原来排斥、压抑非公有制经济的状况,允许多种经济成分共同发展。由于要允许和鼓励各种非公有经济的发展,形成企业联合、兼并、收购和重组的市场运行规则,就必然会形成产权主体的多元化、经济活动主体多元化、经济成分多元化和同一企业中资本构成多元化的局面,这几种类型的多元化并存或混合的状态是市场经济的要求和正常状态。二是微观经济行为主体的独立性、自主性加强。微观经济主体由原行政体系的附属物向真正的商品生产者转化,需要改变传统计划经济体制下国家集所有权和经营权于一身,通过行政部门进行统一决策和统一管理这种产权高度集中统一的状况;同时还要改变由这种高度集中统一的产权造成的经济活动主体单一的状况,即整个全民所有制都是一个统一的活动主体,工厂和生产单位由于没有经营自主权和利益分配权而不能称之为企业,还是一个有自主权力和利益的活动主体;在产权分化和产权下移的基本趋势下,在经济主体和产权主体多元化发展的状况下,必须对原来的国有经济进行战略改组,并且进行规范的公司制改造,使其成为真正的企业。第三是经济决策分散化,政府只在宏观决策和其他一些必要的领域里发挥作用,而从微观决策领域中逐步退出。从计划统管的体制到市场自由调节的变革,一定会表现为政府在某些领域的退出和决策权向各个经济主体的让渡、转化和分散。

从经济运行机制的角度来看,有以下几方面的任务:一是产品价格和要素价格的市场化,包括消费资料生产要素的价格由供求决定,尤其是要素价格由供求双方自主决定的程度,反映了市场经济成熟的程度。二是市场取向的改革是一个货币化的过程,市场经济的组织依赖于以货币为基础的信用关系。要建立完善的货币金融体系必须有以资产抵押为基础的信用关系,这种信用关系的建立是与企业的预算约束分不开的。从某种角度讲企业和银行是联系在一起的,二者共同构成特定的货币金融体系。三是分配制度方面要打破传统的以行政权力和计划安排为主的统包统配的分配体制,建立以市场机制为主导、以按劳分配为主体的多元分配体制,充分发挥市场机制对分配的调节作用,认可基于资源稀缺必须对生产要素投入的保护和其贡献的激励。

从计划体制到市场体制的变革,随着市场化程度的加深,经济运行状态的正常过渡体现为资源约束到需求约束、从短缺到过剩的变化。在中国,这种经济运行状态的更迭是由政府主持下的体制改革来推动的,目前正处于中途,变革过程中的路径选择、推进步骤以及运行机制从无到有、从低效率到更有效率的运转,会导致经济运行出现一种过渡状态,或称中间状态,其特征为面对供给总量的日渐充足,需求能力两极分化日益严重,有消费能力无消费需求和有消费需求无消费能力的问题十分突出,城乡之间、地域之间、行业之间等形成的最终消费能力差异十分明显,加之供给方面企业的产品结构、行业结构、产业结构的自我调节能力滞后,低收入水平的供给相对过剩成为经济运行的常态。我将这种状态定义为"后短缺状态",这一时期称为"后短缺时期"。解决结构性矛盾对经济运行的约束,成为继续深化改革、持续增长的目标,同时也是经济转轨后期的主要任务,当然更是和谐社会建设的重点和难点。这是因为:(1)从总体水平看,我国仍属于较低收入国家,人均消费水平或人均资源消费水平大大低于世界人均水平。西方国家的需求不足基本上是在高收入、高消费以及消费饱和的时候出现的。因此,"后短缺时期"的市场过剩是在低收入水平下的相对过剩。(2)这一时期的有效需求不足首先是指占人口很大比重的广大农民消费需求不足,改革过程中不断累积下来的相当比例的低收入阶层和绝对贫困人口处于极低的消费水平。收入的两极分化,针对现有供给水平而言,形成了有消费能力无消费需求和有消费需求无消费能力两个阶层。(3)渐进改革所形成的市场化程度不均衡格局和市场效率不均衡状态,使这一时期体制性障碍、运行不畅和低效率所导致的结构性矛盾十分突出。我们仍然沿用前面的市场化考察数据,企业的市场化程度低于工业品的市场化程度,企业改革的滞后导致企业应变市场、创造消费的内在机制滞后,形成市场供求矛盾和企业自身经营的困境。再如,政府对市场的适应程度较低,这就意味着政府对企业进行非市场行为干预的能力仍然很强,政府对自身角色的把握和调控难度在加大。(4)这一时期的改革进入实质性阶段,由于转型期各种风险不断增强,民众的不安全感和危机感在加剧,广大居民会对消费需求做出不同程度的压抑。市场开放度提高使国内外不确定因素的影响更为直接,企业改革、结构调整使大量下岗工人的境况对在岗人员形成"约束",我国又逐渐进入退休高峰期。(5)过去重复建设、无效供给的状况仍然存在,无效增长、低增长加剧了生产能力的过剩,供需结构间的失衡以及各类库存的大量增加。一方面大量生产能力过剩,形成低水平的结构矛盾,一方面市场需求旺盛的一些高技术、高加工度的产品,也是我国经济发展迫切需要的多依靠进口。这种供需结构性矛盾仍将限制我国产业市场规模的扩大,制约经济增长质量和效益的提高,也会影响到经济发展的后劲。

与国内复杂因素相比,对工业化过程滞后、自然经济成份占很大比重的国家来说,在经济运行机制上本应有一个使商品经济逐步得以发育的较为有利的制度安排,但外部环境的变化已不允许这样做。因为几乎所有涉及国际经济交往的市场经济规则,已经由先行工业化国家在市场化过程中按照优先考虑其自身利益的原则作了安排。最终的结果则如我们自己所感受到的,经济转轨国家经济成长需要依赖的经济运行环境与既定的市场规则相冲突,经济成长与体制成熟的阶段之间,不可避免地产生了错位的问题。这一层面的制约以及由此形成的制度变迁成本,可能是贯穿于所有经济转轨国家经济转轨总过程的基础性制约,它与各国经济转轨中的政治取向并无直接联系,但与政府是否能够恰当处理错位所引致的矛盾困扰,则直接相关。

令人感到疑惑的是,中国的经济增长近些年来在现实的层面上陷入一种悖论之中:即使经济有一个较为快速的增长,社会中大部分人并不能从中受益;但如果没有一个较为快速的经济增长,社会中的大部分人会从经济停滞中受害。这种悖论的出现表明原有的改革逻辑发生了改变。

这种改变体现在我国渐进改革过程中,在市场化总体程度总体提升的同时,市场化程度结构性不均衡问题依然突出。在这种背景下,经济运行必然要经历的一个供给总量基本平衡甚至供给长期过剩,而供求结构性失衡矛盾尖锐的时期,由于这一时期的经济运行既有别于传统体制下和体制变革前期的全面短缺状态,又有别于完全市场经济条件下的需求约束状态,因此,我在这里将其定义为"后短缺状态"。作为转轨中的中国经济,即使包含这些一般性,并最终表现为经济运行上的障碍,但更深刻的原因应该是特殊的转轨过程,即我们通常所说的体制性约束。从转轨前期的情况来看,经济高速增长、解决温饱问题的同时,我们也为此付出了相应的代价,积累了大量的未偿费用。这些未偿费用的累积引发了日益严重的结构性失衡,并伴随市场化进程的深化而加剧,最终形成了对经济运行的制约。这是 20 世纪 90 年代中后期中国市场经济体制刚刚建立,经济就面临失速的体制原因。从这一角度分析,1998 年以来旨在扩大内需、拉动经济增长的积极财政政策,实际上是在保持一定增长速度的同时,通过对部分未偿费用进行集中消化,减小经济运行中的阻滞,增强经济的自我运行能力。恰恰是因为积极财政政策和扩大内需的外部拉动,推动了消费升级、减轻了消费对市场实现的制约,阻止了经济的突然失速。同样是由于这种外部力量的持续性存在,使最近几年连续推出的公共住宅私有化、非义务教育负担个人化以及退休、养老、公共医疗等深层改革造成的压力得到部分缓解和释放,经济社会运行机制得到一定程度的润滑。因此从转轨角度来看,积极财政政策实际上具有"积极偿债政策"的性质,是对第一阶段转轨中部分未偿费用的集中清偿,也是对其绩效的相应校正。

　　经济体制转轨与经济发展转型是经济转轨时期的双重任务,但经济转轨时期以经济转轨的开始与完成为区间,是一个特定的过程,经济社会发展则是人类生活的一个一般过程,不会因经济转轨完成而结束。在经济转轨时期,经济转轨会发生成本,经济转型会发生成本,二者之间关系的处理也会产生成本。经济转轨时期的总成本可以因经济转轨路径、政策安排的不同而得到控制,但成本一旦发生就具有客观性,不会因为经济转轨阶段的转换而消失,期间内被推迟、忽略、隐藏的成本都会以累积、从而对经济转轨的最终绩效评价产生矫正作用,或者直接在过程中对经济转轨的效率产生影响。

第二节　转轨路径体现经济社会发展的必然要求

　　社会发展是由人的实践活动推动的,社会发展不是通常意义上的运动、变化,也不是自然界发展在社会领域的简单延伸,而是具有价值内涵的前进、上升运动,是人类在创造、实现自身价值的实践中所引起的社会生活各方面的进步过程。社会发展必须突出人的发展,并最终体现于人的发展,所以,人的发展状况是社会发展的重要标志。社会发展包括诸多方面的内容,例如经济持续稳定的增长、经济结构的改善、人们生活质量的提高、自然环境和社会环境的改善等等,这其中最为核心的内容显然是经济增长,虽然社会发展并不仅仅是经济增长,但没有经济增长无论如何也不可能有社会发展,也就是说社会发展是建立在经济增长基础之上的,经济增长是社会发展的"发动机"或者是"火车头"。

　　从经济转轨的历程来看,经济转轨过程的中国经济从1992年确定社会主义市场经济体制目标和价格双轨制顺利向市场价格并轨之日起,已从政策面和基本面展现出计划到市场的不可逆性。而新战略的基本思想与评价标准的系统形成,主要体现于中共十六大报告、十六届三中全会《决定》、科学发展观和十六届四中全会《决定》中。提出要把改革的力度、发展的速度和社会可承受的程度统一起来,把不断改善人民生活作为处理改革发展稳定关系的重要结合点;提出要走出一条科技含量高、经济效益好、资源消耗低、环境污染少、人力资源优势得到充分发挥的新型工业化路子;提出健全国家宏观调控,完善政府社会管理和公共服务职能,为全面建设小康社会提供强有力的体制保障;提出坚持以人为本,树立全面、协调、可持续的发展观,按照"五个统筹"的要求推进改革与发展;提出推动社会主义物质文明、政治文明、精神文明协调发展,实现国家富强、民族振兴、社会和谐、人民幸福。1998—2004年这样一个特殊的转折时期,可能正好是酝酿和形成第二阶段战略规划的过程。这之前的着眼点在于打破一个旧体制、建立新体制,并在这一过程中以经济的快速增长解决温饱问题。那么转轨中后期(第二阶段)则是要在完善新体制的过程中建设全面小康社会,要把经济发展、社会发展和人的发展统一起来,把经济社会与人口、资源、环境统一起来,把物质文明、政治文明和精神文明统一起来,让各个方面在相互适应中获得持续发展。

一、经济社会协调发展要求经济转轨选择合适路径

　　从经济增长和社会发展的关系来看,转轨中后期与转轨前期相比大不同。转轨前期,一般地说,经济增长会带来社会状况的自然改善。也就是说,经济增长和社会发展的关联度是很高的。因为当时改革的起点是经济生活的匮乏和由此导致的社会生活的种种问题。也就是说,当时的许多社会层面上的问题,集中表现在社会的经济实力上。但到了转轨中后期,经济的增长在很大程度上已经不能导致社会状况的自然改善。具体表现在,贫富悬殊的状况没有发生明显的改善,就业状况没有得到明显的改善,包括治安在内的社会问题的状况也没有得到明显的改善。以最近几年的情况看,已经出现了一种明显的"没有就业机会增加的经济增长模式"。因此,经济与社会协调发展成为当前一个时期的必然要求。

从已有的研究中,我们发现在转轨和发展的相互关系上,要么更多地将发展作为一个背景,强调转轨中重大问题的解决次序;要么更多地将转轨作为一个背景,强调发展战略必须考虑的特殊条件,缺乏关于二者内在联系的研究,更没有考虑从这一类特殊经济体、特殊经济形态的角度来考察约束条件下的体制转轨与发展转型的动态过程,创立和形成转轨经济的一般理论。事实上,经济转轨的路径安排由于经济转轨过程受到客观特性的约束,各个转轨体国家的经济转轨路径必须依据本国的具体国情,掌握和运用制度变迁的规律,借鉴其他国家的经验教训,选择经济体制市场化的途径。如果充分考虑参与经济转轨国家的历史文化传统、经济、政治、社会发展水平、地理资源环境的不同,那么,就能更全面地考虑划分转轨路径的模式,关注转轨的次序和速度问题,同时对这些问题做出合理的选择将有利于转轨绩效和收益的实现。

转轨经济形态的这种特殊性决定了转轨经济的非均衡状态,新旧体制的共存和影响力的变化必然使得多种所有制形式、个人收入分配格局、地区之间协调发展、国有经济的多种存在方式、按劳分配与按生产要素分配等具体经济领域表现出非平衡性的经济运行方式,各个领域、各个地区之间的非平衡性改革和发展,要求转轨在其中具有不同的推进战略和步骤,直接导致了经济转轨路径安排中的战略与步骤问题。经济转轨各环节的转轨问题是一个复杂而且缺乏共性的问题,每个转轨国家面对不同的转轨初始条件可能有着完全不同的转轨次序。但一个共性的次序选择标准则应该是转轨应从计划体制较为薄弱的环节,即能较多地带来转轨收益,而相应转轨成本较少的环节入手,以增量收益增强转轨的能力,再攻关较难的环节。对于渐进式的经济转轨路径,我们只能是对转轨的速度和次序做出选择,而不存在极端情况下的一步到位式的转轨方式,其主要原因是,打破旧的体制可以一夜之间完成,而建立一套新的经济体制以及与之相适应的法律与制度环境却绝不能在一朝一夕中完成。经济转轨作为一个新体制置换旧体制的过程,对于建立新体制之前是否摧毁旧体制的问题,是经济转轨次序选择中的一个总括而且重要的问题,有时对于这一问题选择不同的答案将会导致不同的转轨路径安排。在这种思路的影响下,探究其内部运动的深刻规律,提出中国经济转轨路径选择的必然。

二、经济转轨的具体路径回应了经济社会发展的必然要求

发达的市场体制虽然可以尝试通过外部力量强制建立,但并不一定适合转轨时期经济实际的要求。脱离太远,必然会从经济增长失去基础和体系建立成本过高两个方面产生不利影响。一定的成长阶段决定了相应的市场体制先进程度,这是由经济史一般规律决定的。放弃计划体制过于理想化的制度安排,是由于它超越了现有的经济发展水平;按照发达市场体制设立过高的转轨目标,同样意味着对现有经济发展水平的背离。以俄罗斯"休克疗法"为代表的大多数转轨国家在转轨实践中所出现的与初始预期的巨大背离和由此而付出的沉重代价,证明了市场体制从外部的强制介入并不能符合预期。作为一定资源条件下的计划体制向市场体制的转轨,适宜的制度安排和变迁是引擎。在中国,这种启动和推动首先体现为财政放权让利(对计划体制下资源配置权利的调整,实质是一种产权性质的改革),农村改革、城市改革都是在利益分配关系的调整中寻求突破的。但是这种适宜制度安排与变迁的实质,是引发了以价格为交易实现的供求关系的形成,是市场配置资源基础方式的逐步确立和相应制度条件的完备。这种转轨其实是建立一种商业制度,也是建立市场制度最基础性的功能。从实践来看,无论选择何种制度安排,只要适合于该国经济发展的实际情况和要求,制度激励的经济绩效都会得到明显反映,并随着转轨和认知的深入,将逐渐形成向好的趋势。

从理论上讲,把握经济转轨过程主要有两种观点[1]:一是完全按照西方发达资本主义国家的市场经济模式来仿制所谓后社会主义国家由社会主义计

---

① 吕炜.经济转轨经济的时空分析与中位观察法的研究.经济研究参考.2002(84)。

划体制过渡到资本主义市场体制的制度变迁总过程。其中代表性的观点是由 Kornai Janos(2000)提出的由五特征制度性变迁所构造的经济转轨总过程模型。另一种把握经济转轨过程的观点是着眼于由计划到市场的经济运行机制变化的实践主线,将经济转轨国家政府作出放弃国家集权的计划经济、采取市场化的重大政策性决定的年份作为经济转轨总过程启动的基准年;考察改革政策的推进过程与对应的国民经济运行中的主要矛盾演变过程的关联性,从中找出各阶段的经济转轨点。例如将迄今为止的中国改革进程分为三个阶段,即"边界上革命"(1978—1984/以修补旧体制,从计划边界上培育商品经济因素为特征的改革启动阶段);"双轨下扩张"(1984—1992/以双轨制价格、修补缺损的流通环节、经济总量迅速扩大、同时经济环境活与乱交织为特征的双轨摩擦阶段);"磨合中替代"(1992 年至今/以确立社会主义市场经济改革目标、改革整体推进、深层次矛盾集中显露、市场机制起主导作用的趋势日益明显为特征的体制置换阶段)(吕炜,2000)。

　　而在实践过程中,经济体制改革包括所有制和运行机制两个方面。对于所有制的改革,可选择的路径安排主要为全盘私有化,或多种所有制共存;对于运行机制的改革,可选择的路径安排主要为全面放开价格、政府完全让位于市场,或政府发挥主导作用,培育市场环境,建立价格双轨制。对于把哪种因素作为市场制度的核心因素的不同认识导致了不同的经济转轨路径安排,从而也导致了实践中转轨收益的巨大差异。从旧制度边界还是从旧制度核心的初始路径选择往往对于后期的制度演进有很大的决定作用。中国在转轨之初的对于旧制度遗产的处置采取了从边界上突破的路径安排,对于农村经济的资源配置方式的改革并没有明显触动传统经济体制中的核心部分,市场经济成分的逐渐培育和"增量改革"使得中国在转轨的第一阶段表现出了持续稳定的高速增长。就总体而言,由计划经济体制向市场经济体制的转轨是一个系统对另一个系统的置换过程,而系统内部包含许多相互关联的变量,这些变量相互影响、相互作用从而整体上构成了一个完整的经济系统。当任何一个或一部分变量发生了转变,整个系统就处于过渡状态之中,即经济体制处于经济转轨的过程中。严格讲,人们的认识不可能穷尽经济系统中的所有变量,而且这些系统变量的范围也会各不相同,大的变量本身可能就是一个小的系统包含许多更小的变量。以中国经济转轨实践的历程来看,在中国由于 M 型的"块块化"组织结构使得各地区之间基本上相互独立,从而使得可以在某些地区进行实验性的改革(建立经济特区),而基本上不会影响到其他地区原有经济体制的运行,同时各地区之间的相互独立和经济结构的趋同,也为各地区之间的相互竞争创造了条件,而这也正是决定中国经济转轨取得重大成功的重要因素。因此,原有经济管理体制和经济组织结构的客观差异,相当程度上决定了两种不同模式的转轨路径的选择与安排。由此可见,变革时期经济增长始终处在过程中经济形态的背景中,体制方面的组织结构变动与产业方面的组织结构变动互相交织。这意味着,在一定程度和范围内,经济体制转轨的效率与经济成长转型的效率可以实现替代。任何一个经济转轨国家,在启动改革时总是拥有相当数量的由旧体制留下的资源性遗产,只要选择了新旧体制摩擦中成本效益收益的新体制进入方式,那些资源性遗产与新增效率结合,就可以在改革初期避免负增长。

由此可见,经济转轨是一个社会经济系统整体性的置换和转变,因此确定经济转轨最优速度时,试图寻找整个经济转轨过程,或者包含所有转轨变量的全系统的一个最优的速度是不可能或者极为困难的。这决定于经济转轨从始至终过程中的不同政策、经济和社会特征,转轨经济也相应地表现出不同的特点。在从计划经济体制向市场经济体制过渡的轨道上,随着具有代表性经济转轨特征的变化,整个转轨过程就可以划分出不同的阶段,这就是经济转轨过程的阶段性。而经济转轨阶段性的存在,致使转轨全过程中人们对于变革的认知能力、学习能力和承受能力都有所不同,很明显,越到转轨后期,人们对于变革的适应能力越会增强,对于变革各个方面的认知也都会增加。不同的转轨阶段,经济转轨主体(政府、民众)对于实施转轨和推进转轨的方式都将具有不同的特征,因此,各个阶段实施转轨的重点必然不同,也必然不存在一个一成不变的反映转轨全过程的最优速度。

三、经济转轨中的路径具体安排的约束和难点

转轨是基于现实经济的自觉选择过程,路径安排与经济成长阶段的程度决定着控制冲突的程度和对冲突的处置能力。促进转轨绩效和转轨目标的最终实现是路径选择的根本标准,任何偏离这一根本目标而选择的转轨路径都会造成经济发展的挫折与阵痛。合理地安排转轨路径以实现经济增长,涉

及到两个层次的战略问题。一是转轨路径安排的次序与发展战略的选择与搭配问题。经济转轨路径安排的次序中,产权和竞争是两块最重要的领域。转轨次序的选择简单来讲,即是对产权制度甚至宪政体制的变革与价格机制、商业规则的建立谁先谁后的选择。发展战略即实现发展的路径,如均衡与非均衡的区分。这一层次的选择与搭配具有长期而不易更改的性质,可称为路径安排的静态选择。二是改革政策与经济增长政策的选择与搭配问题。在计划向市场的经济运行体制转换过程中,新旧体制摩擦将以不同强度出现在不同阶段,为了保证经济增长目标实现,必须及时采取有利于减少摩擦、避免损失的措施,由此突出了政策选择的必要性。灵活的政策搭配基于过程中的变化,调整各个领域的变革速度,称为路径安排的动态选择。

第三节　转轨主体承担着时代责任与历史使命

一、转轨主体肩负着转轨的时代责任

时代责任体现于社会生活各个领域,反映着一定历史时代的客观本质和发展趋势。时代责任具有时代的、历史的特点,它随着时代的推移而不断变化发展。时代精神具有阶级的内容。马克思主义唯物史观认为:人类社会是一个历史过程,现实的人既是历史的前提,也是历史的结果,因而,历史在本质上就既不是某种纯粹自然物的运动,也不是由"神意"或抽象的精神力量支配的过程。马克思说:"历史不过是追求着自己目的的人的活动而已。"①发生作用的是人,是他们的有目的、有意识的活动,因而不仅存在着因果性,而且又出现了目的性。因果性与目的性在人类历史活动中如此紧密地交织在一起,以至于因果性往往是通过目的性来实现的。由于人的活动本身具有目的性这一明显特征,而目的性又总是与人的意识活动相联系,所以如果只停留在事物的表面,只满足于考察人们从事历史活动的动机本身,就会把目的、意识误认为是最终的决定作用,从而在根本上颠倒社会存在和社会意识的关系,掩盖社会历史发展的真实本质。因此,现实的人不只是自然的产物,更重要的是历史的产物,是人类世世代代活动的结果。这样的结果基础自一定的

---

① 马克思恩格斯全集第 2 卷. 人民出版社. 1957. 第 118—119 页。

前提,同时又转化为新的前提。这种前提与结果之间持续不断的相互转化,表现为历史的发展和人自身的发展。在历史的发展和人的发展的相互作用中,人的主体能动性在各种历史活动中都起着十分重要的作用,从这种活动中探索出隐藏在人的目的和意识背后的"物质动因",并以此为基础来说明社会历史运动的规律性及其作用方式,只有当这样的物质动因被彻底揭示出来并得到正确说明时,才有可能对人类历史做出唯物主义的、科学的解释。

可以看出,唯物史观立足于科学的实践观来理解和把握人的主体能动性,他不是把这种能动性理解为纯粹思维或抽象精神的能动性,而是理解为在实践过程中的现实的人的能动性。因此,在人类历史的活动过程中,人的主体能动性的发挥始终是有条件的,是受特定历史条件制约的。各种条件以不同的方式对人的历史活动起着重要作用。其中,社会条件居于支配地位,它从根本上制约着人的历史活动的性质和方向。而社会条件中,起支配作用的就是生产方式。生产方式是生产力与生产关系的统一,是人类借以向自然界谋取生活资料的基本方式,在人类活动和社会发展中具有决定性的作用。人类历史活动,从根本上说,是由一定的生产方式决定的。即使是自然条件或精神条件对人类活动的制约和影响,归根结底是通过生产方式起作用的,因而也只有在一定的生产方式中才能得到正确的理解和把握。

因此,要在唯物主义的基础上说明历史与人的活动之间的基本关系,揭示社会历史运动的客观规律,就必须以科学的实践观为出发点,把人的活动首先理解为物质生产活动,把历史理解为在物质生产基础上的人类活动的展开过程。所以,用唯物史观来解释经济规律的现实演变过程,强调经济领域中转轨实践的主体性作用对深刻理解转轨实践的进程意义重大。对历史过程中的经济转轨而言,过渡的方式大致可以划分为两类,即自然演进的过程或叫自然历史过程,和改革演进过程或叫自觉选择过程。也就是说,如果改革不是随意的,而是在符合历史演进规律的前提下制定各项方案和步骤,那么加速过渡进程的成功就是有保障的。经济转轨显然应该属于改革演进的类型,因此对其研究必须考虑"自觉"(主观)能否符合客观发展规律,以及能从多大程度上符合客观发展规律。

首先,经济转轨的客观存在性是主观见之客观的基础。经济转轨不仅客观存在,而且如前所述是有结构的和有规律的。从静态上看,经济转轨是由某些特定要素(经济体制和发展阶段)构成并表现出某些特征的结构性存在物,从动态上看经济转轨处于有规律的运动、变化之中。当然这里所说的结构和规律都是通过主观认识来表述的,但这种由主观来表述的对象都是独立客观存在着的。

其次,经济转轨主体也是有足够能力来认识经济转轨的客观性的。关于主观能力的争论可以上升为哲学中的不可知论与可知论的范畴,但从经济转轨实践中可以看出,经济转轨的主体表现出了极强的认识客观规律的能力。主体在经济转轨实践中不断地以一定的必要条件来创造设想的社会发展过程,以对其认识结果进行证实或证伪,并通过这种证明的过程不断提高其认识客观规律的能力。换句话说,政府在转轨主体中扮演着重要角色,但是它在经济体中的确不是完全超自然的行为主体,在讨论这个问题时,需要认识到组成政府或称为政府代理人的政府官员却是具有自主性、主观性、创造性的行为主体。这是因为,在经济转轨国家中,由于体制僵化性的影响,力量薄弱的市场自身根本无法形成推动"计划→市场"的内在动力,必须依靠政府主动的行为,作为经济转轨的启动和推进力量。当然在市场逐渐完善并成为推动经济发展的根本力量的经济转轨中后期,政府所起到的作用更多是在于驾驭、规范和保障市场运行方面,其"外生性"的方面逐渐会转化为"内生性"。至于这种转化会不会是彻底的,本书认为必须基于过程论的观点进行认识,因为在许多发达的市场经济国家,政府的行为也表现出了许多自主性的方面。但如果仅关注这一方面的属性,那么对问题的认识又必然会陷入完全超自然论的怪圈中,也就无法解释政府一些行为特点,例如,政府的更迭。

因此,经济转轨国家,特别是在经济转轨前期,政府是推动经济体制运动的重要力量,即经济体制的运动一方面体现出其自身的规律性,另一方面必然体现出主观性。在讨论这个命题时必须注意三方面:一是认可政府会依照自身的内在要求去反映和变革,尽管会受到自然规律的束缚或约束,但其必然存在着一个可供主观选择的范围;二是经济体制的演进存在着其内在的规律,因此政府行为也必须存在着一定的"内生性",因此不能任意夸大主观选择的范围;三是主观选择的范围虽然有其存在的客观性,但是这个范围的边界却是时间等变量的函数。从经济转轨前期的实践来看主观选择的范围较大,但并不能认为在经济转轨中后期,或在完成经济转轨之后,这个范围的边界仍然是固化地保持这样大的范围,按"市场—政府"的动态关系去认知,这个范围的边界应该是动态的。

二、转轨主体承担转轨实践的历史使命

在经过充分的实践检验和历史比较后,人们发现至少在现时的历史条件下市场经济体制的效率要大大高于计划经济的效率,从而在这个"正果"占据全球经济绝对统治地位的世界中向其靠拢显然符合历史发展的内在逻辑和各转轨经济体民众的心愿。转轨主体顺应这种趋势和民众意愿,积极承担历史使命。

中国最高层领导核心的主要决策者对这一重大问题的思考和探索,无一不是呕心沥血、备尝艰辛的。正是他们的承前启后,坚持不懈的实践、认识、再实践、再认识,才在经过了漫长而曲折的积累之后,初步完成了这三道"防线"上的实质性突破,实现了社会主义初级阶段在抛弃计划体制的过程中对于所有制和分配方式如何既坚持社会主义基本制度同时又实行灵活政策——这样一个由必然王国到自由王国的历史性飞跃。三代领导人对经济学思想革命的一步步向前发展的线索是十分明晰可见的,这便是由"毛泽东时代"对所有制和分配方式过急变革一段又向后回调一段的矛盾性决策及实践,发展为"邓小平时代"提出以公有制经济为主体、其它经济为补充的所有制结构,以按劳分配为主体、其他分配形式为补充的分配结构模式,再进一步发展到"江泽民时代",进一步发展为"公有制为主体、多种所有制共同发展,是我国社会主义初级阶段的一项基本经济制度","公有制不仅包括国有经济和集体经济,还包括混合所有制经济中的国有成分和集体成分","国有经济起主导作用,主要体现在控制力上","公有制实现形式可以而且应当多样化","劳动者的劳动联合和劳动者的资本联合为主的集体经济,尤其要提倡和鼓励","坚持按劳分配为主体、多种分配形式并存的制度","坚持效率优先、兼顾公平","允许和鼓励资本、技术等生产要素参与收益分配"等界定清晰,便于操作的制度化的完备体系。在最终找到这一符合经济学规律的答案之前,以及按照这一规律实践的过程中,我们曾经在生产力方面付出过怎样的代价,是不言而喻的。

在中国经济的具体改革实践中,转轨实际上就是政府将自己控制的资源

转交给市场控制的过程,即政府的逐渐退出,市场的逐渐形成的过程。当然,政府通常处于主观能动的地位,对经济转轨的全局具有宏观驾驭能力。市场则相对被动,但却是整体演进趋势的根本。这种博弈过程必然会带来利益分配关系的调整,资源配置的改善并不能自动解决利益分配问题。一个能够带来资源配置改善的新的制度安排,未必能使每个当事人的收入都有所增长,至少在过程中是这样的,利益冲突是不可避免的。实际的制度变迁在更多时候还意味着法律制度(财产关系)的变革,这一变革不仅会强制性地改变产权界定或利益格局,而且会采取少数服从多数的公共选择规则,从而在本质上具有利益冲突的内涵。因此,当新旧制度在资源配置方面孰优孰劣已被确认的前提下,利益分配、利益冲突以及对利益冲突的解决,将主宰着经济转轨的过程和命运,因而也就成为转轨经济学应该讨论的核心问题之一。

第四节　转轨实践是一个动态的历史过程

一、转轨实践是一个历史过程

经济转轨实践尽管在各个国家有着不同的形式,但都应该被视为一个特定阶段的经济社会发展史的组成部分和人类经济发展史上最重要的实践之一,值得经济学人从非意识形态层面去发现值得尊重的共同之点。如果按照马克思主义唯物史观的观点,经济转轨过程就是一个动态的历史过程。既然是历史过程,就存在着一般的历史规律,历史决定性和历史主体的选择性对经济发展具有重要的影响。从经济转轨的发展历程可以看出经济转轨实际上是一个经济一般性原理同实践特殊性复合的动态过程。这个基本命题不仅是研究经济转轨的逻辑起点,也是各国经济转轨实践总结出的客观事实。任何事物的存在都是处于不同阶段的存在,任何事物都是以或久或暂的过程而存在的,过程是运动的表现形式,也是历史的同理表达。

经济转轨是社会主义实践的一个特殊的过程,其特殊性表现为它不是社会主义自然历史演进的必然过程,从经济转轨显现出来的特殊性来说,经济转轨是符合经济史一般规律的一个特殊的阶段或过程。结合经济转轨的实践,以中国经济发展的历程为脉络来说明经济转轨实际上是历史进程的一个证明。

二、转轨实践是历史决定性和主体选择性的合力结果

所谓历史发展的决定性是指经济转轨具有客观的因果性和转轨的内在联系。历史的选择性是指转轨实践的主体从自身的意图、目的、思想和理论等主观方面的前提出发,在一定的范围内以这样或者那样的方式来确定自己的行动方向和行为方式。中国经济转轨实践的历史进程受到历史决定性和主体选择性的共同影响,并且两者之间具有内在联系,是彼此制约和辩证统一的。

综上所述,作为一个历史过程,必然涉及历史过程的两个方面,即历史发展的决定性与选择性。从中国经济的转轨实践来看,正确把握经济转轨实践进程中的决定性和历史主体的选择性,对于抓住历史机遇、加快发展非常重要。因为重大的历史机遇一方面包含着体现经济历史规律、加快经济发展的有利客观条件,另一方面也给现实的主体依据经济规律进行能动的选择提供了较大的可能性空间。中国经济作为一次历史过程,它充分体现为转轨实践中中国经济发展历史决定性和选择性的统一。历史过程的种种主体选择都以其独特的方式贯穿在一定的历史决定中,而历史决定性又通过诸多主体选择性来为自己开辟道路。历史研究已经定论,近代中国在特定的历史条件下,未经过资本主义的充分发展,经由新民主主义社会到社会主义的过渡,建立起来社会主义基本制度,这是中国社会发展的伟大飞跃,是中国社会历史发展客观必然性和历史主动性的合力结果。但是,我们必须同时正视这样一个客观现实,即中国社会主义实现和发展过程的特殊性并没有因过去的"历史跳跃"而终止。

(一)历史进程的决定性

人类的经济史是在发展阶段和经济制度这一矛盾运动中产生、发展、变化的,经济转轨作为人类经济史中的特殊部分,同样可以认为是发展阶段和经济制度的复合系统。但是,经济领域中的发展过程在时间上的特征不是匀质的,而是连续性与非连续性统一的过程,因而,过程本身存在着渐变(以量为主)和激变(以质为主)的不同演化阶段。这里面,经济体制成为不同演化阶段以不同形式进行的一个重要因素,而且是相对活跃的因素,当然也是经济转轨研究和驾驭的重点,这也就决定了经济体制的决定机制将更加动态和

复杂。

美国经济学家罗斯托发表的线性发展阶段理论所揭示的发达国家经济现代化的一般规律性,特别是经济发展的各个阶段的划分及其特征,对于发展中国家而言无疑具有十分重要的借鉴和参考作用,也对当代的研究进程产生了深远的影响。但是,该理论的局限性也是显而易见的:一是仅仅以欧美发达国家经验为依据建立理论模式,又自认为其具有普遍性,难免存在以偏概全的弊病。由于所处社会经济历史条件不同,文化传统不同,发展中国家的经济现代化必然具有自己的特殊性。该理论模式对此显然重视不够。二是对起飞理论科学性的质疑。有的学者提供大量资料质疑。他们认为工业化初期的成长是一个渐进的历史过程,并不像罗斯托所描述的那样是一个剧变过程。三是主导部门缺乏准确、科学的定义,无法预测一个社会未来的主导部门。四是由其所处的历史背景所决定,未能对信息化和信息社会给以足够的重视,因而对经济发展阶段,特别是起飞以后经济发展阶段及其特征的分析难免带有不成熟性,不能解释20世纪中后期以来出现的信息化浪潮,更不能适应发展中国家工业化与信息化相结合的实践要求。

尽管许多经济学家并不能对经济转轨提出非常明确恰当的定义,但是,作为一个历史过程,必然有历史运动的必然性。事实上,经济转轨成为运动过程的本质"源泉"就在于经济转轨内部存在着的时空错位①,这样的时空错位导致了经济系统的非均衡,而这样的非均衡性使体制变迁和发展规律的自然惯性发生了扭曲,具体体现在经济体制和发展阶段上时,就形成了经济体制转轨和经济发展转型两条运动轨迹,即:经济史过程演化为经济转轨过程;经济体制的发展过程演化为经济体制转轨;发展阶段的演进过程演化为发展转型。时空错位的矛盾启动了经济体制和发展阶段出现既相互依赖性的增长,又相对磨合性的倒退,从而经济史的一般规律演化为经济体制转轨和经济发展转型两条相互依存但又迥然不同的脉络。发展阶段与经济体制是经济转轨横截面上相互依存、不可分割的两个基本"要素",其任何一方的存在和发展都必须以另一方的存在和某种发展为条件,在这两个基本"要素"保持

---

① 从人类历史演进的一般规律、从一个阶段自然过渡到另一个更高一级的阶段,而且在生产力基础并不发达的条件下人为将超前的资源配置方式强行植入,从而忽略了商品经济的一个长期的自然发展过程。我们将经济发展水平与经济体制在各转轨经济体中表现出的这种明显的冲突定义为"时空错位"。

同一的基础上还存在着制约和推动经济转轨进程的矛盾,这一方面是经济转轨得以持续运动的本质动力,同时也是经济转轨如此之难的根本原因。

(二)历史主体选择性

通过中国经济历次的转轨实践,我们可以发现,中国经济转轨历史规律的决定性是通过历史主体的选择性实现的。这是因为在科学的实践观的指导下,中国经济扬弃了转轨实践历史发展的必然以及历史选择性之间的对立。转轨经济的历史过程决定是通过转轨主体活动的合力作用来表现和实现的,这样的决定包含了个人意志的参与和目的性活动的建构。因此,中国经济转轨内在规律的决定性不仅不排除历史主体的现实选择性,相反是通过这种选择性实现的。这是因为:首先,中国经济的转轨实践的历史决定性不是超历史的,也不是在对象中预先设定的,而是在中国经济的具体实践中通过各种不同的经济实践活动最终实现的。其次,决定中国经济转轨的内在决定性辩证地包含着转轨主体的现实选择,因此,转轨历史给转轨主体提供了并不是唯一的转轨模式和途径,不同的转轨主体由于主客观方面的制约,进行各种现实选择,这种现实选择历史地看,多种现实选择的可能性可能组成可能性空间。在这样的可能性空间中,哪一种可能性空间会成为现实,取决于转轨主体的自觉活动和现实选择,这种情况特别会在具有深远影响的历史时刻,或者是历史发展的关键节点,表现得尤为突出。最后,转轨进程中历史空间中的每一种可能性的实现,往往有多种多样的形式,也就是会有多种转轨实践模式和途径的选择。转轨主体对转轨具体模式的偏好和选择,可以表现出巨大的能动性。被选择的转轨具体模式是不是达到转轨主体目的的最佳形式,取决于转轨主体对经济发展客观规律认识的正确程度以及转轨主体自身能动性的发挥程度。综上所述,转轨实践规律的决定性通过转轨主体的选择性来实现,这一点在中国经济转轨历史的实践即发展过程中得到了充分的体现。可见,经济转轨是一个动态的历史过程,对其实践性和政策性的研究对于转轨经济体具有重要的借鉴意义。

经济转轨是一种历史进程,是历史的必然,既然是历史的,就是动态发展的,我们研究经济转轨就必须运用发展的观点,而不是静止的角度进行研究,否则就会陷入形而上学。

同时,我们在承认经济转轨是由历史决定的同时,并不否认主体选择性的必要,因此,笔者认为:虽然从静态的角度重点剖析经济制度这一要素既是科学观察经济转轨过程的基础,也是认识时空错位这一矛盾的根本,但是从经济转轨的实践来看,仅以这种静态角度分析转轨经济仍然存在着许多天然的弊病。尽管将经济转轨作为一个系统来研究能提升对经济转轨的认识,并且在系统最基本特征上体现得尤为突出,但如果不能将各个静态的点还原到一种动态的过程中,并在动态的过程考察中加入时间序列,将使我们无法判断经济转轨中许多问题的优劣得失。事实上,以经济体制转轨与经济发展转型两者之间的关系而论,矛盾双方的此消彼长就是经济转轨所特有的本质动力。发展阶段相对于经济体制而言是一个更为动态的因素,随着经济转型的深入会对经济体制转轨的速度和方式提出新的要求,经济体制会在政府的安排下通过路径选择、制度创新等手段进行重新契合。在这个契合过程中,发展转型本身并不是静止的,而是有着其自然的运行轨迹。这种情况相当于体制经济转轨本身是在对一个动态的对象进行契合,使契合增加了难度,加上政府行为本身的主观性必然出现契合上不完美,从而对经济转型产生一种异于其自身发展规律的反作用力,使经济转型的运动出现不同于其自然轨迹的波动。这种波动自然又会重新反馈到经济体制中去,从而使体制转轨也相应地出现波动。但从历史发展规律来看,这种互相传递的波动不会是逐渐放大的趋势,而是应该呈收敛状。无论这种影响有多么复杂,传递这种影响的最本质性的矛盾还是在于时空错位,是经济体制转轨与经济发展转型的矛盾运动,这也是动态分析经济转轨的基础。如1986—1987年间,中国经济界和决策层在改革的次序上曾发生过一场重要并影响久远的争论:究竟是产权改革优先还是价格改革优先? 这场对于产权与竞争的争论放在"经济体制—发展阶段"的动态框架中,也许将得到更好的有利于推动经济发展,实现绩效目标的政策组合,因此需要将时空错位的矛盾向动态的方向推进。

　　我们承认主体选择性,同时我们也不会否认主体选择因为利益因素带来的经济体制方面的阻力。这种阻力事实上就是经济体制演变具有的天然惯性,从我国的改革实践可以清楚地看到这种惯性的存在。中国现实的社会经济生活中计划经济固然已经瓦解,但来自政府和垄断性国有机构的对经济活动的干预不仅没有减少,反而变得更加随意化,中国目前的经济体制并非由市场机制主导,而是一种半市场交换、半"随意化"行政性干预的"双轨制"。

　　综上所述,经济转轨的整体过程是一个主观与客观特性辩证统一的过程,其实质是主观在客观的约束条件下推动转轨进程。客观约束是任何一个经济转轨国家所面临的基础性制约,尽管制约每个经济转轨国家的客观约束不同。从经济过渡的历史看,始于20世纪后期的许多国家由传统计划经济体制向市场经济体制的转轨过程属于一种改革演进的过程或称作自觉选择的过程,即一种民众或政府主观推动的社会体制转变的过程,其与经济过渡的自然演进过程相对应。这种主观推动的经济过渡是一种在自觉研究制定的社会改革方案的基础上对有明确目标的过渡经济行为进行调节,但这种调节必须以经济过渡自然演进过程所暗含的基本规律为前提和保障,这些基本规律则构成了主观行动的客观约束,因此主观意愿不能违背客观发展因素的作用以及总体演进的规律,而主观行动所能做的只是在尊重客观约束的基础上通过对实施手段和演变速度的选择对经济过渡过程施加相应的影响。实践已经证明,人们对于转轨经济的这样一个复杂体的认识不可能一次完成,而要经过由经济转轨实践到主观认识、由主观认识到经济转轨实践的多次反复才可能完成。这种反复性是由经济转轨的客观条件和主观条件的限制所导致的。中国经济转轨过程中对农村家庭联产承包责任制改革的认识就经历了渐进的过程,从“不许搞”到多数地方“不要搞”再到“新发展”,是认识的不断成熟完善的演变轨迹。在党的领导下,我国农民的伟大创造,是马克思主义合作制理论在我国实践中的新发展。尽管主观与客观随着实践的发展而在不断地契合,但在一个相当长的时期内,特别是在经济转轨的初期,主观与客观的不契合是一种常态。

　　从主观条件上讲,如列宁所说,“如果要考察逻辑中主体对客体的关系,那就应当注意具体的主体(= 人的生命)在客观环境中存在的一般前提”,人的认识受思维者本身的条件所限制,如生理结构、知识储量与经验背景、心理因素和情感状态、抽象能力和思维水平等。以上主观原因,既限制着人们取得丰富而合于实际的感性材料,又限制着人们进行思维加工的能力。所以对于经济转轨的认识往往不容易在短期内达到主观与客观的统一,很可能走一些弯路、犯一些错误,因而对原有的方针、方案、计划和办法部分地修改或全部修改都是常有的事,是符合认识规律的。那种认为对经济转轨的认识一次可以完成的观点是把认识过程的主观与客观的矛盾运动简单化了。从客观条件讲,转轨经济体的各个侧面,只有在事物的各种联系和相互作用中才能逐步暴露;经济转轨的本质只有从事物多方面的现象中才能逐步被提示出来。而经济转轨的现象和其本质的暴露程度取决于经济转轨实践推进过程的深度和广度,深度和广度这两个概念本身就意味着一个量的积累和升华的过程。

　　如前文所述,经济转轨从客观上讲是一个动态的过程,多次认识的反复可以完成对于一个相对静态的过程局部和阶段的认识,但对于经济转轨整个过程而言,这种反复的次数并不能简单地给出,从某种意义上讲是无限的,这样无数次的认识反复导致经济转轨必然是一个过程。具体而言,人们的认识经由实践到认识、认识到实践的多次反复,可以达到主观认识和客观过程的规律性相一致,但这种一致仅是在一个局部或者说一个阶段成立,要想通过有限几次的反复就对整个经济转轨实现主观见之于客观并不可能。主要原因是经济转轨并不是凝固不变、静止不动的。经济转轨客观上是动态地向前发展的,与此相适应,人们的认识也应该随着客观过程的发展而发展。事物不停变化,人们也必须随着变化了的情况而改变自己的认识,使认识不断向纵深发展。人的认识总是从特殊到一般,又从一般到特殊,由认识事物的特殊本质,进而概括事物的共同本质,又以共同本质为指导,进而认识事物的特殊本质。在经济转轨实践中,这种由浅入深、由低级到高级、由片面到全面的认识过程不会在几次的反复中结束,所以经济转轨本身纵横两方面的无限发展和无限联系,决定了经济转轨的实践和认识也必然是一个不断发展、不断深化的历史过程。

第十四章

中国式转轨：基于"史论结合"思维范式的重新解构

第一节　可通约于史论结合的思维范式

笔者理解,在经济转轨的实践模式与理论范式之上,还有一个作为引导的思维范式。

思维范式相对于某一学科领域的研究来说有狭义和广义之分。它的上层定义即哲学的方法论;它的底层定义是哲学的方法论与某一学术领域的方法论融合在某一时点上时,所体现出来的思维方法的偏向与选择,并由此形成了该学科领域的一般思维范式。后者因学科专业性的界分而将哲学的一般方法论局限在相对狭窄的范围内。我们可以分别列举经济学史学和一般历史学,来说明某一领域的一般思维范式与更为一般的(属于哲学的)方法论,以及该领域更为具体的(属于学科内特定研究对象的)方法论的区别。

"经济史学是研究关于时间历程中经济绩效的学问。这个领域中的研究目标不仅要对经济的往事有新的了解,而且要提供使我们能够理解经济变革的框架,从而对经济理论做出贡献。理想的分析工具是在精确性方面可以与一般均衡理论相媲美的经济动力学理论。尽管没有这样一个理论我们仍然可以描述过去经济的特征,考察不同时代的经济绩效,并且进行比较静态分析,但是缺失的是对时间历史中的经济演变方式的分析性理解。"①1993 年诺斯因"为了解释经济和制度的变化而应用经济理论和定量方法,更新了经济史的研究"获得诺贝尔经济学奖,以上是他获奖演讲中的一段话。他所提出的所谓经济动力学理论即是在探讨一个有关经济发展研究的思维范式。

"为什么自从第二次世界大战结束后的 50 年间经济发展领域没有取得进展,对此人们非常清楚。分析和制定促进经济发展的政策,新古典理论实在是一种不合适的工具。新古典理论注重市场的运行,而不关心市场如何发挥发展。如果人们不能理解经济是如何发展的,那么又怎么能够制定政策呢?新古典经济学家应用的每一种方法都已经规定了主题内容,从而妨碍了这样一种发展。"诺斯认为,新古典用使其具有数学精确度和精致性的原有形式的这种理论构造了一种无摩擦的和静态的世界,而将其应用到经济史研究和经济发展研究中时,只着重于技术的发展以及很久以后才加以强调的人力投资,忽视了体现在制度中的激励结构。但是,正是激励结构决定这些因素中的社会投资的程度。诺斯在切入论题后,更为直接、尖锐地指明了他的思维范式与新古典思维范式的"分水岭":"在进行时间历程中经济绩效的分析时,新古典理论包含着两个错误假设:一是制度并不重要,二是时间并不重要。"

我们再从一般历史学学科领域的思维范式,研究其与一般的(属于哲学的)方法论,以及更为具体的(属于学科内特定研究对象的)方法论的区别:每个时代都要书写自己的历史。"不是因为早先的历史书写得不对,而是因为每个时代都会面对新的问题,产生新的疑问,探求新的答案。这在变化节奏指数级增长的今天是不言自明的,因此我们需要一部提出新的疑问并给出新的答案的新历史。"②这段话引自与汤因比《历史研究》齐名的、被称为"经典中的经典"的《全球通史》。1999 年在推出第 7 版时,作者斯塔夫里阿诺斯以"为什么需要一部 21 世纪的全球通史?"为题写了一段开头语。有人将

① 道格拉斯·C·诺斯. 时间历程中的经济绩效. 新制度经济学名著译丛·制度变革的经验研究. 经济科学出版社. 2003. 第 415—416 页。
② 斯塔夫里阿诺斯. 全球通史:从史前史到 21 世纪(上册). 北京大学出版社. 2005. 第 17 页。

他的著作与爱因斯坦、凯恩斯等大师的经典名著并称为影响世界的十本大书[①]。

在历史研究中,指出世界史不是地区史和国别史的简单拼凑,如把世界史分割、再分割地变成条条块块的地区史的总和,就像水一旦分解其化学成分,便会改变性质、不再成其为水[②]。在经济发展研究中,制度学派指出经济活动不仅是货币所得最大化这种单独、机械地激发的个人活动的总和,在经济活动中同时存在大于各部分之和的集体行动模式,制度不仅是用于促进某一特定目标的组织或机构,同时还是作为文化的一个基本部分,是被广泛建立与普遍接受的集体行为的组织模式,因此应当根据社会和各种社会制度的不断变化将演进的方法应用于经济分析[③]。虽然一个是在经济学科内变革历史的思维范式,一个是在历史学科内变革历史的思维范式,但在突破传统思维范式约束、寻求各自学科范围内的创新与变革方面,二者竟有着惊人的相似。

在北京大学出版社根据 1999 年第 7 版翻译出版《全球通史:从史前史到21 世纪》之前,上海社会科学出版社曾先后(1988 年和 1992 年)以《全球通史——1500 年以前的世界》和《全球通史——1500 以后的世界》出版过它的较早版本。二者比较,后一版本的体例要稍逊一筹,而且删去了两段十分精彩的文字。对于其中一段文字的消失,高毅认为"很可能还是'西方中心论'的余毒所致":尽管斯塔夫里阿诺斯是赞成文化多元论而唾弃文化一元论的,但"在把一个在他看来纯属西方文化的现代文明说成一种全球一统的'世界

---

① 其他 9 部大书的作者和书名是:《梦的解析》(西格蒙特·弗洛伊德)、《广义相对论的基础》(阿尔贝特·爱因斯坦)、《太阳照样升起》(欧内斯特·海明威)、《就业、利息和货币通论》(J·M·凯恩斯)、《存在与虚无》(让·保罗·萨特)、《在路上》(杰克·凯鲁亚克)、《寂静的春天》(蕾切尔·卡森)、《时间简史》(斯蒂芬·霍金)和《未来之路》(比尔·盖茨)。参见邢宇浩.百年回首——影响世界的十本书.光明日报.2000 年 1 月 6 日。

② 把地球划分为若干大陆这种传统的方法对地理学也许有用,但对世界史却没有多大意义。世界史的结构要求我们着重研究对人类发展有重大影响的那些历史运动一样,世界历史地理也要求我们着重研究发生那些历史运动的区域。世界史不仅仅是地区史的总和,若将其分割、再分割,就会改变其性质。正如水一旦分解它的化学成分,便不再成其为水,而成了氢和氧,世界史不是地区史和国别史的简单拼凑。斯塔夫里阿诺斯.全球通史.西方历史学名著提要.江西人民出版社.2001.第591—592 页。

③ 斯坦利·L·布鲁.经济思想史.机械工业出版社.2003.第 273 页。

文化'的本质的时候,他分明感到了一种道义上的不妥,以及一种理论上的踌躇"①。对于另一段消失的文字,刘德斌是这样引述的:《全球通史》不想在阐释体系上束缚读者的想象力,作者的阐释手法更是让读者以"思接千载,视通万里","就如一位栖身月球的观察者从整体上对我们所在的球体进行考察时形成的观点,因而,与居住伦敦或巴黎、北京和新德里的观察者的观点判然不同"②。刘德斌接下来引述的正是这段消失的文字:《全球通史》打破地区和民族的界限,按照历史运动本身的空间来阐释历史,不仅让读者从地区史和国别史的框架的束缚中解放出来,真正进入'整体的世界史'的思考境界,而且可以从中悟出许多对现实具有启发意义的思考,尤其对我们深入考察20世纪以来'民族国家'形式遮盖之下的真实世界,具有重要的启发意义。"③笔者在这里所想强调的,是斯塔夫里阿诺斯在历史学学科领域的范式创新,以及一般的(属于哲学的)方法论与更为具体的(属于学科内特定研究对象的)方法论的区别。

　　任何一个新的经济研究领域的建立或新的方法论的提出,都存在对一般经济学的"加工和转化"问题。不经"加工和转化"而进行的讨论,不仅妨碍同行间的交流,也会妨碍自身论证过程的严谨,甚至提出的论题本身是否恰当也会成为问题。对已被公认的理论进行"加工和转化",实际上是为自身研究的论题寻求通往通用范式的"入门之径"。从事经济转轨研究的

---

① 这段在新版本中消失的文字是:"今天,欧洲三大革命向全球的传播虽然是在不同方面的支持下进行的,但似乎仍在以加速度创造一种尽管在细节上不同、但在基本特征方面将是一致的世界文化。"这里的"三大革命"是指科学革命、工业革命和政治革命。高毅认为,这句话虽短,却说得很到位。它道出了"三大革命"与后来广泛流播于全世界的现代文明之间的深刻关系,从而凸显了现代文明崇尚科学化、工业化和民主化的本质内涵;同时它又强调了一个很重要的事实,即由现代文明的传播所创造的"世界文化"将是同质性与多样性的一种辩证统一,也就是说世界各民族在接受了现代文明的本质内涵(即实现了所谓"现代化")的同时,还将继续保留自己的某些可以与现代文明兼容的文化个性,从而继续维持各现代化社会之间的种种"细节上的不同"。显然这句话已经包含了一些很有价值的有关现代文明的理论信息。这段在新版本中消失的文字,参见斯塔夫里阿诺斯.全球通史——1500以后的世界.上海社会科学出版社.1992.第884页。高毅的见解参见他为新版本所写的评论文章《斯塔夫里阿诺斯的乐观与踌躇》,收录于斯塔夫里阿诺斯.全球通史:从史前史到21世纪.北京大学出版社.2005。

② 斯塔夫里阿诺斯的那段原文参见:全球通史——1500以后的世界.上海社会科学出版社.1992.第884页。

③ 刘德斌.《全球通史》第7版推荐序.全球通史:从史前史到21世纪.北京大学出版社.2005.第5页。

经济学家们进入这一领域时,从西方经济学那里借助最多、最好用的分析工具是制度变迁理论,但制度变迁理论并不限于工具的价值,它体现了全新视野的一种经济学理念的诞生,从此经济学家观察经济社会现象的立足点,登上了一个更高的台阶。如果工具的使用偏离了背后的思想原理,工具本身的解释力也会大打折扣。制度变迁理论的核心正是把"史"与"论"看成融合一致的过程。有此意义,它便可以始终在未来历史进程中闪耀其光辉。

以此来看,经济转轨研究中最值得改进的一点,是通过类似实验室环境中的高度抽象,排除必需的环境条件,把经济转轨这一急剧变化的现代事物与几个世纪以来缓慢进化的近代事物(未经"比例关系修正")简单地比照。特别突出的一个倾向是,将现代的这个逆向的市场化、工业化交织的研究对象,与近代的自然的市场化、工业化进程双重加速的研究对象,假想为同一时空条件下发生的事件。其实,世界史规定的时间含义已经迥然相异,虽然各自所处地理位置大致未变,但从相互作用的关系来看,空间位置也已然改变。倘若不从"史论结合"考虑对"比例关系"进行必要的修正,生硬地搬用制度变迁理论,即使把分析模型设计得再漂亮,"史论分离"的立足点上的偏差,也只能引出一个貌似有理的结论。

但正如笔者在前面已经暗示过的那样:"加工和转化"在它被众多经济学家引用为"入门之径"的过程中,其自身也已经具备了一种范式的功能。发展经济学在孕育和诞生之初,对一般经济学"加工和转化"的路径,既不同于更为一般的(属于哲学的)方法论,也不同于更为具体的(属于学科内特定研究对象的)方法论,而是建立在"史论结合"的基础上。

发展经济学在西方兴起始于二战结束后那一特定的时空环境。新出现的一大批民族独立国家处在较低的发展层次,迫切需要发展经济而又并无适宜的经济发展理论作指导。特定之"史"的背景,催生了特定之"论"的诞生,这就是发展经济学"史论结合"的思维范式,那个时代萌芽了那种思维范式的全部构造逻辑。"史"对"论"的更新需求提出的力度越强大,"论"对"史"的反馈便越有力,"论"的发展也越快。20世纪50、60年代繁荣和大发展时期,一大批影响较大的发展经济学家不约而同地聚集到一起,较快地形成了那样多的理论共识,并产生了刘易斯(W. A. Lewis)的二元经济模型、保尔·罗森斯坦—罗丹的"大推进"理论和平衡增长理论、纳克斯(R. Nurkse)的贫困恶性循环理论、罗斯托(W. W. Rostow)的经济成长阶段理论、普雷维斯(R. Prebisch)为代表的拉美结构主义发展理论①等一大批成果。与之相反,当"史论分离"成为"加工和转化"过程中的主流倾向时,理论偏差的情形就会出现。正如最重要的发展经济学家之一、1974 年诺贝尔经济学奖获得者缪尔达尔(G. Myrdal)指出的那样:"经济理论家比其他任何社会科学家更加长时期地倾向于得出一般的命题,然后理所当然地认为这些命题对于一切时代、地方和文化者正确。当代经济理论存在着遵循这条道路走向极端的趋向……理论和概念是适合于西方世界的特殊情况而提出的,因此包含了使之不适合发展中国家的情况,把它们用于研究发展中国家的问题,其后果是严重的。"②

　　制度变迁理论的创始人诺斯的思维范式则将"史论结合"推进到了"史论融合"的境界,显得更为精妙与深刻。在诺斯的早期代表作《1790—1860 年美国的经济增长》和《美国过去的经济增长与福利:新经济史》中,"史"与"论"融合的学术品性就已开始显露出来。《1600—1850 年海洋运输生产率变化的原因》,"变化"是"史","原因"是"论",以"史"立"论",以"论"述"史"。到了与兰斯·戴维斯合作出版《制度变迁与美国经济增长》一书时,制度变迁的一般过程已被归纳为 5 个阶段:形成制度变迁的第一集团(即对制度变迁起主要作用的集团)、提出有关制度变迁的方案、根据制度变迁的原则对方案进行评估和选择、形成推动制度变迁的第二行动集团(即起次要作用的集团)、两个集团共同努力去实现制度变迁。"阶段"在此已成为"史"与"论"相依相存的载体。1973 年出版的与罗伯特·托马斯(Robert Paul Thomas)合著的《西方世界的兴起:新经济史》引起的轰动效应,从学术理念说是上述线索的延续,之所以产生比过去更大的反响,可能是因为把史论融合的研究框架扩

---

　　①　这里的概述借鉴了张培刚教授主编的一部教材中的观点。参见张培刚主编. 发展经济学教程. 经济科学出版社. 2001. 第 12—13 页。
　　②　缪尔达尔(G. Myrdal). 亚洲的戏剧:各国贫困的调查(英文版). 1986. 第 16—17 页。

展到了一个引人瞩目的宏大分析对象之中①。1981 年《经济史中的结构与变迁》出版时,诺斯对史论融合的运用与把握已经达到炉火纯青的境界②。以下笔者试图根据自己的理解加以评述。

政治—经济体制是彼此间具有特殊联系的一套复杂系统,诺斯试图分析的对象是宏大之极的人类空间和久远之极的人类时间。如何于宏大和久远的时空环境中构建几个可供认知的平台是至关紧要的问题。在政治—经济体制这个彼此间具有特殊联系的复杂系统中,相互联系的统一性与相互对立的矛盾性同时存在,结构上的相对静止与变迁上的绝对运动亦同时存在,统一的是可分的,被分开的仍然是统一的。诺斯的方法是既选择进行制度结构阐述的"横断面",又选择进行制度变迁阐述的"纵切面"。

而如果允许把"史论结合"提升到更一般的方法论层次,即笔者所强调的经济转轨的实践模式与理论范式之上还有一个作为引导的思维范式,那么,诺斯对经济学思维范式的提示,将不只是把经济理论、计量方法、反事实研究法以及各种传统方法结合起来,对经济史进行了全面、深入的研究。从经济思想史的角度,如下一段持论应予以足够的重视:从方法论上看,诺斯注重理论与历史的结合,恢复了古典经济学的优良传统,证明经济学理论的发展与经济史是统一的。在政治经济学的创始人威廉·匹第和现代经济学的始祖亚当·斯密等许多著名的学者那里,经济学著作中既有抽象的理论推论,又有历史的事实分析。但从大卫·李嘉图以来,经济学家一味注重理论的推理,基本抛弃了历史事实的归纳和分析。经济学家的理论解决不了历史事实,理论经济学家和经济史学家有分家的危险。它们可能变成互不相干的两个学科。理论

---

① 从这里提到的诺斯的几部均涉及到制度的"史"与"论"的研究著作中,可以看到不可二分性的逐渐融合一致的演进线索:《1790—1860 年美国的经济增长》和《美国过去的经济增长与福利:新经济史》,只是引入了国民经济核算法、经济增长要素分析法和计量经济法等凯恩斯主义宏观经济学的分析方法研究美国经济史,在运用可靠的统计资料作为其研究的坚实基础这一点上以新经济史学家面目初现端倪。《1600—1850 年海洋运输生产率变化的原因》,是以技术提高效率引起经济增长原因之外还有另一可替代原因,即以制度存在来立论并且以相应的那一段历史进行论证。《制度变迁与美国经济增长》可以看作是把《1790—1860 年美国的经济增长》论述中得到的结论,运用到历史材料中去重新审视。《西方世界的兴起:新经济史》除了对《制度变迁与美国经济增长》论述框架的拓展之外,还可以看到诺斯有关经济增长原因分析中:"制度进步因素对技术进步因素的可替代原理"→"制度激励因素对技术进步因素影响力原理"从"初步确认→进一步肯定→继续深化"的一个持续性的演进线索。

② 这几乎是一个普遍性的看法,笔者在这里如此提出,是借鉴了陈启能主编的一部介绍西方历史学名著的专著。参见:西方历史学名著提要.江西人民出版社.2001.第 611 页。

经济学家和经济史学家有时分道扬镳、各自为政。从 1961 年的《1790—1860 年美国的经济增长》到 1973 年的《西方世界的兴起:新经济史》,从 1981 年的《经济史中的结构与变迁》到 1990 年的《制度、制度变迁与经济实绩》,诺斯不仅恢复了理论与历史相结合的传统,而且使这种结合更紧密,已形成了其独有的理论体系。这对于经济学界和历史学界都有重要的现实意义。

　　为什么实现通约的基石可以建立在"史论结合"的意义之上? 以下将把论述的重心转到这上面来。围绕这一重心,逻辑上需要分两个层次来展开。第一层次,探讨"实现通约"的反面,即经济转轨的实践模式与理论范式已经存在"不可通约"的障碍。对于前面提到的诸如"转轨"、"转型"、"改革"的一词多义和多词一义,如果只是"名称性存在"和"概念性指称"上的差异,并不值得拿到"不可通约"的层次加以讨论。而对于前面提到的诸如"华盛顿共识"、"后华盛顿共识"、"制度—渐进观点"、"北京共识"这些方面的争议,以及与此相关的针对"中国模式"谈论未来充满威胁或潜在危机,针对"俄罗斯困境"或"俄罗斯徘徊"谈论未来可能这样或那样转向的预测与争议,则更具备作为"不可通约"探讨的意义。第二层次,探讨在不持明显偏见的情况下,"实现通约"与"史论结合"的联系。

　　先进入第一层次探讨。笔者打算从评介科尔内由"转轨范式"引出的一篇论文开始——这篇文章到目前还未引起足够的关注,笔者也是最近思考自己的论题时才有了部分的理解①。科尔内认为"转轨范式"的提法不合适,他承认自己也是"逐渐清楚地明白'转轨范式'一词被误解了"。因为"转轨范式"一词有被误解的可能,就值得探讨被误解的情况和原因。如果这一被误解的词汇不宜再用,那么,寻找替代的办法就有必要。这在逻辑性上说,与本章试图说明的,针对经济转轨的实践模式与理论范式已经存在"不可通约"的障碍,以"思维范式"替代"转轨范式"体现其"实现通约"的功能,似乎是一种解决问题的思路。

　　将科尔内的这篇《制度范式》与诺斯的《经济史中的结构与变迁》对照起来看,我们感受到一种同样的"思接千载,视通万里"的思辨力量和共鸣。如科尔内所说,在他提出的八个有关制度范式的其中一个属性中,他和诺斯之

----

① 科尔内这篇论文的标题是《制度范式》。以下引述内容,均出自该文(不另注明)。该文收录于雅诺什·科尔内《后社会主义转轨的思索》一书中。读者如需查阅原文,请参见中译本第 22—50 页,吉林人民出版社,2003 年。

间既存在着大量的重叠和许多相通点,同时也存在不想模糊的差别。联系上述解读中加了着重号的那些文字,并着重讨论"不想模糊两者之间的差别",显然比指出那些重叠和相通点具有更大的意义。更重要的是,这样的分析十分自然地将斯蒂格利茨针对经济转轨持有的"这在经济史上也是非常重要和有趣的经验"的观点联系起来。这样,本小节标题所提出的命题"转轨研究应可通约于史论结合的思维范式",或许就有了立论的"基石":受制度范式引导的研究者的注意力不是集中在经济、政治或文化事件及其过程上,而是集中在这些事件或过程得以发生更加持久不变的制度上,这些制度更多地决定了它们的过程。针对"不想模糊两者之间的差别"的具体阐述,我们要特别注意两种制度(institutions)之间的区别,即在一个演化过程中,历史地形成的制度与其他的、特别是由政府当局决定建立的制度之间的差别。"制度"的概念必须解读得非常广泛。比如,它包括有关制度中主要的法律秩序、它的道德规范以及它的产权制度,权力位置的分配,对社会成员的激励工作,以及信息结构。范式认为,社会运行的属性是否具有体制特殊性(system - specific),以及除了制度本身,它们是否也源于环境(如政治领导人的个性、日常的政治和经济形势、这个国家的地理位置)是特别重要的。

按笔者的理解,科尔内这段论述中着重强调了 3 个要点:(1)演化过程中历史形成的制度,与其他的、特别是由政府当局决定建立的制度,是可区别开的两种制度;(2)对非历史形成的制度所进行的制度分析,适宜在广泛解读制度概念的基础上,再确立它的评价体系;(3)非历史形成的制度往往具有体制特殊性的社会运行属性依赖,此外它是否也源于特定的环境背景,也是借鉴演化过程中历史形成的制度进行分析时需要考虑的。

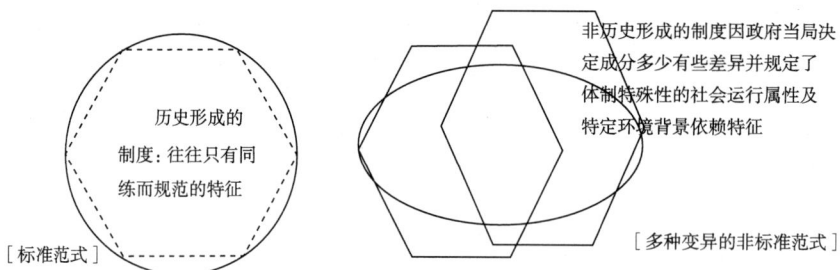

图 14.1   历史形成的制度范式及其变异

如果以上解读的思考方向大致不错，那么基于笔者的理解，"科氏制度范式"的判别型式为：自公元1500年西欧历史上长达450年的过渡时期引起产业革命并继续引起一系列变动之后，主导世界时空的坐标即已确定下来，截至目前变化不大。上图中标准圆代表由那次变动决定的世界历史时间进程和世界经济空间分布的一个集合形态，标准六边形代表制度范式判断标准。可以看出，目前的制度范式是以历史形成的制度作为判断标准的，即它在任何条件下都具有以自身范式评判其他范式的优势，其自身范式形态成为标准范式的尺度。非历史形成的制度，是被约束在"时空错位"条件下生存与发育的，故呈现为变形的椭圆与变形的六边形的构合，变形反映了其内部的多态性特征。

将上图分析和前面的解读联系起来，将经济转轨的实践模式和理论范式置于"制度范式"的框架里去，便可推演出以下几个逻辑性的要点：（1）针对着"转轨研究应可通约于史论结合的思维范式"的理解，在它的第一层次，可以总体地表述为：转轨仍然需要遵循演化过程中历史形成的制度范式形态所提示的规律性，但应该并可以将自身的非历史形成的特殊性考虑进去；（2）针对着"转轨研究应可通约于史论结合的思维范式"的理解，在它的第二层次，除考虑自身隶属于非历史形成的制度范式形态，需要对"制度"的概念进行广泛的解读外，还应考虑自身具有数十年长短不等、程度不同的社会主义计划体制背景的历史痕迹，在解读范围上增加与此相关的内容；（3）针对着"转轨研究应可通约于史论结合的思维范式"的理解，在它的第三层次，对是否具有体制特殊性和源于环境诸因素的依赖程度，可能因国情不同而有差异，必须注意到这一特别重要之点的检验不可缺少；（4）"转轨研究应可通约于史论结合的思维范式"，是尊崇一般性并更强调特殊性这一思维范式重构理解框架来确立指导思想的；历史形成的制度范式形态在决定它生存和发育的历史条件尚未消失之前，或其范式形态变革的适应能力未落后于历史条件变化之前，它的生命力不会完结，并且在临近生命力完结之前较长一个时空内，它的竞争力，一定比非历史形成的制度范式形态强过许多；非历史形成的制度范式形态，因被约束在"时空错位"的条件下扭曲地发展而来，其脆弱性、幼稚性清晰可见。它与历史形成的制度范式形态竞争中所处的劣势地位，短期内亦不会改变。但是，先行者探索中留下的经验教训可以不受约束地获得，这又成为有利条件;就经济总量和技术总水平看,两种制度范式形态在跨越关键障碍的那几步时,可借助的外生条件已不可同日而语。非历史形成的制度范式形态恰当地将诸多有利外界因素与自身潜在有利因素相结合,并非不能将悲观不利前景修正为乐观有利的趋势,关键在于是否能够正确把握变革时机并保证变革的有效性;(5)如果不把资本主义范式形态严格并永恒地与标准制度范式紧密联系一起,它也只能算是基本上遵循了历史形成的自然规律。在其若干个节点上,人为设计推动性质的另类"政府当局决定"方式,一样不乏其例。关键是经历短暂震荡之后,它是如何将其融化在历史形成的制度范式形态的总体系中去的。关于这一线索的搜索,对经济转轨实践模式和理论范式的研究来说,可能尤其重要。因为历史形成的制度范式形态与非历史形成的制度范式形态的表述,是不同历史背景和生活环境中的经济学家们均可理解的,而它又可以具体地通过"转轨研究应可通约于史论结合的思维范式"创新建立框架,这样,在"转轨范式"不可能确立的情况下,我们便获得了另一替代物。

第二节　透视中国式转轨的共性和个性

历史经验及各国经济实践表明,以单一公有制和指令性计划为主要特征的计划经济体制,可以成为政府完全替代市场的交易制度。它在实践中虽然取得了一定的成就,但也付出了高昂的交易成本的代价。这种代价所带来的社会发展结果促使人们去反思市场机制的作用,而反思的结果就是原计划经济体制的国家应当向市场经济体制过渡,即实行经济转轨。既然决定放弃计划体制,确信无疑地向市场化目标迈进,为什么转轨就这么难呢?这是一个具有重要理论与实践意义的关键性问题,如果能够找到问题的根源,就可能加快经济转轨的进程,实现经济社会的大发展,但是我们仿佛仅从一些特定的转轨概念上去寻找,似乎并不能找到理想的答案。

不可否认,经济转轨自身就包含着矛盾,因为经济转轨在本质上与自身是同一的,同时又与自身相对立。只有承认经济转轨过程中都包含自身和否定自身两种对立的因素,才能深刻理解经济体制转轨的自身必然性,从而形成对经济转轨的辩证理解。任何矛盾都有一个发生、发展的过程。我们不但要把握那些已经发展的成熟的矛盾,而且要认识处于初始阶段、萌芽阶段的矛盾。事实上,事物发展初期存在的差异就是一种矛盾,是潜在形态的矛盾,后来的对立、冲突等都是从它发展而来的。从这个意义上讲,差异、对立、冲突不过是矛盾在发展过程中所表现出来的不同形式,其本质关系都是对立统一的。矛盾永远存在,总是处于不断解决又不断产生的过程中。

我们应该认识到经济转轨过程中的新旧体制对立、冲突形式,但是也不能忽略各个国家在经济转轨过程中在所表现的初始条件、转轨路径及目标策略有着性质上的共同性,即转轨共性。这种不同国家的转轨经济实践是以不同的国情及经济发展水平之间的差异为前提,是经济内在规律矛盾运动的一种现实展示,当然也是经济内部矛盾存在的一种状态。

一、中国经济转轨的共性

我们将寻找经济转轨共性的逻辑前提置于更为广大的背景之下,从世界上试图进行不同市场化进程探索的原有的计划经济体制国家来看,几乎遇到了同一种阻力,即某种相同或相似的基础性的障碍。不仅如此,历史地看,上个世纪两次世界大战中诞生的所有社会主义国家,都具有一个共同的计划经济体制产生的背景,即这些国家都没有遵循从高度发达的资本主义国家由"生产资料的集中和劳动的社会化,达到了同它们的资本主义外壳不能相容的地步",从而"炸毁了"它们的"外壳"这样的路径来诞生,恰恰相反,却是从落后国家里基于摆脱贫困和屈辱的强烈愿望,通过反对殖民剥削和民族压迫的解放斗争而诞生。因此,笔者认为,不论它们当初如何坚定地选择了计划体制因而经历了已经经历过的那些曲折的探索,或者近半个世纪以来偏好市场竞争效率选择了市场体制,因而又经历了路径多么不同的偏离计划轨道的市场化变革的探索,都应被视为一个特定阶段的社会主义发展史的组成部分和人类经济发展史上最重要的经济活动实践之一,都一样值得经济学人从非意识形态层面去发现值得尊重的共同之点。

更为具体的观察和分析是,从上世纪五十年代开始,后社会主义国家开展的经济运行体制转轨的探索已经进行了半个多世纪,这场人类经济史上巨大的"变革工程"涉及国家和地区之多,卷入人口之众,被众多学者称为世所罕见。既然是一项"变革工程",那么其蕴含的意思在于这场变革不是遵循人类经济发展史的客观经济规律的自然演化,而是在既定的历史背景中由各转轨经济体政府主观驾驭的强制性政策过程,这个过程从最开始就体现出变革主体制定目标的明确性、变革战略的规划性和步骤性、公众参与的广泛性以及社会改革的深刻性,整个过程虽然就本身来看可能显得有些过于浩大和纷繁复杂,但是历史的直觉可能会做出相反的判断——这项"变革工程"在很短的时间内就能够成功实现。得出这样判断的理论逻辑在于,经济学家及决策者们已经从实践的基本认知上承认计划经济体制的弊端,并决心抛弃这种"弊大于利"的体制,改为接受一种相对高效率的经济体制,即市场经济体制。这种体制经过了西方发达国家几百年的自然演变和不断锤炼,已经非常成熟,如果用这种经济体制从外部强制性注入并替代传统的计划经济体制,同时直接引进与新的市场经济体制相匹配的先进的管理经验和技术创新,这样,一个关于经济体制转轨的全新设想便可以在不长时期内得以实现。而在变革目标及方向既定的前提下,决定变革实现时间长短的关键性因素则在于政府对转轨所要实现任务的认知程度、对转轨所处的客观大背景的把握程度以及对推动全面转轨的决心和勇气。

　　另一个更具共性的特征是,持有这种变革共识的经济学者绝大多数来自于西方市场经济发达的国家和地区,例如,萨克斯的大爆炸式的跳跃性的制度变迁方式,强调在较短时间内完成大规模的整体性制度变革;而威廉姆森提出的"华盛顿共识",隐含的逻辑是只要这些指标好转,市场机制的效率就能得到发挥。当应用于转轨设计时,这种基于新古典经济学理论的转轨思路是希望通过大规模、迅速、全面地建立一套西方式的公共政策安排,实现经济的长期稳定增长。

　　遗憾的是,设想终究是设想,这种"一厢情愿"的经济理论并未通过实践的检验,迄今为止所有进行从计划到市场探索的原社会主义国家,除了中国、越南等少数几个国家在稳定与发展方面表现得相对比较成功以外,大多数在付出巨大的社会成本以后却并没有实现预期。即使是在被科勒德克判定为合乎规范地"向市场转轨"的那些国家里,最近十多年的情况也只有衰退,未见奇迹①。尽管包括科勒德克在内的一些推崇经济/政治发生根本性变化转

---

　　① 格泽戈尔兹·W·科勒德克. 从休克到治疗:后社会主义转轨的政治经济. 上海远东出版社. 2000。

轨论者将上述转轨衰退现象界定为短期过程,并对随着经济自由化(即私有化)过程或任务完成必然使经济从复苏走向持续增长进行了乐观估计,但是不少迹象表明,即使会出现那种乐观估计的绩效,其前进道路仍然存在很大的不确定性预期。以"华盛顿共识"为代表的基于新古典经济学理论的转轨思路,被各转轨经济体实践结果与预期的巨大背离宣告了事实上的彻底破产。即便是采取渐进式改革路径并取得相对经济转轨改革的中国和越南,虽然在保持社会稳定和促进经济发展方面取得了巨大的成功,但距离经济转轨的最终完成还有很长的一段路要走,未来还存在着许多不确定因素。

总而言之,各转轨经济体的实践充分证明了经济转轨简单化思维的过于主观和片面,除了对经济转轨已经并正在表现的明显的复杂性、艰巨性和长期性估计不足外,对经济转轨过程中出现的各种不确定性仍然没有太多符合规律的理论和推断。因此,转轨经济国家的经济运行既不能简单地用发达经济、发展中经济来划分,也不适用市场经济、计划经济来界定,在对经济转轨进行分析和研究时,我们首先要解决的问题就是如何对这场波及地区广泛、卷入人口众多的变革探索进行合乎逻辑与现实的科学认知。

二、中国经济转轨的个性

然而,仅仅研究转轨进程中的共性是不够的,必须对与其对应的另一个哲学概念,即个性进行深入分析,这是因为,其一,共性是不同矛盾中共同的、本质的东西,个性是不同矛盾中独自具有的东西,其二,矛盾个性总是与矛盾共性相联系而存在,个性影响并制约着共性,其三,在一定的条件下,矛盾共性与个性相互转化。事实上,每一种运动形式中的矛盾都具有特殊性,转轨实践进程也不例外,正是这种特殊矛盾构成这一事物区别于其它事物的特殊本质。而且每一事物发展过程中的矛盾都具有特殊性,这种特殊性就是事物内部根本矛盾及其特殊性所决定的。所谓根本矛盾,就是指贯穿事物发展过程始终并规定事物及其过程性质的矛盾。每一个事物都有其根本矛盾,同时又包含一些非根本的矛盾。根本矛盾规定和制约着非根本矛盾,非根本矛盾反过来又影响根本矛盾,加速或延缓根本矛盾的解决,从而加速或延缓事物的发展过程,使其显示出阶段性的特点,各个转轨经济体的转轨实践就是这种矛盾在经济体制领域变革的现实反映和表现。虽然在经济转轨的过程中各转轨国家的转轨初始条件和最终的发展道路可能是极不相同的,但由于各个国家的转轨实践中存在的内在矛盾及其不同方面都有其特殊性,这种特殊性从根本上区分了转轨实践进程的不同,同时,转轨实践意义上的普遍性与特殊性的结合性认识,使我们意识到转轨实践不仅包含了实践内部矛盾的个性,而且也包含了该实践进程中的共性,由于共性存在于个性之中,所以,转轨实践过程中的普遍意义与特殊情况之间的联系就构成了实践进程中矛盾的共性与个性之间的关系。

转轨实践进程中存在的普遍矛盾,以及矛盾中体现出的差异性和多样性,为我们认识矛盾提供了线索,同时也为我们解决矛盾提供了适合矛盾性质和状况的特殊方法。令人遗憾的是,关于经济转轨特征的描述从一般认知的角度来看,可能更多的是一些后验性的总结性概括,而对具体的转轨实践政策没有太大的指导意义,因为经济转轨更多地不在于理论领域的充分性、夯实性、系统性和完美性,而在于各转轨经济体转轨实践中转轨政策的可行性、可操作性和结果的可预见性,况且就目前国内外对转轨经济的研究成果来看还根本没有成形的理论体系,在对转轨特征的描述上也是仁者见仁智者见智,还不足以构成用来指导转轨实践的理论基础;同时,从对特征性的语言写作角度来看,更多的是虚无缥缈、空洞和艰涩的描述。但这里所即将进行的关于经济转轨特征的描述更多的是出自于以中国转轨实践为样本所进行的理论性概括,这些概括来自实践而高于实践但最终又是为了指导进一步的实践。笔者的主旨更在于通过基于中国样本的转轨特征的概括和描述让所有关心经济转轨的读者对转轨过程有一个更加充分和明晰的理解和把握,因而对转轨特征的描述从思想根源上摆脱了纯粹理性思辨的嫌疑,而把着眼点和落脚点都扎根于有利于转轨经济体的转轨政策和转轨实践中来。

基于此,笔者在行文过程中特别强调两点。首先,笔者对经济转轨基本特征的分析是建立在对经济转轨实践过程的分析上的。其基本含义是重视经济转轨的实践过程,从这个实践过程中捕捉在现实生活中真正发挥作用的实践逻辑,以更深入地理解在经济转轨过程中所发生的实质性变化。其要旨是强调在实践过程中发现在静态中难以展示出来的事物的逻辑,之所以要强调对实践过程的关注,从方法论上说是由于静态结构分析所存在的局限,这或许可以称之为结构上的不可见性。因为在静态的结构中,事物本身的一些重要特征,事物内部不同因素之间的复杂关系以及这一事物在与不同的情境发生遭遇时所可能发生的种种出人意料的变化都并不是前在地存在于既有的结构之中;相反,只有在一种动态的实践过程中,这些东西才可能逐步展示出来。其次,笔者关于经济转轨特征的描述虽然更多地出自于以中国转轨实践为样本所进行的理论性概括,但笔者同样考虑了其在其他转轨经济体中的适用性问题,并在关于经济转轨基本特征的分析中结合其他转轨经济体的实践进行了更为深入的阐述和说明。

三、转轨经济中共性和个性的互动

在转轨经济体中,这种个性与共性的互动更为频繁,比如它们既有基础条件、目标取向等方面的共性,又有路径选择、实施方式、政府应变能力以及国际社会干预等多方面的个性。因此,经济转轨的基本特征,具体到不同国家、不同民族、不同地区,会有不同的表现形式,只有正确地理解和处理好两者的关系,才能对转轨经济体的具体问题进行准确的分析和合理的解决。这也同时表明,即使是众所周知的转轨经济的一般规律性也会在不同的条件下体现出不同的形式来;即使是对经济转轨做出专门的分析也不会得出在任何情况下都适用的模式来。因此,笔者并非去寻求某种放之四海而皆准的所谓经济转轨的一般规律和通用模式,而是力图从转轨经济国家的实践进行鉴别和比较,归纳其在经济转轨中的共性。经过大量的鉴别和比较,笔者把经济转轨的基本特征简单概括为如下四个方面:二重任务性、非平衡性、阶段性和二元性。经济转轨的二重任务性是指在转轨经济的运行中一方面存在着体制上的约束,另一方面又存在着发展阶段上的约束,这样各转轨经济体在进行经济转轨的过程中就理所当然地同时承担着"体制转轨"与"发展转型"这两大任务,这两大任务作为两条主线贯穿于经济转轨的始终,忽视任何一条主线的思想和行为都是不可取的并会给转轨实践带来不良影响。经济转轨的非平衡性主要是基于前文明确提出的"转轨—转型"分析框架而得出的经济转轨过程的总体特征,其主要指"体制转轨"与"发展转型"作为经济转轨的两条主线在转轨过程中不是必然地良好地契合在一起并相互推进,而是不可避免地出现两者相脱节、相违背的情况,即我们所称的非平衡性状态,整个转轨过程实际上就是两者所经历的"非平衡…→基本平衡…→非平衡…→平

衡"这样一个代表转轨动力来源的曲线运动。转轨过程的阶段性主要是指由
于经济转轨是一个相对长期的历史过程以及体制转轨进程演进中所客观存
在的诸多方面的特征,使得整个转轨过程自然而然地区分为以事实上存在的
一些转折点为分水岭的具有各自运行特征和标志的不同阶段,阶段性的划分
使我们对经济转轨的考察已经从一般意义上的过程观进入到明显要精细得
多的各阶段的研究,是宏观思维向微观视野的一大具有重要意义的迈进。转
轨过程的"二元性"是指由于经济转轨是一国政府主观驾驭的强制性过程以
及"体制转轨"与"发展转型"两大任务所呈现出来的非平衡性,使得转轨过
程中不可避免地产生"二元性"现象,具体可分为"经典二元"和"新二元",前
者是指转轨过程中所客观存在的比较明显的城与乡、工与农的差距,后者则
是指体制变动导致的利益转移过程中由于"转移性收益偏多"和"转移性损失
偏多"的逆向性运动而带来的非正常速度的高低收入群体的分化。

　　以上的分析和研究证明,转轨经济体在经济转轨过程中的实践显示出的
某些特定联系及出现的相似问题,为我们把经济转轨作为一个研究集合进行
考察、分析、比较、进而研判经济转轨未来发展趋势成为可能,同时也开启了
从实践本身进行理论归纳的研究方法,并且提供了理论依据和实践参考——
这实际上也是对经济转轨的一些基本认知做出了相应的概括和提炼。这种
认知的必要性一方面体现在认识论中透过现象认识本质的逻辑思维过程,能
否捕捉到经济转轨的特征是我们正确认识转轨实质的关键;另一方面也体现
在国内外学者对这一既定研究领域(经济转轨)在思维形式上呈现出的多样
性以及与之相对应的思维结果上的大相径庭,思维的混乱会产生向秩序回归
的驱动力并必然引导深入的思考和研究。当无法从经济转轨本身寻找到转
轨为什么这么难的答案时,我们就只有站在转轨全过程的高度来审视和考察
经济转轨的全貌,把研究的着眼点落到经济转轨的特征分析上,探讨经济转
轨与一般性的社会演进过程到底有什么不同之处,从而找出经济转轨复杂性
和艰巨性的根源。从这个意义上来说,研究经济转轨的共性本身就是题中之
义,那么如何在研究转轨共性的同时,又不忽略个性的重要影响作用,这是当
前的又一个重要问题。

第三节　中国式转轨的调试与认知

　　解构中式变迁必须找到切入点和关键节点,这是调试和认知中国转轨的关键。所谓关节点就是不一致和偶然性,正是这种不一致和偶然性带来了认知上的困惑,解构的功能正体现在对认知困惑的调适上,这样的解构对处理中式变迁认知困惑同样适用。解构这个困惑的前提便是对相关概念的深度解析,在有效认知中式变迁的进程中,我们首先要对中式变迁的出发点,即起始概念进行深度解析。

一、中式变迁:调适与认知的格式化

　　"中式变迁"中的"中式","明处"指后社会主义的"中国式转轨","暗处"指"冲击—回应"的非西式经典回应的"中国回应模式"。"中式变迁"中的"变迁",与经济学领域制度变迁理论中的"变迁"相比,它的含义要宽泛些,是含有复比—复变蕴含的那种"变迁"。

　　辞典中"变迁"解释为"情况或阶段的变化转移"。在词例注解中,分别列出了"陵谷变迁"、"人事变迁"、"时代变迁"等释义。最后一个释义"change of the times(时代变迁)"①,与笔者所设想的"变迁"的含义,比较接近。

　　我们不妨认为,"中式变迁"从以下不同侧面,包含有时代变迁意蕴:(1)从意识形态惯性思维角度说,1978年以来的中国巨大变化,隶属于1946年冷战格局形成至1989/1990年之间时代性转折的大背景下,及与此相关的国际环境之中;(2)从中华人民共和国成立以来的历史演进线索看,1978年以后已经被政府公文及学术术语概称为"新时期";(3)上世纪末至本世纪初,国际社会已陆续出现有关中国崛起及所谓东亚时代的舆论,中国自身也多次表达过实现中华民族伟大历史复兴的愿望。

　　现只需对"认知调适"中的"调适"的学科术语,给出其定义:调适亦称"社会调适",由斯宾塞所创用,指人类在交往过程中产生的一种调整和适应

---

　　①　现代汉语词典(汉英双译).2002年增补本.外语教学与研究出版社.2002.第119页。

社会环境的能动作用。引起调适的原因有：(1)冲突；(2)社会变迁；(3)文化交流①。斯宾塞后期的社会学对理论家们产生了重大的影响，因为他强调，在一个复杂的社会有机体内，变迁是通过非稳定平衡来完成的②。

二、基于解构方法论的经济转轨的深度认知

解构作为一种当代哲学方法，意在追究哲学论证的不一致和偶然性③。在20世纪80年代盛极一时的解构主义，即便没有取代结构主义，也向结构主义提出了挑战，正如结构主义之于存在主义。文本的意义因时因地而异。我们处在一个爱因斯坦式的宇宙之中；最受推崇的方法是揭示出被压制的、隐蔽的意义④。

"关节点"亦称"交错点"，指量变引起的质变点。"关节点"与"变量关系关节线"既相联结，又相区别⑤。基于转轨尚在路途及已转入中后期，在建构"关节点"时所选择的相关议题，理应讲究选题的新颖性，即注意将转轨初期及中前期热门过的那些议题排除在外，将关注重点放在具有转轨中后期新颖性特征的那些方面。何为转轨中后期？这会涉及到逻辑性认定。

---

① 辞海(彩图缩印本)第3卷.上海辞书出版社.2001.第2104页。

② 斯宾塞的模式不同于马克思的模式之处在于，前者强调循序渐进和渐变，后者则强调突变和革命——这令人回想起均变论与灾变论的争论。斯宾塞著作等身、涉猎甚广，鲜有能望其项背者。他渊博的学识往往计人头晕而却步。倘若以著作的销售量为衡量标准，他堪称有史以来最受欢迎的严肃思想家。美国出版商亨利·霍廉·詹姆士把斯宾塞的体系称做是"自圣托马斯或笛卡尔以来，最雄心勃勃的建立包罗所有知识的综合体系的尝试"。新知识的纷纭复杂，旧框架的轰然倒塌，这一切让人头晕目眩、无所适从，他们迫切地寻找这样的一种综合。斯宾塞有中产阶级的马克思之称；他也可以被称为英国的孔德或黑格尔。〔美〕罗兰·斯特龙伯格(Roland N. Stromberg).西方现代思想史.中央编译出版社.2005.第592、595、597页。

③ 〔英〕马丁·奥利弗(Martin Oliver).哲学的历史.希望出版社.2004.第188页。

④ 当我们写作的时候，我们不是在"表达"我们自身，而是进入了一个语言模式和非个人的公共语文化所支配的词语领域。在结构上，德里达和解构主义喜欢证明，每一种思想体系都是基于某一种未加检验的前提，而且它所采用的这个前提正是它明确反对的东西。例如，可以证明，马克思就采用了他旨在批驳的全部资产阶级价值观。解构主义的(潜藏的)政治倾向总体上是左倾的，这是人文主义知识分子的自然趋向——在一定程度上是马克思时代的遗留物。权威总是应该遭受攻击的。近些年来，随着共产主义和社会主义的急剧衰落，不再有一个显眼的靶子或关注的焦点，而且，解构主义者总是想比旧式激进分子的简单做法来得更精巧一些。尽管如此，他们仍旧能够颠覆传统的真理。〔美〕罗兰·斯特龙伯格(Roland N. Stromberg).西方现代思想史.中央编译出版社.2005.第592—593、595、597页。

⑤ "度量关系关节线"亦称"度量关系交错线"，它原是天文学术语，在哲学上由黑格尔最早提出。恩格斯在《反杜林论》中，也曾用它说明质变与量变的关系。辞海(彩图缩印本)第1卷.上海辞书出版社.2001.第717页。

关于转轨是一个不断打破认知平衡的社会变迁的一般性,(1)转轨的认知起点仍然存在思想隔离;和(2)转轨经验自身又提供一个认知起点。通过相关学科知识视野的扩大,则搭建了从实践经验根源性解释通向思维理论根源性解释的桥梁。从而,因"解释"和"理解"区分,补充了(3)将同感作为方法的组成部分、将明了作为认知的根本;基于知识社会学,知识的社会根源和局限观点的有限论命题与时空关联论相联系,增添了(4)正确和理性的信仰需要一种解释,错误的和非理性的信仰需要另一种解释。

以上(1)至(4),终究是整体性地或者说系统性地因主体对一个客体同时具有两个矛盾的观念,在那样的境况下,产生了思维世界的消极状态。从而,思维之"轮"不由自主地就"滑入了"费斯廷格所暗示的"轨道":为维持认知因素之间的一致和协调,力求通过改变其中的一种观念或引进一个新因素的办法,以寻求既是心理上的失调、又是认知上的失调困境的摆脱。摆脱心理—认知失调困境的行动即调适。

"转轨隐喻的实证归结和中式变迁的认知调适"从"和"之前部分转入"和"之后部分,是从更一般到更个别,从分离隐喻的象征性与实在性到解构变迁中的认知困惑。

第一层次,是就"变迁—调适"负效率而言:由〔(错)-自我弱化(对情形的扭曲)〕的非恰当认知,既指回应者不能摆脱过时的观念约束,从而处于既是心理失调也是认知失调的困境,那样来引起的常规性认知悖谬;也指冲击者影响回应者违背时空环境规定性的不当模仿,那样来通过心理世界感知为协调,而实际上认知世界为失调的悖谬。

第二层次,是就"变迁—调适"正效率而言:由〔(对)+自我强化(日益正确的经验)〕的恰当认知,既指回应者根源于冲击者时空关联一般规律,恰当分离隐喻象征性与实在性恰当认知的静态延续;也指回应者对称于冲击者时空关联特殊变化,灵活调整隐喻象征性与实在性原有认知的动态适应。

这样,针对"中式变迁的认知调适"的认知困惑的解构时,就不宜照搬上一节排列关键词于小标题的方式。而适合于采用"变迁—调适"正负效率对照观察,通过"关节点"的解构,那样来将同感作为方法的组成部分、将明了作为认知的根本,及正确和理性的信仰需要一种解释、错误的和非理性的信仰需要另一种解释等分析工具,陈述要点式地来厘清那些认知困惑。

综观世界范围内各个进行转轨试验的经济体,至今尚无一个国家已经进入了建立新体制接近完成的阶段,在这样的局限下,便只能是一种理论假设,即只能对其与特定转轨经济体现有经济发展水平相联系的目标市场体制的概括,界定一个转轨经济体是否到达建立新体制的任务接近完成意义的转折点。

这样,我们以 1998 年来作为解构中式变迁认知困惑的几个关节点的时间界限:这之后新提出来的困惑,或转轨初期及中前期不认为是困惑,因转轨中后期引起反思又产生的困惑,从"旧题"中开掘出有新意的话题。

第四节　中国式转轨的真正含义

从历史进程来看,任何一个崛起的大国,因为利益之争必然伴随着其它大国的种种刁难与阻拦,随后双方之间开始猜忌、博弈与摩擦,最终导致冲突,而经济政策的冲突则是所有政治、军事冲突的前奏。例如:美国的崛起给 19 世纪末期的自由经济秩序带来了毁灭性的后果。同样,如果 20 世纪 30 年代没有经济大萧条,就不会出现希特勒和东条英机。而 20 世纪 70 年代美国的宏观经济不稳定也破坏了黄金时代的基础。更广范围及更大深度的两次世界大战也是沿着这样的轨迹重复进行的。因此,经济冲突解决的好,就可以实现双赢局面,经济冲突如果处理不当,则会引起不堪设想的后果。历史总是重复的,现在同样的情形又出现在了新的时期,只不过新的即将崛起的大国变成了中国,这个美国最大的潜在对手。

从中国的产业优势来看,劳动密集型产业是中国的强项,就像粮食产业是美国的强项一样,它们都是具有极大竞争力以及无穷潜力的新供应商。中国作为一个贸易大国马上就要超过日本,而在未来 10 年内,它将赶上美国和欧洲。中国是一个低通胀的国家,生产力飞速发展,而且它的外汇储备仅次于世界上外汇储备最多的日本。人们已经在指责中国输出通货紧缩。幸运的是,现在中国与美国之间已经建立了一种荣辱与共的关系。美国人消费,中国人则借钱给别人。但这种基于利害关系的"婚姻"埋下了"离婚"的种子。美国与中国日益加大的贸易逆差很容易被民粹主义者利用,而美国的经常账户赤字也使美元这个世界上最重要的货币不堪一击。即使不会出现最糟糕的情况,首先中国必须考虑它的政策和发展给全球带来的影响;其次还需要让中国为世界经济的发展共同承担责任。世界已经建立起这样一个接纳新崛起的大国的机构框架,而在一个世纪前就没有这一框架。考虑到这项成就,美国值得表扬,即便它现在发现这一框架带来的种种限制令它颇为厌烦。所有的经济地位转变都是艰难的。中国的崛起在重要性上可以与美国当初登上世界舞台时相媲美。曾蒙受耻辱的中国多年来一直在政治上沉湎于一种怨恨情绪。在邓小平的领导下,它开始改弦易辙。上个世纪末,中国已经开始承担全球的责任。伟大现在已经降临到中国头上。世界经济的未来取决于中国以及现有的大国如何适应它们的新角色①。

《透过一个孟加拉国人的眼睛看中国》一文的作者、新加坡国立大学社会学副教授哈比卜·哈克·孔达卡尔,结合他来北京参加由国际社会学研究所举办的社会学国际会议期间的会内会外感受所讲出的观点,或许可以认为,代表了一种从专业的、多国观察的集合视野,谈论中式变迁的真实含义是什么的广义阐释。这样既可以破除"只缘身在此山中"的观察局限,更重要的是通过亲身感受可以得到一线客观材料,这些客观材料不仅可以真实地折射转轨历程,同时也是这位学者心路历程的投影。孔达卡尔提出了以下观点:"俄罗斯的与会代表描述了社会主义消亡后俄罗斯社会最凄惨的景象。而在改革的中国,这种衰退和社会崩溃的景象并不明显。你可以在深夜走在北京大街上而不会遭人抢劫,这是社会主义秩序的遗产,这一事实证明中国仍然是一个井然有序的社会、一个治理有方的国家。市场经济的兴起并没有变成一种失去控制、毁掉一切的可怕力量。"孔达卡尔还借助他的见闻及与会学者的见解,阐述了另外几个与众不同的观点:

创造就业机会仍然是当今中国统治者关注的焦点。与新加坡地铁系统不同,中国的地铁里到处都是女性工作人员,一些人在售票,一些人在进站口检票并用汉语为乘客答疑。知名的历史社会学家乔瓦尼·阿里吉在这次社会学会议上发表讲话时提出了类似的论点。东(日本和中国)西(欧洲和后来的美国)方之间的主要差异在于,西方有"工业革命",而东方有"勤劳革命"。阿里吉援引了日本经济学家杉原薰的观点。日本和中国等亚洲国家先后获

---

① 马丁·沃尔夫:《如果中国要领导世界经济的发展,那么必须适应自己的新角色》,原载英国《金融时报》2003年11月19日,新华社《参考消息》2003年11月24日转载。

得成功,关键在于善于利用劳动力。一支自觉勤奋的劳动力队伍减少了监督成本,推动了经济发展。在中国,工人和管理人员的比例为5000∶15;而在美国,管理不仅是最大的负担,而且经常有一支中层管理人员队伍,由此导致生产成本大大增加①。

　　从这里我们可以看出,改弦易辙,它既是真实的,但也不需要过分强调。这样不少论据证明,中式变迁的性质是中式变迁认知领域的核心论题,而且通向核心论题的通道并不只是一个。当我们经过经济学选择成本原理指导,纵横比较后认为,优先考虑"第一条通道"的以下原则,将具有暗示坐标点的意义,这些意义主要具有以下一些特征:逻辑上一致、时间上继起、空间上连续、全局上统一以及系统上整体。

　　从这些特征来讲,在邓小平领导下开始改弦易辙,从而以上个世纪末为起点,那样来谈论伟大现在已经降临到中国头上的主题,是恰当的,而且中国由盛变衰只是历史波浪中的一种形式,中式变迁是回到历史回归线的必然路径,只不过这种路径经历是经漫长历史实践探索和许多痛苦积累后的时代性跃迁,当然在跃迁过程中同时获得了一些特别深刻的教训和大量回顾性的过程,毛泽东和邓小平都在重复,只不过认知点的时间坐标不同罢了。这样一来,西方经济学及社会科学学者的认知模型,就与我们讨论的中式变迁的认知主题一致。但在按照同一标准调适的结果上,却是存在种种差异的。差异之所以发生,是一些学者没有在全局上把诸多变迁因素考虑进去,而是按照一种模型方式进行了简单处理,这样当然会引起结论上的变化。从长期来看,中国目前正在经历的这次跃迁,之所以能引起后续思想的连续变化,很大程度上是因为诸多思想变化反应于同一个时空环境。中国是世界上最大的"起步者",也是最大的"转向者",中国同时经历着美国几个发展阶段②,纵览中国犹如进入时间隧道③:有远见的一些国外学者已经进行过新一轮认知调适,在改用这样的

----

① 哈比卜·哈克·孔达卡尔:《透过一个孟加拉国人的眼睛看中国》,原载香港亚洲时报在线网站2004年10月23日,新华社《参考消息》2004年11月3日转载。

② 这是英国《观察家报》2005年11月6日刊载詹姆斯·麦格雷戈题为《中国是如何学会热爱资本主义的》文章中的观点,参见新华社《参考消息》2005年11月7日转载。

③ 西班牙《荟萃》月刊2005年11月号刊登卡罗琳娜·费尔南德斯题为《中国,黄色巨人》文章中这样写道:在中国旅行就像进入了时间隧道:西部地区19世纪的生活与生产方式与大城市21世纪的繁荣与活力形成强烈反差;把中国国旗带到太空的高科技与大量生活贫困的人口共存。参见新华社《参考消息》2005年11月3日转载。

目光注视中式跃迁未来变化的种种不确定性(见表14.1)。

表 14.1　中式变迁现代性认知的普遍模式

美国比较现代化学者布莱克的观点:总体上体现为一种连续的历史演进过程	第一次伟大的革命性转变	(发生在100万年前) 原始生命经过亿万年的进化以后出现了人类
	第二次伟大的革命性转变	人类从原始状态进入文明社会
	第三次伟大的革命性转变	(近几个世纪正在经历) 从农业文明或游牧文明逐渐过渡到工业文明
美国社会学家 M·列维:对人类社会第三次伟大的革命性转变的理解及类型划分		人类第三次革命性转变具有弥散、扩散性质。虽然不同国家现代化历程起步时间和起步方式各不相同,但总体上分为"内源发展者"(早发内生型现代化)和"后来者"(后发外生型现代化)

文献来源:转引自许纪霖、陈邦达主编.中国现代化史(第1卷).上海三联书店.1995.第2—3页。

　　概括而言,提出中式变迁的真实意义是什么这个问题时,我们事实上已经把有关中式变迁的认知调适的全部问题汇集到一个"点",置于整体回答的平台上了。从实践层次说,它表达着经历了二百来年衰弱沉沦、艰难探索、痛苦积累的东方文明大国中国,受到传统社会向近代社会转型的那些普遍性规律所指导下的,继续探索、继续积累、主调依然是艰难、痛苦但又更多乐观与自信的现代化过程。从思想层次说,它包括着二百来年的衰弱沉沦与曲折复兴、贯通着时空环境既断裂又递延的多阶段、多层次启蒙思想碰撞的心路历程。

　　追根究底而言,认知调适无论理性本体论或时空关联论均不会回避假如没有启蒙时代,便没有二百年来的西方社会崛起,从社会变迁史外部表现深入到思想变迁史内部运动,它所蕴含的即是因冲突、社会变迁、文化交流等结构与解构差异而引起,表现为启蒙→科学→产业革命→现代增长……总是由最先一个出现进展,陆续引起后面几个的变化。假如这样来考虑的话,那么迄今为止我们尽管在以上进行了诸多有关"中式变迁的真实意义是什么"的讨论,它也不过才具有破题的意义。不过,就以上已经引出的话题范围,选择与中式变迁的认知调适后续讨论相涉的某个值得注意之点仍有必要:过去谈论人们思想史的经历,一直没有摆脱预设一个终极目标的描述模式:朝着某个方向就是正面、进步的;悖逆某个方向就是落后、保守的。近一二十年许多人原来所理解的终极目标发生了变化,从革命的理想主义置换为中性的现代化,从一种主义变为另一个主义,但依然是一元化的。这个观点来源于1993年中国知名学者王元化发表的题为《杜亚泉与东西方文化问题论点》的长文。

第五节　中国式转轨改变了什么

从中国改革不被曲解之真的比较视角,质疑中国改革是否缺少真正意义上的政治改革,就这一争论的意义而言,并非出于"有"与"没有"的变革模式评价方面,而在于经验上如果确认了我们"有"的前提,理论与政策思考方向也将有所不同。或许可以这样说,撇开墨守陈规部分不讲,从与政治改革方面的联系而言,我们经济改革中的不恰当性,无论是设计环节还是实施环节,出现的各种偏差都存在着两方面的理论套用倾向:(1)完全照搬来自社会主义理论方面的各种教条;(2)完全照搬来自资本主义方面的各种理论。在这两种理论运用的极端倾向之下,我们是否能恰如其分地选取中庸之道,即综合两种理论进行转轨实践及转轨实践与理论的有效互动,如果能回答这个问题,也就回答了我们内心更为深刻的疑问:中式变迁的真实含义是什么?

以历史事件作为背景,事件之间的逻辑性便会通过一系列事件的发生清晰起来,经历了二百来年衰弱沉沦、艰难探索、痛苦积累的东方文明大国中国所以能够自1978年以来,取得历史性的进步,是两种极端的理论倾向对进步的妨碍降至到了最低点,这种状况不得不归因于整个民族,尤其是它的杰出人物们,在时空交错的历史背景下,通过反复认知历史状况及客观实际,提炼出的主观思想及认知理念进入了一种新的调整结构上,这是心路历程在时空背景下思想碰撞的结果,更是理性认识在深刻认知实践背景下的一次升华。

由此,我们便可看出中国改革不被曲解之真的论题所依附的最深刻的变化,固然首先在于中国人当前的物质生活方面的极大丰富和满足,同时我们也可以肯定地讲,精神世界的解放也是一个相当重要的方面。并且物质需求的满足越来越容易时,精神层面的解放便会变得更为迫切。在这样的要求下,中国转轨实验的对象就出现了一些差异,即并非经济体全部都需要进行变革,变革的应该是非西式经典回应模式不恰当的部分,而并非一定就要破坏社会主义试验社会继续探索前进的连续性,对此,为了修正非西式经典回应模式的不恰当部分,必须考虑社会主义试验社会继续探索前进的建设性的课题。

但是,马克思对待社会主义经济实践的理论却从始至终未提及应该被变革或者不应该被变革等诸如此类的理论,这是因为按照按马克思设想,社会主义是发达资本主义生产方式的更高阶段,新社会自身就不是弱小"追赶者",从而存在与对立面是强大"优势领跑者空间"的冲突。而且,尽管新社会未来的面貌并不清晰,但社会主义既然是发达资本主义生产方式的更高阶段,新社会的领导者和公民必是那个时代上全世界社会化大生产"量"与"质"的领先者、优胜者,有亲身体验得到的关于资本主义生产方式组织经验的充足认知积累,新社会的种种制度性理解下的创意,并不需要天马行空从虚无缥缈处冥思苦想。

另一位革命导师列宁则根据当时俄国与世界形势变化,把理论到实践的各种变迁做出了相应的改变,把本不会存在和出现的实在性与象征性隐喻其中的难题,伴随新社会另类结构中诞生从未曾设想过的"无",变成了真实面对的"有"。

事实上,在列宁的所有著作中,一直到他的晚年,都很少讨论俄国经济发展的含义和目标,更不用说欠发达国家。澳大利亚经济学教授海因茨·沃尔夫冈·阿恩特评论道:"在 1905 年俄国革命失败自发地爆发农村起义之后,正是革命的策略使列宁在农民和工业无产者中间起到了革命的作用。……当列宁偶然注意到目标的时候,他谈到消除贫困和提高生活水平,很像 1945 年以后发展经济学家所用的词语。……有时,他采用了一种更加动态的观点。……他没有时间花在计划上——"闲谈","钻入学究式想法。"然而,列宁拟订计划,"按照大规模集体生产的原理以最现代的技术为基础,重新组织整个工业",因为只有这样城镇才能帮助"落后的和分散的农村",提高农民劳动生产力。在晚年,认为共产主义是"苏维埃政权加全国电气化"。因此,列宁给予经济发展以整个 20 世纪的含义。"[①]

社会主义实践的先行者斯大林的发展目标却是备受争议,但是在这些

---

① 〔澳大利亚〕海因茨·沃尔夫冈·阿恩特.经济发展思想史.商务印书馆.1997.第41—42 页。

年,斯大林至少有一个明显的论断,表明他更多受到如同 19 世纪末日本和中国的现代化者一样的"反应性民族主义"的激发:"速度决不能放慢。正相反,我们必须在权力和可能性的范围内尽量加快速度……减缓速度意味着落后;谁落后谁就挨打……我们落后先进国家 50 年或 100 年。我们必须在 10 年内填补这种落后。不是我们战胜落后,就是落后压垮我们。"①

　　海因茨·沃尔夫冈·阿恩特称,同样的主题在亚洲和非洲马克思主义者和激进先辈的思想中毫不奇怪地占有重要的位置,但有几种更特殊的解释。毛泽东使斯大林的马克思主义"民族化"以适应亚洲的特点:"马克思主义在应用之前必须采取一种民族的形式。"李大钊是中国最早的马克思主义者之一,他把胡志明的"欧洲不再是革命的中心"的理论适用于文明兴衰的传统思想的中国模式:西欧已达到发展的限度,俄国和中国还储备着未来发展的能量。写完这些内容之后,海因茨·沃尔夫冈·阿恩特笔锋一转,向我们展示了历史篇章中更耐人寻味的一页:对不是从先进生产力"长入"社会主义而是从落后生产力"催化"社会主义,其落后阶梯更低于苏维埃俄国的中国社会主义模式实践中的第一代领导人毛泽东,在海因茨·沃尔夫冈·阿恩特的分析框架里,给出了一个与列宁、斯大林不尽相同的位置。早期的亚洲和非洲马克思主义者和中产阶级民族主义领导人中间,一些人憎恨西方文明,一些人羡慕西方文明。一些人可能只看到了"使游牧民族'开化'的实质野蛮",欧洲以"大炮式的攻击、酒精式的攻击和螺旋式的攻击",强加于文明。另一些人看到,欧洲侵占的后面"到处显示其伟大和力量的科学",任务是使受贫困折磨的当地群众,"受饥挨饿的群众,进入现代社会,……教育他们具有人类的尊严。"他不认为毛泽东是前者,但在认为毛泽东是后者时,另加了一种含义的强调:毛泽东的目的当时同样被描述为要"同化西方文明的一些重要内容,尤其掌握自然的创造精神,但在政治方面,现存社会的激进变革以便反对西方的统治。"毛在"文化大革命"时期出现的另一目的是"改变人的强烈愿望,把人性与极权动机奇怪地结合"②。

　　落后生产力条件下创立的社会主义国家第一目标是改善人民福祉或维护民族独立之间的冲突,用西方经济学经典例子来说,不是在"黄油"与"大

① 经济发展思想史.第 43—44 页。
② 经济发展思想史.第 45—46 页。

炮"比例关系何者为主何者为次的很容易就加以调整的常规性议题,而是受"面包"也短缺、"和平"也脆弱双重的、恒久的议题约束。从外部始终存在弱化市场的、自由的、竞争等基本条件下的前提下,同时存在强化干涉的、控制的、垄断等扰动力量就成为一种功能上的可能。具体说来,它必须优先考虑工业强国目标,以便尽早拥有应付坚船利炮的相对能力,从而必须把〔独立·统一·求和平〕作为第一目标。但与此同时,又因为它的社会主义是创建于一个需要紧迫摆脱饥寒交迫之苦的国度,从而,它必须把〔温饱·发展·现代化〕作为第一目标。两目标不可能同时列为第一,即"双目标约束"的根源所在。

回到马克思主义立场、观点、方法层面来讲,列宁确认社会主义不能在所有国家内同时获得胜利,它将首先在一个或几个国家内获得胜利时曾提示过,其余的国家仍将是资产阶级的或资产阶级以前的国家。学会在这样一个国际社会结构中生存,并主要从资产阶级的国家那里学技术、学管理,清醒地认识、科学理性地处理"面包"也短缺、"和平"也短缺制约下的治国方略,尽可能保持静态双赢均衡连续性的基础上,利用相对有利的时机使关系国计民生和社会福祉方面的那些议题得到更多关注,更加快速地、更大力度地走向改善。

或许因为文化和历史两个方面的差异,从毛泽东时代开始,从来就不认为"热战"或"冷战"是政策上可用的东西,一直希望使用相对温和的方式进行内外部各种关系的处理,但是,从当时历史环境的各种条件限制下,我们很难选择温和方式。事实上,我们曾经做出过一系列的努力:1946年6月却并非偶然地安排了两个"外交动作":一是作为同年1月苏共代表团抵达中共中央领导机关所在地西柏坡就新中国建立后一系列重大问题交换意见的后续安排,中共代表团抵达苏联,开始就苏联援助中国经济、文化建设问题进行协商;二是中国领导人通过一些特别安排的渠道传递信息,邀请美国驻南京政府大使司徒雷登去北京,但遭到美国政府的拒绝,由此关上了中美进行接触、沟通的大门。也正是在这种努力失败后,中国坚定地表示战胜困难的决心和信心。毛泽东在中华人民共和国诞生前夜的1949年9月21日的中国人民政治协商会议第一届全体会议上致开幕词讲的一番话:"诸位代表先生们,我们有一个共同的感觉,这就是我们的工作将写在人类的历史上:占人类总数的四分之一的中国人从此站起来了。中国人从来就是一个伟大的勇敢的勤劳的民族,只是近代落伍了。""中国人民已经具有战胜困难的极其丰富的经验。如果我们的先人和我们自己能够渡过长期的极端艰难的岁月,战胜了强大的内外反动派,为什么不能在胜利后建设一个繁荣昌盛的国家呢?"①几乎是话音未落,外在条件的一系列限制随之产生②。

　　面对当时"面包"十分短缺,"和平"更为短缺的境况,宣告"中国人民从此站起来了"的国度,若干回应者策论实施中,有个事实值得一提:由周恩来、陈云主持,从1951年开始着手计划的编制工作,历时四年、五易其稿,于1955年7月由第一届全国人民代表大会通过。在指导方针和基本任务上,对"集中主要力量发展重工业,建立国家工业化和国防现代化的初步基础"作了突出强调。

　　从以上历史性的叙述中,我们可以看出:以1978年为标志性起点的中式变迁,是经漫长实践探索和痛苦积累后的时代性跃迁。该跃迁的一个显著特征,是它直接从毛泽东实践探索和痛苦积累的经验内容中,获得了一些特别深刻的教训,但与此同时,也直接从毛泽东那里继承了回顾性成长的大量遗产③。但我们应该更深刻地看到,中式变迁既有客观环境的变化,也有主观认识上的变化。

　　作为时代变迁的主体回应,邓小平时代对社会主义"试验追赶者空间"的想象力更为丰富,对与"优势领跑者空间"关联互动方面,更愿意选择非对抗的主动出击方式与之打交道。援引前面已经使用过的语汇,表征为经历了二百来年衰弱沉沦、艰难探索、痛苦积累的中国东方文明大国领导人,尽管依然

---

　　①　毛泽东选集(第五卷).人民出版社.1977.第4—6页。

　　②　1949年10月3日即中华人民共和国成立第三天,美国国务院发言人表示,美国政府继续承认国民党当局拒绝承认中华人民共和国,并要求西方国家采取"共同行动"。1949年12月美国政府宣布"不应给中国以官方的经济援助,也不应鼓励私人在共产党中国投资"的政策。1950年10月1日即中华人民共和国第一个国庆纪念日,始于6月25日初朝鲜半岛南、北方战争,经6月27日美国派兵介入并武装封锁台湾海峡及7月7日借联合国名义组织"联合国军"正式参战一系列演变后,这一天,朝鲜战争的战火烧到中国,中国东北遭到对方飞机轰炸,10月8日毛泽东被迫作出中国人民志愿军出国作战、保家卫国的反应。1952年9月即朝鲜战争期间,"巴黎统筹委员会"(1949年11月由美国提议成立的、专门针对苏联和东欧国家实行"禁运"的国际机构,简称"巴统")在其内部增设了中国委员会。直至1957年,"巴统"对中国实施的"禁运"和"封锁"比对苏联、东欧要严厉得多。

　　③　中国经济年鉴·1987年刊(北京版).经济管理出版社.1987.第Ⅲ—27页。

在经历着艰难探索和痛苦积累，但今天无论整体或精英部分的中国人，加载于他们身上的二百来年的衰弱沉沦与曲折复兴及贯通着前现代→现代→后现代多阶段、多层次启蒙思想碰撞的心路历程，已使他们获得更多觉悟与警醒、乐观与自信。邓小平提出了一个论点："从政治角度说，我可以明确肯定地讲一个观点，中国现在是维护世界和平和稳定的力量，不是破坏力量。中国发展得越强大，世界和平越靠得住。"①拿这些话和毛泽东时代"深挖洞，广积粮，不称霸"相比，实质上是指一个意思，只是不同时代的语言而已。

往前追溯，1978 年邓小平在回答日本首相大平关于中国的四个现代化的目标究竟是什么的问题时，邓小平回答，到本世纪末翻两番。1979 年中国的人均国民生产总值 250 美元左右，到本世纪末翻两番，就是人均一千美元。后来，邓小平显然经过深思熟虑，又考虑到那个时候人口不只十亿了，大体上要控制到 12 亿左右，如果国民生产总值翻两番，而人口增长到 12 亿，那么，人均国民生产总值就是 800 美元多一点。与毛泽东相比，邓小平的思想境界与现实世界联系更加紧密，他说："我们的这个目标对发达国家来说是微不足道的，但对中国来说，是一个雄心壮志，是一个宏伟的目标。如果实现这个目标，中国的国民生产总值就会达到 1 万亿美元。更为重要的是，1 万亿美元是一个很好的基础，在这个基础上，再发展三十年到五十年，力争接近世界发达国家的水平。"②

邓小平是对"面包"与"和平"一直都是"两手都要抓，两手都要硬"。很有说服力的论据有两方面：一是 1982 年 9 月 18 日陪同朝鲜劳动党中央委员会总书记金日成去四川访问途中，所忧虑所思考的国内经济社会环境："我们干革命几十年，搞社会主义三十多年，截止一九七八年，工人的月平均工资只有四五十元，农村的大多数地区仍处于贫困状态，这叫什么社会主义优越性？因此，我强调提出，要迅速地坚决地把工作重点转移到经济建设上来。"③1982 年，中国国内"面包"问题还是如此短缺，但 1981 年对与美关系涉及的"和平"问题，邓小平所持的观点却给我们留下了深刻印象：

第一种观点，认为中国很弱很穷，装备又落后，所以中国是无足轻重的，

① 邓小平文选（第三卷）．人民出版社．1993．第 104 页。
② 邓小平关于建设有中国特色社会主义的论述专题摘编．中央文献出版社．1992．第 227—228 页。
③ 邓小平文选（第三卷）．人民出版社．1993．第 10—11 页。

是一个不值得重视的国家。这个问题不是一个小问题,而是一个对世界力量对比的判断问题。(对此,邓小平回应:中国尽管穷,但需要中国自己做的事情,中国是敢于面对现实的。所以,对中国在世界政治中的地位发生错误判断的人,起码不会有一个正确的国际战略。)第二种观点,说中国现在有求于美国,美国无求于中国。(对此,邓小平回应:中国是很穷,但有一个长处,就是中国本身的生存能力比较强,还有就是穷日子过惯了。即使现在世界发生大的动乱和各种推测的变化,中国自己也能够活下去,以为中国有求于人的判断,会产生错误的决策。)第三种观点,认为如果美国政府对苏联采取强硬政策,像台湾这样的问题,中国可以吞下去。(对此,邓小平回应:如果真的出现这样的情况,由于台湾问题迫使中美关系倒退的话,中国不会吞下去。有的议论说,里根先生可能采取向台湾派总统私人代表的形式。今天我坦率地说,如果真的出现这样的情况,我们不认为这是什么私人代表,而是一种正式的政府对政府之间的关系。)第四种观点,认为中国政府信奉的意识形态旨在摧毁类似美国这样的政府。(对此,邓小平回应:这样的观点至少不是八十年代的观点,也不是七十年代的观点,而是恢复了六十年代的观点。)①

而1986年9月2日邓小平接受美国哥伦比亚广播公司"六十分钟"节目记者迈克·华莱士电视采访时,以敏锐发问著名的华莱士与邓小平所展开的7个"回合"的一问一答中,我们所见到的,是中国领导人对外开放价值观的另一侧面。

"我可以告诉你,我现在年龄不小了,过了八十二了,我早已经完成了出国访问的任务。我是决心不出国的了。但如果消除了这个障碍,我愿意破例地到苏联任何地方同戈尔巴乔夫见面。我相信这样的见面对改善中苏关系,实现中苏国家关系正常化很有意义。"②

两年零六个月以后,北京市区正处在1989年春、夏之交的政治风波中,苏联最高苏维埃主席团主席、苏共中央总书记戈尔巴乔夫来到北京。新华社发布消息只简略地提到邓小平与戈尔巴乔夫共同宣布"中苏两国关系实现了

---

①　这里引述的有关内容,源自邓小平1981年1月4日会见美国参议院共和党副领袖史蒂文斯和美国总统出口委员会副主席陈香梅的谈话。邓小平文选(第二卷).人民出版社.1994.第375—378页。

②　邓小平文选(第三卷).人民出版社.1993.第167—168页。

正常化"，随后两党领导人会见意味着两党关系正常化，邓小平说，"我们这次会晤，可以概括为八个字：总结过去，开辟未来"，戈尔巴乔夫对此表示赞同。但从后来仅是部分地被收入公开出版的文献中，我们所看到的谈话内容已经相当不短。邓小平引出总结过去的话题后，按照他"只想简单讲两点"的思路，一是讲了历史上中国在列强的压迫下遭受损害的情况，二是讲了近三十年中国人感到对中国的威胁从何而来。

综上所述，从言论与政策上，我们更强烈地感到，邓小平是在更重视对沿着列宁开辟的社会主义首先在一个或几个国家内获得胜利后，漫长而艰巨地如何与其余仍将是资产阶级的或资产阶级以前的国家那样的国际社会恰当相处的方式，及争取尽可能多地向资产阶级国家获得有利于本国发展机会，是在一个比输出革命、扩大阵营重要得多的理论与实践课题加以深入领会的思想指引之下，力求以创新的思路，利用扩大开放机会构建"和平"与"面包"更稳定也更灵活的结构方程式。

毋庸置疑，邓小平倡导的经济改革战略作为国策在过去三十多年的时间里已经使中国经济转向高速增长轨道，然而，它更重要的是其现实意义以及今后所起到的重要作用。这种作用突出表现在他在凝聚共识、推动根本性战略转变方面。当然，即使中国经济转轨的潜力巨大，持续、和谐、健康的经济增长并不会轻易实现，必须抓住经济发展机遇，创新转轨机制，从而实施新发展战略。

新的发展战略发端在于中国经济在经历三十多年高速增长之后，原有的经济发展方式已经走到了尽头，需要进行一次根本性的战略转变。这样的要求不光是表面上的口号表达，更需要从创新机制方面进行改善和推进。通过结构性改革来重新界定政府与市场的边界，加快要素市场的流通与有效运转，通过先进技术与人才的不断引进，深刻调整各类利益主体的分配机制。以政府为例，政府直接提供的有形公共产品和服务相对减少的同时，需要提供更多的诸如制度、规则和政策之类的无形公共产品，以提高生产效率，促进竞争，便利专业化分工，改善资源配置，保护环境，降低风险与不确定性。同时，更加注意制度创新的系统性安排。通过在就业、融资、高质量社会服务和可转移的社会保障等领域提供相同的可及性，使所有人享有均等的发展机会和社会保障。要完成这些，必须优化和完善财政收支体系，建设稳健的财政体系。如果财政领域没有进行适当改革,新战略所需的许多其他改革将难以推进。

　　总体来讲,中国经济转轨的主体,必须综合各方面的资源,合理安排各种资源之间的优先顺序,特别是关键性资源,即强有力的领导力与决心,在完善阶段坚定实施转轨战略,各个利益主体应不断加强协调,确保更多的经济单元参与转轨的整个过程之中。这样不仅能有效规避转轨风险,而且是确保改革平稳实施并取得预期效果的必要途径。

参考文献

1.阿·阿夫托尔哈诺夫.勃列日涅夫的力量和弱点.新华出版社.1981

2.安晓敏,任永泽,田里.我国义务教育经费配置公平性的实证研究.东北大学学报.2007(4)

3.安格斯·麦迪森.中国经济的长远未来.新华出版社.1999

4.安格斯·麦迪森.世界经济千年史.北京大学出版社.2003

5.保罗·萨缪尔森,威廉·诺德豪斯.经济学.北京经济学院出版社.1996

6.布哈林.过渡时期经济学.三联书店.1981

7.常修泽.中国现阶段基本公共服务均等化研究.中共天津市委党校学报.2007(2)

8.陈继勇,胡艺.知识经济时代与世界经济失衡问题的再认识.世界经济.2007(7)

9.陈甬军.过渡经济的本质与中国经济改革的走向.中国经济问题.2000(6)

10.陈宗胜.改革、发展与收入分配.复旦大学出版社.1999

11.陈宗胜.双重过渡经济学.天津教育出版社.2005

12.程恩富.中国海派经济论坛(1998).上海财经大学出版社.1998

13.戴尔·古德.康普顿百科全书(技术与经济卷).中国商务印书馆、美国康普顿知识出版社.2001

14.丹尼尔·耶金,约瑟夫? 斯坦尼斯罗.制高点:重建现代世界的政府

与市场之争. 外文出版社. 2000

15. 丹尼·罗德里克, 阿尔温德? 苏布拉马尼扬. 印度经济增长转变之谜. 比较. 2004(14)

16. 丹尼尔·贝尔. 后工业社会的来临——对社会预测的一项探索. 新华出版社. 1997

17. 道格拉斯·C·诺斯. 经济史中的结构与变迁. 上海三联书店、上海人民出版社. 2002

18. 杜莉. 中国经济与社会发展的失衡及其矫正. 四川大学学报(社会科学版). 2004(1)

19. 杜鹏. 基于基尼系数对中国学校教育差距状况的研究. 教育与经济. 2005(3)

20. 冯舜华等. 经济转轨的国际比较. 经济科学出版社. 2001

21. 弗里德里希·奥古斯特冯·哈耶克. 个人主义与经济秩序. 北京经济学院出版社. 1989

22. 格·阿阿尔巴托夫. 苏联政治内幕: 知情者的见证. 新华出版社. 1998

23. 格泽戈尔兹·W·科勒德克. 从休克到治疗: 后社会主义转轨的政治经济. 上海远东出版社. 2000

24. 顾建光. 公共政策分析学. 上海人民出版社. 2004

25. 郭宏宝, 仇伟杰. 财政投资对农村脱贫效应的边际递减趋势及对策. 当代经济科学. 2005(9)

26. 郭连成. 俄罗斯经济转轨与转轨时期经济论. 商务印书馆. 2005

27. 郭树清. 国民经济运行机制的转变与改革战略的选择. 经济研究. 1990(11)

28. 郭增麟. 加紧向西方靠拢的波兰、捷克、匈牙利. 欧亚社会发展研究. 1999(1)

29. 国务院发展研究中心课题组. 我国工业化进入新阶段. 经济日报. 2003 年 12 月 1 日

30. 洪银兴. 在经济稳定中实现转型——经济转型理论评析. 经济社会体制比较. 1997(5)

31. 胡健. 俄罗斯转轨过程中的经济绩效分析. 东北亚论坛. 2002(2)

32. 胡汝银. 中国改革的政治经济学. 经济发展研究. 1992(4)

33. 华生等. 论具有中国特色的价格改革道路. 腾飞的构想. 中共党史资料出版社. 1987

34. 贾康, 白景明. 县乡财政解困与财政体制创新. 经济研究, 2002

35. 加藤弘之. 中国经济的双重转型及其特点. 经济学动态. 2003(8)

36. 江晓薇, 宋红旭. 中国经济市场经济度的探索. 管理世界. 1995(6)

37. 金人庆. 完善公共财政制度逐步实现基本公共服务均等化. 求是. 2006(11)

38. 金雁, 秦晖. 十年沧桑: 东欧诸国的经济社会转轨与思想变迁. 上海三联书店. 2004

39. 景维民. 过渡经济论: 目标、道路与制度. 天津人民出版社. 2000

40. 景维民. 全球化视野的我国城乡关系失衡与协整. 改革. 2006(7)

41. 剧锦文. 世界经济大转轨中的转轨经济学. 经济学消息报. 1997 年 1 月 31 日

42. 卡洛? M? 奇波拉. 欧洲经济史. 商务印书馆. 1998

43. 科尔内·达尼尔. 匈牙利经济学家眼中的中国经济改革. 经济社会体制比较. 1987(5)

44. 厉以宁. 非均衡的中国经济. 广东经济出版社. 1999

45. 厉以宁. 转型发展理论. 同心出版社. 1996

46. 联合国. 国民经济核算体系. 中国统计出版社. 1994

47. 联合课题组. 中国国家竞争力报告(1997). 中国人民大学出版社. 1998

48. 林伯强. 中国的经济增长、贫困减少与政策选择. 经济研究. 2003(12)

49. 林毅夫, 蔡昉, 李周. 论中国经济改革的渐进式道路. 经济研究. 1993(9)

50. 林毅夫. 关于制度变迁的经济学理论: 诱致性变迁与强制性变迁. 上海三联书店、上海人民出版社. 2003

51. 林毅夫等. 为什么中国经济改革取得了成功: 对其他改革中经济的含义. 经济社会体制比较. 1995(4)

52. 林毅夫等. 中国的奇迹: 发展战略与经济改革. 上海三联书店、上海人

民出版社.1994

　　53.刘福垣.中国发展失衡与国家发展战略的反思.财贸经济.2003(9)

　　54.刘美珣,列乌斯基·亚历山大·伊万诺维奇.中国与俄罗斯:两种改革道路.清华大学出版社.2004

　　55.刘尚希.基本公共服务均等化:现实要求和政策路径.浙江经济.2007(13)

　　56.刘世锦.经济体制创新的条件、过程和成本——兼论中国经济改革的若干问题.经济研究.1993(3)

　　57.刘为民,洪望云.经济转轨期政府与市场的博弈及制度创新.湖北大学学报.1999(2)

　　58.楼继伟,周小川.论我国价格体系改革方向及其有关的模型方法.经济研究.1984(4)

　　59.卢中原,胡鞍钢.市场化改革对我国经济运行的影响.经济研究.1993(3)

　　60.罗伯特·杜普莱西斯.早期欧洲现代资本主义的形成过程.辽宁教育出版社.2001

　　61.罗格纳·纳克斯.不发达国家的资本形成.商务印书馆.1986

　　62.罗纳德·I·麦金农.经济市场化的次序——向市场经济过渡时期的金融控制.上海三联书店、上海人民出版社.1997

　　63.吕炜基于中国经济转轨实践的分析方法研究——兼作对"北京共识"合作逻辑的一种解释.经济研究.2005(2)

　　64.吕炜.我们离公共财政有多远.经济科学出版社.2005

　　65.吕炜.进入后"短缺时期"的中国经济.财经问题研究.2001(3)

　　66.吕炜.经济转轨的过程与效率问题.经济科学出版社.2002

　　67.吕炜.论改革过程中的机制创新与创新机制的持续更新.财贸经济.2002

　　68.吕炜.完善体制阶段的最终费用结算分析与绩效评判模式的转变——从一般性理论到中国样本的实证研究.经济研究参考.2005(34)

　　69.吕炜.应着力研究如何驾驭好市场经济体制.光明日报.2002年10月8日

70. 吕炜. 中国经济转轨实践的理论命题. 中国社会科学. 2003(4)

71. 吕炜. 转轨过程的最终费用结算与绩效评价. 中国社会科学. 2005(1)

72. 吕炜. 转轨经济的基本特征与研究方法探讨. 经济研究参考. 2001 (84)

73. 吕炜. 资本挑战体制:关于中国经济转轨原理的一种解析. 经济科学 出版社. 2000

74. 吕炜. 转轨的实践模式与理论范式. 经济科学出版社. 2006

75. 吕炜. 经济转轨理论大纲. 商务印书馆. 2006

76. 吕炜. 完善体制阶段的和谐社会建设与公共财政安排. 东北财经大学 出版社. 2008

77. 马丁·拉瓦里昂,陈少华. 中国减贫工作取得不平衡的进展. 世界银 行发展研究部,2004 年 7 月 18 日

78. 马国贤. 基本公共服务均等化的公共财政政策研究. 财政研究. 2007 (10)

79. 陈万里等. 市场经济 300 年. 中国发展出版社. 1995

80. 马洪,王怀超. 中国改革全书总论卷(1978—1991). 大连出版社. 1992

81. 毛增余. 约瑟夫·斯蒂格利茨经济体制转型理论评价. 经济学动态. 2001(12)

82. 苗壮. 制度变迁中的改革战略选择问题. 经济研究. 1992(10)

83. 米·谢·戈尔巴乔夫. 改革与新思维. 世界知识出版社. 1988

84. 尼古拉斯·拉迪. 中国未完成的经济改革. 中国发展出版社. 1999

85. 聂江. 以基尼系数衡量的教育不平等与中国的实证研究. 市场与人口 分析. 2006(4)

86. 诺斯. 经济史中的结构与变迁. 上海三联书店、上海人民出版社. 2002

87. 樊纲,胡永泰. "循序渐进"还是"平行推进"? ——论体制转轨最优路 径的理论与政策. 经济研究. 2005(1)

88. 樊纲,王小鲁,朱恒鹏. 中国各地区市场化相对进程报告. 经济研究. 2003(3)

89. 樊纲. 渐进改革的政治经济学分析. 上海远东出版社. 1997

90. 樊纲. 两种改革成本与两种改革方式. 经济研究. 1993(11)

91. 樊纲. 论改革过程(1991). 中国的过渡经济学. 上海三联书店、上海人民出版社. 1994

92. 樊纲. 现代三大经济理论体系的比较与综合. 上海三联书店. 1994

93. 樊胜根,张林秀,张晓波. 经济增长、地区差距与贫困——中国农村公共投资研究. 中国农业出版社. 2002(3)

94. 普京. 千年之交的俄罗斯. 独立报(俄). 1999年12月30日

95. 阙紫康. 中国金融结构调整问题研究. 深圳证券交易所综合研究所研究报告. 2003

96. 热若尔·罗兰. 转型与经济学. 张帆等译. 北京大学出版社. 2002

97. 萨缪尔森. 经济学. 商务印书馆. 1988

98. 盛洪. 关于中国市场化改革的过渡过程的研究. 经济研究. 1996(1)

99. 盛洪. 外汇额度的交易:一个计划权利交易的案例. 上海人民出版社. 1996

100. 盛洪. 寻求改革的稳定形式. 经济研究. 1991(1)

101. 盛洪. 中国的过渡经济学. 上海三联书店、上海人民出版社. 1994

102. 世界银行. 中国:90年代的扶贫战略. 中国财政经济出版社. 1993

103. 世界银行. 中国:推动公平的经济增长. 清华大学出版社. 2003

104. 舒元,王曦. 中国经济转型的量化指标体系:构造原则和方法. 管理世界. 2002(4)

105. 斯蒂格利茨. 中国第二步改革战略. 人民日报. 1998年11月13日

106. 宋健. 现代科学技术基础知识. 中共中央党校出版社. 1994

107. 苏星. 邓小平社会主义市场经济理论与中国经济体制转轨. 人民出版社. 2002

108. 孙百才. 测度中国改革开放30年来的教育平等——基于教育基尼系数的实证分析. 教育研究. 2009(1)

109. 孙立平. 我们在开始面对一个断裂的社会?. 战略与管理. 2002(2)

110. 孙立平. 权利失衡、两极社会与合作主义宪政体制. 书屋. 2007(1)

111. 谭崇台. 发展经济学的新发展. 武汉大学出版社. 2002

112. 田侃,陈宇峰. 我国医疗费用持续上涨的实证与对策研究. 财政研究. 2007(2)

113. W·W·罗斯托. 经济成长的阶段——非共产党宣言. 中国社会科学出版社. 2001

114. 威廉·N·邓恩. 公共政策分析导论. 中国人民大学出版社. 2002

115. 维托·坦齐. 经济转轨与政府的角色转变. 转轨通讯. 2005(4)

116. 魏勇, 俞文华. 中国转轨时期居民收入差距、贫困与增长问题的研究. 经济科学. 2004(1)

117. 魏众, B·古斯塔夫森. 中国转型时期的贫困变动分析. 经济研究. 1998(11)

118. 汪丁丁. 制度分析基础讲义 I: 自然与制度. 上海人民出版社. 2005

119. 王国刚. 对今年一季度经济形势的若干评析. 金融时报. 2000 年 5 月 13 日

120. 王金秀. 我国地区间财税的失衡及其矫正. 财贸经济. 2007(6)

121. 王丽华. 历史性突破——俄罗斯学者论新经济政策. 人民出版社. 2005

122. 王韧. 路径依赖与中国利用外资的调整对策. 改革. 2005(11)

123. 王伟同. 公共服务绩效优化与民生改善机制研究: 模型构建与经验分析. 东北财经大学出版社. 2011

124. 王伟同. 公共服务提供能力与绩效. 地方财政研究. 2007(11)

125. 王跃升. 不同改革方式下的改革成本与收益. 经济研究. 1997(3)

126. 王祖祥, 范传强, 何耀. 中国农村贫困评估研究. 管理世界. 2006(3)

127. 吴金勇. 重思产权改革. 商务周刊. 2005 - 11 - 21

128. 吴敬琏. 计划经济还是市场经济. 中国经济出版社. 1992

129. 西蒙·库兹涅茨. 现代经济增长. 北京经济学院出版社. 1991

130. 谢尔盖·古里耶夫, 安德烈?拉辛斯基. 俄罗斯资本主义中寡头的角色. 比较. 2005(18)

131. 解垩. 中国地区教育差距的定量分析. 市场与人口分析. 2004(6)

132. 徐坡岭. 俄罗斯经济转型轨迹研究——论俄罗斯经济转型的经济政治过程. 经济科学出版社. 2002

133. 亚历山大·巴伊特. 社会主义经济改革的范围. 经济社会体制比较. 1990(4)

134. 雅诺什·科尔奈,翁笙和. 转轨中的福利、选择和一致性——东欧国家卫生部门改革. 中信出版社,2003

135. 雅诺什·科尔奈. 大转型. 比较. 2005(17)

136. 亚诺什·科尔内. 短缺经济学(上、下卷). 经济科学出版社. 1986

137. 杨方方. 中国转型期社会保障中的政府责任. 中国软科学. 2004(8)

138. 阎坤. 转移支付制度与县乡财政体制构建. 财贸经济. 2004(8)

139. 颜莉冰. 高等教育资源的区域公平性研究. 高教探索. 2005(5)

140. 杨超. 唯物辩证法的若干问题. 人民出版社. 1980

141. 亚洲开发银行. 中国贫困状况. 2003(9)

142. 姚钢等. 发展·变革·反思:中国体制改革的进程和趋势研究. 中国人民大学出版社. 1992

143. 姚继军. 中国教育平等状况的演变—基于教育基尼系数的估算(1949—2006). 教育科学. 2009(2)

144. 伊曼纽尔·沃勒斯坦. 现代世界体系(第二卷). 高等教育出版社. 2000

145. 易宪容. 现代合约经济学导论. 中国社会科学出版社. 1998

146. 于洋. 经济转轨:中国的理论与实践. 中国财政经济出版社. 2000

147. 于洋等. 中国经济改革与发展:政策与绩效. 东北财经大学出版社. 2005

148. 约翰·D·海. 微观经济学前沿问题. 中国税务出版社、北京腾图电子出版社. 2000

149. 约瑟夫·斯蒂格利茨. 关于转轨的几个建议. 经济社会体制比较. 1997(2)

150. 约瑟夫·斯蒂格利茨. 中外经济体制转轨比较. 经济学动态. 2001(5)

151. 曾军甲. 政府间转移支付制度的财政平衡效应研究. 经济研究. 2000(6)

152. 翟博. 教育均衡论——中国基础教育均衡发展实证分析. 人民教育出版社. 2008

153. 张长征,郇志坚,李怀祖. 中国教育公平程度实证研究:1978—2004.

清华大学教育研究.2006(2)

154.张军,王爱民.转型经济中改革的基础、速度与经济绩效的关系.江西财经大学学报.2000(6)

155.张军."双轨制"经济学:中国的经济改革(1978—1992).上海三联书店、上海人民出版社.1997

156.张军.制度、组织与中国的经济改革.上海财经大学出版社.2004

157.张军.资本形成、工业化与经济增长.经济研究.2002(6)

158.张晓,叶普万.世界反贫困战略的变迁及其启示.生产力研究.2006(6)

159.张颖.关于东欧国家私有化问题的探讨:概念、目的和形式.东欧中亚研究.1995(6)

160.张秋华等."拉普"资料汇编(上册).中国社会科学出版社.1981

161.张曙光,赵农.市场化及其测度——兼评"中国经济体制市场化进程研究".经济研究.2000(10)

162.张维迎.关于价格改革中以"放"为主的思路.经济研究参考资料.1985(6)

163.张问敏,钟培华.社会主义市场经济理论.中国经济理论问题.中国财政经济出版社.2002

164.张旭昆.制度演化的突变与渐进——兼论次序比速度更重要,制度经济学研究(第四辑).经济科学出版社.2004

165.张卓元.论争与发展:中国经济理论.云南人民出版社.1999

166.张卓元.政治经济学百科全书.经济科学出版社.1998

167.赵德馨.中华人民共和国经济史(1967—1984).河南人民出版社.1989

168.中国财政学会课题组.公共服务均等化问题研究.经济研究参考.2007(58)

169.中国经济增长与宏观稳定课题组.增长失衡与政府责任——基于社会性支出角度的分析.经济研究.2006(10)

170.中国现代化战略研究课题组,中国科学院中国现代化研究中心.中国现代化报告2005——经济现代化研究.北京大学出版社.2005

171. 周冰等. 经济体制转型方式及其决定. 中国社会科学. 2005(1)

172. 周其仁. 中国农村改革:国家和所有权关系的变化. 中国社会科学季刊. 1994(3)

173. 周振华. 增长转型. 上海人民出版社. 1997

174. 朱奕. 收入差距正过分拉大. 人民政协报. 2001 年 3 月 4 日

175. 邹薇. 庄子银. 中国改革过程的性质、特征与动态优化. 经济研究. 1995(9)

176. Akita, T. , R. A. Lukman, and Y. Yamada. Inequality in the Distribution of Household Expenditure in Indonesia: A Theil Decomposition Analysis. The Developing Economies. 1999(2)

177. Bardhan, P.. Awakening Giants, Feet of Clay: a Comparative Assessment of the Rise of China and India, paper presented at International Conference on the Dragon and the Elephant: China and India's Economic Reforms. 2006

178. Barro, R. J. and Sala－I－Martin, X.. Economic Growth. McGraw－Hill, Inc.. 1995

179. B. Dahlby and L. S. Wilson. Fiscal Capacity, Tax Effort, and Optimal Equalization Grants. The Canadan Journal of Economics. 1994

180. Benhabib, J. and Spiegel, M.. The Role of Human Capital in Economic Development Evidence from Aggregate Cross－Country Data. The Journal of Monetary Economics. 1994(34)

181. Bhalla S. Imagine There Is No Country: Globalization and Its Consequences for Poverty. working paper. 2001

182. Blanchard, O. and A. Shleifer. Federalism with and without Political Centralization: China versus Russia. NBER. 2000,

183. Bourguignon Francois. The Pace of Economic Growth and Poverty Reduction. Paper presented at LACEA 2001 Conference . 2001

184. Foster, J. , J. Greer, E. Thorbeche. A Class of Decomposable Poverty Measures. Econometrica. 1984(5)

185. Grzegorz W . Kolodko. Ten Years of Postsocialist Transition: the Lessons for Policy Reforms. The world Bank Development Economics Research

Group. 1998

186. Heckman,James J.. China's Human Capital Investment. China Economic Review. 2005(1)

187. James M. Buchanan. Federalism and Fiscal Equity. The American Economic Review . 1950(4)

188. Joshua Cooper Ramo. The Beijing Consensus. Foreign Policy Centre. 2004(5)

189. Kornai. Janos. Transformational Recession:A General Phenomenon Examined through the Example of Hungary's Development. Economie Appliquee. 1993(2)

190. Kornai. Janos, What the Change of System from Socialism to Capitalism Does and Does Not Mean. Journal of Economic Perspectives. 2000(14)

191. Koseph Stiglitz. More Instrument and Broader Goals:Moving Toward the Post – Washington Consensus. The 1998 WIDER Annual Lecture. 1998

192. Lewis,W Arthur. The Theory of Economic Growth. London:George Allen & Urwin. 1955

193. Li,Hongbin and Li – An Zhou. Political Turnover and Economic Performance: The Incentive Role of Personnel Control in China. Journal of Public Economics. 2005

194. Lodge,George C.. The New American Ideology. New York:New York University Press,1986

195. Maas, Jacob van Lutsenburg, and Ceert Crel. Distribution of Primary School Enrollments in Eastern Africa. World Bank Staff Working Papers. 1982

196. Milanovic,Branko. Income, Inequality and Poverty during the Transiton from Planned to Market Economy. The World Bank. 1998

197. Naughton. What Is Distinctive about China's Economic Transition? State Enterprise Reform and Overall System Transformation. Journal of Comparative Economics. 1994(18)

198. Oates, W. E.. Fiscal Federalism. NY: Harcourt Brace Jovanovich. 1972

199. Psacharopoulos,G. ,Arriagada, A. M.. The Educational Attainment of the Labor Force:an International Comparison. The World Bank. 1986

200. Qian Y. and B. Weingast. Federalism as a Commitment to Preserving Market Incentives. Journal of Economic Perspectives. 1997(4)

201. Qian Y. and G. Roland. Federalism and the Soft Budget Constraint. American Economic Review. 1998(5)

202. Ravallion, Martin. Growth, Inequality and Poverty: Looking Beyond Averages. World Development. 2001(11)

203. Rosthal, Richard A. Measures of Disparity. A Note. Reports – Research. 1978

204. Sheret, Michael. Equality Trends and Comparisons for the Education System of Papua New Guinea. Studies in Educational Evaluation. 1988(1)

205. Stiglitz, Koseph. More Instrument and Broader Goals:Moving Toward the Post – Washinton Consensus,The 1998 WIDER Annual Lecture(Helsinki,Finland),1998

206. Tanzi, Veto. The Coming Fiscal Crisis. Paper provided for the conference The Long – Term Budget Challenge: Public Finance and Fiscal Sustainability in the G – 7, 2005

207. Ter Weele, Alexander Hendrik. Equity in Financing Education in East Africa: The Cases of Ethiopia, Kenya, and Tanzania. Dissertation Abstracts International. 1975

208. Tiebout, C.. A Pure Theory of Local Expenditures. Jouranl of Political Economy. 1956(5)

209. Vinod Thomas,Yan wang, Xibo fan. Measuring Education Inequality: Gini Coefficients of Education. The World Bank Institute,2000

210. Wang, Y. , and Yao,Y. D. ,Sources of China's Economic Growth 1952 – 1999:Incorporating Human Capital Accumulation. China Economic Review. 2003(14)

211. Williamson, John. What Washington Means by Policy Reform,In John Williamson ed.. Latin American Adjustment:How Much Has Happened? Wsah-

ington,D. C. ;Institute for International Economics. 1990

212. World Bank. World Development Report:Poverty . New York:Oxford U-niversity Press. 1990

213. World Bank. World Development Report ：Attacking Poverty. New York:Oxford University Press. 2000

214. Zhuravskaya, E. V.. Incentives to Provide Local Public Goods: Fiscal Federalism, Russian Style. Journal of Public Economics. 2000(76)

215. Yingyi,Qian,The Institutional Foundations of China's Market Transi-tion, Annual Bank Conference on Development Economics,Washington,D. C.. 1999(4)